数学·统计学系列

活跃在数学中的参数

Parameters Active in Mathematics

汪祖亨 张载羽 竺志平 著

HITP
哈爾濱工業大學出版社
HARBIN INSTITUTE OF TECHNOLOGY PRESS

内容简介

本书立足于中学数学教学大纲和统编教材的内容，按学科和层次共分为六章，力求由浅入深地贯穿初、高中代数、几何、三角、立体几何、解析几何各分科内容，探讨参数形式、参数方法及其应用.

本书适合于中学生、中学教师以及高等学校的师生参阅.

图书在版编目(CIP)数据

活跃在数学中的参数/汪祖亨，张载羽，竺志平著. —哈尔滨：哈尔滨工业大学出版社，2016.8
ISBN 978-7-5603-5819-2

Ⅰ.①活… Ⅱ.①汪… ②张… ③竺… Ⅲ.①中学数学课—教学参考资料 Ⅳ.①G634.603

中国版本图书馆CIP数据核字(2016)第003890号

策划编辑 刘培杰 张永芹
责任编辑 张永芹 李宏艳
封面设计 孙茵艾
出版发行 哈尔滨工业大学出版社
社　　址 哈尔滨市南岗区复华四道街10号 邮编 150006
传　　真 0451-86414749
网　　址 http://hitpress.hit.edu.cn
印　　刷 哈尔滨市工大节能印刷厂
开　　本 787mm×1092mm 1/16 印张 26.5 字数 497千字
版　　次 2016年8月第1版 2016年8月第1次印刷
书　　号 ISBN 978-7-5603-5819-2
定　　价 48.00元

◎ 前言

随着当今社会知识量的不断激增，各学科领域在某种程度上都呈现出数学化的趋势. 对数学能力的要求也提到了新的高度，使得数学基础知识本身也在不断深化和发展. 相应地，对数学教学工具书的质和量也提出了新的要求. 为此，《中学数学专题丛书》将要陆续和广大师生见面. 这套丛书的特色就是突出一个“专”字，落实到一个“详”字上. 每本书只论及中学数学的一个专题，在这一个专题上尽量写得详细完备. 要求达到：全（理论知识全面，例题题型和解证方法多样，习题搭配得当）、深（写到当代这一专题发展、延伸的应有深度，不局限于现行大纲和教材）、透（这一专题知识在横向蔓浸所能达到的数学各学科之中的应用）. 每本书是对一个专题发展至 20 世纪 80 年代的一个较为全面地概括和总结.

展望未来，“能力与方法比事实更重要”. 因此，在数学教学中，一种能力型、方法型的教学观，正是我们努力探索的新课题.《活跃在数学中的参数》一书，就是从方法的角度进行这种探讨的一个尝试.

参数活跃在中学数学各科之中，它能将问题化繁为简，转难成易，为解证铺路架桥、沟通各方. 它既泾渭分明、忠于职守，又变幻莫测、难于驾驭. 因此，我们编写了这本书，以帮助学生更全面地理解和掌握参数的意义、使用方法和技巧；也使教师有机会了解参数的整体面貌，以利于科学地逐步渗透参数观点和进行参数方法的教学.

本书立足于中学数学教学大纲和统编教材的内容，按学科和层次共分为六章．力求由浅入深地贯穿初、高中代数、几何、三角、立体几何、解析几何各分科内容，探讨参数形式、参数方法及其应用．为使学生从初中就能开始阅读本书，并较早萌育参数观点，对参数概念的阐述是由初级到高级、由局部到整体、由简单到复杂地逐步完成的．对参数的应用做了逐科解剖．在此基础上，第六章从教学角度对参数的几个重要问题做了专题归纳总结．在每章之后配备了一定数量的练习题，旨在帮助理解各章阐述的观点，为牢固掌握有关的思路、方法和技巧提供帮助．

在本书编写过程中，我们参阅了数学刊物中大量的有关文章和参考书籍，在此对作者表示感谢．此外，朱荣兴老师为我们提供了一定数量的问题资料作为参考，南宫慈云同志为全书绘制了插图，对他们的辛勤劳动表示衷心的感谢．

特别是杨世明先生为本书进行了认真仔细地审校，提出了很多修改、补充和完善的宝贵意见，在此，深表谢意．

我们希望本书能有助于在中学数学教学中更好地体现参数思想，也希望通过它与同行进行思想上、方法上的切磋、交流．当然，某些观点还有待于进一步的探讨、完善．恳切期望各位前辈与同行的指正、帮助．

编者

◎目录

参数的初步印象

第一章

俗话说:“逢山开路,遇水搭桥,善于迷途探路,方能走遍天下.”这一浅显的哲理,同样适用于寻求数学解题的方案.

数学题一般是由条件与结论两部分所组成.解题过程实质上就是通过对条件信息的处理逐步走向结论目标的过程.如果问题简单,这一移动过程不难完成,但若题设与结论之间的跨度过大,或难以发现直接的联系,或涉及的形与形、数与数、形与数之间的关系隐晦难以找到解题的突破口,这时,“开山”“搭桥”与“探路”往往成了解决面临的问题的关键.

“如果找不出直接的联系,你可能不得不考虑辅助问题.”“这里有一个与你现在的问题有关,且早已解决的问题,你能不能利用它?你能利用它的结果吗?你能利用它的方法吗?为了能利用它,你是否应该引入某些辅助元素?”美国著名数学家G·波利亚的这些话启示我们,对颇有难度的数学题,或为了更简捷地求解数学题,可以在观察、分析与联想的基础上,考虑引入一个或几个适当的辅助量,来沟通条件与结论之间的联系,在数学解题中起着重要的桥梁、媒介作用的这种辅助量称为参变量,也叫作参数.在本书中我们将向读者展现各种在问题中原有的或另行辅设的参数的活跃性能,及如何灵活应用参数解题的方法与技巧.

为此,先向读者介绍一例古典数学趣题的轶文趣话,以有助于理解参数的概念与功效.

有一位阿拉伯富商，他在临终前留下了这样的遗嘱，把他的财产十七匹马分给他的三个儿子，并规定大儿子得的马匹数是总数的二分之一，二儿子得的马匹数是总数的三分之一，小儿子得的马匹数是总数的九分之一. 这却使三个儿子和众亲友犯了愁，因为他们怎么也分不出整匹马的数字来. 这件事却被数学家锡克赶上了，他把自己所骑的一匹马借给他们参与分配，于是大儿子得总马匹数的二分之一是九匹马，二儿子得三分之一是六匹马，小儿子得九分之一是两匹马，三人共得十七匹马，最后剩下原来借的那匹马仍由锡克牵了回去. 这样，问题得以解决，而又大体符合原题的条件.

这位富商的遗嘱能略加变通而加以执行，是由于锡克所提供的那匹马在分配过程中发挥了特殊的关键的作用，促使问题解决得丝丝入扣、干净利落. 这种"借马分马"的数学思想，体现了参数方法的特殊功效.

事实上，参数在数学解题中，有时也正像锡克的马一样，"参与一退出"，使题目得以巧解.

例 1 解方程组$\begin{cases} x\left(1+\dfrac{x}{y}\right)=4 \\ y\left(1+\dfrac{y}{x}\right)=9 \end{cases}$.

解 注意到方程组中有 x，y 及$\dfrac{x}{y}$，$\dfrac{y}{x}$，因其排布的结构较繁，在求解中存在一定困难，故引进参数 m，使$\dfrac{x}{y}=m$，这样原方程便化为

$$\begin{cases} my(1+m)=4 \\ y\left(1+\dfrac{1}{m}\right)=9 \end{cases}$$

两式相除便消去 y，得 $m^2=\dfrac{4}{9}$，所以 $m=\pm\dfrac{2}{3}$，即 $x=\pm\dfrac{2}{3}y$.

再代回原方程组解之，得$\begin{cases} x_1=\dfrac{12}{5} \\ y_1=\dfrac{18}{5} \end{cases}$，$\begin{cases} x_2=12 \\ y_2=-18 \end{cases}$.

经检验，这两组值都适合原方程组.

例 2 放满一只书架需要 A 本代数书（相同厚度）和 H 本几何书（厚度也相同，但厚于代数书），也可以用 S 本代数书及 M 本几何书放满同一书架，最后，只用 K 本代数书也可放满这书架，假设 A,H,S,M,K 是不同的正整数，那么 K 是（　　）.

A. $\dfrac{AM+SH}{M+H}$　　B. $\dfrac{AM^2+SH^2}{M^2+H^2}$　　C. $\dfrac{AH-SM}{M-H}$

D. $\dfrac{AM-SH}{M-H}$　　E. $\dfrac{AM^2-SH^2}{M^2-H^2}$

（1987 年美国中学生数学竞赛题）

解　为了便于列式表示，引进两个参数，即设代数书的厚度是 x，几何书的厚度是 y，则据题意，有

$$Ax+Hy=Sx+My=Ex$$

即

$$Hy=(E-A)x \quad ①$$

$$My=(E-S)x \quad ②$$

①②两式相除，有

$$\frac{H}{M}=\frac{E-A}{E-S}$$

整理，得 $E=\dfrac{AM-SH}{M-H}$，故选取答案为 D.

参数犹如催化剂在化学反应中的作用，它参与并加速反应的进程，但在反应结束之后，又从反应中退出来，并不留在化学反应的生成物里. 催化剂的这种性能，同样可启示我们，在解决某些数学问题时，也可考虑选择或引进恰当的媒介物——参数来“催化”解题，促成解题过程的顺利完成；同时，在解题过程结束时，参数和催化剂一样，一般总是从问题的结论或答案中退了出来.

上面两例的求解充分体现了参数的这些特点.

例 3　设 PN 是圆 O 的切线，N 为切点，过 P 与 PN 的中点 M 作圆 O_1，与圆 O 交于 A，B 两点，设 BA 的延长线交 PN 于 Q，求证：$MQ:QN:PM:PQ=1:2:3:4$.

思考　如图 1.1，因 M 是 PN 的中点，若能证得 $MQ:QN=1:2$，问题便可获解，但要由相似三角形或比例线段来证得这一结论，却似很难入手. 考虑到图中有切线、割线，故设辅助参数来代表主要线段使图形定量化，再应用代数方法来推算欲证式.

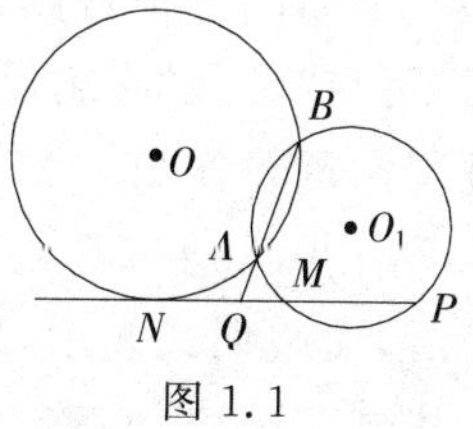

图 1.1

证明　设 $MQ=a$，$QN=x$，这里 a，x 即是参数，则

$$PM=MN=a+x,\ PQ=2a+x$$

因为 PN 是圆 O 的切线，据切割线定理，有

$$QN^2=QB\cdot QA=QM\cdot QP$$

即

$$x^2=a(x+2a)$$

或

$$x^2-ax-2a^2=0$$

解之，得 $x=2a$（另有 $x=-a$ 不合题意，舍去）.

所以

$$MQ:QN=1:2$$

由此，推得 $MQ:QN:PM:PQ=1:2:3:4$.

例 4 不等边$\triangle ABC$ 的两条高长度是 4 和 12，若它的第三条高的长度也是整数，则它最大是（　　）.

A. 4　　B. 5　　C. 6　　D. 7　　E. 不是以上各数

（1986 年美国中学生数学竞赛题）

解 设三角形的面积为 S（辅助参量），第三条高为 h，则三角形的三条边的长分别为$\frac{2S}{4}$，$\frac{2S}{12}$，$\frac{2S}{h}$.

要讨论第三条高的最大可能的整数值，不妨设第三边最小，由三角形的两边之差必小于第三边，有

$$\frac{2S}{h}>\frac{2S}{4}-\frac{2S}{12}$$

据此，解得 $h<6$.

因三角形是不等边三角形，三条高也不相等，应排除 A，且 h 为小于 6 的整数，故选取答案为 B.

上面四例很自然地运用了“参数”，只是过去没有明确提出“参数”的名称而已. 可见“参数”在解题中早被应用，默默无闻地起着“开路架桥”和“简化”解题过程的重要作用.

有些问题初看上去似乎缺少条件，一时无从着手，或条件的头绪纷杂难以理清，无法列式表示，这时若恰当地引入辅助参数，问题便容易分析，常常由此而找到突破口，使整个问题迎刃而解，如牛顿所提出的著名的问题：

例 5 一片草地上的青草长得一样密一样高，而且生长速度一样快，3 头牛能在 2 个星期中吃完 1 333.4 平方米地上的草，2 头牛则在 4 个星期中能吃完 1 333.4平方米地上的草，问要多少头牛才能在 6 个星期中吃完 4 000.2 平方米

地上的草.

思考 这是著名的"牛吃草问题",因草是不断地在生长着的,求解的困难也就在此.问题涉及1头牛在每星期中的吃草量、青草的生长速度以及青草的原有高度三个未知量,但据条件仅能列出两个等式,因此考虑选取上面三个量中的某几个量作为辅助参数来寻找第三个关键的等式.

解 设每头牛每星期的吃草量为 V(辅助参数),再记青草的原有高度为 h_0,草的生长速度为每星期长高 h.

据条件可得方程组

$$\begin{cases}3\times 2V=1\,333.4(h_0+2h) & ①\\ 2\times 4V=1\,333.4(h_0+4h) & ②\end{cases}$$

今设 x 头牛能在6个星期内吃完4 000.2平方米地上的草,则有

$$x\times 6V=4\,000.2(h_0+6h) \quad ③$$

从①②③中消去参数 V,可得

$$\frac{h_0+2h}{3}=\frac{h_0+4h}{4}=\frac{h_0+6h}{x}$$

或

$$\frac{1+2\times\frac{h}{h_0}}{3}=\frac{1+4\times\frac{h}{h_0}}{4}=\frac{1+6\times\frac{h}{h_0}}{x} \quad ④$$

把 $\frac{h}{h_0}$ 也看作一个未知数,从式④即可求得

$$\frac{h}{h_0}=\frac{1}{4},x=5$$

故知,需5头牛才能在6个星期中吃完4 000.2平方米地上的草.

又如1987年美国数学邀请赛的第十题:

例6 奥尔沿着向上移动的自动扶梯从顶朝下走到底,他走了150级,他的朋友鲍勃沿着自动扶梯从底朝上走到顶,走了75级,如果奥尔的行走速度(以单位时间走多少级计算)是鲍勃的速度的3倍,那么在任何时间,可以看到的自动扶梯的级数是多少?(假定这个数是常数)

解 这是一道条件关系相当错综复杂的题目,更难在自动扶梯的梯级是在不断地上升中.但若据题意设奥尔的速度为 $3V$(级/单位时间),鲍勃的速度为 V,则两人所费时间分别为 $\frac{150}{3V}$(单位时间)和 $\frac{75}{V}$(单位时间).

再设扶梯可看到的级数为 k,其上升速度为 a(级/单位时间),这里 V 和 a

都是参数，则据题意，有

$$150-a\times\frac{150}{3V}=k \quad ①$$

$$75+a\times\frac{75}{V}=k \quad ②$$

由②，可得

$$\frac{a}{V}=\frac{k-75}{75}$$

代入①，有

$$150-\frac{k-75}{75}\times\frac{150}{3}=k$$

由此，即得自动扶梯可看到的级数 $k=120$（级）.

在本题中，速度 V 或 a 的确定的值都无法求出，也不需要求出，辅设这样的参数对本题获解所起的作用是明显的，没有它们，本题的列式将无从着手.

再如下面一个爱因斯坦在病中作为消遣的数学题（这是他的好友莫希柯夫斯基提出的趣味问题），也颇能反映参数在解题中的功效.

例 7 钟针在什么位置时两针可以对调，使得新位置仍能指示某一实际上可能的时刻.

病中的爱因斯坦略加思索后，利用辅设参数的方法，只用了不到一分钟时间就解决了这一颇为困难的问题，他的解法大致如下.

解 把钟面等分成 60 份，将 12 点处作为 0，以顺时针方向顺次给每个 5 等分处写上刻度数 1，2，….

若设所求的钟针位置是表示 x 点 y 分，则时针所指的刻度数为 $t=5x+\frac{y}{12}$，分针所指的刻度数就是 y.

现将时针与分针的位置对调，这时所表示的时间若设为 s 点 t 分，时针所指的刻度数应是 $5s+\frac{t}{12}$，它与原来分针所指的刻度数 y 相同，分针所指刻度数 t 就是原来时针所指刻度数 $5x+\frac{y}{12}$，于是得方程组

$$\begin{cases} y=5s+\dfrac{t}{12} & ① \\ t=5x+\dfrac{y}{12} & ② \end{cases}$$

这里,可将 s,x 看作辅助参数,y,t 作为未知数,由①②可解得

$$\begin{cases} y=\dfrac{60(x+12s)}{143} & ③ \\ t=\dfrac{60(s+12x)}{143} & ④ \end{cases}$$

因 x,s 都表示钟点数,$0\leqslant s\leqslant 11$,$0\leqslant x\leqslant 11$,且 s,x 都是整数,在方程③④中对 x,s 分别取从 0 到 11 之间 12 个不同的整数,可得 $12\times 12=144$(个)不同的数对(t,y).

但当 $x=s=0$ 时,$y=t=0$;又当 $x=s=11$ 时,$y=t=60$,这两种情况两针都重合并指向 12 点,只能算作一种.

故共有 143 种可能的位置(t,y).

我们再来看一道竞赛题:

例 8 正方形 S_1 和 S_2 内接于 $Rt\triangle ABC$,若面积$(S_1)=441$,面积$(S_2)=440$(图 1.2),求:$AC+CB$.

(1987 年美国数学邀请赛第 15 题)

解 据题意知 $CD=DE=21$,$PQ=QM=MN=PN=\sqrt{440}$.

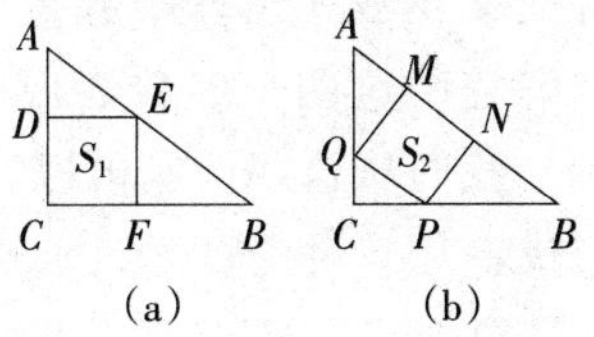

图 1.2

今设 $AC=x$,$CB=y$ 为参数,在图 1.2(a)中,据相似三角形,有

$$\frac{AD}{AC}=\frac{DE}{CB}$$

即$\dfrac{x-21}{x}=\dfrac{21}{y}$,或 $xy-21y=21x$.

所以

$$xy=21(x+y) \quad ①$$

又在图 1.2(b)中,有 $AB^2=x^2+y^2$,因$\triangle AQM$,$\triangle BPN$ 与$\triangle ABC$ 相似,可得

$$AM=\sqrt{440}\cdot\frac{x}{y},BN=\sqrt{440}\cdot\frac{y}{x}$$

于是,有

$$\left[\sqrt{440}\left(1+\frac{x}{y}+\frac{y}{x}\right)\right]^2=x^2+y^2$$

整理,得

$$440(xy+x^2+y^2)=x^2y^2(x^2+y^2)$$

或

$$440[(x+y)^2-xy]^2=x^2y^2[(x+y)^2-2xy] \quad ②$$

由式①,记 $x+y=u$,得 $xy=21u$,代入式②,得

$$440(u^2-21u)^2=441u^2(u^2-42u)$$

因为 $u\neq 0$,由上式,可得

$$u^2-42u-440\times 441=0$$

或

$$(u+20\times 21)(u-22\times 21)=0$$

因为 $u>0$,所以取

$$u=22\times 21=462$$

即所求的 $AC+CB=x+y=u=462$.

在本例的求解中,参数 x 与 y 既是所求未知量的组成部分,又能据此方便地表示出图中各个线段,还沟通了两个图形中各条件之间的联系,其中式①的特征又在数式运算中起重要作用,使问题的列式及计算都显得简明可行,在整个解题中这两个参数表现得非常活跃.

我们从这些例题可以看到,在某些题目的求解中,常须引进一些字母变量,它们或者是与讨论目标或未知数直接有关,或者有助于表示数式、图形中的某些元素使整个问题便于列式求解,或者可借以在数式之间、图形之间、条件结论之间起沟通联系、桥梁中介作用(甚至同时起着上述几个作用,如例 8).引进这些字母变量,往往能使数式得到简化,问题趋于明朗,解题成为可能.这类像钥匙一样在解题中起关键作用的字母变量,就是活跃在中学数学各个领域内的"参数".

如果我们能充分认识这类在解题过程中引进的"参数"的重要作用,就能在解题时有意识地运用参数方法,掌握参数的辅设及求解规律.有了这样的自觉意识,无疑有助于丰富思维途径、深入理解题意、掌握方法技巧,提高灵活解题能力.

至此,我们对参数已有一个初步印象.一般说来,涉及数式变形的各类问题,为消除过于复杂的数式结构对变形的干扰,可引入诸如 $t=f(x)$,$t=f(x,y)$等形式的参数,使运算趋于简化(例 1);在列方程解应用题(包括后面将延伸的求函数最值和解三角形等其他应用题)时,若不便据条件直接列式求出结果,可引入一个或几个关键的参数,使问题便于列式求解(例 5,例 6,例 7);在对几何图形做数量化处理的过程中,可引入必要的线段参数、角参数等,做代数或三角形式的量化表示,进而便可发挥数式运算之长(例 3,例 8).

通过上面这些例题的求解过程，对参数运用和处理方式做初步的分析，我们可以看到参数运用大体上有以下几种类型：

1. 设参数→求参数

在这类问题中所辅设的参数，常是目标未知数的直接组成部分，因此在求解过程中就要计算这些参数或参数式的值，并以此来达到解题目标. 如例 1 即属设参数 $m=\frac{x}{y}$，然后求参数得 $m=\pm\frac{2}{3}$，再据此获得新方程组. 例 8 也大抵如此. 有不少分解因式、求函数解析式或曲线方程等问题，所用参数方法也常属此类. 再如：

例 9 如图 1.3，AB，AC 为圆 A 的两条半径，且 $\angle BAC=45°$，在 AC 上取一点 P，以 P 为圆心、PC 为半径作圆，若这个圆恰与以 AB 为直径的圆 Q 外切，求 $AP:AC$.

（上海市中学生业余数学学校首届招生高一试题）

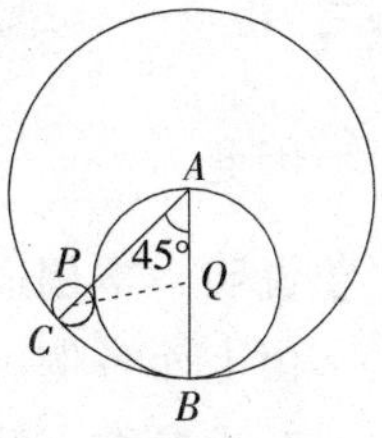

图 1.3

思考 注意到图中各圆间的内、外切关系，其圆心间的距离均与各圆半径有关，故记圆 A 的半径为 r，圆 P 的半径为参数 x，通过参数 x 的有关值的计算来确定比值 $AP:AC$.

解 联结 PQ，在△APQ 中，因为

$$AQ=\frac{r}{2},AP=r-x,PQ=\frac{r}{2}+x$$

且

$$\angle PAQ=45°$$

所以据余弦定理，有

$$\left(\frac{r}{2}+x\right)^2=(r-x)^2+\left(\frac{r}{2}\right)^2-2(r-x)\cdot\frac{r}{2}\cdot\cos 45°$$

由此可解，得 $\frac{x}{r}=\frac{5-2\sqrt{2}}{17}$.

故 $\frac{AP}{AC}=\frac{r-x}{r}=1-\frac{x}{r}=1-\frac{5-2\sqrt{2}}{17}=\frac{12+2\sqrt{2}}{17}$.

例 10 $[a]$表示不大于数 a 的最大整数，例如$[\sqrt{2}]=1$，$[-\sqrt{2}]=-2$，那么方程$[3x+1]=2x-\frac{1}{2}$的所有根的和是________.

（1987 年全国初中数学竞赛题）

解 令 $2x-\frac{1}{2}=t$，t 是整数(整数 t 即是参数)，则

$$x=\frac{1}{2}t+\frac{1}{4},3x+1=\frac{3}{2}t+\frac{7}{4}$$

因为

$$0\leqslant(3x+1)-t<1$$

即

$$0\leqslant\left(\frac{3}{2}t+\frac{7}{4}\right)-t<1$$

解之，得 $-\frac{7}{2}\leqslant t<-\frac{3}{2}$，故知整数 t 应取 -2，-3.

因此，$x_1=-\frac{3}{4}$，$x_2=-\frac{5}{4}$，所以方程的所有根的和是 -2.

说明 本例通过辅设参数 t 并求参数 t 来获解，避开了繁杂的整数讨论.

由上面各例可见这类参数方法应用领域十分宽广.

2. 设参数→消参数

这类参数一般与解题目标或未知数不直接相关，通常无须求出，在解题过程中主要起沟通联络作用，因此这些参数在完成任务以后应该消隐. 如上面的例 2，例 4，例 5 和例 6，均是在设参、列式的基础上继以消去参数. 设参→消参是解题中应用最多的一种参数方法.

3. 设参数→求参数间的关系

如例 3 或例 7，都在解题时辅设了多个参数，再据条件先推求参数间的关系并进而用于解题. 这类问题中所辅设的多个参数一般也不是直接的解题目标，但在设参、列式后并不先考虑消参，而是努力推求各参数间的某种适当的关系式，一旦求出，问题便转化为较浅显易解的新题，求解的终点也就不远了.

4. 设参数→利用参数式的特征

如例 8，将所辅设的参数直接混入数式运算之中，并充分利用参数的式子的特征，以达到简化解(或证明)有关问题的目的. 再如：

例 11 已知 P 是不等于 3 的质数，$2P+1$ 也是质数，求证：$4P+1$ 不是质数.

证明 因为 P 是不等于 3 的质数(据此特征)，所以 P 可以表示为 $3k-1$，$3k+1$ 两种形式之一，其中参数 k 是自然数.

若 $P=3k+1$，则

$$2P+1=6k+3=3(2k+1)$$

即 $2P+1$ 为合数，这便与原题设“$2P+1$ 是质数”相矛盾，因此 P 不能是 $3k+1$

型的数，故知唯有 $P=3k-1$.

这时，有

$$4P+1=4(3k-1)+1=12k-3=3(4k-1)$$

因此，知 $4P+1$ 不是质数.

例 12 已知 $a,b\in\mathbf{R}$，求证：$a^2+ab+b^2-3a-3b+3\geqslant 0$.

证明 需证的不等式关于字母 a,b 是对称的，考虑引入参数

$$x=\frac{1}{2}(a+b),y=\frac{1}{2}(a-b)$$

于是有

$$a=x+y,b=x-y$$

代入得

$$\text{原式左边}=(x+y)^2+(x^2-y^2)+(x-y)^2-3(x+y)-3(x-y)+3=$$
$$3x^2+y^2-6x+3=3(x-1)^2+y^2\geqslant 0$$

上面这些例题，都是根据数式、图形的结构特点来巧设参数，然后致力于挖掘并利用参数式的特征，使在整个解题过程中起一种拨云见日的作用.

5. 设参数→再输入特殊值

如选设的参数是用来在解题中构作某种辅助函数、辅助方程或使函数、方程得到代换化简(这时，参数多为自变量或未知数.)，则据函数的对应法则、性质及方程的特定结构，做必要的处理后再用适当的特殊值输入参数式，常可获得所需的结论，上面的例 7 便是如此. 又如：

例 13 设 $f(12^x)=x$，且 $f(167)=a$，试用含 a 的解析式表示 $f(1\,987+2+15)$，则 $f(1\,987+2+15)=$________.

(上海市首届中学生业余数学学校高一招生试题)

解 设 $t=12^x$ 为参数，则有

$$x=\log_{12}t$$

据已知条件，有

$$f(t)=\log_{12}t$$

且

$$f(167)=\log_{12}167=a$$

所以

$$f(1\,987+2+15)=\log_{12}2\,004=\log_{12}(167\times 12)=$$
$$\log_{12}167+\log_{12}12=a+1$$

此外,就参数表达或联系的对象而言,它可以是定量型的(如利用参数来代换常数、联系已知式、反映图形中或应用题中的确定关系等),也可以是变量型的(如函数中的参变量、曲线方程中的参变数等),可以反映并简化数或式间的数量关系,也可以反映"形"之间的位置关系.

到此,我们已经对参数的概念、它的应用范围、处理方式以及功效有了一个初步印象.在以后各章中,我们将利用参数的观点和方法来研究中学数学中各类问题的思维方式和求解途径,并力求较全面地揭示活跃在中学数学各科中参数的门类及使用技巧.

练　习　一

1. 计算:$\sqrt[3]{1+\frac{2}{3}\sqrt{\frac{7}{3}}}+\sqrt[3]{1-\frac{2}{3}\sqrt{\frac{7}{3}}}$.

2. 已知 a,x,y,b 成等差数列,c^3,x,y,d^3 成等比数列,求证:$a+b=cd(c+d)$.

3. 解方程 $\sqrt{3x^2-5x-12}-\sqrt{2x^2-11x+15}=x-3$.

4. 已知 a,b,c 为$\triangle ABC$ 的三边,解方程组

$$\begin{cases} x(y+z):y(z+x):z(x+y)=a:b:c & ① \\ \frac{1}{x}+\frac{1}{y}+\frac{1}{z}=a+b+c & ② \end{cases}$$

5. 已知 $A=54\ 321\times54\ 324$,$B=54\ 322\times54\ 323$,不作乘法计算,比较 A 与 B 的大小.

6. 如果 n 为大于 1 的整数,且 $3n+1$ 是一个平方数,证明:$n+1$ 是三个正整数的平方和.

7. 甲乙两人绕城而行,甲绕城一圈需 3 h,现两人同时同地相背出发,乙在遇甲后,再过 4 h 到达原出发点,求乙绕城一周所用的时间.

8. 在癌症患者中吸烟人的比例,大于不患癌者中的吸烟人的比例.能否由此借助字母参数推断得吸烟的人较不吸烟的人更容易患癌症的结论?

9. Rt$\triangle ABC$ 的两直角边长分别为 21,28.内有两等圆相外切,又各与斜边 AB 及一直角边相切,求半径长.

参数在代数中的应用

第二章

代数学科是中学数学各科中参数运用最早、涉及面最广的一个领域.可以说从初一的数式运算开始一直到高三的数列极限与微积分初步,伴随着恒等变形、方程、函数、不等式、数列、复数、排列组合与二项式定理等各章节的教学,参数一直是我们赖以展开思路与顺利解题的忠实伙伴.

§1 代数解题中参数所起的重要作用

一、代换、化简的作用

数式、方程等问题常因涉及的数式结构过于复杂,或字母的个数过多、条件离散等横向的干扰使解题的难度加大.这时用恰当的辅助参数作代换,往往能化高次为低次、化分式为整式、化无理式为有理式、化超越式为代数式和变多元为少元,从而达到简化解题过程的目的.

例 1 解方程 $3x^4-8x^3-6x^2+8x+3=0$.

解 由已知方程知 $x\neq0$,因此方程两边同除以 x^2,得

$$3x^2-8x-6+\frac{8}{x}+\frac{3}{x^2}=0$$

即

$$3\left(x^2+\frac{1}{x^2}\right)-8\left(x-\frac{1}{x}\right)-6=0$$

引进参数 $t=x-\frac{1}{x}$,则有

$$x^2+\frac{1}{x^2}=t^2+2$$

代入上式，得

$$3(t^2+2)-8t-6=0$$

解之，得

$$t_1=0, t_2=\frac{8}{3}$$

由 $x-\frac{1}{x}=0$，即 $x^2-1=0$，解得 $x_1=1, x_2=-1$；

由 $x-\frac{1}{x}=\frac{8}{3}$，得 $3x^2-8x-3=0$，解得 $x_3=-\frac{1}{3}, x_4=3$.

说明 形如 $ax^4+bx^3+cx^2\pm bx+a=0$ 的方程称作倒数方程，它总可以仿上法引入参变数 $t=x\pm\frac{1}{x}$，转化为关于 t 的二次方程 $a(t^2\pm2)+bt+c=0$，来求解. 许多特殊的高次方程、无理方程、分式方程，常可用类似的辅设参数的方法，来降次、简化，以顺利求解.

例 2 解不等式 $\frac{x}{\sqrt{1+x^2}}+\frac{1-x^2}{1+x^2}>0$.

思考 不等式的左端含有根式，如果依靠乘方将使数式趋向繁杂，经观察 $\sqrt{1+x^2}$ 似可利用三角式简化，$\frac{1-x^2}{1+x^2}$ 也与万能公式有关，故试辅设三角参数来解此题.

解 设 $x=\tan\theta\left(-\frac{\pi}{2}<\theta<\frac{\pi}{2}\right)$，代入原不等式，得

$$\sin\theta+\cos 2\theta>0$$

即

$$2\sin^2\theta-\sin\theta-1<0$$

所以

$$(2\sin\theta+1)(\sin\theta-1)<0$$

得

$$-\frac{1}{2}<\sin\theta<1$$

因 $\theta\in\left(-\frac{\pi}{2},\frac{\pi}{2}\right)$，知

$$-\frac{\pi}{6}<\theta<\frac{\pi}{2}$$

所以

$$x=\tan\theta>-\frac{\sqrt{3}}{3}$$

说明 一些复杂的无理不等式,如能据数式特点恰当地作三角参数代换,可免去无理式对求解过程的纠缠和困扰.

例 3 求函数 $y=\sqrt{4x^2+5}+\sqrt{7-4x^2}$ 的值域.

思考 此题显然不宜通过两次平方以去根号,也不能立即看出怎样用三角代换去根号,但研究两被开方式间的关系,可发现 $(\sqrt{4x^2+5})^2+(\sqrt{7-4x^2})^2=12$,这样就能考虑引入适当的三角参数进行代换.

解 因为

$$(\sqrt{4x^2+5})^2+(\sqrt{7-4x^2})^2=12$$

可设

$$\sqrt{4x^2+5}=\sqrt{12}\sin\theta,\sqrt{7-4x^2}=\sqrt{12}\cos\theta\quad\left(0\leqslant\theta\leqslant\frac{\pi}{2}\right)$$

则有

$$y=\sqrt{12}\sin\theta+\sqrt{12}\cos\theta=\sqrt{2}\times\sqrt{12}\sin\left(\theta+\frac{\pi}{4}\right)$$

因为

$$0\leqslant\theta\leqslant\frac{\pi}{2},\frac{\pi}{4}\leqslant\theta+\frac{\pi}{4}\leqslant\frac{3}{4}\pi,\frac{\sqrt{2}}{2}\leqslant\sin\left(\theta+\frac{\pi}{4}\right)\leqslant1$$

于是,知

$$\sqrt{2}\times\sqrt{12}\times\frac{\sqrt{2}}{2}\leqslant y\leqslant\sqrt{2}\times\sqrt{12}\times1$$

所以函数 y 的值域是 $[2\sqrt{3},2\sqrt{6}]$.

例 4 已知 $a\geqslant b>0$,试证

$$\sqrt[3]{a+\sqrt[3]{b}}+\sqrt[3]{a-\sqrt[3]{b}}<2\sqrt[3]{a}$$

思考 面对三次无理根式,自然想通过立方求证,但与其大展大乘,不如考虑辅设恰当的参数,将其转化为有理式再来求证.

证明 设

$$\sqrt[3]{a+\sqrt[3]{b}}=m,\sqrt[3]{a-\sqrt[3]{b}}=n$$

则

$$m>n>0,m^3+n^3=2a$$

原不等式可改为求证

$$(m+n)^3<4(m^3+n^3)$$

或证

$$m^2n+mn^2<m^3+n^3 \quad ①$$

因为 $m>n>0$，有

$$(m+n)(m-n)^2>0$$

即得

$$m^3+n^3-m^2n-mn^2>0$$

于是，知式①成立，即有

$$\sqrt[3]{a+\sqrt[3]{b}}+\sqrt[3]{a-\sqrt[3]{b}}<2\sqrt[3]{a}$$

例 5 解方程

$$\sqrt{4x^2-4x+17}=\sqrt{x^2-4x+5}+\sqrt{x^2+2x+10} \quad (x\in\mathbf{R})$$

思考 要靠直接乘方运算来脱去多重根号，势必引出高次方程，普通的代数换元也难着手. 分析根式内二次三项式的数值特点，联想复数模的定义，似宜引入复参数.

解 设

$$z_1=(x-2)+\mathrm{i}, z_2=(x+1)+3\mathrm{i}$$

恰有

$$|z_1|=\sqrt{(x-2)^2+1^2}=\sqrt{x^2-4x+5} \quad ①$$

$$|z_2|=\sqrt{(x+1)^2+(3)^2}=\sqrt{x^2+2x+10} \quad ②$$

且

$$z_1+z_2=2x-1+4\mathrm{i}$$

所以

$$|z_1+z_2|=\sqrt{(2x-1)^2+(4)^2}=\sqrt{4x^2-4x+17} \quad ③$$

由①②③代入原方程，得

$$|z_1+z_2|=|z_1|+|z_2|$$

因 z_1, z_2 不为零，知使不等式 $|z_1+z_2|\leqslant|z_1|+|z_2|$ 中等式成立的充要条件是 $\frac{z_1}{z_2}$ 为实数，即 z_1, z_2 所对应向量同方向，故有

$$\frac{x+1}{3}=\frac{x-2}{1}$$

即可解得 $x=\frac{7}{2}$.

值得强调的是，在代数、三角运算中起着重要作用的“换元法”. 实质上就是一种参数法，这种起着替代作用的辅助参数，一般总是使解题过程趋向简化.

二、沟通、转移的作用

当问题的条件中所给出的数式呈现十分复杂、隐蔽的形式，难以直接用于求解，或条件与结论之间的跨距过大，难以实施转移攀越时，选用恰当的参数来沟通、联系条件与结论，常能起良好的“桥梁”“媒介”作用，使“天堑”变为通途.

例 6　已知 $x\neq y$，且

$$a^2(y^2+yz+z^2)-ayz(y+z)+y^2z^2=0$$
$$a^2(z^2+zx+x^2)-azx(x+z)+z^2x^2=0$$

求证：$a^2(x^2+xy+y^2)-axy(x+y)+x^2y^2=0$.

思考　条件与结论式虽然有相同的轮换对称结构，但形式复杂. 考虑到结论式中并未含 z，不妨把 z 看作参数，从两个条件式中消去 z 试试.

证明　观察条件，第一式中的 y 与第二式中的 x 若对换，两式并不变，因此，知 x,y 是关于 t 的方程

$$a^2(t^2+tz+z^2)-atz(t+z)+t^2z^2=0$$

的两个根.

方程整理为

$$(a^2-az+z^2)t^2+(a^2z-az^2)t+a^2z^2=0$$

据韦达定理，有

$$x+y=-\frac{a^2z-az^2}{a^2-az+z^2}$$

$$xy=\frac{a^2z^2}{a^2-az+z^2}$$

于是

$$a^2(x^2+xy+y^2)-axy(x+y)+x^2y^2=$$

$$a^2[(x+y)^2-xy]-axy(x+y)+x^2y^2=$$

$$a^2\left(\frac{az^2-a^2z}{a^2-az+z^2}\right)^2-a^2\cdot\frac{a^2z^2}{a^2-az+z^2}-$$

$$a\cdot\frac{a^2z^2}{a^2-az+z^2}\cdot\frac{az^2-a^2z}{a^2-az+z^2}+\frac{a^4z^4}{(a^2-az+z^2)^2}=$$

$$\frac{a^4z^2}{(a^2-az+z^2)^2}(z^2-2az+a^2-a^2+az-z^2-z^2+az+z^2)=0$$

说明　本题的解法从比较条件与结论之差异着手，以 z 为参数，然后以参

数为主角，通过“消参”来推证，目的很清楚.

例 7 设 $1\,949x^2=1\,988y^2$，且 $\frac{1}{x}+\frac{1}{y}=1(x,y>0)$.

求证：$\sqrt{1\,949x+1\,988y}=\sqrt{1\,949}+\sqrt{1\,988}$.

思考 若试图从两已知式去求出 x,y 的值，或通过变形来直接得出式子 $1\,949x+1\,988y$，都很不易. 但若试以 $1\,949x^2=1\,988y^2=k$，这里 k 为参数，则

$$1\,949=\frac{k}{x^2},1\,988=\frac{k}{y^2}$$

便与结论式很相近了. 再利用第二式便可沟通.

证明 设 $1\,949x^2=1\,988y^2=k$，有

$$1\,949=\frac{k}{x^2},1\,988=\frac{k}{y^2}$$

由题设，有 $x>0,y>0$，且

$$k>0,\frac{1}{x}+\frac{1}{y}=1$$

所以

$$\sqrt{1\,949}+\sqrt{1\,988}=\sqrt{\frac{k}{x^2}}+\sqrt{\frac{k}{y^2}}=\sqrt{k}\left(\frac{1}{x}+\frac{1}{y}\right)=\sqrt{k}$$

又

$$\sqrt{1\,949x+1\,988y}=\sqrt{\frac{k}{x^2}\cdot x+\frac{k}{y^2}\cdot y}=\sqrt{k\left(\frac{1}{x}+\frac{1}{y}\right)}=\sqrt{k}$$

所以

$$\sqrt{1\,949x+1\,988y}=\sqrt{1\,949}+\sqrt{1\,988}$$

有时我们会遇到这样的问题，它的条件如何利用，一时很难判断. 若选择适当的参数作为中继疏导，常能在顺逆推理之中起老马识途之效. 上面例 7 便是如此. 又如

例 8 设 $x_1,x_2,\cdots,x_n$ 都是实数，且 $x_1^2+x_2^2+\cdots+x_n^2=\frac{(x_1+x_2+\cdots+x_n)^2}{n}$.

证明：$x_1=x_2=\cdots=x_n$.

思考 条件式右边展开，将非常繁杂，且难于看清变形方向，故我们寻求参数来疏导，考虑到本题像是平均值不等式在等号成立时条件的逆命题，故较恰当的参数是 $\frac{x_1+x_2+\cdots+x_n}{n}$.

证明 设 $S=\frac{x_1+x_2+\cdots+x_n}{n}$，则

$$\frac{(x_1+x_2+\cdots+x_n)^2}{n}=nS^2$$

已知条件即化为

$$(x_1^2+x_2^2+\cdots+x_n^2)-nS^2=0$$

因为

$$\begin{aligned}(x_1^2+x_2^2+\cdots+x_n^2)-nS^2=&x_1^2+x_2^2+\cdots+x_n^2-2nS^2+nS^2=\\&x_1^2+x_2^2+\cdots+x_n^2-2(x_1+x_2+\cdots+x_n)S+nS^2=\\&(x_1^2-2x_1S+S^2)+(x_2^2-2x_2S+S^2)+\cdots+\\&(x_n^2-2x_nS+S^2)=\\&(x_1-S)^2+(x_2-S)^2+\cdots+(x_n-S)^2=0\end{aligned}$$

所以 $x_1=x_2=\cdots=x_n=S$.

说明 从本题的证明我们可进一步看到,在解题中当直面难以突破时,常常考虑迂回包抄,例如转而寻求参数解法,这是一种很有效的间接解法.

例 9 设数列$\{a_n\}$满足 $a_1=2,a_{n+1}=4a_n-3n+2$,求数列的通项公式.

解 由

$$a_{n+1}=4a_n-3n+2 \qquad ①$$

知

$$a_n=4a_{n-1}-3(n-1)+2 \qquad ②$$

①-②,得

$$a_{n+1}-a_n=4(a_n-a_{n-1})-3$$

考虑引入参数 k 来寻求辅助的等比数列,由

$$a_{n+1}-a_n+k=4(a_n-a_{n-1})+k-3=4\left[(a_n-a_{n-1})+\frac{k-3}{4}\right]$$

只需使 $k=\frac{k-3}{4}$,即 $k=-1$,便有

$$a_{n+1}-a_n-1=4(a_n-a_{n-1}-1)$$

此说明数列$\{a_{n+1}-a_n-1\}$是公比为 4,首项是 a_2-a_1-1 的等比数列.

因首项

$$a_2-a_1-1=(4a_1-3\times1+2)-a_1-1=4$$

所以

$$a_{n+1}-a_n-1=4\times4^{n-1} \qquad ③$$

从①③消去 a_{n+1},得

$$a_n+1=4a_n-3n+2-4^n$$

所以 $a_n=\frac{4^n+3n-1}{3}$.

说明 求比较复杂的递归数列的通项公式，是代数中的一个难点，这类题通常是利用辅助数列求解. 在运算过程中引入的参数 k 同时也是一种待定系数，在确定辅助数列的形状中起了关键的作用. 这种方法对类似的递归数列也适用.

也有一类问题初看似乎缺少条件，此时增设恰当的辅助参数常可揭示其隐含条件，便于开拓思考角度或创造有利的条件. 一般说来，这时所设参数只起辅助作用，无须求出它们的数值. 如在上面第一章中的例 5，例 7，例 8，便阐述了某些复杂的应用题，仅据条件各量很难列出方程求解，但恰当地引进一些参数，整个问题就趋向明朗易解了. 再如：

例 10 一轮船从重庆到上海要行驶 5 昼夜，而从上海到重庆要行驶 7 昼夜，那么有一木排从重庆到上海要多少昼夜？

（1986 年“缙云杯”初八八级数学邀请赛试题）

思考 题设的条件非常之少，似乎很难列式，但考虑到航行问题的基本关系式：$s=vt$，以及顺水航行速度＝静水航行速度＋水流速度，等等，我们便选取上海与重庆间的距离为 s（千米）、水流速度即木排速度为 x（千米/昼夜）、轮船在静水中速度为 y（千米/昼夜），作为参数，便可编写出问题中各数量之间的关系网，顺利地列出所需要的方程式.

解 承接上面的分析，并设木排从重庆到上海要 z 昼夜，据题意，得

$$\begin{cases}5(x+y)=s & ①\\7(y-x)=s & ②\\z\cdot x=s & ③\end{cases}$$

比较①②，得

$$5(x+y)=7(y-x)$$

所以

$$y=6x \quad ④$$

④代入①，得

$$s=35x$$

以此代入③，有

$$z\cdot x=35\cdot x$$

所以

$$z=35$$

即木排从重庆到上海要 35 昼夜.

说明 从本题解法中显然可见,增设各参数后大大降低了列方程的难度,它们本身的具体数值并不要求计算,参数的辅助功能在这类应用题的解法中有了充分的体现.

三、协调、制约的作用

代数中每一个含参数的问题,其中的参数对问题所涉及的函数的上、下界(特别是函数的极值)、方程的解、不等式的解集等,起着协调、制约的作用. 因此,解这类问题的原则是找出使问题有解的参数值(范围),再对所有这些参数值求出问题的一切解,如果不抓住参数这条主线,问题便会难于驾驭.

例 11 已知 x_1, x_2 是方程 $x^2+2kx+4=0$ 的解,求能使 $\left(\frac{x_1}{x_2}\right)^2+\left(\frac{x_2}{x_1}\right)^2\geqslant 3$ 恒成立的 k 的所有的值.

思考 二次方程的系数中含有参数,可利用韦达定理将两个根 x_1, x_2 的对称式转化为参数 k 的表达式,然后再加以讨论.

解 因为

$$\left(\frac{x_1}{x_2}\right)^2+\left(\frac{x_2}{x_1}\right)^2=\left(\frac{x_1}{x_2}+\frac{x_2}{x_1}\right)^2-2\geqslant 3$$

得

$$\frac{[(x_1+x_2)^2-2x_1x_2]^2}{(x_1x_2)^2}\geqslant 5 \qquad ①$$

因为 x_1, x_2 是方程 $x^2+2kx+4=0$ 的两个根,所以

$$x_1+x_2=-2k, x_1x_2=4$$

代入式①,得

$$\frac{4k^2-8}{4}\geqslant\sqrt{5}$$

或

$$k^2\geqslant\sqrt{5}+2$$

故当 $|k|\geqslant\sqrt{\sqrt{5}+2}$ 时, $\left(\frac{x_1}{x_2}\right)^2+\left(\frac{x_2}{x_1}\right)^2\geqslant 3$.

例 12 试用参数 a 的值表示出点 $P(0,a)$ 到曲线 $y=\frac{x^2}{2}-1$ 上的点的距离的最小值.

解 设点 $M(x,y)$ 为曲线 $y=\frac{x^2}{2}-1$ 上的一点,则 P 到曲线上的点的距离

$$d=|PM|=\sqrt{x^2+(y-a)^2}=\sqrt{x^2+\left(\frac{x^2}{2}-1-a\right)^2}=$$
$$\sqrt{\frac{1}{4}(x^2-2a)^2+(1+2a)}$$

所以当 $a\geqslant 0$ 时，有 $d_{\min}=\sqrt{1+2a}$，此时 $x=\pm\sqrt{2a}$；

当 $a<0$ 时，有 $d_{\min}=|1+a|$，此时 $x=0$.

说明 在解含参数的问题时，要注意参数本身的这种制约作用，即要重视“分类讨论”.

例 13 若参数 a 为负数，问 a 为何值时，不等式 $2\sqrt{ax}\leqslant 3a-x$，$x-\sqrt{\frac{x}{a}}\geqslant\frac{6}{a}$ 有公共解.

思考 先求出两不等式各自的含有参数 a 的解集，再进行比较，便可定出 a 的取值范围.

解 与不等式 $2\sqrt{ax}\leqslant 3a-x$ 同解的是

$$\begin{cases}x\leqslant 0\\3a-x\geqslant 0\\4ax\leqslant(3a-x)^2\end{cases}\qquad(\text{Ⅰ})$$

或

$$\begin{cases}x\leqslant 0\\3a-x<0\\2\sqrt{ax}\leqslant 3a-x\end{cases}\qquad(\text{Ⅱ})$$

由(Ⅰ)解之，得 $x\leqslant 9a$，(Ⅱ)无解.

与不等式 $x-\frac{6}{a}\geqslant\sqrt{\frac{x}{a}}$ 同解的是

$$\begin{cases}x\leqslant 0\\x-\frac{6}{a}\geqslant 0\\\left(x-\frac{6}{a}\right)^2\geqslant\frac{x}{a}\end{cases}$$

可解得

$$\frac{4}{a}\leqslant x\leqslant 0$$

比较

$$x \geqslant 9a \text{ 与 } \frac{4}{a} \leqslant x \leqslant 0$$

知当且仅当$\frac{4}{a} \leqslant 9a < 0$时，两不等式才有公共解.

故得本题的解为$-\frac{2}{3} \leqslant a < 0$.

例 14 设函数$y = x^3 - (ab - a + b - 1)x^2 + (a^2 + ab + a)x - 2a^2 + 1$的图像对任何实数$a$均通过一定点，试求$b$的值以及定点的坐标.

解 将原式整理为关于a的一元二次方程

$$(x-2)a^2 - [(b-1)x^2 - (b+1)x]a + x^3 - y - (b-1)x^2 + 1 = 0$$

由于此等式对于任何实数a均成立，因此，含有x, y, b的关于a的二次三项式的系数，应满足

$$\begin{cases} x - 2 = 0 \\ (b-1)x^2 - (b+1)x = 0 \\ x^3 - y - (b-1)x^2 + 1 = 0 \end{cases}$$

可依次解得$x = 2, b = 3, y = 1$.

所以，$b = 3$，图像恒通过的定点是$(2, 1)$.

若问题中含有变数需要讨论但又不便直接讨论时，选用恰当的参数作媒介，可协调各变数之间的关系，便于研究问题中原来的变数是怎样依赖辅助参数的变化而变化，从而使原来比较隐晦的问题变得清晰而易于解决.

例 15 已知x, y是实数，且满足$x^2 + xy + y^2 = 3(x + y + 3)$，求$x^2 + y^2$的最大值.

思考 注意到条件与结论式都具有对称结构，条件式中的函数关系又不便利用，故考虑引入参数$u = x + y, v = xy$，根据条件确定u, v间的关系，再考察$x^2 + y^2$怎样随u的变化而变化.

解 利用对称性，设

$$x + y = u, xy = v$$

由已知条件得

$$u^2 - v = 3(u + 3)$$

所以

$$v = u^2 - 3u - 9 \quad ①$$

于是

$$x^2+y^2=(x+y)^2-2xy=u^2-2v=$$
$$u^2-2(u^2-3u-9)=$$
$$-(u-3)^2+27$$

因为 x,y 是关于 t 的方程 $t^2-ut+v=0$ 的两个根，且 x,y 为实数，所以

$$\Delta=u^2-4v\geqslant 0 \qquad ②$$

将式①代入式②，得

$$u^2-4(u^2-3u-9)\geqslant 0$$

可解得

$$-2\leqslant u\leqslant 6$$

故知，当 $u=3$ 时，x^2+y^2 有最大值 27.

例 16 已知 a,b,c,d,e 为实数，且 $a+b+c+d+e=8,a^2+b^2+c^2+d^2+e^2=16$，试求 e 的最大值和最小值.

思考 从条件中两个等式直接去解得关于 e 的表达式然后求其最值，显然非常困难，因而，想到用参数来探讨各量间的关系，由于 e 为所求，故设法列出 a,b,c,d 的关于 e 的参数式.

解 因为

$$a+b+c+d=8-e$$

设

$$a=\frac{8-e}{4}+t_1,b=\frac{8-e}{4}+t_2,c=\frac{8-e}{4}+t_3,d=\frac{8-e}{4}+t_4$$

则

$$t_1+t_2+t_3+t_4=(a+b+c+d)-(8-e)=0$$

又

$$a^2+b^2+c^2+d^2=16-e^2$$

且

$$a^2+b^2+c^2+d^2=4\left(\frac{8-e}{4}\right)^2+2(t_1+t_2+t_3+t_4)\cdot\frac{8-e}{4}+t_1^2+t_2^2+t_3^2+t_4^2=$$
$$\frac{(8-e)^2}{4}+t_1^2+t_2^2+t_3^2+t_4^2\geqslant\frac{(8-e)^2}{4}$$

所以 $16-e^2\geqslant\frac{(8-e)^2}{4}$，即

$$5e^2-16e\leqslant 0$$

故

$$0 \leqslant e \leqslant \frac{16}{5}$$

即知 e 的最大值为$\frac{16}{5}$,最小值为 0.

说明　本题涉及众多变量,但参数辅设得相当巧妙,使各量间的关系和求解目标都呈现得十分明朗清晰.

§2　代数中参数的常见形式

代数中参数的常见形式大致可归纳为如下的三大类:

一、数式中自含的参数

中学代数中最早出现自含参数的问题为含字母系数的一元一次方程,这里的字母系数便起着参数的作用.以后在二元一次方程组、一元二次方程、指数、对数方程等各种形式的方程、不等式、函数、数列、复数以及二项式定理等各章,陆续出现了形式多样的各类自含参数的问题.

研究这类含字母系数的数式问题的求解方法,能全面了解并掌握相应类别的方程、不等式、函数、数列、复数等的一般性质,培养分析问题、综合分类讨论和解决问题的能力,并了解工具多方面的应用(如在物理学等其他学科中的应用).

此外,因参数具有协调、制约的作用,在各类问题中以参数表示有关数式,不但便于思考,而且可以顺逆多向求解、讨论缜密周全,利于提高我们的多种能力.

例 1　解关于 x 的不等式 $ax^2-2(a+1)x+4>0$.

思考　不等式中含有字母系数 a(即参数),对参数 a 的不同的值,不等式的解将具有不同形式,因此需对问题(以参数 a 作为线索)进行全面详尽的分类讨论.

解　(1)当 $a=0$ 时,原不等式化为一次不等式

$$-2x+4>0$$

所以

$$x<2$$

(2)当 $a\neq 0$ 时,原不等式可化为

$$(x-2)(ax-2)>0$$

左端二次三项式的两个根是 $2,\frac{2}{a}$.

所以当 $a<0$ 时，$\frac{2}{a}<x<2$；

当 $0<a<1$ 时，$x<2$ 或 $x>\frac{2}{a}$；

当 $a\geqslant 1$ 时，$x<\frac{2}{a}$ 或 $x>2$.

即原不等式的解集是：①当 $a<0$ 时，$x\in\left(\frac{2}{a},2\right)$；②当 $a=0$ 时，$x\in(-\infty,2)$；③当 $0<a<1$ 时，$x\in(-\infty,2)\cup\left(\frac{2}{a},+\infty\right)$；④当 $a\geqslant 1$ 时，$x\in\left(-\infty,\frac{2}{a}\right)\cup(2,+\infty)$.

说明 本题的分类围绕参数 a 进行，对参数 a 的所有可能值的分类讨论要既不重复又不遗漏，而且应严格按数的大小逐级进行.

例 2 若关于 x 的二次方程

$$x^2=(2-k)x+\log_{2-\sqrt{3}}(2+\sqrt{3})^k$$

的两个根都是正数，试确定参数 k 的取值范围.

思考 实参数 k 的取值范围受两个正根的制约，故应据二次方程的判别式和韦达定理来着手求解.

解 原方程变形为

$$x^2-(2-k)x-\log_{2-\sqrt{3}}(2+\sqrt{3})^k=0$$

据条件：方程有两个正根，应有

$$\begin{cases}(2-k)^2+4\log_{2-\sqrt{3}}(2+\sqrt{3})^k\geqslant 0 & ①\\ -(2-k)<0 & ②\\ -\log_{2-\sqrt{3}}(2+\sqrt{3})^k>0 & ③\end{cases}$$

由式①，得 $k^2-8k+4\geqslant 0$，所以

$$k\leqslant 4-2\sqrt{3} \text{ 或 } k\geqslant 4+2\sqrt{3}$$

由式②，得

$$k<2$$

由式③，得

$$k>0$$

所以 k 的取值范围是 $0<k\leqslant 4-2\sqrt{3}$.

例 3 解关于 x 的方程并加以讨论

$$\log_{a^2}(x^2-a^2)=\log_a(x-ka)$$

思考 因式中 $0<a\neq 1$,故仅需对 k 的不同值做讨论,为此先从方程中脱去对数符号以取出各个隐含条件式,然后对参数 k 的不同的值做分类讨论.

解 从原方程得

$$\begin{cases} x^2-a^2>0 & ① \\ x-ka>0 & ② \\ x^2-a^2=(x-ka)^2 & ③ \end{cases}$$

由式③,可得

$$2kax=a^2+k^2a^2$$

(1)当 $k=0$ 时,因为 $a>0$,上式无解.

(2)当 $k\neq 0$ 时,有

$$x=\frac{a+k^2a}{2k} \quad ④$$

将式④代入式①,得 $\dfrac{a^2(1-k^2)^2}{4k^2}>0$,所以 $k\neq\pm 1$;

将式④代入式②,得 $\dfrac{a(1-k^2)}{2k}>0$,所以 $k<-1$,或 $0<k<1$.

故,当 $k<-1$ 或 $0<k<1$ 时,原方程有解

$$x=\frac{a+k^2a}{2k}$$

当 $-1\leqslant k\leqslant 0$ 或 $k\geqslant 1$ 时,原方程无解.

说明 对含字母参数方程的讨论,经常先考虑有解和无解两种对立情形,方程有解的条件可由使各部分表达式有意义的条件联立解出,然后利用补集知识即可得方程无解的条件.

例 4 当参数 a 为何值时,可求出 x 的值,使得 $5^{1+x}+5^{1-x}$,$\dfrac{a}{2}$,25^x+25^{-x} 成等差数列.

思考 本题实际上相当于求函数 $a=5^{1+x}+5^{1-x}+25^x+25^{-x}$ 的值域,注意到 $5^x+\dfrac{1}{5^x}\geqslant 2$,可得出下面解法:

解 据题意,有

$$2\times\frac{a}{2}=(5^{1+x}+5^{1-x})+(25^x+25^{-x})=$$

$$5\left(5^x+\frac{1}{5^x}\right)+\left(5^{2x}+\frac{1}{5^{2x}}\right)\geqslant$$
$$5\times2+2=12$$

故知参数 a 的值不得小于 12.

例 5 已知函数 $f(x)=\sqrt{(x^2-4x+3)^2}-px$ 有四个零点,试确定 p 的范围.

思考 问题的条件也可以转换为方程 $\sqrt{(x^2-4x+3)^2}-px=0$ 有四个实解,但若用一般方法解上述方程,因需对多种情况加以讨论,解来甚繁.考虑到方程亦可变形为:$|(x-1)(x-3)|=px$,不妨拆成两个方程,研究它们的图形在怎样的情况下会有四个交点.

解 考虑两个函数:$y_1=|(x-1)(x-3)|$,$y_2=px$,则可如图 2.1 分别作出它们的图像,y_1 为有部分翻折的抛物线,y_2 为过原点的直线,由图明显可知,当且仅当直线 $y_2=px$ 的位置介于切线 OT 与 x 轴的正向之间时,两图像才能有四个交点.

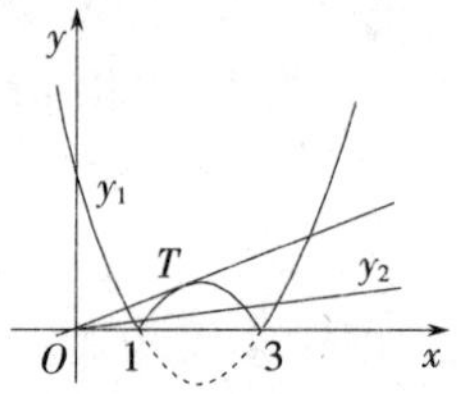

图 2.1

翻折部分的抛物线方程为

$$y=-(x^2-4x+3)\quad(1\leqslant x\leqslant3)$$

它与直线 $y=px$ 相切的条件是方程 $px=-x^2+4x-3$ 有两个等根,即方程 $x^2-(4-p)x+3=0$ 有 $\Delta=(4-p)^2-12=0$,可解得 $p=4\pm2\sqrt{3}$,其中 $p=4+2\sqrt{3}$ 不合题意舍去,故 $p=4-2\sqrt{3}$,又直线 $y=0$ 的斜率 $p=0$.

综合上述知,当 $p\in(0,4-2\sqrt{3})$ 时,原函数有四个零点.

说明 函数或方程中含字母参数,原本需要分类讨论,本题做适当的转化利用图像求解,显得直观明了,避免了讨论中的烦琐计算.

再如解不等式 $x^2-5x+6<0$,可得解集 $\{x\mid2<x<3\}$,对这样的常见题若赋以参数并做逆序改造,便可得.

已知不等式 $ax^2+abx+b>0$ 的解集是 $\{x\mid2<x<3\}$,试求 a,b 的值.(解略)

多接触这一类非常规的不等式问题,对发展思维的变通性、灵活性,无疑是十分有益的.

二、辅设的代数参数

辅设这类形式的参数,在解题中大多起着换元、化简的功能性作用,按各类数式的结构特征,又可将参数的代换作用细分为如下的几种:

1. 整体代换

这种代换是一种式子代换,为了解题运算的需要,将整个数式用字母参数代换.

例 6 求 $9\left(\frac{x^2-x+1}{x^2+x+1}\right)^2+5$ 的最大值与最小值.

解 设

$$\frac{x^2-x+1}{x^2+x+1}=y$$

则已知代数式的最大、最小值,取决于 y 的值.

由

$$\frac{x^2-x+1}{x^2+x+1}=y$$

去分母,整理,得

$$(y-1)x^2+(y+1)x+(y-1)=0$$

因 x 为实数,上述关于 x 的二次方程须判别式 $\Delta\geqslant 0$,即

$$(y+1)^2-4(y-1)^2\geqslant 0$$

可解得

$$\frac{1}{3}\leqslant y\leqslant 3$$

这时,$9y^2+5$ 关于 y 是递增的.

所以当 $y=\frac{1}{3}$ 时,它有最小值 6;

当 $y=3$ 时,此函数有最大值 86.

2. 部分代换

也是一种式子代换,只是在解题过程中根据数式运算的特点,用字母参数来代换其中的部分数式.

例 7 化简 $\frac{(4+\sqrt{15})^{\frac{3}{2}}+(4-\sqrt{15})^{\frac{3}{2}}}{(6+\sqrt{35})^{\frac{3}{2}}-(6-\sqrt{35})^{\frac{3}{2}}}$.

解 设

$$x=(4+\sqrt{15})^{\frac{3}{2}}+(4-\sqrt{15})^{\frac{3}{2}}$$

则

$$x^2=(4+\sqrt{15})^3+2+(4-\sqrt{15})^3=8^3-3\times 1\times 8+2=490$$

所以

$$x=7\sqrt{10}$$

又设

$$y=(6+\sqrt{35})^{\frac{3}{2}}-(6-\sqrt{35})^{\frac{3}{2}}$$

则

$$y^2=(6+\sqrt{35})^3-2+(6-\sqrt{35})^3=12^3-3\times1\times12-2=1\,690$$

所以

$$y=13\sqrt{10}$$

于是，原式$=\dfrac{x}{y}=\dfrac{7\sqrt{10}}{13\sqrt{10}}=\dfrac{7}{13}$.

3. 比值参数代换

若问题的条件中出现连比的形式，用比值参数 k 可顺利地建立分子、分母的多个关系式，这就便于有目的地实施变形，使问题转向获解的通途.

例 8 已知$\dfrac{x(y+z-x)}{\log_a x}=\dfrac{y(z+x-y)}{\log_a y}=\dfrac{z(x+y-z)}{\log_a z}$.

求证：$y^z z^y=z^x x^z=x^y y^x$.

证明 设

$$\frac{x(y+z-x)}{\log_a x}=\frac{y(z+x-y)}{\log_a y}=\frac{z(x+y-z)}{\log_a z}=\frac{1}{k}$$

则

$$\log_a x=kx(y+z-x),\log_a y=ky(z+x-y),\log_a z=kz(x+y-z)$$

因此，有

$$x=a^{kx(y+z-x)},y=a^{ky(z+x-y)},z=a^{kz(x+y-z)}$$

因为

$$y^z z^y=[a^{ky(z+x-y)}]^z\cdot[a^{kz(x+y-z)}]^y=a^{2kxyz}$$

同理，得

$$z^x x^z=a^{2kxyz},x^y y^x=a^{2kxyz}$$

所以

$$y^z z^y=z^x x^z=x^y y^x$$

例 9 解方程组

$$\begin{cases}x^2+x\sqrt[3]{xy^2}=80\\y^2+y\sqrt[3]{yx^2}=5\end{cases}$$

思考 两个方程的左边均为 x,y 的齐次式，即各项中字母的指数和相等，因此可利用比值参数代换 $y=kx$，使原方程组转化为关于 x,k 的方程组，其中变量 x 可因齐次而方便地消去，这样即可顺利求出 k 值而使问题得解.

解 设 $y=kx$，代入原方程组后，得

$$\begin{cases}x^2+x^2\sqrt[3]{k^2}=80 & ①\\ k^2x^2+x^2k\sqrt[3]{k}=5 & ②\end{cases}$$

显然原方程组无零解，即 $x\neq0$，$y\neq0$，因此 $k\neq0$.

①÷②，得 $\dfrac{1+\sqrt[3]{k^2}}{k^2+k\sqrt[3]{k}}=16$，即

$$\frac{1+\sqrt[3]{k^2}}{\sqrt[3]{k^4}(\sqrt[3]{k^2}+1)}=16$$

可得 $\dfrac{1}{\sqrt[3]{k^4}}=16$，所以 $k=\pm\dfrac{1}{8}$，代入①，得

$$x^2\left(1+\frac{1}{4}\right)=80$$

所以 $x=\pm8$.

由此即可得原方程组的解为

$$\begin{cases}x_1=8\\ y_1=1\end{cases},\begin{cases}x_2=8\\ y_2=-1\end{cases},\begin{cases}x_3=-8\\ y_3=1\end{cases},\begin{cases}x_4=-8\\ y_5=-1\end{cases}$$

说明 对齐次式如上辅设比值参数作线性代换，是减元、化简的一种有效措施.

4. 平均值代换

平均值代换是一种巧妙的参数代换，所辅设的参数与数式中代换对象的平均值有关，它能有机地使代换后的各部分数式密切联系起来，容易找出解题的突破口.

例 10 《高中课本代数甲种本》不等式一章中的定理：

如果 $a,b,c\in\mathbf{R}_+$，那么 $\dfrac{a+b+c}{3}\geqslant\sqrt[3]{abc}$.（当且仅当 $a=b=c$ 时，取“＝”号）.

我们利用平均值代换给出与课本中不同的简单证法：

证明 注意到不等式的对称结构，设 $\dfrac{a+b+c}{3}=x$，这里 x 即是 a,b,c 的平均值参数，且 $x>0$.

因为

$$x=\frac{4x}{4}=\frac{3x+x}{4}=\frac{a+b+c+x}{4}=\frac{1}{2}\left(\frac{a+b}{2}+\frac{c+x}{2}\right)\geqslant$$

$$\frac{1}{2}(\sqrt{ab}+\sqrt{cx})\geqslant\sqrt[4]{abcx}$$

所以 $x^4\geqslant abcx$，即 $x^3\geqslant abc$.

故 $x\geqslant\sqrt[3]{abc}$，即 $\frac{a+b+c}{3}\geqslant\sqrt[3]{abc}$.

例 11 已知正数 x,y 满足 $x+y=1$，求证

$$\left(x+\frac{1}{x}\right)\left(y+\frac{1}{y}\right)\geqslant\frac{25}{4}$$

证明 因为 $x+y=1$，利用平均值代换. 令

$$x=\frac{1}{2}+\theta,y=\frac{1}{2}-\theta$$

这里 $-\frac{1}{2}<\theta<\frac{1}{2}$.

则

$$\left(x+\frac{1}{x}\right)\left(y+\frac{1}{y}\right)=\frac{(x^2+1)(y^2+1)}{xy}=\frac{\theta^4+\frac{3}{2}\theta^2+\frac{25}{16}}{\frac{1}{4}-\theta^2}$$

显然，分子的值 $\geqslant\frac{25}{16}$，$0<$ 分母的值 $\leqslant\frac{1}{4}$.

所以 $\left(x+\frac{1}{x}\right)\left(y+\frac{1}{y}\right)\geqslant\frac{25}{4}$.

说明 利用平均值代换常使解题显得巧妙别致，与众不同，这是一种技巧性颇强的参数代换.

5. 对称代换

问题中所给出的数式方程如果具有对称形式，常宜利用对称形式的参数代换使数式简化.

例 12 解方程组

$$\begin{cases}2x^2+5xy+2y^2+x+y+1=0\\x^2+4xy+y^2+12x+12y+10=0\end{cases}$$

解 两个方程左边都是 x,y 的对称多项式，因此，可令

$$x+y=u,xy=v$$

因原方程组可化为

$$\begin{cases}2(x+y)^2+xy+(x+y)+1=0\\(x+y)^2+2xy+12(x+y)+10=0\end{cases}$$

即得

$$\begin{cases}2u^2+v+u+1=0 & ①\\ u^2+2v+12u+10=0 & ②\end{cases}$$

①×2－②，得

$$3u^2-10u-8=0$$

所以 $u_1=4, u_2=-\dfrac{2}{3}$，相应得 $v_1=-37, v_2=-\dfrac{11}{9}$.

由此可解得

$$\begin{cases}x_1=2+\sqrt{41}\\ y_1=2-\sqrt{41}\end{cases},\begin{cases}x_2=2-\sqrt{41}\\ y_2=2+\sqrt{41}\end{cases},\begin{cases}x_3=-\dfrac{1}{3}+\dfrac{2\sqrt{3}}{3}\\ y_3=-\dfrac{1}{3}-\dfrac{2\sqrt{3}}{3}\end{cases},\begin{cases}x_4=-\dfrac{1}{3}-\dfrac{2\sqrt{3}}{3}\\ y_4=-\dfrac{1}{3}+\dfrac{2\sqrt{3}}{3}\end{cases}$$

6. 常数代换

某些较复杂的数式方程问题，直接求解很困难，但若根据数式特点将其中关键性的常数反用字母参数代替，往往使问题面貌大为改观，从而获得解题的通途.

例 13 解方程 $x^3-2\sqrt{5}x^2+5x-\sqrt{5}+1=0$.

思考 无理系数的一元三次方程，不易用因式分解等方法求解，但各项系数多与$\sqrt{5}$有关，若设$\sqrt{5}=a$，反过来可把方程看成是关于参数 a 的一元二次方程，先用 x 表示 a 的解，再转而求出 x 的值.

解 设$\sqrt{5}=a$，原方程可化为

$$x^3-2ax^2+a^2x-a+1=0$$

再整理成关于 a 的二次方程(因原方程的解 $x\neq 0$)

$$xa^2-(2x^2+1)a+(x^3+1)=0$$

所以

$$[a-(x+1)][xa-(x^2-x+1)]=0$$

解得

$$a=x+1 \text{ 或 } a=\frac{x^2-x+1}{x}$$

再代回，由 $x+1=\sqrt{5}$ 以及 $\dfrac{x^2-x+1}{x}=\sqrt{5}$，可解得

$$x_1=\sqrt{5}-1, x_{2,3}=\frac{\sqrt{5}+1\pm\sqrt{2+2\sqrt{5}}}{2}$$

说明 某些高次方程本身虽不含参数，但据系数的特征用参数作代换，可转化为以参数为未知量的较为简单的方程，以此作为中继过渡解之，就能回避高次方程求解的困难. 用常参数解题正是参数灵活性的表现，常参数的出现，使我们的参数观点有了突破，不再囿于变参数的范围了. 再看一道第五届美国数学邀请赛试题：

例 14 计算

$$\frac{(10^4+324)(22^4+324)(34^4+324)(46^4+324)(58^4+324)}{(4^4+324)(16^4+324)(28^4+324)(40^4+324)(52^4+324)}$$

解 所含 10 个因式都可提出公因子约简，使原式化为

$$\frac{(4\times5^4+3^4)(4\times11^4+3^4)(4\times17^4+3^4)(4\times23^4+3^4)(4\times29^4+3^4)}{(4\times2^4+3^4)(4\times8^4+3^4)(4\times14^4+3^4)(4\times20^4+3^4)(4\times26^4+3^4)}$$

由于 10 个因式具有相同结构，因此，可用常参数代换来研究规律，探索能否进一步分解而使原式再获约简的可能性.

因为

$$\begin{aligned}4\times a^4+3^4=&(2a^2)^2+2(2a^2)\times3^2+3^4-2(2a^2)3^2=\\&(2a^2+9)^2-(6a)^2=\\&(2a^2+6a+9)(2a^2-6a+9)=\\&[a^2+(a+3)^2]\times[a^2+(a-3)^2]\end{aligned}$$

其中令 a 分别等于 5,11,17,23,29 和 2,8,14,20,26.

则

$$\begin{aligned}原式=&\frac{(5^2+2^2)(5^2+8^2)(11^2+8^2)(11^2+14^2)(17^2+14^2)}{(2^2+1^2)(2^2+5^2)(8^2+5^2)(8^2+11^2)(14^2+11^2)}\times\\&\frac{(17^2+20^2)(23^2+20^2)(23^2+26^2)(29^2+26^2)(29^2+32^2)}{(14^2+17^2)(20^2+17^2)(20^2+23^2)(26^2+23^2)(26^2+29^2)}=\\&\frac{29^2+32^2}{2^2+1^2}=\frac{1\,865}{5}=373\end{aligned}$$

7. 待定参数

顾名思义，待定参数就是在数式运算过程中，辅设的待定系数或辅助未知数.

例 15 试把 $5^{1\,985}-1$ 分解成 3 个整数的积，使得每个整数都大于 5^{100}.

思考 因 $1\,985=5\times397$，故先设常参数 $x=5^{397}$，问题即转化为分解 x^5-1 为 3 个因式.

又因 $x^5-1=(x-1)(x^4+x^3+x^2+x+1)$，故只需考虑将 $x^4+x^3+x^2+x+1$分解成 2 个满足要求的因式即可，为此引入待定参数 a，设法把它化成两

式的平方差以达到目标.

解 承接上面的思考,因为

$$x^4+x^3+x^2+x+1=[(x^2+1)+ax]^2-x(2a-1)\left(x^2+\frac{a^2+1}{2a-1}x+1\right)$$

为使最后一个小括号成为完全平方式,须使

$$\frac{a^2+1}{2a-1}=2$$

即得 $a=3$ 或 $a=1$.

当 $a=3$ 时,$2a-1=5$,$x(2a-1)=5^{398}$ 即能达到目标;

当 $a=1$ 时,$x(2a-1)=5^{397}$ 不能成为完全平方,舍去.

所以

$$5^{1985}-1=(5^{397}-1)(5^{794}+5^{596}+3\times5^{397}+5^{199}+1)\times(5^{794}-5^{596}+3\times5^{397}-5^{199}+1)$$

8. 复参数代换

很多代数(包括某些几何、三角)问题,仅用本章节的知识去直接求解,常常感到棘手,但若据数式特点引入复数参数,犹如补充新鲜血液,可大大激发起求解的活力.

例 16 设 a,b,x,y 皆为正实数,且 $x^2+y^2=1$,求证

$$\sqrt{a^2x^2+b^2y^2}+\sqrt{a^2y^2+b^2x^2}\geqslant a+b$$

(《数学通报》1986 年一征解题)

思考 要证的不等式左边的两个根式,颇类似于复数的模,因此引入复参数,再利用复数不等式 $|z_1|+|z_2|\geqslant|z_1+z_2|$ 来推证.

证明 设

$$z_1=ax+by\mathrm{i},z_2=bx+ay\mathrm{i}$$

则

$$|z_1|=\sqrt{a^2x^2+b^2y^2},|z_2|=\sqrt{b^2x^2+a^2y^2}$$

且

$$|z_1+z_2|=\sqrt{(ax+bx)^2+(by+ay)^2}=\sqrt{(a+b)^2(x^2+y^2)}=\sqrt{(a+b)^2\times1}=a+b$$

因

$$|z_1|+|z_2|\geqslant|z_1+z_2|$$

故有 $\sqrt{a^2x^2+b^2y^2}+\sqrt{b^2x^2+a^2y^2}\geqslant a+b$.

说明 复参数代换多适用于涉及二次根式的方程、不等式、函数等有关问题，这时，不等式$||z_1|-|z_2||\leqslant|z_1\pm z_2|\leqslant|z_1|+|z_2|$特别有用.

如果兼顾复参数和常参数，则 $w\left(\text{即}-\frac{1}{2}+\frac{\sqrt{3}}{2}\mathrm{i}\right)$也是一个十分有用的、活跃的代换参数，如：

例 17 设$(1+x+x^2)^n=c_0+c_1x+c_2x^2+\cdots+c_{2n}x^{2n}$.

求证：$c_0+c_3+c_6+\cdots=c_1+c_4+c_7+\cdots=c_2+c_5+c_8+\cdots=3^{n-1}$.

证明 在已知等式中，令 $x=1$，得

$$3^n=c_0+c_1+c_2+\cdots+c_{2n} \qquad ①$$

又因已知等式左端是 $1+x+x^2$ 的幂，似与 w 有关，故令 $x=w$ 代入，有

$$(1+w+w^2)^n=c_0+c_1w+c_2w^2+c_3+c_4w+c_5w^2+\cdots$$

再整理为

$$0=(c_0+c_3+c_6+\cdots)-\frac{1}{2}(c_1+c_4+c_7+\cdots)-\frac{1}{2}(c_2+c_5+c_8+\cdots)+$$

$$\frac{\sqrt{3}}{2}(c_1+c_4+c_7+\cdots)\mathrm{i}-\frac{\sqrt{3}}{2}(c_2+c_5+c_8+\cdots)\mathrm{i}$$

由上式，据复数等于零的条件，即可推得

$$c_1+c_4+c_7+\cdots=c_2+c_5+c_8+\cdots=c_0+c_3+c_6+\cdots$$

以此代入式①，即得

$$c_0+c_3+c_6+\cdots=c_1+c_4+c_7+\cdots=c_2+c_5+c_8+\cdots=3^{n-1}$$

三、辅设的三角参数

三角函数有着众多的公式、性质和思路清晰的变换方法，因此在代数式的变形中若引入三角参数，则变换的天地将更为广阔，手段益显高明.

三角参数的引进，对于无理式的“有理化”通常很能奏效，进而还可将复杂的代数问题纳入思维方向明确的三角领域的变形轨道.

一般的说，对形如$\sqrt{a^2+[f(x)]^2}$，$\sqrt{a^2-[f(x)]^2}$，$\sqrt{[f(x)]^2-a^2}$的无理式，均可据同角的三个平方关系式之一作参数代换，即令 $f(x)=a\tan t$，$f(x)=a\sin t$，$f(x)=a\sec t$，便能达到有理化的目的，这方面在本章§1 的例 2，例 3 中已有阐述.

对于多元的代数问题，亦可据数式的结构特点，利用和差角公式、倍角半角公式、万能公式等作“量体裁衣”性的三角代换，但这类变换须重视保持变元允许值范围的一致性.

例 18 已知 x,y 为实数,且 $\frac{x-y}{1+xy}=\sqrt{3}$,求 $\frac{|1+xy|}{\sqrt{1+x^2}\sqrt{1+y^2}}$ 的值.

思考 从条件式中 $\frac{x-y}{1+xy}$ 的形式,可联想两角差的正切公式,所求式中含 $\sqrt{1+x^2}$,$\sqrt{1+y^2}$,也可施引三角代换,因此我们引进角参数 α,β,使问题转换为较简单的三角问题.

解 因 x,y 为实数,故可设

$$x=\tan\alpha,y=\tan\beta$$

则据题设条件得

$$\frac{x-y}{1+xy}=\frac{\tan\alpha-\tan\beta}{1+\tan\alpha\tan\beta}=\tan(\alpha-\beta)=\sqrt{3}$$

所以

$$\frac{|1+xy|}{\sqrt{1+x^2}\cdot\sqrt{1+y^2}}=\frac{|1+\tan\alpha\tan\beta|}{\sqrt{1+\tan^2\alpha}\sqrt{1+\tan^2\beta}}=\left|\frac{1+\tan\alpha\tan\beta}{\sec\alpha\sec\beta}\right|=$$
$$|\cos\alpha\cos\beta+\sin\alpha\sin\beta|=|\cos(\alpha-\beta)|=$$
$$\frac{1}{\sqrt{1+\tan^2(\alpha-\beta)}}=\frac{1}{\sqrt{1+3}}=\frac{1}{2}$$

例 19 已知 $x^2-y^2-z^2=0$,试将 $x^3-y^3-z^3$ 分解因式.

思考 已知等式为 $x^2=y^2+z^2$,可变形为 $\left(\frac{y}{x}\right)^2+\left(\frac{z}{x}\right)^2=1$,与 $\sin^2\theta+\cos^2\theta=1$ 结构相仿,故引入角参数 θ.

解 设 $y=x\sin\theta,z=x\cos\theta$,则

$$x^3-y^3-z^3=x^3(1-\sin^3\theta-\cos^3\theta)=$$
$$x^3(\sin^2\theta+\cos^2\theta-\sin^3\theta-\cos^3\theta)=$$
$$x^3[\sin^2\theta(1-\sin\theta)+\cos^2\theta(1-\cos\theta)]=$$
$$x^3[(1-\cos^2\theta)(1-\sin\theta)+(1-\sin^2\theta)(1-\cos\theta)]=$$
$$x^3(1-\sin\theta)(1-\cos\theta)(1+\cos\theta+1+\sin\theta)=$$
$$(x-x\sin\theta)(x-x\cos\theta)(2x+x\cos\theta+x\sin\theta)=$$
$$(x-y)(x-z)(2x+y+z)$$

由于复数的三角形式就其结构与形状而言,均扎根于三角函数,因此某些复数问题或可利用复数三角式代换的其他代数问题,也都是角参数得以充分施展功能的广阔天地.

例 20 求一个绝对值等于 1 的复数 z,使 $\sqrt{3}+\mathrm{i}+z$ 的绝对值最大.

解 因为$|z|=1$，所以设

$$z=\cos\theta+\mathrm{i}\sin\theta$$

于是

$$\begin{aligned}|\sqrt{3}+\mathrm{i}+z|=&|(\sqrt{3}+\cos\theta)+(1+\sin\theta)\mathrm{i}|=\\&\sqrt{(\sqrt{3}+\cos\theta)^2+(1+\sin\theta)^2}=\\&\sqrt{4+2\sqrt{3}\cos\theta+\cos^2\theta+\sin^2\theta+2\sin\theta}=\\&\sqrt{5+4\sin\left(\theta+\frac{\pi}{3}\right)}\end{aligned}$$

所以当$\theta+\frac{\pi}{3}=\frac{\pi}{2}$，即$\theta=\frac{\pi}{6}$时，有

$$|\sqrt{3}+\mathrm{i}+z|_{\max}=\sqrt{5+4}=3$$

这时，$z=\cos\frac{\pi}{6}+\mathrm{i}\sin\frac{\pi}{6}=\frac{\sqrt{3}}{2}+\frac{1}{2}\mathrm{i}$.

说明 将复数变换为三角形式，便能直接利用三角函数的有界性获得极值，问题的处理变得十分简单.

本例也可应用不等式$|z_1|+|z_2|\geqslant|z_1+z_2|$获得更简易的解法，我们再来看一个较为复杂的例子.

例 21 已知$\left|z+\frac{1}{z}\right|=1$，求复数$z$的模$|z|$的最大值.

思考 要求$|z|$的最大值，应将条件式$\left|z+\frac{1}{z}\right|=1$变成仅含$|z|$的式子，再利用实数中求极值的方法探求答案. 复数的三角式恰好能达到这一目的.

解 设$z=r(\cos\theta+\mathrm{i}\sin\theta)$，则

$$|z|=r$$

因为$\left|z+\frac{1}{z}\right|=1$，可得

$$\frac{|z^2+1|}{r}=1$$

即

$$\begin{aligned}r=&|z^2+1|=|[r(\cos\theta+\mathrm{i}\sin\theta)]^2+1|=\\&|r^2\cos 2\theta+1+\mathrm{i}r^2\sin 2\theta|=\\&\sqrt{(r^2\cos 2\theta+1)^2+(r^2\sin 2\theta)^2}=\\&\sqrt{r^4+2r^2\cos 2\theta+1}\end{aligned}$$

因此，有

$$r^2=r^4+2r^2\cos 2\theta+1$$

或

$$r^4-(1-2\cos 2\theta)r^2+1=0$$

将上式看成是 r^2 的实系数二次方程，由于 r^2 是正实数，所以

$$\Delta=(1-2\cos 2\theta)^2-4\geqslant 0$$

或

$$|1-2\cos 2\theta|\geqslant 2$$

因为 $1-2\cos 2\theta\leqslant -2$，有 $\cos 2\theta\geqslant \frac{3}{2}$，此不可能，故舍去.

所以 $1-2\cos 2\theta\geqslant 2$，即 $\cos 2\theta\leqslant -\frac{1}{2}$，这是 r^2 存在的必要条件. 因

$$r^2=\frac{1-2\cos 2\theta\pm\sqrt{(1-2\cos 2\theta)^2-4}}{2} \qquad ①$$

要使 $r=|z|$ 有最大值，只需 r^2 最大，故应使式①根号前面取正号，且应使 $1-2\cos 2\theta$ 取到最大，即取 $\cos 2\theta=-1$，这时，$r^2=\frac{3+\sqrt{5}}{2}$.

所以 $|z|$ 的最大值为 $\sqrt{\frac{3+\sqrt{5}}{2}}=\sqrt{\frac{6+2\sqrt{5}}{4}}=\frac{1+\sqrt{5}}{2}$.

§3 灵活地应用参数求解几类代数问题

参数的代换、沟通、协调等作用，决定了它在求解各类代数问题时，常能出奇制胜. 剖析在代数领域中的各种应用，又以下列几类使用得更为广泛.

一、数式的化简、求值与变形

代数式的化简、求值，说到底是一个由繁到简的变换过程，参数既然有利于巧妙实施变换，当然谁也不会拒绝它的功效和帮助.

例 1 化简 $\sqrt[3]{2+\frac{10}{3\sqrt{3}}}+\sqrt[3]{2-\frac{10}{3\sqrt{3}}}$.

思考 直接计算很不易，因根号内两式互成共轭，若设 $u=2+\frac{10}{3\sqrt{3}}$，$v=2-\frac{10}{3\sqrt{3}}$，则有 $u+v-4$，$uv=\frac{8}{27}$，再从整体考虑，设原式为 x，可得关于 x 的方程，求

其实根即得原式的值.

解 设 $u=2+\frac{10}{3\sqrt{3}}, v=2-\frac{10}{3\sqrt{3}}$,则有

$$u+v=4, uv=\frac{8}{27}$$

再设原式$=x$,则可得方程

$$\sqrt[3]{u}+\sqrt[3]{v}=x$$

或

$$x^3=u+v+3\sqrt[3]{uv}(\sqrt[3]{u}+\sqrt[3]{v})$$

即

$$x^3=4+3\times\frac{2}{3}\times x$$

可整理成

$$x^3-2x-4=0$$

或

$$(x-2)(x^2+2x+2)=0$$

因为方程 $x^2+2x+2=0$ 无实根,所以 $x=2$.

即原式的值为 2.

说明 解题中所设的 u,v,x,都是参数,常参数 u,v 的引进,活化了题中的信息并顾及共轭根式的特性,参数 x 的引进,使原来的求值转化为求关于 x 的方程的实根,并将已知与未知,统一到一个方程之中,参数 u,v,x 上述功能是不可低估的.

例 2 计算$\frac{69-7\sqrt{15}+(\sqrt{3}-6\sqrt{5})\mathrm{i}}{3-(\sqrt{3}-3\sqrt{5})\mathrm{i}}$.

思考 直接作除法运算,过程颇繁,试引入参数,设原式等于 $a+b\mathrm{i}$,即可变除为乘,再据复数相等的条件求出待定参数 a,b 的值.

解 设原式为 $a+b\mathrm{i}$,则得

$$(a+b\mathrm{i})[3-(\sqrt{3}-3\sqrt{5}\mathrm{i})]=69-7\sqrt{15}+(\sqrt{3}-6\sqrt{5})\mathrm{i}$$

或

$$[3a+(\sqrt{3}-3\sqrt{5})b]+[3b-(\sqrt{3}-3\sqrt{5})a]\mathrm{i}=69-7\sqrt{15}+(\sqrt{3}-6\sqrt{5})\mathrm{i}$$

即有

$$\begin{cases}3a+(\sqrt{3}-3\sqrt{5})b=69-7\sqrt{15}\\-(\sqrt{3}-3\sqrt{5})a+3b=\sqrt{3}-6\sqrt{5}\end{cases}$$

可解得

$$a=2, b=\sqrt{3}-4\sqrt{5}$$

所以原式$=2+(\sqrt{3}-4\sqrt{5})\mathrm{i}$.

说明 引入的参数是一种待定系数，一般由方程(组)来确定它们的值.

例 3 已知x,y,z是实数，且

$$(y-z)^2+(z-x)^2+(x-y)^2=(y+z-2x)^2+(z+x-2y)^2+(x+y-2z)^2$$

求$\dfrac{(yz+1)(zx+1)(xy+1)}{(x^2+1)(y^2+1)(z^2+1)}$的值.

思考 条件式过于繁杂似难利用. 但根据它的结构，作参数代换：$y-z=a$，$z-x=b$，$x-y=c$，立可使条件式简化.

解 设$y-z=a$，$z-x=b$，$x-y=c$，则已知式成为

$$a^2+b^2+c^2=(b-c)^2+(c-a)^2+(a-b)^2$$

可得

$$a^2+b^2+c^2-2ab-2bc-2ac=0 \quad ①$$

由于

$$a+b+c=y-z+z-x+x-y=0$$

平方，得

$$a^2+b^2+c^2+2ab+2bc+2ac=0 \quad ②$$

①+②，得$a^2+b^2+c^2=0$.

因为a,b,c是实数，知$a=b=c=0$.

即得

$$x=y=z=0$$

故知$\dfrac{(yz+1)(zx+1)(xy+1)}{(x^2+1)(y^2+1)(z^2+1)}=1$.

对于结构复杂的代数式的恒等变形. 引用辅助参数有头绪清晰、运算简便的优点，下面两个因式分解的题目就很能说明问题.

例 4 分解因式：

(1)$(a^2+1)^2+(a^2+5)^2-4(a^2+3)^2$；

(2)$(ay+bx)^3+(ax+by)^3-(a^3+b^3)(x^3+y^3)$.

解 (1)设$a^2+1=x$，$a^2+5=y$，则

$$x+y=2(a^2+3)$$

所以

$$\text{原式}=x^2+y^2-(x+y)^2=-2xy=-2(a^2+1)(a^2+5)$$

(2)设 $y=kx$,则

$$\begin{aligned}原式=&(akx+bx)^3+(ax+bkx)^3-(a^3+b^3)(x^3+k^3x^3)=\\&x^3(3a^2k^2b+3akb^2+3a^2bk+3ab^2k^2)=\\&3abkx^3(ak+b+a+bk)=\\&3abkx^3(a+b)(1+k)=\\&3abx\cdot kx\cdot(a+b)(x+kx)=\\&3abxy(a+b)(x+y)\end{aligned}$$

说明 本例第(2)题是关于 x,y 的齐次多项式,因此可选取比值参数 k,使 $y=kx$,从而原式化为仅含一个变量 x 的代数式(把 k 看作常数),整个问题也变得简单了.对于齐次多项式的有关问题,常可采用上述参数方法.

巧妙地辅设参数,有时能解决很难的数学题,如:

例 5 设

$$\frac{x^2}{2^2-1^2}+\frac{y^2}{2^2-3^2}+\frac{z^2}{2^2-5^2}+\frac{w^2}{2^2-7^2}=1$$

$$\frac{x^2}{4^2-1^2}+\frac{y^2}{4^2-3^2}+\frac{z^2}{4^2-5^2}+\frac{w^2}{4^2-7^2}=1$$

$$\frac{x^2}{6^2-1^2}+\frac{y^2}{6^2-3^2}+\frac{z^2}{6^2-5^2}+\frac{w^2}{6^2-7^2}=1$$

$$\frac{x^2}{8^2-1^2}+\frac{y^2}{8^2-3^2}+\frac{z^2}{8^2-5^2}+\frac{w^2}{8^2-7^2}=1$$

确定 $x^2+y^2+z^2+w^2$ 的值.

(第二届美国数学邀请赛试题)

思考 如企图从所给四个方程中直接求解 x,y,z,w,运算将不胜其烦.考察式子的结构,发现四个式子仅有各分母的前项不同:分别为 $2^2,4^2,6^2,8^2$,若将这些常数代换成参数 t,便得一能联系四个式子的关于参数 t 的方程.可由此而求出答案.

解 据题设四个等式,知 $2^2,4^2,6^2,8^2$ 是关于 t 的方程

$$\frac{x^2}{t-1^2}+\frac{y^2}{t-3^2}+\frac{z^2}{t-5^2}+\frac{w^2}{t-7^2}=1$$

的四个根.

此方程可整理为

$$t^4-(1^2+3^2+5^2+7^2+x^2+y^2+z^2+w^2)t^3+\cdots=0$$

据韦达定理,知

$$2^2+4^2+6^2+8^2=1^2+3^2+5^2+7^2+x^2+y^2+z^2+w^2$$

于是,得 $x^2+y^2+z^2+w^2=4+16+36+64-(1+9+25+49)=36$.

说明 本题将四个常数换成代表性参数 t,以 t 为媒介引出了一个辅助方程,然后利用韦达定理解决了原本非常困难的问题.突出地显示了参数的功效.

例 6 设 $s_m=a_1^m+a_2^m+\cdots+a_n^m$,$a_i(i=1,2,\cdots,n)$只能取值 0,1,2,3,试用 s_1,s_2,s_3 表示 s_m.

思考 已知 $a_i(i=1,2,\cdots,n)$只能取值 0,1,2,3,但取各个值的字母 a_i 的个数未知,若选择这些未知个数为参数,便容易列式,并能作为联系 s_1,s_2,s_3 和 s_m 的中间媒介,使解题方向趋于明朗.

解 设在 $a_1,a_2,\cdots,a_n$ 中取 0,1,2,3 值的个数分别是 t,x,y,z(个).(t,x,y,z 均为非负整数,且 $t+x+y+z=n$)

则有

$$\begin{cases}t\times 0+x+2y+3z=s_1 & ①\\ t\times 0^2+x+4y+9z=s_2 & ②\\ t\times 0^3+x+8y+27z=s_3 & ③\\ t\times 0^m+x+2^my+3^mz=s_m & ④\end{cases}$$

从式①②③,可解得

$$x=3s_1-\frac{5}{2}s_2+\frac{1}{2}s_3,\ y=-\frac{3}{2}s_1+2s_2-\frac{1}{2}s_3,\ z=\frac{1}{3}s_1-\frac{1}{2}s_2+\frac{1}{6}s_3$$

以此代入式④,即得

$$s_m=3(1-2^{m-1}+3^{m-2})s_1+\frac{1}{2}(-5+2^{m+2}-3^m)s_2+\frac{1}{2}(1-2^m+3^{m-1})s_3$$

二、代数等式的证明

无论是证恒等式还是条件等式,其证明过程往往也就是从某个角度去谋求统一的变换过程,如从等式的左边→右边,从条件式→结论式,等等.于是证明过程中运算的繁简、思路的浊清等矛盾也随之而生,参数正是在这种场合里成了解决有关矛盾的强大工具.

例 7 设 $x^2+y^2=1,ax^2+by^2=c,\frac{a}{x^2}+\frac{b}{y^2}=d,a,b,c$ 是不同的实数,求证

$$\frac{a}{c-b}+\frac{b}{a-c}=\frac{d}{a-b}$$

思考一 因要证的等式中不含有 x^2,y^2,故可视 x,y 为参数,从前两式中可得 x^2,y^2 的表达式,代入第三式整理应可获得结论.

证法一 由 $x^2+y^2=1$,得 $y^2=1-x^2$,代入第二式,得

$$ax^2+b(1-x^2)=c$$

所以 $x^2=\frac{c-b}{a-b}(a\neq b)$ 且得 $y^2=1-\frac{c-b}{a-b}=\frac{a-c}{a-b}$.

上两式代入第三式，得

$$\frac{a}{\frac{c-b}{a-b}}+\frac{b}{\frac{a-c}{a-b}}=d \quad (c-b\neq 0, a-c\neq 0)$$

整理，得 $\frac{a}{c-b}+\frac{b}{a-c}=\frac{d}{a-b}$.

思考二 因 $x^2+y^2=1$，颇似三角式结构，故可设 $x=\cos\theta, y=\sin\theta$（$\theta$ 为参数）这样便能利用后两个条件式来证得结论.

证法二 设 $x=\cos\theta, y=\sin\theta$，则有

$$a\cos^2\theta+b\sin^2\theta=c, a\sec^2\theta+b\csc^2\theta=d$$

所以

$$\frac{a}{c-b}+\frac{b}{a-c}=\frac{a}{a\cos^2\theta+b\sin^2\theta-b}+\frac{b}{a-a\cos^2\theta-b\sin^2\theta}=$$

$$\frac{a}{a\cos^2\theta-b\cos^2\theta}+\frac{b}{a\sin^2\theta-b\sin^2\theta}=$$

$$\frac{1}{a-b}\left(\frac{a}{\cos^2\theta}+\frac{b}{\sin^2\theta}\right)=$$

$$\frac{1}{a-b}(a\sec^2\theta+b\csc^2\theta)=$$

$$\frac{d}{a-b}$$

说明 证法一是通过细致观察想到消去自含参数.证题方向明确，证法二根据条件式的结构特征引入角参数 θ，沟通了原来的参数 x, y 和各个条件式，并成为从条件过渡到结论的桥梁.

以上两种证法概括了参数在证代数等式（不等式）中的两种基本策略：

(1)比较题中各式异同，视某量为参数，直接考虑消参获取结论.

(2)辅设恰当的参数，以求制繁克难.

例 8 设

$$\frac{by+cz}{bx+cy}=\frac{bx+cy}{bz+cx}=\frac{bz+cx}{by+cz}$$

求证：$x^2+y^2+z^2=xy+yz+zx$.

思考 条件给出连比式，考虑辅设比值参数 k，再从题设消去 b, c 来推证结

论.

证法一 设$\frac{by+cz}{bx+cy}=\frac{bx+cy}{bz+cx}=\frac{bz+cx}{by+cz}=k$,则有

$$by+cz=k(bx+cy)=k^2(bz+cx)=k^3(by+cz)$$

由题设知 $by+cz\neq 0$,故知 $k^3=1$,即

$$k=1$$

此即连比式中各分子、分母相等,不妨再设

$$\begin{cases}by+cz=a\\bx+cy=a\quad(a\text{ 为参数})\\bz+cx=a\end{cases}$$

此表明三点(y,z),(x,y),(z,x)均位于直线 $bX+cY=a$ 上,故以这三点为顶点的三角形面积为零,即有

$$\begin{vmatrix}y & z & 1\\x & y & 1\\z & x & 1\end{vmatrix}=0$$

展开,得 $x^2+y^2+z^2=xy+yz+zx$.

证法二 承接证法一得出条件式中分子、分母相等后,有

$$\begin{cases}by+cz=bx+cy\\bx+cy=bz+cx\end{cases}$$

化为关于 b,c 的齐次线性方程组

$$\begin{cases}(x-y)b+(y-z)c=0\\(z-x)b+(x-y)c=0\end{cases}$$

由题设条件知 b,c 不全为零,即方程组有非零解,故有

$$\begin{vmatrix}x-y & y-z\\z-x & x-y\end{vmatrix}=0$$

即

$$(x-y)^2-(y-z)(z-x)=0$$

展开整理,得 $x^2+y^2+z^2=xy+yz+zx$.

说明 两种证法都是利用比值参数 k 来推导出方程组,其后因结论式中不含 b,c,故视 b,c 为参数(包括引入的 a).在消去 b,c 的方法上,两种证法又各有妙处值得玩味.

例 9 已知实数 x,y,a,b 满足 $x^2+y^2=1$,$a^2+b^2=1$,$x+y=\sqrt{2}$,$a+\sqrt{3}b=2$.

求证：$ax-by=-\frac{1}{2}\sqrt{2-\sqrt{3}}$.

思考 据前两个条件式的特点，可引入三角参数，使 $x=\sin\alpha, y=\cos\alpha$，$a=\cos\beta, b=\sin\beta$.

证明 接上思考设参数后，则后两个已知条件成为

$$\sin\alpha+\cos\alpha=\sqrt{2}$$

$$\cos\beta+\sqrt{3}\sin\beta=2$$

得

$$\sin\left(\alpha+\frac{\pi}{4}\right)=1, \sin\left(\frac{\pi}{6}+\beta\right)=1$$

所以

$$\alpha+\frac{\pi}{4}=2k\pi+\frac{\pi}{2}, \frac{\pi}{6}+\beta=2m\pi+\frac{\pi}{2} \quad (k, m\in\mathbf{Z})$$

相减，得

$$\alpha-\beta=2(k-m)\pi-\frac{\pi}{12}$$

所以

$$ax-by=\sin\alpha\cos\beta-\cos\alpha\sin\beta=\sin(\alpha-\beta)=$$

$$-\sin\frac{\pi}{12}=-\frac{\sqrt{1-\cos\frac{\pi}{6}}}{2}=-\frac{1}{2}\sqrt{2-\sqrt{3}}$$

例 10 已知 x, y, z 为正实数，且满足

$$\begin{cases} x^2+xy+y^2=49 & ① \\ y^2+yz+z^2=36 & ② \\ z^2+zx+x^2=25 & ③ \end{cases}$$

求证：$x+y+z=\sqrt{55+36\sqrt{2}}$.

思考 由于条件式呈现为 x, y, z 对称形式，故可设 $x+y+z=a$ 为参数，据此来构成关于 a 的方程，再设法证 $a=\sqrt{55+36\sqrt{2}}$.

证明 ①－②，得

$$(x-z)(x+y+z)=13$$

①－③，得

$$(y-z)(x+y+z)=24$$

②－③，得

$$(y-x)(x+y+z)=11$$

设 $x+y+z=a$，则有

$$x-z=\frac{13}{a}, y-z=\frac{24}{a}, y-x=\frac{11}{a}$$

又①+②+③，可得

$$(x+y+z)^2+\frac{1}{2}[(x-y)^2+(y-z)^2+(z-x)^2]=110$$

代入，得

$$a^2+\frac{1}{2}\left[\frac{13^2}{a^2}+\frac{24^2}{a^2}+\frac{11^2}{a^2}\right]=110$$

整理，得

$$a^4-110a^2+433=0$$

所以 $a^2=55\pm 36\sqrt{2}$.

因为 x,y,z 为实数，a^2 非负，故舍去 $55-36\sqrt{2}$.

即知 $x+y+z=a=\sqrt{55+36\sqrt{2}}$.

说明 例 9，例 10 题型相仿，但因条件式的结构有别，辅设的参数也大相径庭，因此在利用参数代换解题时，我们必须具体问题具体分析，针对实际情况灵活地辅设或利用恰当的参数，不能拘于一格.

三、解方程(组)

求方程或方程组解的过程，一般说来，也就是运用降次、减元等简化数式的过程. 在这个过程中，各种参数的恰当运用常能巧夺天工找到更为佳巧的求解方案.

例 11 求方程 $(2\sqrt[5]{x-1}-1)^4+(2\sqrt[5]{x-1}-3)^4=16$ 的实数根.

思考 直接展开求解将非常繁杂，考虑到两括号内仅差异一个常数，故实施平均值代换，使方程在引进参数后变得简捷对称，利于消项求解.

解 设 $t=2\sqrt[5]{x-1}-2$，则原方程化为

$$(t+1)^4+(t-1)^4=16$$

展开并整理，得

$$t^4+6t^2-7=0$$

可解得 $t^2=1$，即 $t=\pm 1$，$t^2=-7$ 舍去，所以

$$2\sqrt[5]{x-1}-2=\pm 1$$

又可据此解得

$$x_1=\frac{275}{32},x_2=\frac{33}{32}$$

例 12 求方程$\sqrt{a-\sqrt{a+x}}=x(a\geqslant1)$的实数根.

思考 对此方程若采用多次平方的手段来消去根号,势必出现高次项,研究其结构,考虑辅设$\sqrt{a+x}$为y作为参数,则方程简化为$\sqrt{a-y}=x$,问题便容易多了.

解 设$\sqrt{a+x}=y$,原方程化为

$$\sqrt{a-y}=x$$

两式分别平方,得

$$\begin{cases}a+x=y^2 & ①\\ a-y=x^2 & ②\end{cases}$$

①−②,有$x+y=y^2-x^2$,即

$$(x+y)(x-y+1)=0$$

所以$y=-x$,或$y=x+1$,再代回,有

$$\sqrt{a+x}=-x\text{ 或 }\sqrt{a+x}=x+1$$

分别解得

$$x_{1,2}=\frac{1}{2}\pm\sqrt{a+\frac{1}{4}},x_{3,4}=-\frac{1}{2}\pm\sqrt{a-\frac{3}{4}}$$

因x,y皆为非负数,经检验知,唯有$x=-\frac{1}{2}+\sqrt{a-\frac{3}{4}}$为原方程的解.

例 13 解方程$\sqrt{x^2+4x+5}+\sqrt{x^2-2x+5}=\sqrt{4x^2+4x+10}$.

思考 此方程不宜用多次平方的方法来求解,一般的换元方法似也难奏效,但研究根号内各式,可经配方化方程为

$$\sqrt{(x+2)^2+1^2}+\sqrt{(x-1)^2+2^2}=\sqrt{[(x+2)+(x-1)]^2+(1+2)^2}$$

这便与复数的模形式类似,故考虑复参数代换.

解 设$z_1=(x+2)+\mathrm{i},z_2=(x-1)+2\mathrm{i}$,则有

$$z_1+z_2=(2x+1)+3\mathrm{i}$$

所以

$$|z_1|=\sqrt{(x+2)^2+1^2}=\sqrt{x^2+4x+5}$$

$$|z_2|=\sqrt{x^2-2x+5}$$

$$|z_1+z_2|=\sqrt{4x^2+4x+10}$$

因为$|z_1|+|z_2|\geqslant|z_1+z_2|$,当且仅当$\frac{x+2}{1}=\frac{x-1}{2}$时等号成立.

所以方程 $\sqrt{x^2+4x+5}+\sqrt{x^2-2x+5}=\sqrt{4x^2+4x+10}$ 与方程 $\frac{x+2}{1}=\frac{x-1}{2}$同解.

由此即解得原方程的解为 $x=-5$.

例 14 设 a,b,c 是互不相等的实数,解方程组

$$\begin{cases}x+ay+a^2z=a^3 & ①\\ x+by+b^2z=b^3 & ②\\ x+cy+c^2z=c^3 & ③\end{cases}$$

思考 若按三元线性方程组的常规方法去解(如用行列式计算),运算量较大.考虑到三个方程的结构上的一致性,引入辅助参数 t,分别代表三个方程中的常数 a,b,c(即 t 是常数参数),则可构作关于 t 的方程,使问题大为改观.

解 据上分析,知 a,b,c 是关于 t 的方程

$$x+ty+t^2z=t^3$$

的三个根,方程整理为 $t^3-zt^2-yt-x=0$.

据韦达定理,知

$$a+b+c=z,ab+bc+ac=-y,abc=-x$$

所以原方程组的解为$\begin{cases}x=-abc\\ y=-ab-bc-ac.\\ z=a+b+c\end{cases}$

例 15 解方程组

$$\begin{cases}4x^2-3y=xy^3\\ x^2+x^3y^2=2y\end{cases}$$

(第九届全俄中学数学竞赛题)

思考 用加减、代入消元诸法,显然均难奏效,不如考虑根据方程的特点辅设适当的参数来解.

解 因为 $y=0$ 时唯有 $x=0$,知$(0,0)$为方程组的解,下设 $y\neq0$,求其非零解:

原方程组变形为

$$\begin{cases}4\cdot\frac{x^2}{y}-3=xy^2 & ①\\ \frac{x^2}{y}-2=-x^3y & ②\end{cases}$$

①÷②，并设$\frac{x^2}{y}=t$，得

$$\frac{4t-3}{t-2}=-\frac{1}{t}$$

即 $2t^2-t-1=0$，易得 $t=1$ 或 $t=-\frac{1}{2}$. 所以

$$y=x^2 \text{ 或 } y=-2x^2$$

以此分别代入原方程组，即可解得

$$\begin{cases}x_1=1\\y_1=1\end{cases},\begin{cases}x_2=-\frac{5\sqrt{40}}{2}\\y_2=-\sqrt[5]{50}\end{cases}$$

说明 合理、巧妙地选取参数，是本题获解的关键所在，通过对方程中各项变量的指数间关系的观察分析，选定参数 $t=\frac{x^2}{y}$，便使原方程组转化为一个一元方程，整个问题就可迎刃而解了.

在竞赛和各类选拔考试中，我们常常这样的发现方程(组)它们因自含参数而在形式上更为活泼，思维及技能的要求更高，解法也更具灵活性.

例 16 设有对数方程 $\lg(ax)=2\lg(x-1)$，讨论当 a 在什么范围内取值时，该对数方程有解，并求出它的解.

(1986 年广东省高考第二卷试题)

思考 方程结构不复杂，可转化为整式方程求解，但必须注意字母参数的讨论.

解 原方程可得出混合组

$$\begin{cases}ax>0\\x-1>0\\ax=(x-1)^2\end{cases}$$

因为 $x>1$，知 $a>0$，由 $x^2-(2+a)x+1=0$，可解得

$$x=\frac{2+a\pm\sqrt{a^2+4a}}{2}$$

但 $a>0$ 时，有

$$a-\sqrt{a^2+4a}<0$$

所以$\frac{2+a-\sqrt{a^2+4a}}{2}<1$，舍去.

故知，当 $a>0$ 时，原方程有唯一解 $x=\frac{2+a+\sqrt{a^2+4a}}{2}$.

说明 本题求解过程中出现了由方程与不等式构成的混合组.不等式成为方程求解时的约束条件.

在解不定方程问题时，利用参数同样是一种有效途径.

例 17 求不定方程 $x^2+y^2=z^2$ 的整数解.

思考 这是著名的勾股数组问题，可联想直角三角形，因此引入角参数，可简捷地求解.

解 因为 $x^2+y^2=z^2$，可设

$$x=z\cos\theta, y=z\sin\theta$$

这里，θ 为参数，$\cos\theta$，$\sin\theta$ 均为有理数.

由半角公式知 $\tan\frac{\theta}{2}=\frac{\sin\theta}{1+\cos\theta}$，且也是有理数.

设 $\tan\frac{\theta}{2}=\frac{a}{b}$，$a$，$b$ 都是整数，且 $b>a$，由三角万能公式，知

$$x=z\cdot\frac{1-\left(\frac{a}{b}\right)^2}{1+\left(\frac{a}{b}\right)^2}=z\cdot\frac{b^2-a^2}{b^2+a^2}$$

$$y=z\cdot\frac{2\cdot\frac{a}{b}}{1+\left(\frac{a}{b}\right)^2}=z\cdot\frac{2ab}{a^2+b^2}$$

所以原不定方程的全部整数解可为

$$x=b^2-a^2, y=2ab, z=a^2+b^2 \quad (a, b \text{ 均为整数})$$

四、不等式的求解与证明

与方程(组)求解过程中利用参数的想法类似，如果要求解或证明的不等式结构复杂、特征明显，亦可考虑充分发挥参数的强大功效.

例 18 比较$\frac{23^{1\,986}+1}{23^{1\,987}+1}$与$\frac{23^{1\,987}+1}{23^{1\,988}+1}$的大小.

思考 据两数的结构特点，可设 $23^{1\,987}=n$ 为参数，使两数的表达式显著简化，再作商来比较大小.

解 设 $23^{1\,987}=n$，则两数的商为

$$\frac{\dfrac{\dfrac{n}{23}+1}{n+1}}{\dfrac{n+1}{23n+1}}=\frac{(n+23)(23n+1)}{23(n^2+2n+1)}=\frac{23n^2+530n+23}{23n^2+46n+23}>1$$

故知$\dfrac{23^{1986}+1}{23^{1987}+1}>\dfrac{23^{1987}+1}{23^{1988}+1}$.

例 19 已知$0\leqslant x\leqslant 2\pi$,解不等式$\left(\dfrac{1}{4}\right)^{2\sin x}-3\times\left(\dfrac{1}{4}\right)^{\sin x}<-2$.

解 设$t=\left(\dfrac{1}{4}\right)^{\sin x}$,则原不等式成为

$$t^2-3t<-2\text{ 或 }(t-1)(t-2)<0$$

所以$1<t<2$,此即

$$1<\left(\frac{1}{4}\right)^{\sin x}<2$$

或

$$\left(\frac{1}{4}\right)^{0}<\left(\frac{1}{4}\right)^{\sin x}<\left(\frac{1}{4}\right)^{-\frac{1}{2}}$$

由此得

$$0>\sin x>-\frac{1}{2}$$

因为$0\leqslant x\leqslant 2\pi$,所以$\pi<x<\dfrac{7}{6}\pi$或$\dfrac{11}{6}\pi<x<2\pi$.

说明 原先是超越不等式,因可方便地作参数代换,化为简单的代数不等式后,解来就比较方便.

例 20 试确定$\sqrt{a^2+a+1}-\sqrt{a^2-a+1}$的取值范围.

(罗马尼亚竞赛题)

思考 由于所给式子经配方后可化为$\sqrt{\left(a+\dfrac{1}{2}\right)^2+\dfrac{3}{4}}-\sqrt{\left(a-\dfrac{1}{2}\right)^2+\dfrac{3}{4}}$,因此引入复参数$z_1=a+\dfrac{1}{2}+\dfrac{\sqrt{3}}{2}\mathrm{i}$,$z_2=a-\dfrac{1}{2}+\dfrac{\sqrt{3}}{2}\mathrm{i}$,再利用模的不等式确定原式的取值范围.

解 承接上面分析,则有

$$\left|\sqrt{a^2+a+1}-\sqrt{a^2-a+1}\right|=\left|\sqrt{\left(a+\frac{1}{2}\right)^2+\left(\frac{\sqrt{3}}{2}\right)^2}-\sqrt{\left(a-\frac{1}{2}\right)^2+\left(\frac{\sqrt{3}}{2}\right)^2}\right|=$$

$$||z_1|-|z_2||\leqslant|z_1-z_2|=$$
$$\left|\left(a+\frac{1}{2}+\frac{\sqrt{3}}{2}\mathrm{i}\right)-\left(a-\frac{1}{2}+\frac{\sqrt{3}}{2}\mathrm{i}\right)\right|=1$$

又因不等式$||z_1|-|z_2||\leqslant|z_1-z_2|$当且仅当$\frac{z_1}{z_2}$是实数时等号才能成立，因

$$\frac{a+\frac{1}{2}+\frac{\sqrt{3}}{2}\mathrm{i}}{a-\frac{1}{2}+\frac{\sqrt{3}}{2}\mathrm{i}}=\frac{a^2-\frac{1}{4}-\frac{1}{2}\mathrm{i}}{\left(a-\frac{1}{2}\right)^2+\frac{3}{4}}\notin\mathbf{R}$$

故有

$$\left|\sqrt{a^2+a+1}-\sqrt{a^2-a+1}\right|<1$$

所以所给式子的取值范围是$(-1,1)$.

说明 解题中要注意复数模的不等式中等号成立的充要条件，否则容易造成解的范围扩大的错误.

例 21 x,y都是实数，且$x^2+y^2\leqslant1$，求证

$$|x^3+3x^2y-3xy^2-y^3|\leqslant\sqrt{2}$$

思考 据条件的结构可引入三角参数，设$x=r\cos\theta,y=r\sin\theta$，其中$0\leqslant r\leqslant1$，即可利用三角方法.

证明 承上，因

$$3x^2y-y^3=r^3(3\cos^2\theta\sin\theta-\sin^3\theta)=r^3(3\sin\theta-4\sin^3\theta)=r^3\sin3\theta$$
$$x^3-3xy^2=r^3(\cos^3\theta-3\cos\theta\sin^2\theta)=r^3(4\cos^3\theta-3\cos\theta)=r^3\cos3\theta$$

所以

$$|x^3+3x^2y-3xy^2-y^3|=|r^3(\sin3\theta+\cos3\theta)|=r^3\sqrt{2}\left|\sin\left(3\theta+\frac{\pi}{4}\right)\right|\leqslant\sqrt{2}$$

例 22 已知$a>c>0,b>c>0$，求证

$$\sqrt{c(a-c)}+\sqrt{c(b-c)}\leqslant\sqrt{ab}$$

证明 据证式结构引入角参数α,β，使

$$a=c\sec^2\alpha,b=c\sec^2\beta\quad(0°<\alpha,\beta<90°)$$

则

$$\sqrt{c(a-c)}+\sqrt{c(b-c)}=\sqrt{c^2(\sec^2\alpha-1)}+\sqrt{c^2(\sec^2\beta-1)}=$$
$$c(\tan\alpha+\tan\beta)=\frac{c\sin(\alpha+\beta)}{\cos\alpha\cos\beta}\leqslant\frac{c}{\cos\alpha\cos\beta}=$$

$$\sqrt{c\sec^2\alpha \cdot c\sec^2\beta}=\sqrt{ab}$$

说明 上面两例同时引入三角参数，因数式结构不同辅设的三角式也就不相同，我们要掌握这种区分情况因式而异的技巧.

例 23 求证：$\sqrt[3]{3+\sqrt[3]{3}}+\sqrt[3]{3-\sqrt[3]{3}}<2\times\sqrt[3]{3}$.

证明 引入常数参数 a,b，使

$$\sqrt[3]{3+\sqrt[3]{3}}=a,\sqrt[3]{3-\sqrt[3]{3}}=b$$

则 $a^3+b^3=6$，且 $a>b>0$，因为

$$a^2b+ab^2<a^3+b^3=6$$

所以

$$a^3+b^3+3a^2b+3ab^2<6+3\times6=24$$

即$(a+b)^3<24$，所以 $a+b<2\sqrt[3]{3}$.

此即$\sqrt[3]{3+\sqrt[3]{3}}+\sqrt[3]{3-\sqrt[3]{3}}<2\times\sqrt[3]{3}$.

例 24 已知 $a_1,a_2,\cdots,a_n$ 都是实数，求证

$$(a_1+a_2+\cdots+a_n)^2\leqslant n(a_1^2+a_2^2+\cdots+a_n^2)$$

思考 要证的不等式似有判别式的影子，故引入参数 x，构作以 $a_1,a_2,\cdots,a_n$ 为系数的一元二次方程，然后利用判别式建立系数间的关系式.

证明 因为

$$(x-a_1)^2+(x-a_2)^2+\cdots+(x-a_n)^2\geqslant0$$

即知一元二次方程

$$nx^2-2(a_1+a_2+\cdots+a_n)x+a_1^2+a_2^2+\cdots+a_n^2=0$$

只可能有等根或无实根，故其判别式

$$\Delta=4(a_1+a_2+\cdots+a_n)^2-4n(a_1^2+a_2^2+\cdots+a_n^2)\leqslant0$$

所以$(a_1+a_2+\cdots+a_n)^2\leqslant n(a_1^2+a_2^2+\cdots+a_n^2)$.

例 25 设 $x_i(i=1,2,\cdots,n)$是 n 个正数，求证

$$\sqrt[n]{(x_1+1)(x_2+1)\cdots(x_n+1)}-\sqrt[n]{x_1x_2\cdots x_n}\geqslant1\quad(n\geqslant2)$$

思考 直接证明甚难，考虑到 $x_i>0$，及要证的不等式中根号内式子的形式，如设 $x_i=\tan^2\theta_i\left(0<\theta_i<\dfrac{\pi}{2},i=1,2,\cdots,n\right)$，即可使用三角方法.

证明 承接上面分析，则

$$1+\sqrt[n]{x_1x_2\cdots x_n}=1+\sqrt[n]{\tan^2\theta_1\cdot\tan^2\theta_2\cdot\cdots\cdot\tan^2\theta_n}=$$

$$\frac{(\sqrt[n]{\cos^2\theta_1\cos^2\theta_2\cdots\cos^2\theta_n}+\sqrt[n]{\sin^2\theta_1\sin^2\theta_2\cdots\sin^2\theta_n})}{\sqrt[n]{\cos^2\theta_1\cos^2\theta_2\cdots\cos^2\theta_n}}\leqslant$$

$$\frac{\cos^2\theta_1+\cos^2\theta_2+\cdots+\cos^2\theta_n}{n\sqrt[n]{\cos^2\theta_1\cos^2\theta_2\cdots\cos^2\theta_n}}+$$

$$\frac{\sin^2\theta_1+\sin^2\theta_2+\cdots+\sin^2\theta_n}{n\sqrt[n]{\cos^2\theta_1\cos^2\theta_2\cdots\cos^2\theta_n}}=$$

$$\frac{1}{\sqrt[n]{\cos^2\theta_1\cdots\cos^2\theta_n}}=\sqrt[n]{\sec^2\theta_1\cdots\sec^2\theta_n}=$$

$$\sqrt[n]{(1+\tan^2\theta_1)\cdots(1+\tan^2\theta_n)}=\sqrt[n]{(1+x_1)\cdots(1+x_n)}$$

所以

$$\sqrt[n]{(x_1+1)(x_2+1)\cdots(x_n+1)}-\sqrt[n]{x_1x_2\cdots x_n}\geqslant 1\quad (n\geqslant 2)$$

上式当且仅当 $\cos^2\theta_1=\cos^2\theta_2=\cdots=\cos^2\theta_n$ 且 $\sin^2\theta_1=\sin^2\theta_2=\cdots=\sin^2\theta_n$ 时,即 $x_1=x_2=\cdots=x_n$ 时取等号.

例 26 设 a,b,c 都是实数,证明:三个数 $(a-b)^2,(b-c)^2,(c-a)^2$ 中,至少有一个数不超过 $\frac{a^2+b^2+c^2}{2}$.

(苏联竞赛题)

思考 三个数 $(a-b)^2,(b-c)^2,(c-a)^2$ 中必有一个最小者 m^2,以此为参数,则只要证 m^2 不大于 $\frac{a^2+b^2+c^2}{2}$ 即可.

证明 (1)若 $a-b,b-c,c-a$ 中至少有一个是零,不妨设 $a-b=0$,则 $0=(a-b)^2\leqslant\frac{a^2+b^2+c^2}{2}$,结论成立.

(2)设 $a-b\neq 0,b-c\neq 0,c-a\neq 0$,并设 m 为 $|a-b|,|b-c|,|c-a|$ 中最小者,又不妨设 $a<b<c$,则有

$$b-a\geqslant m,c-b\geqslant m$$

于是

$$c-a=(c-b)+(b-a)\geqslant 2m$$

所以

$$(a-b)^2+(c-a)^2+(b-c)^2\geqslant m^2+4m^2+m^2=6m^2 \qquad ①$$

又

$$\begin{aligned}(a-b)^2+(c-a)^2+(b-c)^2&=2(a^2+b^2+c^2)-2(ab+bc+ac)=\\&3(a^2+b^2+c^2)-[a^2+b^2+c^2+2ab+2bc+2ac]=\\&3(a^2+b^2+c^2)-(a+b+c)^2\end{aligned} \qquad ②$$

比较①②,得

$$6m^2 \leqslant 3(a^2+b^2+c^2)-(a+b+c)^2 \leqslant 3(a^2+b^2+c^2)$$

所以 $m^2 \leqslant \dfrac{a^2+b^2+c^2}{2}$.

但 m^2 为 $(a-b)^2$, $(b-c)^2$, $(c-a)^2$ 中最小者,故结论成立.

说明 通过分析引入参数 m,利用 m 的最小性得出一些有关的不等式,从而推动论证步步深入.

五、求函数解析式、值域与最值

在与函数有关的各类问题中引入辅助参数,同样可起到化繁为简、化难为易的良好作用.

例 27 已知二次函数 $f(x)$ 满足 $f(3x+1)=9x^2-6x+5$,求 $f(x)$ 的解析式.

解 引入参数 t,令

$$\begin{cases} x=3t+1 & ① \\ y=9t^2-6t+5 & ② \end{cases}$$

由式①,得

$$t=\frac{1}{3}(x-1)$$

代入式②化简,得 $y=x^2-4x+8$.

即知所求函数 $f(x)=x^2-4x+8$.

说明 这类问题原需应用待定系数法,将 $9x^2-6x+5$ 写成 $a(3x+1)^2+b(3x+1)+c$的形式,再比较系数以确定 a,b,c,现在利用参数,避免了上面的繁复计算.

例 28 已知 $f\left(\dfrac{1-x}{1+x}\right)=\dfrac{x^2+1}{2x}$,求 $f(x)$的解析式.

解 可设所求函数 $y=f(x)$的参数形式为

$$\begin{cases} x=\dfrac{1-t}{1+t} & ① \\ y=\dfrac{t^2+1}{2t} & ② \end{cases}$$

由式①解得 $t=\dfrac{1-x}{1+x}$,代入式②,得

$$y=\frac{\left(\dfrac{1-x}{1+x}\right)^2+1}{2\left(\dfrac{1-x}{1+x}\right)}=\frac{(1-x)^2+(1+x)^2}{2(1-x)(1+x)}=\frac{1+x^2}{1-x^2}$$

又由 $t=\dfrac{1-x}{1+x}$，知 $x\neq-1$.

故所求函数为

$$f(x)=\frac{1+x^2}{1-x^2}\quad(x\neq\pm1)$$

例 29 已知 a,b,c 均为正数，求函数 $y=\sqrt{x^2+a^2}+\sqrt{(c-x)^2+b^2}$ 的极小值.

解 引入复参数，设

$$z_1=x+a\mathrm{i},z_2=(c-x)+b\mathrm{i}$$

则

$$|z_1|=\sqrt{x^2+a^2},|z_2|=\sqrt{(c-x)^2+b^2}$$

且

$$|z_1+z_2|=\sqrt{c^2+(a+b)^2}$$

据性质

$$|z_1|+|z_2|\geqslant|z_1+z_2|\quad(z_1,z_2\text{ 中至少一个为零或同向时等号成立})$$

有

$$\sqrt{x^2+a^2}+\sqrt{(c-x)^2+b^2}\geqslant\sqrt{c^2+(a+b)^2}$$

故当 z_1,z_2 同向时，即 $\dfrac{x}{c-x}=\dfrac{a}{b}$ 或 $x=\dfrac{ac}{a+b}$ 时，$y_{\min}=\sqrt{c^2+(a+b)^2}$.

例 30 已知函数 $f(x)=x^{\frac{1}{2}}+(1-x)^{\frac{1}{2}},x\in[0,1]$.

(1)写出函数的增减区间；

(2)求证：$1\leqslant f(x)\leqslant\sqrt{2}$.

解 (1)据函数式结构，可引入三角参数，设

$$x=\sin^2\theta\quad\left(0\leqslant\theta\leqslant\frac{\pi}{2}\right)$$

则有

$$f(x)-\sqrt{x}+\sqrt{1-x}-\sin\theta+\cos\theta-\sqrt{2}\sin\left(\theta+\frac{\pi}{4}\right)$$

显然，当 $0\leqslant\theta<\dfrac{\pi}{4}$，即 $0\leqslant x<\dfrac{1}{2}$时，函数递增；

当$\dfrac{\pi}{4}\leqslant x\leqslant\dfrac{\pi}{2}$，即$\dfrac{1}{2}\leqslant x\leqslant1$ 时，函数递减.

(2)由于

$$0\leqslant\theta\leqslant\frac{\pi}{4},\frac{\pi}{4}\leqslant\theta+\frac{\pi}{4}\leqslant\frac{3}{4}\pi$$

故$\frac{\sqrt{2}}{2}\leqslant\sin\left(\theta+\frac{\pi}{4}\right)\leqslant 1$，且由

$$f(x)=\sqrt{2}\sin\left(\theta+\frac{\pi}{4}\right)$$

因此 $1\leqslant f(x)\leqslant\sqrt{2}$.

例 31 求函数 $y=\frac{x-x^3}{1+2x^2+x^4}$的值域.

思考 由于 $y=\frac{x(1-x^2)}{(1+x^2)^2}$，含有分式$\frac{x}{1+x^2}$与$\frac{1-x^2}{1+x^2}$，故可利用三角万能公式来引进参数.

解 设

$$x=\tan\theta\quad\left(-\frac{\pi}{2}<\theta<\frac{\pi}{2}\right)$$

则函数化为

$$y=\frac{1}{2}\cdot\frac{2\tan\theta}{1+\tan^2\theta}\cdot\frac{1-\tan^2\theta}{1+\tan^2\theta}=\frac{1}{2}\sin 2\theta\cdot\cos 2\theta=\frac{1}{4}\sin 4\theta$$

由于

$$-1\leqslant\sin 4\theta\leqslant 1$$

所以原函数的值域为$\left[-\frac{1}{4},\frac{1}{4}\right]$.

说明 函数表达式中分子、分母的次数较高，当据式子特征引进参数 $\tan\theta$ 时，才使复杂的代数函数转化为简单的三角函数，使本题迅速得解.

例 32 已知 $x_1, x_2, \cdots, x_n$ 均为不小于 1 的变量，求函数 $y=\frac{\sqrt{x_1^2(x_2-1)^2+x_2^2}}{x_1x_2}+\frac{\sqrt{x_2^2(x_3-1)^2+x_3^2}}{x_2x_3}+\cdots+\frac{\sqrt{x_{n-1}^2(x_n-1)^2+x_n^2}}{x_{n-1}x_n}+\frac{\sqrt{x_n^2(x_1-1)^2+x_1^2}}{x_nx_1}$的最小值.

思考 因为$\frac{\sqrt{x_i^2(x_{i+1}-1)^2+x_{i+1}^2}}{x_ix_{i+1}}=\sqrt{\frac{1}{x_i^2}+\left(1-\frac{1}{x_{i+1}}\right)^2}$，且 $0<\frac{1}{x_i}\leqslant 1$，故可引入角参数 $\theta_i\in\left[0,\frac{\pi}{2}\right)$来简化函数式.

解 设

$$\frac{1}{x_i}=\cos^2\theta_i \quad \left(0\leqslant\theta_i<\frac{\pi}{2}, i=1,2,\cdots,n\right)$$

则

$$\frac{\sqrt{x_1^2(x_2-1)^2+x_2^2}}{x_1x_2}=\sqrt{\frac{1}{x_1^2}+\left(1-\frac{1}{x_2}\right)^2}=\sqrt{\cos^4\theta_1+(1-\cos^2\theta_2)^2}=$$

$$\sqrt{\cos^4\theta_1+\sin^4\theta_2}=\sqrt{\frac{\cos^4\theta_1+\sin^4\theta_2+(\cos^4\theta_1+\sin^4\theta_2)}{2}}\geqslant$$

$$\sqrt{\frac{\cos^4\theta_1+\sin^4\theta_2+2\cos^2\theta_1\sin^2\theta_2}{2}}=\frac{\cos^2\theta_1+\sin^2\theta_2}{\sqrt{2}}$$

同理,有

$$\frac{\sqrt{x_2(x_3-1)^2+x_3^2}}{x_2x_3}\geqslant\frac{\cos^2\theta_2+\sin^2\theta_3}{\sqrt{2}}$$

$$\vdots$$

$$\frac{\sqrt{x_{n-1}^2(x_n-1)^2+x_n^2}}{x_{n-1}x_n}\geqslant\frac{\cos^2\theta_{n-1}+\sin^2\theta_n}{\sqrt{2}}$$

$$\frac{\sqrt{x_n^2(x_1-1)^2+x_1^2}}{x_nx_1}\geqslant\frac{\cos^2\theta_n+\sin^2\theta_1}{\sqrt{2}}$$

将以上各式叠加,即得

$$y\geqslant\frac{1}{\sqrt{2}}[(\cos^2\theta_1+\sin^2\theta_1)+(\cos^2\theta_2+\sin^2\theta_2)+\cdots+(\cos^2\theta_n+\sin^2\theta_n)]=\frac{n}{\sqrt{2}}$$

所以 $y_{\min}=\frac{n}{\sqrt{2}}=\frac{\sqrt{2}}{2}n$.

六、求数列的通项公式

由于通项反映了特定数列的一般规律,因此求通项公式是数列问题中最为基本和重要的一类,虽说求数列的通项因情而异无一定成法,但参数在其中的地位却显得十分突出.

例 33 已知数列$\{a_n\}$由 $3^n(n\in\mathbf{N})$的个位数组成,试求此数列的通项公式及其前 1 988 项的和.

思考 写出该数列的前几项为 3,9,7,1,3,9,7,1,…. 知有 $a_{n+4}=a_n$,若令 $f(n)=a_n$,则有 $f(n)=f(n+4)$,这一周期性与三角函数的周期性可相呼应,故用最小正周期为 4 的函数 $g_1(n)=\sin\frac{n\pi}{2}$和 $g_2(n)=\cos\frac{n\pi}{2}$来表示通项 a_n.

解 接上分析,令

$$a_n = A\sin\frac{n\pi}{2} + B\cos\frac{n\pi}{2} + c \quad ①$$

分别将 $a_1=3, a_2=9, a_3=7$ 代入式①，解得

$$A=-2, B=-4, c=5$$

所以数列$\{a_n\}$的通项公式为

$$a_n = -2\sin\frac{n\pi}{2} - 4\cos\frac{n\pi}{2} + 5$$

又

$$1\,988 = 497\times 4, S_4 = 3+9+7+1=20$$

所以 $S_{1\,988}=497S_4=9\,940$.

求递归数列的通项公式在课本、高考及竞赛试题中已多次涉及，教学中亦日益引起我们的重视，下面就递归数列的几种主要类别，分别举例揭示参数在求其通项公式中的功效和具体用法.

1. 一阶递归数列 $Aa_{n+1}+Ba_n+C=0$（A,B,C 是常数，$n\in\mathbf{N}, n\geqslant 2$）

例 34 设数列$\{a_n\}$满足 $a_1=2, a_{n+1}=2a_n+1$，求其通项公式.

思考 我们设法从原数列引出一个辅助的等比数列$\{b_n\}$，先求$\{b_n\}$的通项，然后据以求出原数列的通项，为此设 $a_n=b_n+k$，只要求得参数 k，问题便迎刃而解.

解 设 $a_n=b_n+k$，代入递归式中，得

$$b_{n+1}+k=2(b_n+k)+1$$

即 $b_{n+1}+k=2b_n+2k+1$.

为使$\{b_n\}$成等比数列，可使 $k=2k+1$，即

$$k=-1$$

这时便有 $b_{n+1}=2b_n$，且 $a_n=b_n-1$.

所以数列$\{b_n\}$是公比为 2，首项 $b_1=a_1+1=2+1=3$ 的等比数列，其通项公式为

$$b_n=3\times 2^{n-1}$$

所以原数列的通项公式是 $a_n=3\times 2^{n-1}-1$.

说明 上述解法充分体现了“设参数、求参数”（也是消去参数）的观点. 利用此法可求得满足递归关系 $Aa_{n+1}+Ba_n+C=0$（A,B,C 为常数，$A\neq 0$，$A+B\neq 0$），数列$\{a_n\}$其通项公式为

$$a_n=-\frac{C}{A+B}+\left(a_1+\frac{C}{A+B}\right)\left(-\frac{B}{A}\right)^{n-1}$$

2. 二阶线性递归数列 $a_{n+2}=Aa_{n+1}+Ba_n$

例 35 设数列$\{a_n\}$满足 $a_1=1,a_2=5,a_{n+2}=5a_{n+1}-6a_n$,求其通项公式.

思考 在递归式中引进参数 k,使能构成与数列$\{a_n\}$有关的辅助的等比数列$\{b_n\}$,其中 $b_n=a_{n+1}+ka_n$. 这样,便可据 b_n 的公式来求出 a_n.

解 将原递归式 $a_{n+2}=5a_{n+1}-6a_n$ 变形为

$$a_{n+2}+ka_{n+1}=ka_{n+1}+5a_{n+1}-6a_n=(k+5)\left(a_{n+1}-\frac{6}{k+5}a_n\right)$$

令 $k=-\frac{6}{k+5}$,即 $k_1=-2,k_2=-3$,则上式可化为

$$a_{n+2}-2a_{n+1}=3(a_{n+1}-2a_n) \quad ①$$

或

$$a_{n+2}-3a_{n+1}=2(a_{n+1}-3a_n) \quad ②$$

据式①,设 $b_n=a_{n+1}-2a_n$,则知数列$\{b_n\}$有

$$b_{n+1}=3b_n$$

故是以 3 为公比的等比数列,其首项为

$$b_1=a_2-2a_1=5-2=3$$

所以

$$b_n=3\times 3^{n-1}=3^n$$

即

$$a_{n+1}-2a_n=3^n \quad ③$$

据式②,同法可得

$$a_{n+1}-3a_n=2^n \quad ④$$

③－④消去 a_{n+1},即得通项公式 $a_n=3^n-2^n$.

说明 上面解法适用于一般二阶递归数列 $a_{n+2}=Aa_{n+1}+Ba_n$,其中 $a_1=1,a_2=b$ 且 $A^2+4B>0$,仿上可解得其通项公式为

$$a_n=\frac{[(b+ak_1)(A+k_1)^{n-1}-(b+ak_2)(A+k_2)^{n-1}]}{k_1-k_2}$$

其中 k_1,k_2 为方程 $k^2+Ak-B=0$ 的两个不等实根.

对这类数列求通项,另有所谓特征方程的方法,其实原理类似,但结论公式换了:

对二阶递归数列 $a_{n+2}=Aa_{n+1}+Ba_n$,若特征方程 $q^2=Aq+B$ 有两相异实根 q_1,q_2,则通项为 $a_n=\alpha q_1^n+\beta q_2^n$;

若此特征方程只有一解 q,则通项为 $a_n=(\alpha n+\beta)q^n$,其中 α,β 的值可由所

给的 a_1,a_2 的值来确定.

3. 一些 $a_{n+1}=Aa_n+f(n)$ 型的递归数列

例 36 设数列$\{a_n\}$满足 $a_1=2,a_{n+1}=4a_n-3n+2$,求其通项公式.

解 设 $a_n=b_n+\alpha n+\beta$,b_n 是辅助数列的通项,α,β 是参数,将此代入递归式,有

$$b_{n+1}+\alpha(n+1)+\beta=4(b_n+\alpha n+\beta)-3n+2$$

即 $b_{n+1}+\alpha n+(\alpha+\beta)=4b_n+(4\alpha-3)n+(4\beta+2)$.

若令

$$\alpha=4\alpha-3,\alpha+\beta=4\beta+2$$

可解得 $\alpha=1,\beta=-\frac{1}{3}$,代入上式即得

$$b_{n+1}=4b_n$$

故$\{b_n\}$是公比为 4,首项为 $b_1=a_1-1\times1-\left(-\frac{1}{3}\right)=\frac{4}{3}$的等比数列,所以

$$b_n=\frac{4}{3}\times4^{n-1}$$

所以

$$a_n=\frac{4}{3}\times4^{n-1}+n-\frac{1}{3}=\frac{4^n+3n-1}{3}$$

说明 运用类似的方法,可得如下的一般结论:

对于递归数列 $a_{n+1}=Aa_n+B_0+B_1n+\cdots+B_mn^m$ ($A\neq1,B_0,B_1,\cdots,B_m$ 均为常数,$m\in\mathbf{N}$),只需作代换 $a_n=b_n+\alpha_0+\alpha_1n+\cdots+\alpha_mn^m$,通过比较 n 的各次幂的系数,可确定诸 $\alpha_k(k=1,2,\cdots,m)$值,即可使原数列转化为辅助的等比数列的递归式 $b_{n+1}=Ab_n$. 从而确定原数列的通项公式.

例 37 设数列$\{a_n\}$满足 $a_1=2,a_{n+1}=2a_n+3\times2^n$,求其通项公式.

思考 仿上例作代换 $a_n=b_n+\alpha\times2^n$,但代入递归式后比较系数有 $2\alpha=2\alpha+3$,这样的 α 不存在,故试作代换 $a_n=b_n+\beta\times n\times2^n$,$\beta$ 为参数.

解 设 $a_n=b_n+\beta\times n\times2^n$,代入递归式得

$$b_{n+1}+\beta(n+1)\times2^{n+1}=2(b_n+\beta n\times2^n)+3\times2^n$$

即 $b_{n+1}+2\beta(n+1)2^n=2b_n+(2\beta n+3)\times2^n$.

比较 2^n 的系数,有 $2\beta(n+1)=2\beta n+3$,所以 $\beta=\frac{3}{2}$.

代回上式有 $b_{n+1}=2b_n$,所以数列$\{b_n\}$是公比为 2,首项 $b_1=a_1-\frac{3}{2}\times1\times$

$2^1=-1$的等比数列，所以

$$b_n=-2^{n-1}$$

由此求得 $a_n=-2^{n-1}+\frac{3}{2}n\times 2^n=(3n-1)2^{n-1}$.

说明 上面解法具有一般意义，对于递归数列 $a_{n+1}=Aa_n+Bq^n+C$，可由代换 $a_n=b_n+\beta nq^n+r$（其中 β,r 为参数）来转化为辅助的等比数列的递归式 $b_{n+1}=Ab_n$.

4. 一些 $a_{n+2}=Aa_{n+1}+Ba_n+C$ 型的递归数列

例 38 已知数列$\{a_n\}$满足 $a_{n+2}=2a_{n+1}+8a_n+9$，且 $a_1=1,a_2=2$，求其通项公式.

思考 引入参数以消去递归式的尾巴“9”，经尝试作代换 $a_n=b_n+\alpha$.（α 为参数）

解 设 $a_n=b_n+\alpha$，代入原递归式，得

$$b_{n+2}+\alpha=2(b_{n+1}+\alpha)+8(b_n+\alpha)+9$$

即 $b_{n+2}+\alpha=2b_{n+1}+8b_n+(10\alpha+9)$.

令 $\alpha=10\alpha+9$，求得 $\alpha=-1$，此时，有

$$b_{n+2}=2b_{n+1}+8b_n$$

然后同例 35，按二阶线性递归数列求通项法，如

因为特征方程 $q^2=2q+8$ 有两个根

$$q_1=4,q_2=-2$$

可设

$$b_n=k\times 4^n+m\times(-2)^n$$

因为

$$b_1=a_1-\alpha=1-(-1)=2$$
$$b_2=a_2-\alpha=2-(-1)=3$$

有

$$\begin{cases}2=k\times 4+m\times(-2)\\3=k\times 4^2+m\times(-2)^2\end{cases}$$

可解得

$$k=\frac{7}{24},m=-\frac{5}{12}$$

所以

$$b_n=\frac{7}{24}\times 4^n+\left(-\frac{5}{12}\right)\times(-2)^n$$

从而,知 $a_n=\frac{7}{24}\times 4^n-\frac{5}{12}(-2)^n-1$.

说明 对一般的二阶线性非齐次递归数列:$a_{n+2}=Aa_{n+1}+Ba_n+C$,作代换 $a_n=b_n+\alpha$,便可设法转化为二阶线性齐次递归数列:$b_{n+2}=kb_{n+1}+mb_n$.

5. $a_{n+1}=\frac{Aa_n+B}{Ca_n+D}$($ACD\neq 0$)型的递归数列

例 39 设数列$\{a_n\}$满足 $a_1=1$,且 $a_{n+1}=\frac{5a_n+4}{a_n+2}$($n\in\mathbf{N}$),求其通项公式.

思考 在递归式中设法引进参数,以便转化出一个辅助的等比数列.

解 设 $a_{n+1}+m=\frac{5a_n+4}{a_n+2}+m$,其中 m 为参数,即

$$a_{n+1}+m=\frac{5a_n+4+ma_n+2m}{a_n+2}=\frac{(m+5)a_n+(2m+4)}{a_n+2}=(m+5)\frac{a_n+\frac{2m+4}{m+5}}{a_n+2}$$

令 $m=\frac{2m+4}{m+5}$,可求得 $m=1$,$m=-4$,故有

$$a_{n+1}+1=6\times\frac{a_n+1}{a_n+2} \quad ①$$

$$a_{n+1}-4=\frac{a_n-4}{a_n+2} \quad ②$$

①÷②,得

$$\frac{a_{n+1}+1}{a_{n+1}-4}=6\times\frac{a_n+1}{a_n-4}$$

所以$\left\{\frac{a_n+1}{a_n-4}\right\}$是以 6 为公比,首项为$\frac{a_1+1}{a_1-4}=-\frac{2}{3}$的等比数列.

于是

$$\frac{a_n+1}{a_n-4}=-\frac{2}{3}\times 6^{n-1}$$

由此,解得 $a_n=\frac{8\times 6^{n-1}-3}{2\times 6^{n-1}+3}$.

说明 对于数列$\{a_n\}$:$a_1=a$,$a_{n+1}=\frac{Aa_n+B}{Ca_n+D}$(其中 $ACD\neq 0$,且$(A-D)^2+$

$4BC>0$)，利用上述方法，可得出一般结论

$$a_n=(m_2-m_1)\frac{(a+m_1)(A+Cm_1)^{n-1}}{(a+m_2)(A+Cm_2)^{n-1}-(a+m_1)(A+Cm_1)^{n-1}}-m_1$$

其中 m_1,m_2 是方程 $Cm^2+(A-D)m-B=0$ 的两个根.

6. $a_n=\dfrac{Aa_{n-1}^2+B}{2Aa_{n-1}+C}$型的递归数列

例 40 已知数列$\{a_n\}$满足 $a_1=-2,a_n=\dfrac{a_{n-1}^2+6}{2a_{n-1}-5}(n=2,3,\cdots)$，求其通项公式.

解 因为

$$a_n+\alpha=\frac{a_{n-1}^2+6}{2a_{n-1}-5}+\alpha=\frac{a_{n-1}^2+6+2\alpha a_{n-1}-5\alpha}{2a_{n-1}-5}$$

所以

$$a_n+\alpha=\frac{(a_{n-1}+\alpha)^2+(6-5\alpha-\alpha^2)}{2a_{n-1}-5} \quad ①$$

令 $6-5\alpha-\alpha^2=0$，可解得 $\alpha_1=1,\alpha_2=-6$，代入式①有

$$a_n+1=\frac{(a_{n-1}+1)^2}{2a_{n-1}-5} \quad ②$$

$$a_n-6=\frac{(a_{n-1}-6)^2}{2a_{n-1}-5} \quad ③$$

②÷③，得

$$\frac{a_n+1}{a_n-6}=\left(\frac{a_{n-1}+1}{a_{n-1}-6}\right)^2 \quad ④$$

于是

$$\frac{a_n+1}{a_n-6}=\left(\frac{a_{n-1}+1}{a_{n-1}-6}\right)^2=\left(\frac{a_{n-2}+1}{a_{n-2}-6}\right)^4=\cdots=\left(\frac{a_1+1}{a_1-6}\right)^{2^{n-1}}=$$

$$\left(\frac{-2+1}{-2-6}\right)^{2^{n-1}}=\left(\frac{1}{8}\right)^{2^{n-1}}$$

由此，解得 $a_n=\dfrac{6+8^{2^{n-1}}}{1\quad 8^{2^{n-1}}}$.

说明 对于满足 $a_1=a,a_n=\dfrac{Aa_{n-1}^2+B}{2Aa_{n-1}+C}$(其中 $A\neq 0,C^2+4AB>0,n\geqslant 2$)，数列$\{a_n\}$，利用上述方法，得

$$a_n=\frac{m_2(a+m_1)^{2^{n-1}}-m_1(a+m_2)^{2^{n-1}}}{(a+m_2)^{2^{n-1}}-(a+m_1)^{2^{n-1}}}$$

其中 m_1, m_2 为方程 $Am^2-Cm-B=0$ 的两个不相等的实数根.

7. $a_{n+1}=\dfrac{(a_n+p)^m+(a_n-p)^m}{(a_n+p)^m-(a_n-p)^m}$ 型的递归数列

例 41 已知 $x_1>0, x_1\neq 1$, 且

$$x_{n+1}=\frac{x_n(x_n^2+3)}{3x_n^2+1} \quad (n=1,2,\cdots)$$

试证:数列 $\{x_n\}$ 或者对任意自然数 n 都满足 $x_n<x_{n+1}$, 或者对任意自然数 n 都满足 $x_n>x_{n+1}$.

(1986 年高考题)

思考 本题有多种证明方法,而利用参数先求其通项公式,再据以得出结论,也是一种有效思路.

证明 由已知得

$$x_{n+1}=\frac{x_n^3+3x_n}{3x_n^2+1}=\frac{(x_n+1)^3+(x_n-1)^3}{(x_n+1)^3-(x_n-1)^3}$$

即

$$x_{n+1}=\frac{1+\left(\dfrac{x_n-1}{x_n+1}\right)^3}{1-\left(\dfrac{x_n-1}{x_n+1}\right)^3} \qquad ①$$

设 $\dfrac{x_1-1}{x_1+1}=t$, 则

$$x_1=\frac{1+t}{1-t} \quad (\text{因为 } x_1>0, x_1\neq 1, \text{故} -1<t<1)$$

于是,由式①,得

$$x_2=\frac{1+\left(\dfrac{x_1-1}{x_1+1}\right)^3}{1-\left(\dfrac{x_1-1}{x_1+1}\right)^3}=\frac{1+t^3}{1-t^3}, \text{且 } t^3=\frac{x_2-1}{x_2+1}$$

$$x_3=\frac{1+\left(\dfrac{x_2-1}{x_2+1}\right)^3}{1-\left(\dfrac{x_2-1}{x_2+1}\right)^3}=\frac{1+t^{3^2}}{1-t^{3^2}}, \text{且 } t^{3^2}=\frac{x_3-1}{x_3+1}$$

$$\vdots$$

所以

$$x_n=\frac{1+t^{3^{n-1}}}{1-t^{3^{n-1}}}=\frac{1+\left(\dfrac{x_1-1}{x_1+1}\right)^{3^{n-1}}}{1-\left(\dfrac{x_1-1}{x_1+1}\right)^{3^{n-1}}}=\frac{(x_1+1)^{3^{n-1}}+(x_1-1)^{3^{n-1}}}{(x_1+1)^{3^{n-1}}-(x_1-1)^{3^{n-1}}}$$

此即所求通项公式.

因为

$$x_{n+1}-x_n=\frac{1+t^{3^n}}{1-t^{3^n}}-\frac{1+t^{3^{n-1}}}{1-t^{3^{n-1}}}=\frac{2(t^{3^n}-t^{3^{n-1}})}{(t^{3^n}-1)(t^{3^{n-1}}-1)}=\frac{2t^{3^{n-1}}(t^{3^{n-1}}+1)}{t^{3^n}-1}$$

当 $0<x_1<1$ 时，$-1<t<0$，此时，有

$$t^{3n}-1<0, t^{3^{n-1}}<0, t^{3^{n-1}}+1>0$$

所以

$$x_{n+1}>x_n \quad (\text{对 } n\in\mathbf{N})$$

当 $x_1>1$ 时，$0<t<1$，此时，有

$$t^{3^n}-1<0, t^{3^{n-1}}>0, t^{3^{n-1}}+1>0$$

所以

$$x_{n+1}<x_n \quad (\text{对 } n\in\mathbf{N})$$

说明 本题引进的参数 t，在简化递归式，推导通项公式及讨论数列的增减性方面都发挥了重要的作用.

利用上述方法，我们还可得到本题的两个推广命题：

推广题 1 已知 $x_1>0$，$x_1\neq p$，$p>0$，且

$$x_{n+1}=\frac{x_n(x_n^2+3p)}{3x_n^2+p^2}$$

则数列$\{x_n\}$或者对任意自然数 n 都满足 $x_n<x_{n+1}$，或者对任意自然数 n 都满足 $x_n>x_{n+1}$.

推广题 2 已知 $x_1>0$，$x\neq p$，$p>0$，$m\in\mathbf{N}$，$m\geqslant 3$，且

$$x_{n+1}=\frac{(x_n+p)^m+(x_n-p)^m}{(x_n+p)^m-(x_n-p)^m}$$

则数列$\{x_n\}$或者对任意自然数 n 都满足 $x_n<x_{n+1}$，或者对任意自然数 n 都满足 $x_n>x_{n+1}$.

特别的，当 $p=1$，$m=3$ 时，上述推广命题就是例中的高考题.

从数列递归式推求其通项公式，是代数学中的难点之一. 我们利用参数促使原数列转化成辅助的等比数列或其他较简单的数列，从而顺利地解决了问题，各类数列题的求解有着相仿的思路和运算方法，且规律性强易于掌握，由此足见参数的威力.

七、复平面上的轨迹与最值

复平面上的图形问题属代数问题，但若引进参数，便可与解析几何方法联系起来，使问题解决得更为简捷.

例 42 z 是复数，模为 r，辐角为 $\theta\left(0<\theta<\frac{\pi}{2}\right)$，复数 $w=z+\frac{1}{z}$，求当 r 变化时，复数 w 的对应点的轨迹.

解 由题意

$$z=r(\cos\theta+\mathrm{i}\sin\theta)$$

所以

$$w=z+\frac{1}{z}=r(\cos\theta+\mathrm{i}\sin\theta)+\frac{1}{r}(\cos\theta-\mathrm{i}\sin\theta)=$$

$$\left(r+\frac{1}{r}\right)\cos\theta+\left(r-\frac{1}{r}\right)\mathrm{i}\sin\theta$$

设 $w=x+y\mathrm{i}$，据复数相等的条件，有

$$\begin{cases}x=\left(r+\dfrac{1}{r}\right)\cos\theta\\ y=\left(r-\dfrac{1}{r}\right)\sin\theta\end{cases}\quad(r\text{ 为参数})$$

这便是 w 的对应点轨迹的参数方程.

由

$$\begin{cases}\dfrac{x}{\cos\theta}=r+\dfrac{1}{r}\\ \dfrac{y}{\sin\theta}=r-\dfrac{1}{r}\end{cases}$$

两式平方相减即得

$$\frac{x^2}{\cos^2\theta}-\frac{y^2}{\sin^2\theta}=4$$

因 $0<\theta<\frac{\pi}{2}$，故

$$x=\left(r+\frac{1}{r}\right)\cos\theta>0$$

所以所求轨迹是双曲线 $\frac{x^2}{4\cos^2\theta}-\frac{y^2}{4\sin^2\theta}=1(x>0)$ 的右支.

例 43 设复数 z 的对应点在椭圆 $\frac{x^2}{a^2}+\frac{y^2}{b^2}=1$ 上运动，求复数 $\frac{1}{z}$ 的对应点的轨迹方程.

思考 显然，利用椭圆的参数表示式来推导要求轨迹方程比较方便.

解 设 z 的对应点坐标为

$$x_0=a\cos\theta, y_0=b\sin\theta$$

则

$$z=a\cos\theta+\mathrm{i}b\sin\theta$$

所以

$$\frac{1}{z}=\frac{1}{a\cos\theta+\mathrm{i}b\sin\theta}=\frac{a\cos\theta-\mathrm{i}b\sin\theta}{a^2\cos^2\theta+b^2\sin^2\theta}$$

所以$\frac{1}{z}$的对应点的轨迹参数方程为

$$\begin{cases}x=\dfrac{a\cos\theta}{a^2\cos^2\theta+b^2\sin^2\theta} & ①\\ y=\dfrac{-b\sin\theta}{a^2\cos^2\theta+b^2\sin^2\theta} & ②\end{cases}$$

②÷①,得

$$\tan\theta=-\frac{ay}{bx} \quad ③$$

又由式①,得

$$x^2=\frac{a^2\cos^2\theta}{(a^2\cos^2\theta+b^2\sin^2\theta)^2}=\frac{a^2\sec^2\theta}{(a^2+b^2\tan^2\theta)^2}=\frac{a^2(1+\tan^2\theta)}{(a^2+b^2\tan^2\theta)^2}$$

将式③代入上式,得

$$x^2=\frac{a^2\left(1+\dfrac{a^2y^2}{b^2x^2}\right)}{\left(a^2+b^2\cdot\dfrac{c^2y^2}{b^2x^2}\right)^2}$$

整理,得

$$b^2x^2+a^2y^2=a^2b^2(x^2+y^2)^2 \quad (x^2+y^2\neq 0)$$

说明 已知复数 z 的对应点在曲线 $f(x,y)=0$ 上运动,求 $g(z)$的对应点的轨迹方程,是一类常见的复平面上的轨迹问题,上面所提供的参数解法具有普遍意义.

例 44 设 u,v 是正实数,在所有使二次方程 $x^2+(\sqrt{v}+u\mathrm{i})x+1+\sqrt{v}\mathrm{i}=0$ 至少有一个实数解的正实数对(u,v)中,什么时候 $u+v$ 取到最小值?并求当$u+v$取到最小值时方程的实数解.

解 设二次方程有实数解 a,则

$$a^2+(\sqrt{v}+u\mathrm{i})a+1+\sqrt{v}\mathrm{i}=0$$

即

$$(a^2+\sqrt{v}a+1)+(au+\sqrt{v})\mathrm{i}=0$$

据复数等于零的条件，有

$$\begin{cases}a^2+\sqrt{v}a+1=0 & ①\\ au+\sqrt{v}=0 & ②\end{cases}$$

因为 $a,\sqrt{v}$ 是实数，由式①，知 $\Delta=v-4\geqslant 0$，所以 $v\geqslant 4$.

由式②解出 $a=-\dfrac{\sqrt{v}}{u}$，代入式①，得

$$v-uv+u^2=0 \quad ③$$

令 $t=u+v$，则 $v=t-u$，代入式③，得

$$2u^2-(1+t)u+t=0 \quad ④$$

因为 u,t 是实数，所以 $\Delta=(1+t)^2-8t\geqslant 0$，即

$$t^2-6t+1\geqslant 0$$

可解得

$$t\leqslant 3-\sqrt{8} \text{ 或 } t\geqslant 3+\sqrt{8}$$

所以 $u+v=t$ 的最小值为

$$3+\sqrt{8} \quad (\text{因为 } t=u+v>4)$$

将 t 的最小值代入式④，得

$$2u^2-(4+\sqrt{8})u+3+\sqrt{8}=0$$

解得

$$u=\frac{1}{2}(2+\sqrt{2})$$

于是 $v=t-u=\dfrac{1}{2}(4+3\sqrt{2})$，$\sqrt{v}=\dfrac{2+\sqrt{2}}{\sqrt[4]{8}}$.

所以据式②，得 $u+v$ 取最小值时，方程的实数解

$$a=-\frac{\sqrt{v}}{u}=-\sqrt[4]{2}$$

说明 本题关系比较复杂，在求解过程中，依次引入了参数 a 和 t，它们对列式、讨论、代换化简起了积极的作用.

八、整数问题

例 45 在第二象限里求曲线 $x^2+5x+1=3y$ 上的具有整数坐标的点，并使坐标的绝对值不超过 50.

解 因为

$$y=\frac{x^2+5x+1}{3}$$

设曲线上点为 $p(x,y)$，据题意知符合条件的点的坐标：x 为负整数，y 为正整数，且 $|x|$，$|y|$ 均不大于 50.

因整数 x 可表示为 $3k,3k-1,3k+1$，三种形式之一，其中 $k\in\mathbf{Z}$.

所以当 $x=3k$ 时，$x^2+5x+1=9k^2+15k+1=3k(3k+5)+1$，显然它不能被 3 整除，因此，不能使 y 为正整数.

当 $x=3k+1$ 时，$x^2+5x+1=9k^2+21k+7=3k(3k+7)+7$，它也不能被 3 整除.

当 $x=3k-1$ 时，$x^2+5x+1=9k^2+9k-3$，能被 3 整除.

故有 $\begin{cases}x=3k-1\\y=3k^2+3k-1\end{cases}$.

因为 $-50\leqslant x<0$，$0<y\leqslant 50$，故取 $k=-2,-3,-4$，得所求曲线上的整点为 $(-7,5)$，$(-10,17)$，$(-13,35)$.

说明 本题求解中引入参数 k，使整数 x 表示为 $3k,3k-1,3k+1$ 三种形式，这是针对题设方程的特点，按被 3 除所得余数分类而得，这种表达形式从本质上揭示了整数及其整除性特征，在该类问题的求解与讨论中，这样设参分类是常用的方法.

例 46 n 是自然数，证明：n^2+n+2 不能被 15 整除.

证明 假设

$$n^2+n+2=15k\quad(k\in\mathbf{Z})$$

这里 k 是参数，则

$$n^2+n+(2-15k)=0$$

可得 $n=\dfrac{-1\pm\sqrt{60k-7}}{2}$.

因 n 是自然数，故 $60k-7$ 应是平方数.

但 $60k-7$ 的个位数是 3，故不可能是平方数.

所以 n^2+n+2 不能被 15 整除.

说明 本题也可以用数学归纳法等其他方法证明，但上面设参反证的方法显然比较简捷.

例 47 证明：$(7+\sqrt{48})^{1987}+(7-\sqrt{48})^{1987}$ 是整数，且能被 14 整除.

思考 据题设中数式的特点似应用二项式定理，但考虑到括号内是一对共轭根式，又可利用它的性质来简化运算，为此我们将常数 1 987 代换成参数.

证明 设 1 987 为 x，且设

$$f(x)=(7+\sqrt{48})^x+(7-\sqrt{48})^x$$

因为

$$f(-x)=(7+\sqrt{48})^{-x}+(7-\sqrt{48})^{-x}=$$
$$(7-\sqrt{48})^x+(7+\sqrt{48})^x=f(x)$$

知 $f(x)$ 为偶函数，故由二项式定理知，$f(x)$ 的展开式中的偶数项均为零.

所以 $f(x)=2\times7$ 的倍数.

即 $(7+\sqrt{48})^{1\,987}+(7-\sqrt{48})^{1\,987}$ 是整数，且能被 14 整除.

说明 本题从特殊到一般，以参数 x 代替常数 1 987，其目的是为了肯定 $f(x)$ 的偶函数性质，然后据以回到特殊情况来得出结论.

上面八类问题中所涉及的一些例子，当然远不能囊括参数在代数领域中的所有应用，但已足见一斑，且由此我们已可看到参数能随意驰骋的天地有多么宽广.

练 习 二

1. 分解因式 $(a+b-2ab)(a+b-2)+(1-ab)^2$.

2. 分解因式 $(x^2+xy+y^2)(x^2+xy+2y^2)-12y^2$.

3. 解方程 $x+\sqrt{x}+\sqrt{x+2}+\sqrt{x^2+2x}=3$.

4. 解方程 $x=\sqrt{x-\dfrac{1}{x}}+\sqrt{1-\dfrac{1}{x}}$.

5. 已知 x,y,z 均为实数，且 $x+y=6$，$xy=z^2+9$，求证：$x=y$.

6. 已知 x,y,z 为正数，且 $3^x=4^y=6^z$，求使 $2x=py$ 的 p 的值.

7. 求函数 $y=3(4^x+4^{-x})-10(2^x+2^{-x})$ 的最小值.

8. 设 $xy>0$，且 $xy=x+y$，求 $x+y$ 的最小值.

9. 若 $A=1\,986^2-1\,986+1$，$B=1\,985^2-1\,985\times1\,986+1\,986^2$，则 A 与 B 的大小关系是________.

10. 求使方程组

$$\begin{cases}x^2+2ay=5 & ①\\ y-x=6a & ②\end{cases}$$

有正整数解时的参数 a 的值.

11. 已知 $x^3+3ax^2+3bx+c$ 能被 $x^2+2ax+b$ 整除，求证：前式为完全立方式，后式为完全平方式.

12. 若方程 $(k^2-1)x^2-6(3k-1)x+72=0$ 有两个不相等的正整数根，求整数 k 的值及相应的根.

13. 已知实数 a 及三个二次方程

$$x^2+2x+a=0,\ 2x^2+ax+1=0,\ ax^2+x+2=0$$

求它们有公共根的充要条件.

14. 已知分式方程 $\frac{x}{x-2}+\frac{x-2}{x}+\frac{2x+k}{x(x-2)}=0$ 只有一解，求 k 的值.

15. 在实数集上解含实参数 a,b 的方程

$$|ax+b|=|bx+a|$$

16. 对怎样的正整数 k，对一切实数 x，有 $\frac{3x^2+2x+2}{x^2+x+1}$ 恒大于 k.

17. 解方程 $2^{4x}+(2^x-2)^4-34=0$.

18. 求方程 $17(xyzt+xy+xt+zt+1)-54(yzt+y+t)=0$ 的正整数解.

19. 设 a,b 同号，且 $a^2-2ab-9b^2=0$，求 $\lg(a^2+ab-6b^2)-\lg(a^2+4ab+15b^2)$ 的值.

20. 已知 $\frac{y+z}{b-c}=\frac{z+x}{c-a}=\frac{x+y}{a-b}>0$（$a,b,c$ 是互不相等的非零实数），求证：以上各分式都等于

$$\sqrt{\frac{x^2+y^2+z^2}{(b-c)^2+(c-a)^2+(a-b)^2}}$$

21. 解方程 $(2\sqrt[5]{x+1}-1)^4+(2\sqrt[5]{x+1}-3)^4=1$.

22. 求两数的差，1 987×19 861 986－1 986×19 871 987＝________.

23. 已知 $\sqrt{x^2+\sqrt[3]{x^4y^2}}+\sqrt{y^2+\sqrt[3]{x^2y^4}}=a$，求证：$x^{\frac{2}{3}}+y^{\frac{2}{3}}=a^{\frac{2}{3}}$.

24. 对满足方程 $\lg(x-1)+\lg(x-y+2)=\lg 8$ 的 x,y，考察 $2x-y+1$ 的取值范围，若有最小值就把它求出来.

25. 求函数 $y=x^2+1+2x\sqrt{1-x^2}$ 的最大值与最小值.

26. 如果 $\frac{x^2}{4}+y^2=1$，求 $x^2+2xy+4y^2+x+2y$ 的最大值.

27. 已知 $a^3+b^3=2(a,b\in\mathbf{R})$，求证：$a+b\leqslant 2$.

28. 设 a,b 为小于 1 的正数，求证

$$\sqrt{a^2+b^2}+\sqrt{(1-a)^2+b^2}+\sqrt{a^2+(1-b)^2}+\sqrt{(1-a)^2+(1-b)^2}\geqslant 2\sqrt{2}$$

29. 分解因式

$$(b+c-a)(c+a-b)(a+b-c)+a(a-b+c)(a+b-c)+$$
$$b(a+b-c)(b+c-a)+c(b+c-a)(c+a-b)$$

30. 在实数集上解无理方程

$$\sqrt[n]{(x+a)^3}+2\sqrt[n]{x^3}=3\sqrt[n]{x^2(x+a)}$$

31. 已知方程组$\begin{cases}x+\sqrt{3}y=\sqrt{n}\\x^2+y^2=2\end{cases}$,有相异的两组正数解,且 $n\in\mathbf{N}$. 求 n 的值及方程组的解.

32. 设 a,b 为有理数,且 $a\neq0$,而 x_0,y_0 是方程组

$$\begin{cases}x+y+\sqrt{xy}+\dfrac{1}{\sqrt{xy}}=a\\x^2+y^2+xy-\dfrac{1}{xy}-2=b\end{cases}$$

的某一组实数解,求证:x_0+y_0 是有理数.

33. 小王沿河逆流游泳而上,途中不慎失落水壶,水壶沿河流漂走,10 s 后,小王发现失落并立即返身回游,问小王返身回游多少时间可以追上水壶?

34. 某人沿着电车路旁走,注意到每隔 6 min 有一辆电车从后面开到前面去,而每隔 2 min 有一辆电车由对面开过来,若该人和电车的速度始终是均匀的,问每隔几分钟从电车的起点站开出一辆电车?

35. 木排从 A 地顺流而下到达河口,在河口由拖轮拖带沿湖行驶到达 B 地,共用去 411 h. 已知拖轮从 A 到 B 航行一次(不拖带)需要 61 h,而从 B 到 A 需要 79 h. 拖轮在拖带木排时它的速度是不拖带的速度的一半. 求拖轮拖带木排从河口到达 B 地所用的时间.

36. 设 $a>1,n\in\mathbf{N},n\geqslant2$,求证:$\sqrt[n]{a}-1\leqslant\dfrac{a-1}{n}$.

37. 已知 x,y,z 为非负实数,且 $x+y+z=1$,求证

$$0\leqslant yz+zx+xy-2xyz\leqslant\frac{7}{27}$$

38. 设方程 $x^2-x+1=0$ 的两个根为 α,β,试求满足

$$f(\alpha)=\beta,f(\beta)=\alpha,f(1)=1$$

的二次函数 $f(x)$.

39. 已知 x 为实数,求函数

$$y=(x^2+4x+5)(x^2+4x+2)+2x^2+8x+1$$

的最小值.

40.已知 $0\leqslant x\leqslant 1$,$f(x)=x^2-ax+\frac{a}{2}(a>0)$,$f(x)$的最小值为 m.

(1)用 a 表示 m;(2)求 m 的最大值,及此时 a 的值.

41.已知数列$\{a_n\}$满足 $a_1=2$,$a_{n+1}=2a_n+5$,求通项 a_n.

42.已知数列$\{a_n\}$满足 $a_1=1$,$a_n=2a_{n-1}+3n-1(n\geqslant 2)$,求其通项 a_n.

43.已知数列$\{a_n\}$满足 $a_1=3$,$a_2=0$,$a_n-6a_{n-1}+9a_{n-2}=0(n\geqslant 3)$,求通项 a_n.

44.设 $a_1=2$,$a_{n+1}=\frac{3a_n+1}{a_n+3}$,求数列$\{a_n\}$的通项 n.

45.已知数列$\{a_n\}$满足 $a_1=\sqrt{2}$,$a_{n+1}=\sqrt{2+a_n}(n\geqslant 1)$,求通项 a_n.

46.已知 $a_1=a(a\neq 0)$,$a_{n+1}^2=100a_n(n\in\mathbf{N})$,求数列$\{a_n\}$的通项 a_n.

47.求 n 个连续的自然数(n 为奇数),使其前$\frac{n+1}{2}$项的平方和与后$\frac{n-1}{2}$项的平方和相等.

48.若 p,$p+10$,$p+14$ 都是质数,求出所有的 p 的值.

49.试求定义在自然数集上的一个函数 $f(x)$,使有 $f(x+y)=f(x)+f(y)+xy$,且 $f(1)=1$.$(x,y\in\mathbf{N})$

50.求出最小的自然数 n,使$\left(\frac{3}{\frac{3}{2}-\frac{\sqrt{3}}{2}\mathrm{i}}\right)^n$是纯虚数,并求出此纯虚数.

参数在三角中的应用

第三章

学习三角学，主要是掌握三角函数的定义、性质、公式，并能熟练地在化简、求值、证明及解三角方程中实施各种变换；当变换的跨度大、结构复杂或综合性强时，寻找适当的参数来周旋其间，常是不可缺少的手段.

§1　三角中参数的常见形式

三角中参数所起的作用，如同上一章所阐述的一样，也是起着代换、化简、沟通、转移和协调制约的作用. 至于参数的常见形式，主要有如下四大类：

一、自含参数

三角中自含参数的问题，大多涉及三角函数性质、图像的研究；三角函数的最值；解三角形以及三角方程、三角不等式的解的讨论. 这些问题中形式多变的自含参数，不但使问题灵活，而且更深刻地揭示了各类三角问题的性质及其变化规律.

例 1　已知函数 $y=a-b\cos 3x(b>0)$ 的最大值为 $\frac{3}{2}$，最小值为 $-\frac{1}{2}$，求函数 $y=-4a\sin 3bx$ 的周期和最值.

思考　先由条件来确定自含参数(或待定系数) a，b 的值，然后求解.

解　因为 $-1\leqslant\cos 3x\leqslant 1$，据题意，有

$$\begin{cases} a+b=\dfrac{3}{2} \\ a-b=-\dfrac{1}{2} \end{cases}$$

由此，解得

$$a=\frac{1}{2},b=1$$

所以函数

$$y=-4a\sin 3bx$$

即 $y=-2\sin 3x$，其周期 $T=\dfrac{2\pi}{3}$，最大值为 2，最小值为 -2.

例 2 解方程 $\sin^4 x+\cos^4 x+\sin 2x+a=0$.

思考 方程中含有参数 a，在化简、求解方程时应对 a 的取值范围做必要讨论.

解 因为

$$\sin^4 x+\cos^4 x=1-2\sin^2 x\cos^2 x=1-\frac{1}{2}\sin^2 2x$$

所以原方程可化简成

$$\sin^2 2x-2\sin 2x-2(a+1)=0$$

所以

$$\sin 2x=1\pm\sqrt{2a+3}\quad\left(a\geqslant-\frac{3}{2}\right)$$

由 $|\sin 2x|\leqslant 1$，知应有如下两种情况的解：

(1)由 $|1+\sqrt{2a+3}|\leqslant 1$，因为 $\sqrt{2a+3}\geqslant 0$，知，唯有

$$\sqrt{2a+3}=0$$

故得 $a=-\dfrac{3}{2}$.

这时，$\sin 2x=1$，所以

$$x=k\pi+\frac{\pi}{4}\quad(k\in\mathbf{Z})$$

(2)由 $|1-\sqrt{2a+3}|\leqslant 1$，得

$$-1\leqslant 1-\sqrt{2a+3}\leqslant 1$$

或

$$0\leqslant\sqrt{2a+3}\leqslant 2,0\leqslant 2a+3\leqslant 4$$

解得

$$-\frac{3}{2}\leqslant a\leqslant\frac{1}{2}$$

这时 $\sin 2x=1-\sqrt{2a+3}$，所以

$$x=\frac{k\pi}{2}+(-1)^k\frac{1}{2}\arcsin(1-\sqrt{2a+3})\quad(k\in\mathbf{Z})$$

二、辅设的代数参数

在三角变换中，借用代数形式的参数，既可收到降次、减元等化简数式之效，又可利用代数运算之长，这类代换的作用，有时与代数一章相似，但有时又因三角函数的特点而不尽相同，常见的有如下几种：

1. 三角函数的部分或整体代换

这是指用代数字母参数来代换个别的三角函数，通常能将问题中的三角式简化为代数式、函数或方程再求解.

例 3 在$\triangle ABC$中，如果 $\cos A=\tan B$，$\cos B=\tan C$，$\cos C=\tan A$. 求证：$\sin^2 A=\sin^2 B=\sin^2 C=4\sin^2 18°$.

证明 因为

$$\cos^2 A=\tan^2 B$$

所以 $1+\cos^2 A=1+\tan^2 B=\sec^2 B=\frac{1}{\cos^2 B}$，余同理.

设 $\cos^2 A=x$，$\cos^2 B=y$，$\cos^2 C=z$（x,y,z 为参数），据条件即得方程组

$$\begin{cases}y(1+x)=1 & ①\\ z(1+y)=1 & ②\\ x(1+z)=1 & ③\end{cases}$$

由①②消去 y，得

$$z=\frac{1+x}{2+x}$$

代入③，得

$$x\left(1+\frac{1+x}{2+x}\right)=1$$

即

$$x^2+x-1=0$$

所以

$$x=\frac{-1\pm\sqrt{5}}{2}$$

（负值因绝对值大于 1，不合题意，舍去）

取 $x=\frac{-1+\sqrt{5}}{2}$代入①③，得

$$y=z=\frac{-1+\sqrt{5}}{2}$$

所以

$$\cos^2 A=\cos^2 B=\cos^2 C=\frac{\sqrt{5}-1}{2}$$

故得 $\sin^2 A=\sin^2 B=\sin^2 C=1-\frac{\sqrt{5}-1}{2}=\frac{3-\sqrt{5}}{2}=4\sin^2 18°$.

用代数参数代换三角函数式，既可以是单一性的代换(例 3)，也可以是部分代换或整体代换，如：

例 4 解方程组$\begin{cases}\cos x-\sin x=1+\cos y-\sin y\\ 3\sin 2x-2\sin 2y=\frac{3}{4}\end{cases}$.

思考 因涉及两个三角式及两个直接解颇为麻烦，考虑到$(\cos x-\sin x)^2=\cos^2 x+\sin^2 x-2\sin x\cos x=1-\sin 2x$，由此可利用部分代换.

解 设

$$\cos x-\sin x=u, \cos y-\sin y=v$$

则有

$$\sin 2x=1-u^2, \sin 2y=1-v^2$$

原方程组化为

$$\begin{cases}u=1+v & ①\\ 3u^2-2v^2=\frac{1}{4} & ②\end{cases}$$

由式①，$v=u-1$，代入式②整理，得

$$u^2+4u-\frac{9}{4}=0$$

解得 $u_1=\frac{1}{2}, u_2=-\frac{9}{2}$(舍去).

所以 $v_1=-\frac{1}{2}$.

因而原方程组等价于

$$\begin{cases}\cos x-\sin x=\frac{1}{2}\\ \cos y-\sin y=-\frac{1}{2}\end{cases}$$

由此，解得

$$x=n\pi+\frac{\pi}{4}+(-1)^{n+1}\arcsin\frac{\sqrt{2}}{4}\quad(n\in\mathbf{Z})$$

$$y=k\pi+\frac{\pi}{4}+(-1)^{k}\arcsin\frac{\sqrt{2}}{4}\quad(k\in\mathbf{Z})$$

例 5 已知 $f(\sin x-1)=\cos^2 x+2$，求 $f(x)$.

解 设 $t=\sin x-1$，这里 t 是参数，则

$$\cos^2 x=1-\sin^2 x=1-(t+1)^2$$

已知式即成

$$f(t)=1-(t+1)^2+2$$

或

$$f(t)=-t^2-2t+2$$

所以

$$f(x)=-x^2-2x+2$$

说明 本题求解中引入代数参数，使原先涉及较复杂的三角式的函数关系转化为简单的代数形式，问题变得容易了.

例 6 求$\frac{\sec^2\theta-\tan\theta}{\sec^2\theta+\tan\theta}$的最大值和最小值.

解 设

$$k=\frac{\sec^2\theta-\tan\theta}{\sec^2\theta+\tan\theta}=\frac{1+\tan^2\theta-\tan\theta}{1+\tan^2\theta+\tan\theta}$$

整理，得

$$(1-k)\tan^2\theta-(1+k)\tan\theta+(1-k)=0$$

当 $k=1$ 时，$\tan\theta=0$，原式的值为 1；

当 $k\neq1$ 时，关于 $\tan\theta$ 的二次方程有实数解，须有

$$\Delta=(1+k)^2-4(1-k)^2\geqslant0$$

解得

$$\frac{1}{3}\leqslant k\leqslant3$$

故知原式的最大值为 3，最小值为$\frac{1}{3}$.

说明 判别式法是求最值的一种常用方法，可以看到这种方法的基础便是利用参数作整体代换.

又，在使用这种方法时，必须注意"等式"成立的可能性，例如求$\frac{\sin^2\theta-\cos\theta}{\sin^2\theta+\cos\theta}$的最值，若仍令

$$k=\frac{\sin^2\theta-\cos\theta}{\sin^2\theta+\cos\theta}$$

并整理，得

$$(1-k)\cos^2\theta+(1+k)\cos\theta+(k-1)=0$$

其$\Delta=(1+k)^2+4(1-k)^2$，等号已不可能成立，此法便不能用，只好另辟蹊径了.

例 6 已知$A+B+C=\pi$，求证：

(1)$\sin^2B+\sin^2C-2\sin B\sin C\cos A=\sin^2A$；

(2)$\cos^2B+\cos^2C+2\cos B\cos C\cos A=\sin^2A$.

思考 一般的方法是将要求证的等式变形为如

$$\sin^2B+\sin^2C-\sin^2A=2\sin B\sin C\cos A$$

再利用条件作降幂、和差化积等变换，这样，证来会颇为繁复. 今考虑到要求证的等式具有关于B，C的对称性，试引入整体参数代换，将两式合并处理.

证明 设

$$M=\sin^2B+\sin^2C-2\sin B\sin C\cos A-\sin^2A$$
$$N=\cos^2B+\cos^2C+2\cos B\cos C\cos A-\sin^2A$$

则

$$\begin{aligned}N+M=&2-2\sin^2A+2\cos A\cos(B+C)=\\&2(1-\sin^2A)+2\cos A\cos(\pi-A)=\\&2\cos^2A-2\cos^2A=0\end{aligned}$$

$$\begin{aligned}N-M=&\cos 2B+\cos 2C+2\cos A\cos(B-C)=\\&2\cos(B+C)\cos(B-C)+2\cos A\cos(B-C)=\\&-2\cos A\cos(B-C)+2\cos A\cos(B-C)=0\end{aligned}$$

由方程组$\begin{cases}N+M=0\\N-M=0\end{cases}$，知$\begin{cases}M=0\\N=0\end{cases}$.

因此，要证的等式成立.

说明 本题依靠参数M，N作为媒介，巧妙地利用了两式的内在关系，同时又回避了繁复的三角变换.

2. 比值代换

比值参数代换能将已知的比式转化为整式的等量关系，以便于实施较简单

的推证或计算.

例 7 已知 a,b,c,d 均为非零实数,且

$$\frac{\cos x}{a}=\frac{\cos(x+y)}{b}=\frac{\cos(x+2y)}{c}=\frac{\cos(x+3y)}{d}$$

求证:$c^2-b^2=bd-ac$.

思考 条件以简单的连比形式出现,故选用比值参数以辅助证明,又要求证的等式可改为 $c^2+ac=bd+b^2$,即$\frac{a+c}{b+d}=\frac{b}{c}$,着手便较易.

证明 设

$$\frac{\cos x}{a}=\frac{\cos(x+y)}{b}=\frac{\cos(x+2y)}{c}=\frac{\cos(x+3y)}{d}=\frac{1}{k}$$

则

$$a=k\cos x,b=k\cos(x+y),c=k\cos(x+2y),d=k\cos(x+3y)$$

所以

$$\frac{a+c}{b+d}=\frac{k\cos x+k\cos(x+2y)}{k\cos(x+y)+k\cos(x+3y)}=$$

$$\frac{k\times 2\cos(x+y)\cos y}{k\times 2\cos(x+2y)\cos y}=$$

$$\frac{k\cos(x+y)}{k\cos(x+2y)}=\frac{b}{c}$$

因此,命题获证.

说明 在选用比值参数时本题设$\frac{1}{k}$而不是设 k,它能更方便地发挥条件的作用,可品味比较之.

例 8 已知

$$\frac{\sin(\theta-\alpha)}{\sin(\theta-\beta)}=\frac{a}{b},\frac{\cos(\theta-\alpha)}{\cos(\theta-\beta)}=\frac{c}{d}\quad(abcd\neq 0)$$

求证:$\cos(\alpha-\beta)=\frac{ac+bd}{ad+bc}$.

思考 将两已知比例式变形,再利用比值参数将字母 a,b,c,d 分别表示为相应的三角函数,要求证的等式便可借用三角恒等变换来获得证明.

证明 据所给的条件可设

$$\frac{a}{\sin(\theta-\alpha)}=\frac{b}{\sin(\theta-\beta)}=k_1,\frac{c}{\cos(\theta-\alpha)}=\frac{d}{\cos(\theta-\beta)}=k_2$$

则

$$a=k_1\sin(\theta-\alpha),b=k_1\sin(\theta-\beta),c=k_2\cos(\theta-\alpha),d=k_2\cos(\theta-\beta)$$

所以

$$\frac{ac+bd}{ad+bc}=\frac{k_1\sin(\theta-\alpha)k_2\cos(\theta-\alpha)+k_1\sin(\theta-\beta)k_2\cos(\theta-\beta)}{k_1\sin(\theta-\alpha)k_2\cos(\theta-\beta)+k_1\sin(\theta-\beta)k_2\cos(\theta-\alpha)}=$$

$$\frac{\sin(\theta-\alpha)\cos(\theta-\alpha)+\sin(\theta-\beta)\cos(\theta-\beta)}{\sin(\theta-\alpha)\cos(\theta-\beta)+\sin(\theta-\beta)\cos(\theta-\alpha)}=$$

$$\frac{\frac{1}{2}\sin(2\theta-2\alpha)+\frac{1}{2}\sin(2\theta-2\beta)}{\sin(2\theta-\alpha-\beta)}=$$

$$\frac{\sin(2\theta-\alpha-\beta)\cos(\alpha-\beta)}{\sin(2\theta-\alpha-\beta)}=\cos(\alpha-\beta)$$

说明 本例选取两个比值参数，这是与条件有两个已知等式相对应的.

3. 万能代换

应用万能代换公式

$$\sin\alpha=\frac{2t}{1+t^2},\cos\alpha=\frac{1-t^2}{1+t^2},\tan\alpha=\frac{2t}{1-t^2}$$

（这里，t 是参数，$t=\tan\frac{\alpha}{2}$，$\alpha\neq 2k\pi+\pi$，$k\in\mathbf{Z}$），可将三角函数式转换为代数的有理函数式，在代换时应注意参数前后取值范围的一致性.

例 9 求证：$\frac{2(\cos\theta-\sin\theta)}{1+\sin\theta+\cos\theta}=\frac{\cos\theta}{1+\sin\theta}-\frac{\sin\theta}{1+\cos\theta}$.

思考 因要证的等式左右两边形式相差甚远，引入参数 $t=\tan\frac{\theta}{2}$，靠万能代换式把三角式变为代数式，两边便容易沟通.

证明 设 $\tan\frac{\theta}{2}=t$，则

$$左边=\frac{2\left(\frac{1-t^2}{1+t^2}-\frac{2t}{1+t^2}\right)}{1+\frac{2t}{1+t^2}+\frac{1-t^2}{1+t^2}}=\frac{2(1-t^2-2t)}{1+t^2+2t+1-t^2}=\frac{1-2t-t^2}{1+t}$$

$$右边=\frac{\frac{1-t^2}{1+t^2}}{1+\frac{2t}{1+t^2}}-t=\frac{1-t^2}{1+t}-t=\frac{1-2t-t^2}{1+t}$$

所以左边＝右边.

说明 用万能公式代换后，仅通过代数分式化简便完成了原较复杂的三角恒等式的证明，值得深思.

4. 对称代换

三角式中若带有关于 $\sin x,\cos x$ 或 $\tan x,\cot x$ 的对称式,则宜选用对称形式的参数,运算时注意利用 $\sin^2 x+\cos^2 x=1$,或 $\tan x\cot x=1$.

例 10 已知 $6(\sin^3 x+\cos^3 x)=11\sin x\cos x$,求 $\sin x+\cos x$ 的值.

思考 考虑到对称式,可设 $u=\sin x+\cos x$,$v=\sin x\cos x$,这里 u,v 是参数,则有 $u^2=1+2v$,注意到 u 恰为所求,故经代换变形后,应致力于消去参数 v.

解 原已知式可化为

$$6(\sin x+\cos x)(\sin^2 x-\sin x\cos x+\cos^2 x)=11\sin x\cos x$$

承上,将参数 u,v 代入,得

$$6u(1-v)=11v \qquad ①$$

又

$$u^2=1+2v \qquad ②$$

由①②消去 v,得

$$6u^3+11u^2-18u-11=0$$

即

$$\left(u+\frac{1}{2}\right)(6u^2+8u-22)=0$$

所以

$$u=-\frac{1}{2}\text{或 }u=\frac{-2\pm\sqrt{37}}{3}$$

因为 $|u|\leqslant\sqrt{2}$,故有

$$u=-\frac{1}{2}\text{或 }u=\frac{-2+\sqrt{37}}{3}$$

即

$$\sin x+\cos x=-\frac{1}{2}$$

或

$$\sin x+\cos x=\frac{-2+\sqrt{37}}{3}$$

说明 辅设表示三角函数式的参数,应注意参数的取值范围,本题中与求解目标的范围一致.

5. 复参数代换

有时,三角式的变形规律不如代数式的变形规律明显,因此,对某些问题引

入复数参数,可使问题的求解有更明确的方向.

例 11 求和 $S_n=1+r\cos\theta+r^2\cos 2\theta+\cdots+r^{n-1}\cos(n-1)\theta$,$R_n=r\sin\theta+r^2\sin^2\theta+\cdots+r^{n-1}\sin(n-1)\theta$.

思考 从所求两和式的结构,可联想棣美弗定理

$$[r(\cos\theta+\mathrm{i}\sin\theta)]^n=r^n(\cos n\theta+\mathrm{i}\sin n\theta)\quad(n\in\mathbf{Z})$$

故考虑引入复数参数,利用复数方法求和.

解 建立复数式 $S_n+\mathrm{i}R_n$,据棣美弗定理有

$$\begin{aligned}S_n+\mathrm{i}R_n=&1+r(\cos\theta+\mathrm{i}\sin\theta)+r^2(\cos 2\theta+\mathrm{i}\sin 2\theta)+\cdots+\\&r^{n-1}[\cos(n-1)\theta+\mathrm{i}\sin(n-1)\theta]=\\&1+r(\cos\theta+\mathrm{i}\sin\theta)+[r(\cos\theta+\mathrm{i}\sin\theta)]^2+\cdots+\\&[r(\cos\theta+\mathrm{i}\sin\theta)]^{n-1}=\\&\frac{1-[r(\cos\theta+\mathrm{i}\sin\theta)]^n}{1-r(\cos\theta+\mathrm{i}\sin\theta)}=\\&\frac{1-[r^n(\cos n\theta+\mathrm{i}\sin n\theta)]}{1-r\cos\theta-\mathrm{i}r\sin\theta}\times\frac{1-r\cos\theta+\mathrm{i}\sin\theta}{1-r\cos\theta+\mathrm{i}\sin\theta}=\\&\frac{r^{n+1}\cos(n-1)\theta-r^n\cos n\theta-r\cos\theta+1}{r^2-2r\cos\theta+1}+\\&\mathrm{i}\,\frac{r^{n+1}\sin(n-1)\theta-r^n\sin n\theta+r\sin\theta}{r^2-2r\cos\theta+1}\end{aligned}$$

比较实部和虚部,即得

$$S_n=\frac{r^{n+1}\cos(n-1)\theta-r^n\cos n\theta-r\cos\theta+1}{r^2-2r\cos\theta+1}$$

$$R_n=\frac{r^{n+1}\sin(n-1)\theta-r^n\sin n\theta+r\sin\theta}{r^2-2r\cos\theta+1}$$

6. 辅助方程或函数中的参数

有时根据问题中三角式的结构特点,引入参数来构造适当的辅助方程或辅助函数,能够获得更为灵巧的解法. 如:

例 12 已知实数 x,y 满足

$$x\sin 3\alpha+y\sin\alpha=a,x\sin 3\beta+y\sin\beta=a,x\sin 3r+y\sin r=a$$

求证:$\sin\alpha+\sin\beta+\sin\gamma=0$.

思考 注意到三个已知等式形式上的一致性,用三倍角公式后建立以参数 t 为未知数的一元三次方程,再利用韦达定理也许可证得结论.

证明 已知式 $x\sin 3\alpha+y\sin\alpha=a$ 可化为

$$x(3\sin\alpha-4\sin^3\alpha)+y\sin\alpha=a$$

即

$$-4x\sin^3\alpha+(3x+y)\sin\alpha-a=0$$

同理，有

$$-4x\sin^3\beta+(3x+y)\sin\beta-a=0,\ -4x\sin^3\gamma+(3x+y)\sin\gamma-a=0$$

故知 $\sin\alpha,\sin\beta,\sin\gamma$ 是关于 t 的方程

$$-4xt^3+(3x+y)t-a=0$$

的三个根，因其二次项系数为零，据韦达定理，知

$$\sin\alpha+\sin\beta+\sin\gamma=0$$

例 13　已知 $x\cos\theta+y\sin\theta=x\cos\varphi+y\sin\varphi=a$，且

$$\sqrt{2}\sin\frac{\theta}{2}\sin\frac{\varphi}{2}=1$$

求证：$x^2+2y^2+2ax-a^2=0$.

思考　由于已知等式具有相同的结构，仿上例引入参数 t 来构作有关的辅助方程.

证明　因为 $x\cos\theta+y\sin\theta=a$，即

$$y\sin\theta=a-x\cos\theta$$

平方之，有

$$y^2\sin^2\theta=a^2-2ax\cos\theta+x^2\cos^2\theta$$

或

$$(x^2+y^2)\cos^2\theta-2ax\cos\theta+a^2-y^2=0$$

同理，有

$$(x^2+y^2)\cos^2\varphi-2ax\cos\varphi+a^2-y^2=0$$

于是，$\cos\theta,\cos\varphi$ 是关于参数 t 的一元二次方程

$$(x^2+y^2)t^2-2axt+a^2-y^2=0$$

的两个根，据韦达定理，有

$$\cos\theta+\cos\varphi=\frac{2ax}{x^2+y^2} \quad ①$$

$$\cos\theta\cos\varphi=\frac{a^2-y^2}{x^2+y^2} \quad ②$$

又已知

$$\sqrt{2}\sin\frac{\theta}{2}\sin\frac{\varphi}{2}=1$$

平方后可得

$$2\times\frac{1-\cos\theta}{2}\times\frac{1-\cos\varphi}{2}=1$$

或

$$1+\cos\theta\cos\varphi-(\cos\theta+\cos\varphi)=2$$

将①②代入上式整理,即得

$$x^2+2y^2+2ax-a^2=0$$

三、辅设的三角参数

在三角变换及图形问题的求解中,引入三角参数(包括角或三角函数形式的参数)可以起简化或联系沟通的作用,依参数的代换形式及功能区分,有:

1. 角参数代换

例 14 已知扇形 OAB 中,顶角 $AOB=\alpha\left(0<\alpha<\frac{\pi}{2}\right)$. 半径为 R,P 是 $\overset{\frown}{AB}$ 上的动点,过点 P 作 OB 的平行线交 OA 于 Q,求△OPQ 的面积的最大值.

思考 点 P 在 $\overset{\frown}{AB}$ 上运动,$\angle POA$ 便相应变化,此角的大小与△OPQ 的面积直接相关,故选取此角为参数(自变量)来建立目标函数以获取最大值.(图 3.1)

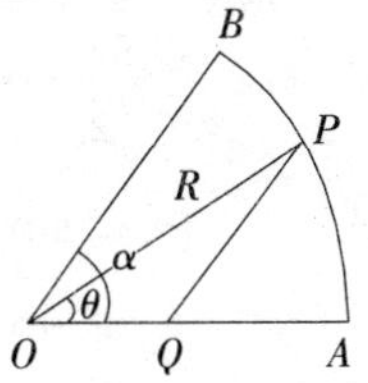

图 3.1

解 设 $\angle POA=\theta$ 为参数,有

$$\angle PQO=180^\circ-\alpha$$

在△OPQ 中据正弦定理,有

$$\frac{PQ}{\sin\theta}=\frac{R}{\sin(180^\circ-\alpha)}$$

所以 $PQ=\dfrac{R\sin\theta}{\sin\alpha}$.

因为

$$S_{\triangle OPQ}=\frac{1}{2}R\cdot PQ\cdot\sin\angle OPQ=$$

$$\frac{1}{2}R\frac{R\sin\theta}{\sin\alpha}\cdot\sin(\alpha-\theta)=$$

$$\frac{R^2}{4\sin\alpha}[\cos(\alpha-2\theta)-\cos\alpha]$$

所以当 $\alpha=2\theta$,即 $\cos(\alpha-2\theta)=1$ 时,△OPQ 面积最大,且知面积的最大值为

$$\frac{R^2\tan\frac{\alpha}{2}}{4}$$

说明 解有关三角形或其他图形的最值问题,一般应研究并选取直接影响

图形变化趋势的量作为自变量(即参数)来建立目标函数.在许多问题中,角参数常被选用来达到这一目标.

例 15 已知边长为 a 的正六边形 $ABCDEF$,当点 P 在其外接圆的 $\overset{\frown}{AB}$ 上移动时,求 $\triangle PAB$,$\triangle PAE$,$\triangle PBE$ 的面积之和 S 的最大值.(图 3.2)

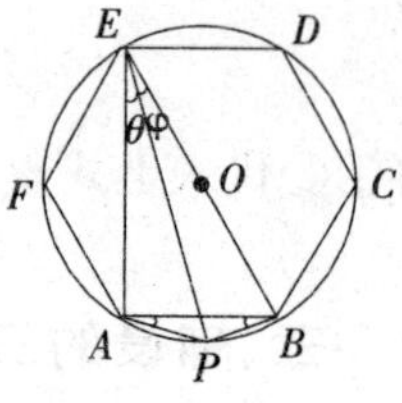

图 3.2

解 设

$$\angle PBA=\theta,\angle PAB=\varphi \quad (\theta,\varphi \text{ 为参数})$$

则有

$$\theta+\varphi=30^\circ$$

因为外接圆半径 $R=a$,可得

$$PA=2a\sin\theta,PB=2a\sin\varphi,PE=2a\cos\varphi$$

所以

$$\begin{aligned}S&=S_{\triangle PAB}+S_{\triangle PAE}+S_{\triangle PBE}=\\&\frac{1}{2}PA\cdot PB\sin 150^\circ+\frac{1}{2}PA\cdot PE\cdot\sin 60^\circ+\frac{1}{2}PB\cdot PE=\\&a^2\sin\theta\sin\varphi+\sqrt{3}a^2\sin\theta\cos\varphi+2a^2\sin\varphi\cos\varphi=\\&a^2\sin\theta(\sin\varphi+\sqrt{3}\cos\varphi)+a^2\sin 2\varphi=\\&2a^2\sin\theta\sin(60^\circ+\varphi)+a^2\sin 2\varphi=\\&2a^2\sin\theta\sin(90^\circ-\theta)+a^2\sin 2\varphi=\\&a^2(\sin 2\theta+\sin 2\varphi)=a^2\cos(\theta-\varphi)\end{aligned}$$

所以当 $\theta=\varphi$ 时,$\cos(\theta-\varphi)=1$,S 有最大值 a^2,这时 $\theta=\varphi=15^\circ$.

说明 遇到形如 $a\sin\alpha+b\cos\alpha$ 的三角函数式问题,引入辅助角

$$\varphi\left(\tan\varphi=\frac{b}{a}\right)$$

便能将它化成为单一函数

$$\sqrt{a^2+b^2}\sin(\alpha+\varphi)$$

这里 φ 同样是一种角参数,并为研究与此函数式有关的问题的性质提供方便,这类方法已为我们所熟知.

2. 三角函数参数代换

在三角问题中再施行三角函数参数代换,其目的在于根据数式的特点尽可能地发挥各种三角公式的效能.

例 16 已知 $\frac{\cos^4\alpha}{\cos^2\beta}+\frac{\sin^4\alpha}{\sin^2\beta}=1$,求证:$\frac{\sin^4\beta}{\sin^2\alpha}+\frac{\cos^4\beta}{\cos^2\alpha}=1$.

思考 注意到已知等式右端为常数 1,左端可化为两数之平方和,故再作三角函数参数代换,使$\frac{\cos^2\alpha}{\cos\beta}=\sin\theta$,$\frac{\sin^2\alpha}{\sin\beta}=\cos\theta$,然后用于推导要证的等式.

证明 承上,有

$$\begin{cases}\cos^2\alpha=\sin\theta\cos\beta & ①\\ \sin^2\alpha=\cos\theta\sin\beta & ②\end{cases}$$

①+②,可得

$$\sin(\theta+\beta)=1$$

所以

$$\theta+\beta=2k\pi+\frac{\pi}{2}\quad(k\in\mathbf{Z})$$

即

$$\theta=2k\pi+\frac{\pi}{2}-\beta$$

于是,有

$$\sin\theta=\cos\beta,\cos\theta=\sin\beta$$

代入①②,分别得

$$\cos^2\alpha=\cos^2\beta,\sin^2\alpha=\sin^2\beta$$

故$\frac{\sin^4\beta}{\sin^2\alpha}+\frac{\cos^4\beta}{\cos^2\alpha}=\frac{\sin^4\alpha}{\sin^2\alpha}+\frac{\cos^4\alpha}{\cos^2\alpha}=\sin^2\alpha+\cos^2\alpha=1$.

例 17 设 $0<x<1$,求证

$$2\arctan\frac{1+x}{1-x}+\arcsin\frac{1-x^2}{1+x^2}=\pi$$

思考 在要证的等式中含有$\frac{1+x}{1-x}$及$\frac{1-x^2}{1+x^2}$,其结构特点皆合于熟知的三角式,故作三角参数代换.

证明 因为 $0<x<1$,设 $x=\tan\theta$ 为参数,$\theta\in\left(0,\frac{\pi}{4}\right)$,因为

$$\frac{1+x}{1-x}=\frac{1+\tan\theta}{1-\tan\theta}=\tan\left(\frac{\pi}{4}+\theta\right),\text{且}\frac{\pi}{4}+\theta\in\left(\frac{\pi}{4},\frac{\pi}{2}\right)$$

$$\frac{1-x^2}{1+x^2}=\frac{1-\tan^2\theta}{1+\tan^2\theta}=\cos 2\theta=\sin\left(\frac{\pi}{2}-2\theta\right),\text{且}\frac{\pi}{2}-2\theta\in\left(0,\frac{\pi}{2}\right)$$

所以

$$\text{左边}=2\arctan\left[\tan\left(\frac{\pi}{4}+\theta\right)\right]+\arcsin\left[\sin\left(\frac{\pi}{2}-2\theta\right)\right]=$$

$$2\left(\frac{\pi}{4}+\theta\right)+\left(\frac{\pi}{2}-2\theta\right)=\pi$$

3. 常数代换

三角中诸多的同角关系、特殊角三角函数值等，与常数“1”密切相关，因此当面临较为复杂的三角式或方程时，冲破习惯性思维，对其中关键性的常数反用三角参数去替代，往往能出奇制胜.

例 18 求证：$\dfrac{1-\sin^6 x-\cos^6 x}{1-\sin^4 x-\cos^4 x}=\dfrac{3}{2}$.

证明

$$\text{左边}=\frac{(\sin^2 x+\cos^2 x)^3-\sin^6 x-\cos^6 x}{(\sin^2 x+\cos^2 x)^2-\sin^4 x-\cos^4 x}=$$

$$\frac{3\sin^2 x\cos^2 x(\sin^2 x+\cos^2 x)}{2\sin^2 x\cos^2 x}=\frac{3}{2}$$

此外，像可化为齐次方程的三角方程求解，及一些三角式的化简，等等，都离不开这种“以参代常”的技巧.

4. 边角代换

有关三角形边角关系式的推证、形状之判定或求解问题，因已知条件中边角关系的混杂，往往给处理带来不便，这时常可以参数为引子，利用正弦定理、余弦定理等作适当变换，实施边角关系的转化和统一，以便于处理.

例 19 在△ABC 中，求证

$$(\sin A+\sin B+\sin C)^2>2\pi\sin A\sin B\sin C$$

思考 用三角变换直接证上述不等式很不易，考虑到正弦定理可由比值参数 $2R$（R 为三角形的外接圆半径）作传递性代换，转化为代数式来求证.

证明 左边$=\left(\dfrac{a}{2R}+\dfrac{b}{2R}+\dfrac{c}{2R}\right)^2=\dfrac{1}{4R^2}(a+b+c)^2=\dfrac{4S^2}{4R^2}=\dfrac{S^2}{R^2}$

其中 $S=\dfrac{a+b+c}{2}$.

$$\text{右边}=2\pi\frac{a}{2R}\cdot\frac{b}{2R}\cdot\frac{c}{2R}=2\pi\cdot\frac{abc}{8R^3}=\pi\cdot\frac{abc}{4R}\cdot\frac{1}{R^2}=\pi\cdot rS\cdot\frac{1}{R^2}=\frac{\pi rS}{R^2}$$

其中 r 为三角形内切圆半径.

因三角形的周长大于其内切圆的周长，所以 $2S=a+b+c>2\pi r$，即

$$S>\pi r$$

故得左边>右边，原不等式成立.

例 20 在△ABC 中，$2b<a+c$，求证：$2B<A+C$.

思考 从边的关系转化为三角函数不等式，再从中取出角的大小关系.

证明 因为 $2b<a+c$，据正弦定理，得

$$2\times 2R\sin B<2R\sin A+2R\sin C$$

即

$$\begin{aligned}2\sin B<\sin A+\sin C=&\\ &2\sin\frac{A+C}{2}\cos\frac{A-C}{2}\leqslant\\ &2\sin\frac{A+C}{2}\quad\left(\text{因为 }0<\cos\frac{A-C}{2}\leqslant 1\right)\end{aligned}$$

所以 $\sin B<\sin\dfrac{A+C}{2}$，又因 b 不是最大边，故知 B 必为锐角.

于是，有 $B<\dfrac{A+C}{2}$，即 $2B<A+C$.

利用正弦定理或余弦定理实施边角之间的转换，是我们熟悉的方法，两例题中的参数 R 如神龙一现稍纵即逝，但已完成了它的使命.

四、图形中的参数

对于解三角形的问题，无论是计算或证明，在图形中选取恰当的元素作为参数，常可起沟通和便于列式等有益的作用，前面已讲过角参数，这里将再介绍一些诸如利用线段、面积、点的坐标等作为参数的例子.

例 21 在$\triangle ABC$ 中，$a=5$，$b=4$，$\cos(A-B)=\dfrac{31}{32}$，求 $\cos C$.

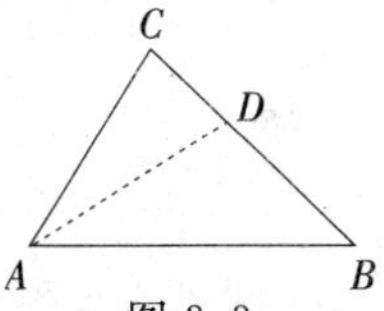

图 3.3

思考 条件中涉及 $A-B$，故如图 3.3，在$\angle A$ 中作$\angle BAD=\angle B$，另一边 AD 交 BC 于 D，图中便有 $AD=BD$，且$\triangle ADC$ 三边皆可表示，故选取线段 $AD=BD=x$ 作为参数.

解 承上，因为 $AD=BD=x$，有 $CD=5-x$，且

$$AC=4,\angle CAD=A-B$$

在$\triangle ACD$ 中，据余弦定理，有

$$CD^2=AC^2+AD^2-2AC\cdot AD\cos(A-B)$$

所以

$$(5-x)^2=4^2+x^2-2\times 4\times x\times\frac{31}{32}$$

得 $x=4$，所以 $AD=4$，$CD=1$，于是

$$\cos C=\frac{AC^2+CD^2-AD^2}{2AC\cdot CD}=\frac{4^2+1^2-4^2}{2\times4\times1}=\frac{1}{8}$$

例 22 如图 3.4，CD 是 BC 的延长线，$AB=BC=CA=CD=a$，DM 与 AB，AC 分别交于点 M 和点 N，且 $\angle BDM=\alpha$，求证

$$BM=\frac{4a\tan\alpha}{\sqrt{3}+\tan\alpha}$$

$$CN=\frac{2a\tan\alpha}{\sqrt{3}-\tan\alpha}$$

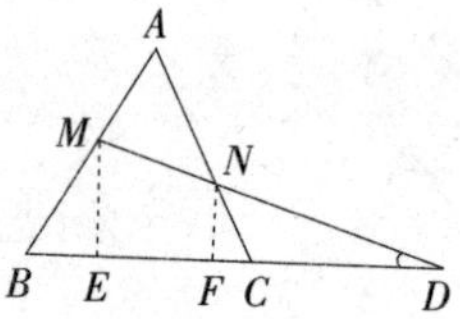

图 3.4

思考 据条件知△ABC 为正三角形，$\angle B=\angle ACB=60°$，又因求证的等式中含 $\tan\alpha$，须构作直角三角形，故分别引 ME，NF 垂直 BC 于 E，F，并以此两线段为参数来沟通正三角形与角 α 的联系.

证明 承上分析，记 $ME=m$，$NF=n$，则

$$BE=\frac{m}{\sqrt{3}}$$

在 Rt△MED 中，有

$$\tan\alpha=\frac{ME}{DE}=\frac{m}{2a-\frac{m}{\sqrt{3}}}$$

解得 $m=\frac{2\sqrt{3}a\tan\alpha}{\sqrt{3}+\tan\alpha}$. 因为 $BM\cdot\sin 60°=m$，所以

$$BM=\frac{2}{\sqrt{3}}m=\frac{4a\tan\alpha}{\sqrt{3}+\tan\alpha}$$

同理可得 $CN=\frac{2a\tan\alpha}{\sqrt{3}-\tan\alpha}$.

例 23 如图 3.5，M，N 是半圆上的两个定点，P 是直径 AB 上的任意一点，$\angle AMP=\alpha$，$\angle BNP=\beta$，求证：$\tan\alpha\cdot\tan\beta$ 为定值.

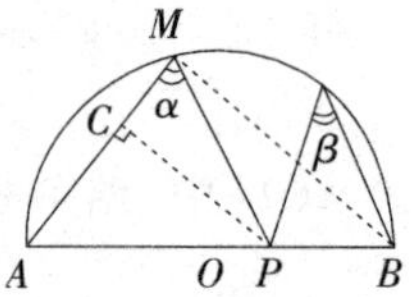

图 3.5

思考 首先考虑在图中表示出 $\tan\alpha$，$\tan\beta$，故联结 BM，引 $PC\perp AM$ 于 C，记圆的半径为 r，为联系△AMP，△BNP 的相应的边，选取线段 $OP=d$ 来表示 PA，PB 两边，从而可借助锐角三角函数的定义来分别表示 $\tan\alpha$，$\tan\beta$.

证明 承上，有

$$PC=(r+d)\sin A，AC=(r+d)\cos A$$

$$MB=2r\sin A, AM=2r\cos A$$

所以

$$\tan\alpha=\frac{PC}{MC}=\frac{PC}{AM-AC}=\frac{(r+d)\sin A}{2r\cos A-(r+d)\cos A}$$

得 $\tan\alpha=\frac{r+d}{r-d}\tan A$.

同理,得 $\tan\beta=\frac{r-d}{r+d}\tan\beta$.

因为 A,B 为定角,所以 $\tan\alpha\cdot\tan\beta=\tan A\cdot\tan B$ 为定值.

例 24 $\triangle ABC$ 中,已知 $\angle A=90°$,M,N 在 BC 上,$BM=MN=NC$,$\angle BAM=\alpha$,$\angle MAN=\beta$,$\angle NAC=\gamma$,求证:$\sin\beta=3\sin\alpha\sin\gamma$.(图 3.6)

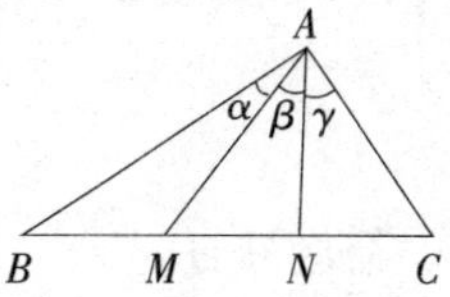

图 3.6

思考 因为 $BM=MN=NC$,故知图中$\triangle BAM$,$\triangle MAN$,$\triangle NAC$ 的面积相等,因此设此三角形的面积为 S,即以 S 为参数来沟通要证等式中的三个角.

证明 记 $AB=c$,$AC=b$,$AM=m$,$AN=n$,$\triangle ABM$ 的面积为 S,则有

$$S=S_{\triangle ABM}=\frac{1}{2}cm\sin\alpha$$

$$S=S_{\triangle AMN}=\frac{1}{2}mn\sin\beta$$

$$S=S_{\triangle ANC}=\frac{1}{2}bn\sin\gamma$$

于是 $\sin\alpha=\frac{2S}{cm}$,$\sin\beta=\frac{2S}{mn}$,$\sin\gamma=\frac{2S}{bn}$.

又因$\angle BAC=90°$,有

$$3S=\frac{1}{2}bc$$

所以

$$3\sin\alpha\sin\gamma=3\times\frac{2S}{cm}\times\frac{2S}{bn}=\frac{2S}{mn}\times\frac{2\times 3S}{bc}=\frac{2S}{mn}\times\frac{2\times\frac{1}{2}bc}{bc}=\frac{2S}{mn}=\sin\beta$$

例 25 若锐角 α,β,γ 满足

$$\cos^2\alpha+\cos^2\beta+\cos^2\gamma=1$$

求证:$\tan\alpha\tan\beta\tan\gamma\geqslant 2\sqrt{2}$.

思考 本题要直接用三角变换求证，一时无从下手. 但已知等式的结构颇熟悉，这启示我们构作如图 3.7 的长方体 AC_1，使对角线 AC_1 与过 A 的三条棱的夹角分别为 α,β,γ，这样便可引入长方体的三度 a,b,c 作为参数，利用锐角三角函数定义及代数不等式方法来求证.

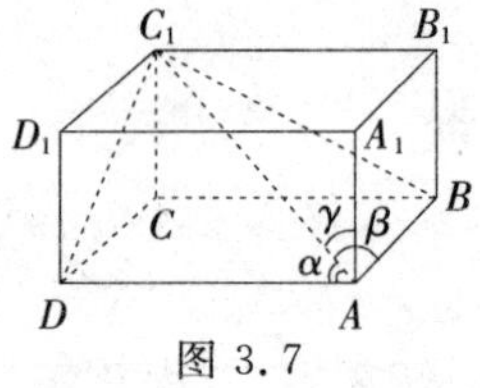

图 3.7

证明 承上，有

$$\tan\alpha\cdot\tan\beta\cdot\tan\gamma=\frac{\sqrt{b^2+c^2}}{a}\cdot\frac{\sqrt{c^2+a^2}}{b}\cdot\frac{\sqrt{a^2+b^2}}{c}\geqslant$$

$$\frac{\sqrt{2bc}}{a}\cdot\frac{\sqrt{2ca}}{b}\cdot\frac{\sqrt{2ab}}{c}=2\sqrt{2}$$

命题获证.

说明 已知等式 $\cos^2\alpha+\cos^2\beta+\cos^2\gamma=1$ 的图形背景很明显，这类三角问题有时借助构作辅助图形，并选用其中有关元素（线段、角、面积、体积、点等）作为参数，数形结合，常能获得解题捷径.

例 26 已知 α,β,γ 满足 $\cos\alpha+\cos\beta+\cos\gamma=\sin\alpha+\sin\beta+\sin\gamma=0$，求证：

(1) $\sin^2\alpha+\sin^2\beta+\sin^2\gamma$ 为定值；

(2) $\cos 3\alpha+\cos 3\beta+\cos 3\gamma=3\cos(\alpha+\beta+\gamma)$；

(3) $\sin 3\alpha+\sin 3\beta+\sin 3\gamma=3\sin(\alpha+\beta+\gamma)$.

思考 观察条件与结论中等式的结构似可置于单位圆内处理，故引入辅助单位圆，并以点 $A(\cos\alpha,\sin\alpha)$，$B(\cos\beta,\sin\beta)$，$C(\cos\gamma,\sin\gamma)$ 坐标为参数，利用已知条件来求得 α,β,γ 间的关系，再转而证明结论.

证明 承上，易知 A,B,C 为单位圆上的三点，故 $\triangle ABC$ 的外心为坐标原点.

设 $\triangle ABC$ 的重心为 $G(x,y)$，据条件，有

$$x=\frac{\cos\alpha+\cos\beta+\cos\gamma}{3}=0$$

$$y=\frac{\sin\alpha+\sin\beta+\sin\gamma}{3}=0$$

即重心 G 也在坐标原点，因 $\triangle ABC$ 的外心与重心相重合，知应是正三角形. 所以

$$\beta=2k\pi+\alpha+\frac{2}{3}\pi,\gamma=2n\pi+\alpha+\frac{4}{3}\pi\quad(k,n\in\mathbf{Z})$$

所以

$$(1)\sin^2\alpha+\sin^2\beta+\sin^2\gamma=\frac{1-\cos 2\alpha}{2}+\frac{1-\cos 2\beta}{2}+\frac{1-\cos 2\gamma}{2}=$$

$$\frac{3}{2}-\frac{1}{2}(\cos 2\alpha+\cos 2\beta+\cos 2\gamma)=$$

$$\frac{3}{2}-\frac{1}{2}\left[\cos 2\alpha+\cos 2\left(2k\pi+\alpha+\frac{2}{3}\pi\right)+\right.$$

$$\left.\cos 2\left(2n\pi+\alpha+\frac{4}{3}\pi\right)\right]=\frac{3}{2}$$

为定值.

(2)左边 $=\cos 3\alpha+\cos 3\left(2k\pi+\alpha+\frac{2}{3}\pi\right)+\cos 3\left(2n\pi+\alpha+\frac{4}{3}\pi\right)=$

$$\cos 3\alpha+\cos 3\alpha+\cos 3\alpha=3\cos 3\alpha$$

右边 $=3\cos\left(\alpha+2k\pi+\alpha+\frac{2}{3}\pi+2n\pi+\alpha+\frac{4}{3}\pi\right)=3\cos 3\alpha$

所以左边=右边.

(3)仿上可证.

说明 据本题的三角式的特点,也可引入复参数来证之.

§2 三角解题中参数的几种用途

通过本章§1的介绍,我们已熟悉了参数的一些主要作用,本节我们进而阐明代数参数怎样把三角问题转化为代数等式或函数的问题;三角参数又怎样简化有关的三角等式或函数;图形中的参数如何辅助三角式的变形;自含参数的问题又如何受制于参数的状态.通过下面的简单归纳,我们可以看到三角解题中参数的几种主要用途.

一、转化为代数问题

例1 解方程 $\frac{1+\tan x}{1-\tan x}=1+\sin 2x$.

解 利用万能公式代换,令 $\tan x=t$,则原方程可化为

$$\frac{1+t}{1-t}=1+\frac{2t}{1+t^2}$$

整理,得 $t^2(t+1)=0$,所以 $t_1=0, t_2=-1$.

由 $\tan x=0$,知

$$x=k\pi\quad(k\in\mathbf{Z})$$

由 $\tan x=-1$,知 $x=k\pi-\frac{\pi}{4}$.

经检验,都是原方程的解.

说明 若所给的三角方程为三角函数的有理式,可利用万能公式代换成含有正切的代数方程来解.此外,万能代换应注意增失根现象.

例 2 计算:

(1) $\cos\frac{\pi}{9}+\cos\frac{3}{9}\pi+\cos\frac{5}{9}\pi+\cos\frac{7}{9}\pi$;

(2) $\sin\frac{\pi}{9}+\sin\frac{3}{9}\pi+\sin\frac{5}{9}\pi+\sin\frac{7}{9}\pi$;

(3) $\cos\frac{\pi}{9}\cos\frac{2\pi}{9}\cos\frac{4\pi}{9}$.

解 设 $z=\cos\frac{\pi}{9}+\mathrm{i}\sin\frac{\pi}{9}$,并记

$$S_1=\cos\frac{\pi}{9}+\cos\frac{3\pi}{9}+\cos\frac{5\pi}{9}+\cos\frac{7\pi}{9}$$

$$S_2=\sin\frac{\pi}{9}+\sin\frac{3\pi}{9}+\sin\frac{5\pi}{9}+\sin\frac{7\pi}{9}$$

则有

$$S_1+\mathrm{i}S_2=z+z^3+z^5+z^7=\frac{z-z^9}{1-z^2} \qquad ①$$

由于 $z^9=\left(\cos\frac{\pi}{9}+\mathrm{i}\sin\frac{\pi}{9}\right)^9=-1$,代入式①,得

$$S_1+\mathrm{i}S_2=\frac{z+1}{1-z^2}=\frac{1}{1-z}=\frac{1}{1-\cos\frac{\pi}{9}-\mathrm{i}\sin\frac{\pi}{9}}=$$

$$\frac{1-\cos\frac{\pi}{9}+\mathrm{i}\sin\frac{\pi}{9}}{\left(1-\cos\frac{\pi}{9}\right)^2+\sin^2\frac{\pi}{9}}=\frac{1-\cos\frac{\pi}{9}+\mathrm{i}\sin\frac{\pi}{9}}{2\left(1-\cos\frac{\pi}{9}\right)}$$

比较等式两边的实部与虚部,有:

(1) $\cos\frac{\pi}{9}+\cos\frac{3}{9}\pi+\cos\frac{5}{9}\pi+\cos\frac{7}{9}\pi=S_1=\frac{1}{2}$;

(2) $\sin\frac{\pi}{9}+\sin\frac{3}{9}\pi+\sin\frac{5}{9}\pi+\sin\frac{7}{9}\pi=S_2=\frac{\sin\frac{\pi}{9}}{2\left(1-\cos\frac{\pi}{9}\right)}=\frac{1}{2}\cot\frac{\pi}{18}$.

又因 $\cos\frac{\pi}{9}=\frac{z^2+1}{2z}$,故有:

(3)$\cos\frac{\pi}{9}\cos\frac{2\pi}{9}\cos\frac{4\pi}{9}=\frac{z^2+1}{2z}\cdot\frac{z^4+1}{2z^2}\cdot\frac{z^8+1}{2z^4}=$

$\frac{1}{8z^7}(1+z^2+z^4+z^6+z^8+z^{10}+z^{12}+z^{14})=$

$\frac{1}{8z^7}\cdot\frac{z^{16}-1}{z^2-1}=\frac{1}{8}\cdot\frac{z^{18}-z^2}{z^9(z^2-1)}=\frac{1}{8}\cdot\frac{1-z^2}{-(z^2-1)}=\frac{1}{8}.$

说明 复参数代换常能使某些三角式转化为代数式,并能借复数运算之便.本题也可采用引入辅助式.例如皆乘以$\frac{\sin\frac{\pi}{9}}{\sin\frac{\pi}{9}}$,即可使求解变得很容易,广义上讲,这也是属于参量的范畴.

二、简化三角式

例 3 设 $3\arcsin x=\arcsin(3x-4x^3)$,求 x 的取值范围.

思考 易知有$|x|\leqslant 1$,且鉴于 $3x-4x^3$ 的特征,若设 $x=\sin\theta$,则 $3x-4x^3=\sin 3\theta$,引进此三角参数,原式便大为简化了.

解 因为$|x|\leqslant 1$,设 $x=\sin\theta,\theta\in\left[-\frac{\pi}{2},\frac{\pi}{2}\right]$,有

$$3x-4x^3=3\sin\theta-4\sin^3\theta=\sin 3\theta$$

原式便化为

$$3\arcsin(\sin\theta)=\arcsin(\sin 3\theta)$$

即

$$3\theta=\arcsin(\sin 3\theta) \quad ①$$

要使式①成立,必须并且只需 $3\theta\in\left[-\frac{\pi}{2},\frac{\pi}{2}\right]$,即 $\theta\in\left[-\frac{\pi}{6},\frac{\pi}{6}\right]$.

所以 $x=\sin\theta\in\left[-\frac{1}{2},\frac{1}{2}\right]$,故得$-\frac{1}{2}\leqslant x\leqslant\frac{1}{2}$.

例 4 求 $I_n=\cos\frac{\pi}{2n+1}\cdot\cos\frac{2\pi}{2n+1}\cdot\cdots\cdot\cos\frac{n\pi}{2n+1}$ $(n\in\mathbf{N})$

解 引入

$$y_n=\sin\frac{\pi}{2n+1}\cdot\sin\frac{2\pi}{2n+1}\cdot\cdots\cdot\sin\frac{n\pi}{2n+1} \quad (参数式)$$

则

$$I_n \cdot y_n=\frac{1}{2^n}\sin\frac{2\pi}{2n+1}\cdot\sin\frac{4\pi}{2n+1}\cdot\cdots\cdot\sin\frac{2n\pi}{2n+1}$$

因为

$$\sin\frac{2n\pi}{2n+1}=\sin\frac{\pi}{2n+1}$$

$$\sin\frac{(2n-2)\pi}{2n+1}=\sin\frac{3\pi}{2n+1}$$

$$\vdots$$

又当 n 为偶数时，有

$$\sin\frac{(n+2)\pi}{2n+1}=\sin\frac{(n-1)\pi}{2n+1}$$

当 n 为奇数时，有

$$\sin\frac{(n+1)\pi}{2n+1}=\sin\frac{n\pi}{2n+1}$$

故

$$I_n \cdot y_n=\frac{1}{2^n}\sin\frac{\pi}{2n+1}\cdot\sin\frac{2\pi}{2n+1}\cdot\cdots\cdot\sin\frac{n\pi}{2n+1}=\frac{1}{2^n}y_n$$

于是，有 $I_n=\frac{1}{2^n}$.

说明 两例都是根据题中数式的特征引入适当的三角参数，经过巧妙的代换或参数式的协调配合，达到简化解题目的的.

三、谋求三角形的边、角间的转化统一

例 5 设 $\triangle ABC$ 的三个内角 A,B,C 成等差数列，三条边 a,b,c 的倒数也成等差数列，试求 A,B,C.

思考 因 A,B,C 成等差，不妨设公差 α 为参数以表示出三个角，然后应用正弦定理将 $\frac{1}{a}+\frac{1}{c}=\frac{2}{b}$ 转化成角的关系，α 也可确定.

解 据条件可设

$$A=\frac{\pi}{3}-\alpha, B=\frac{\pi}{3}, C=\frac{\pi}{3}+\alpha \quad \left(-\frac{\pi}{3}<\alpha<\frac{\pi}{3}\right)$$

又由 $\frac{1}{a}+\frac{1}{c}=\frac{2}{b}$，得

$$\frac{1}{\sin\left(\frac{\pi}{3}-\alpha\right)}+\frac{1}{\sin\left(\frac{\pi}{3}+\alpha\right)}=\frac{2}{\sin\frac{\pi}{3}}$$

可化简成

$$\frac{3}{2}\cos\alpha=2\cos^2\alpha-\frac{1}{2}$$

解得 $\cos\alpha=1$ 或 $\cos\alpha=-\frac{1}{4}$(不合题意,舍去).

故唯有 $\alpha=0$,所以 $A=B=C=\frac{\pi}{3}$.

说明 引入角参数 α 后,题设两个条件以转化为含参数 α 的等量关系,易于利用求解,脉络十分清楚.

例 6 证明:在 $\triangle ABC$ 中,$a\geqslant b\cos B+c\cos C$.

思考 利用 $\triangle ABC$ 的外接圆半径 R 为参数先实施边、角的转化统一,再推证所得的三角不等式.

证明 设 $a\geqslant b\cos B+c\cos C$,则有

$$2R\sin A\geqslant 2R\sin B\cos B+2R\sin C\cos C$$

即

$$2\sin A\geqslant\sin 2B+\sin 2C \tag{①}$$

因为

$$\begin{aligned}\sin 2B+\sin 2C=2\sin(B+C)\cos(B-C)=&\\ 2\sin A\cos(B-C)\leqslant&\\ 2\sin A\quad(\text{因为 }\cos(B-C)\leqslant 1)&\end{aligned}$$

故式①成立,且上述各步均可逆推,由此,得

$$a\geqslant b\cos B+c\cos C$$

说明 本题也可以利用余弦定理将不等式转化统一为三边之间的关系式再来推证

$$\begin{aligned}&a\geqslant b\cos B+c\cos C\\ &\Rightarrow a\geqslant b\cdot\frac{a^2+c^2-b^2}{2ac}+c\cdot\frac{a^2+b^2-c^2}{2ab}\\ &\Rightarrow 2a^2bc\geqslant a^2b^2+b^2c^2-b^4+c^2a^2+b^2c^2-c^4\\ &\Rightarrow(b^2-c^2)^2-a^2(b-c)^2\geqslant 0\\ &\Rightarrow(b-c)^2(b+c+a)(b+c-a)\geqslant 0\end{aligned}$$

涉及三角形的问题,借助角、线段等参数结合正弦定理、余弦定理(有时还有射影定理)等谋求边角元素的转化统一,使数式中的元素减少、边角不再纠缠不清,给进一步的变换带来莫大方便.

一般的说,统一为角的关系后多能实施三角变换方法,若统一为边的关系则能用代数变换方法.

四、以参数为钥匙打开解题通道

例 7 若$(x-a)\cos\theta+y\sin\theta=(x-a)\cos\varphi+y\sin\varphi=a$，且$\tan\frac{\theta}{2}-\tan\frac{\varphi}{2}=2L$，求证：$y^2=2ax-(1-L^2)x^2$.

思考 已知等式中含有θ,φ的正弦和正切函数，要证的等式中却没有，故可将θ,φ看成为参数，只要设法消去θ,φ，当可获得结论. 考虑到条件中含$\tan\frac{\theta}{2},\tan\frac{\varphi}{2}$，故用万能代换公式.

证明 令$\tan\frac{\theta}{2}=t,\tan\frac{\varphi}{2}=t'$，则有$t-t'=2L$，且两个方程

$$(x-a)\cos\theta+y\sin\theta=a$$
$$(x-a)\cos\varphi+y\sin\varphi=a$$

可变换为

$$xt^2-2yt-(x-2a)=0 \quad ①$$
$$xt'^2-2yt'-(x-2a)=0 \quad ②$$

从①②，分别解得

$$t=\frac{1}{x}(y\pm\sqrt{y^2+x^2-2ax})$$

$$t'=\frac{1}{x}(y\pm\sqrt{y^2+x^2-2ax})$$

相减，据条件有

$$\pm2\frac{\sqrt{y^2+x^2-2ax}}{x}=2L$$

两边平方，去分母整理，得

$$y^2=2ax-(1-L^2)x^2$$

例 8 已知

$$a\tan\alpha=b\tan\beta\neq0,a^2x^2=a^2-b^2$$

求证：$(1-x^2\sin^2\beta)(1-x^2\cos^2\alpha)=1-x^2$.

思考 已知条件中含有a,b,x及α,β，但求证的等式中不含a,b，故考虑以a,b作为参数，只要消去a,b应能推得结论.

证明 因为$a\tan\alpha=b\tan\beta\neq0$，有

$$\frac{b^2}{a^2}=\frac{\tan^2\alpha}{\tan^2\beta} \quad ①$$

又

$$\tan^2\alpha=\frac{1-\cos^2\alpha}{\cos^2\alpha},\tan\beta=\frac{\sin^2\beta}{1-\sin^2\beta}$$

将上述两式代入式①，得

$$\frac{b^2}{a^2}=\frac{(1-\cos^2\alpha)(1-\sin^2\beta)}{\cos^2\alpha\sin^2\beta} \tag{②}$$

因为 $a^2x^2=a^2-b^2$，且由 $a\tan\alpha\neq0$，知 $a\neq0$，所以

$$x^2=1-\frac{b^2}{a^2} \tag{③}$$

以式②代入式③，即有

$$x^2=1-\frac{(1-\cos^2\alpha)(1-\sin^2\beta)}{\cos^2\alpha\sin^2\beta}$$

所以

$$x^2\cos^2\alpha\sin^2\beta=\cos^2\alpha\sin^2\beta-1+\cos^2\alpha+\sin^2\beta-\cos^2\alpha\sin^2\beta$$

于是，知

$$\begin{aligned}(1-x^2\sin^2\beta)(1-x^2\cos^2\alpha)=&1-x^2(\sin^2\beta+\cos^2\alpha)+x^4\cos^2\alpha\sin^2\beta=\\&1-x^2\sin^2\beta-x^2\cos^2\alpha+x^2(\cos^2\alpha+\sin^2\beta-1)=\\&1-x^2\end{aligned}$$

五、利用参数促成数形结合

例 9 当 $0<x<2\pi$ 时，方程 $\sin x+\sqrt{3}\cos x-m=0$ 有相异的解 α,β，求 m 的范围.

思考 引入参数，利用单位圆和解析方法，通过图形的性质来确定 m 的范围.

解 设 $u=\sin x,v=\cos x$，这里 u,v 为参数，则方程变为

$$\begin{cases}u+\sqrt{3}v-m=0\\u^2+v^2=1\end{cases}\quad(\text{去除点}(1,0))$$

如图 3.8，要使方程 $\sin x+\sqrt{3}\cos x-m=0$ 在 $0<x<2\pi$ 内有相异的解 α,β，就须直线 $u+\sqrt{3}v-m-0$与单位圆 u^2+v^2-1 有两个相异交点.（且不过(1,0)）

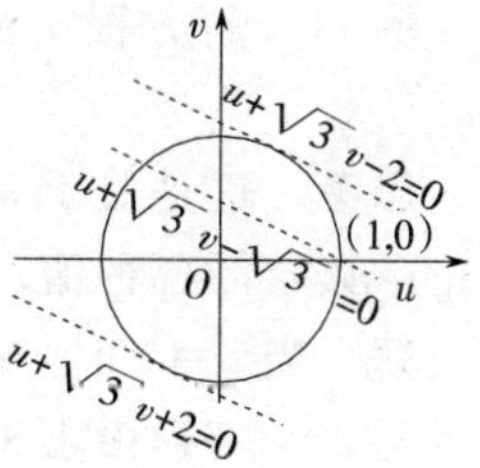

图 3.8

易知，当 $-2<m<\sqrt{3}$ 和 $\sqrt{3}<m<2$ 时，原方程在 $0<x<2\pi$ 内有两个相异的解 α,β.

例 10　求函数 $u=(\sqrt{2}\sin x-3\tan y)^2+(\sqrt{2}\cos x-3c\tan y)^2$ 的最小值，其中 x,y 都是锐角.

思考　由所给函数的形式，联想到两点间的距离公式，因此考虑引入参数（动点的坐标）利用图像方法来获得函数的最小值.

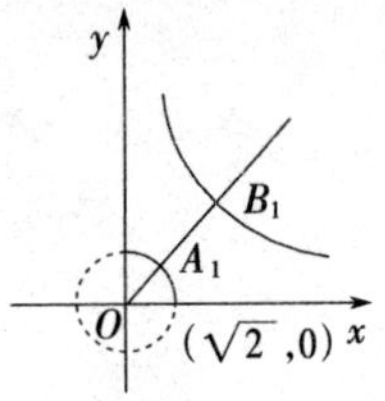

图 3.9

解　设已知函数式表示两动点 $A(x_1,y_1)$，$B(x_2,y_2)$ 之间距离的平方，其中有 $\begin{cases}x_1=\sqrt{2}\sin x\\ y_1=\sqrt{2}\cos x\end{cases}$.

因此，点 A 必在圆弧 $x_1^2+y_1^2=(\sqrt{2})^2(x_1>0,y_1>0)$ 上，又因

$$\begin{cases}x_2=3\tan y\\ y_2=3\cot y\end{cases}$$

知点 B 为双曲线 $x_2y_2=9(x_2>0,y_2>0)$ 的一支上的动点，显然，由图 3.9 可知，当 $x=y=\frac{\pi}{4}$ 时，A，B 之间有最短距离.

因为

$$|OA_1|=3\sqrt{2},|OB_1|=\sqrt{2}$$

所以原函数的最小值为

$$u_{\min}=|A_1B_1|^2=(3\sqrt{2}-\sqrt{2})^2=8$$

说明　利用数形结合解题，有着形象直观、思路明显、讨论全面、解法简捷等优点. 如何引入参数以构作图形，则需充分观察数式的结构特点，联想有关的曲线方程或几何图形，通常多使用曲线的参数方程来作为纽带.

六、对自含参数做分类讨论

例 11　解方程 $a^2\sin^2x+a\sin x-2=0$，并就 a 的取值范围讨论方程解的情况.

思考　这是关于 $\sin x$ 的一元二次方程，先用求根公式得出解来，然后分类讨论参数 a 的各种值.

解　当 $a=0$ 时，显然原方程无解.

当 $a\neq 0$ 时，由求根公式，得

$$\sin x=\frac{1}{a}\text{或}\sin x=-\frac{2}{a}$$

(1) 当 $-1<a<1$ 时，有

$$|a|<1,\left|\frac{1}{a}\right|>1,\left|-\frac{2}{a}\right|>1$$

故方程无解.

(2)当 $1<a<2$ 或 $-2<a<-1$ 时,有

$$\left|-\frac{2}{a}\right|>1,\text{但}\left|\frac{1}{a}\right|<1$$

所以 $\sin x=\frac{1}{a}$,有解为

$$x=k\pi+(-1)^k\arcsin\frac{1}{a}\quad(k\in\mathbf{Z})$$

(3)当 $a=-2$ 或 1 时,有

$$\sin x=1$$

所以解为

$$x=2k\pi+\frac{\pi}{2}\quad(k\in\mathbf{Z})$$

当 $a=2$ 或 -1 时,有

$$\sin x=-1$$

所以解为

$$x=2k\pi-\frac{\pi}{2}\quad(k\in\mathbf{Z})$$

(4)当 $a<-2$ 或 $a>2$ 时,有

$$\left|\frac{1}{a}\right|<1,\left|-\frac{2}{a}\right|<1$$

所以 $\sin x=\frac{1}{a}\sin x=-\frac{2}{a}$,得解

$$x=k\pi+(-1)^k\arcsin\frac{1}{a}\text{或}x=k\pi+(-1)^k\arcsin\left(-\frac{2}{a}\right)\quad(k\in\mathbf{Z})$$

说明 解含参数的三角方程时,先确定使方程有解的参数的取值范围(常利用三角函数的有界性来确定),再在确定的范围内求出方程的解集.

本例则是将参数的取值范围分成几个不重复的小区间,再在各区间上讨论方程的解的情况,指出有解或无解,有解时求出方程的相应解集.

对含参数的三角方程的讨论,有时也可引入恰当的参数,利用数形结合的图像方法来进行.

§3 几类用参数法求解的三角问题

上一节，我们从纵向归纳了三角解题中参数的几种主要用途，若从横向去考察，在以下六类基本的三角问题中，参数的作用显然尤为活跃.

一、三角式的求值与证明

三角式的求值以及恒等式、条件等式的证明，多涉及角、三角函数及运算形式的变形，但常因条件或结论中的角、函数及算式的关系离散隐蔽形成空隙，这时，针对各方的结合部选择恰当的参数来建立联系，往往能贯穿成线找到解题方向.

例 1 已知 $5\tan x+\sec x=5$，求 $\cos x$ 的值.

思考 直接用同角关系去化成只含 $\cos x$ 的等式，势必需要通分、解无理方程，运算较为繁复. 今取 $\tan\frac{x}{2}=t$ 为参数作代换.

解 设 $\tan\frac{x}{2}=t$，则已知式成

$$5\cdot\frac{2t}{1-t^2}+\frac{1+t^2}{1-t^2}=5$$

或

$$6t^2+10t-4=0$$

解得

$$t_1=\frac{1}{3},t_2=-2$$

故由 $\cos x=\frac{1-t^2}{1+t^2}$，求得

$$\cos x=\frac{4}{5}\text{或}-\frac{3}{5}$$

说明 由于不论角 α 的哪一种三角函数都可用万能公式化成关于 $t=\tan\frac{\alpha}{2}$ 的有理式，因此三角变换的问题可以转换为代数运算问题，从而充分利用代数运算之长来解决三角问题，因此这里的参数 t 在解众多的三角题时有突出的意义与作用.

例 2 已知

$$\cos\alpha+\cos\beta+\cos\gamma=0$$

求证：$\cos 3\alpha+\cos 3\beta+\cos 3\gamma=12\cos\alpha\cos\beta\cos\gamma$.

思考 本题含三倍角，结论颇复杂，条件也不便运用，故考虑引入参数作为桥梁.

证明 设

$$\cos\alpha=x,\cos\beta=y,\cos\gamma=z\quad(x,y,z\text{ 是参数})$$

则有

$$\cos 3\alpha=4x^3-3x,\cos 3\beta=4y^3-3y,\cos 3\gamma=4z^3-3z$$

且据条件，有

$$x+y+z=0$$

所以

$$\begin{aligned}&\cos 3\alpha+\cos 3\beta+\cos 3\gamma-12\cos\alpha\cos\beta\cos\gamma=\\&4(x^3+y^3+z^3)-3(x+y+z)-12xyz=\\&4[x^3+y^3+z^3-3xyz]=\\&4(x+y+z)(x^2+y^2+z^2-xy-yz-zx)=0\end{aligned}$$

所以命题获证.

例 3 已知 $0\leqslant\alpha<\beta<\pi$，且对一切实数 θ，等式

$$\sin^2\theta+\sin^2(\theta+\alpha)+\sin^2(\theta+\beta)=\frac{3}{2}$$

恒成立，求 α,β 的值.

思考 已知等式中含有 α,β,θ 三个变数，因本题目标是求 α,β 的值，故可以 θ 作为参数，由于 θ 取任何实数等式恒成立，不妨使 θ 取一些特殊值，这时原等式就派生出几个特殊等式，从中便能求得 α,β 的值.

解 承上，当 $\theta=0,\frac{\pi}{2},-\alpha,-\beta$ 时，已知等式仍成立，即有

$$\sin^2\alpha+\sin^2\beta=\frac{3}{2}\qquad①$$

$$1+\cos^2\alpha+\cos^2\beta=\frac{3}{2}\qquad②$$

$$\sin^2\alpha+\sin^2(\beta-\gamma)=\frac{3}{2}\qquad③$$

$$\sin^2\beta+\sin^2(\alpha+\beta)=\frac{3}{2}\qquad④$$

由式②，得

$$\cos^2\alpha+\cos^2\beta=\frac{1}{2}\qquad⑤$$

③－④，得 $\sin^2\alpha=\sin^2\beta$，即有

$$\cos^2\alpha=\cos^2\beta \quad ⑥$$

由⑤⑥，即知

$$\cos^2\alpha=\frac{1}{4},\cos\alpha=\pm\frac{1}{2}$$

因为 $0\leqslant\alpha<\pi$，所以 $\alpha=\frac{\pi}{3},\frac{2}{3}\pi$，代入⑥有 $\beta=\frac{\pi}{3},\frac{2}{3}\pi$.

因为 $\alpha<\beta$，故知 $\alpha=\frac{\pi}{3},\beta=\frac{2}{3}\pi$.

经检验，$\alpha=\frac{\pi}{3},\beta=\frac{2}{3}\pi$，能使原等式成立.

说明 上面的解法称为特殊值法，当某个含参数的式子在一般情况都成立时，它在特殊情况下也一定成立，利用这一点，选取适当的参数值，便可得到简单有用的等式，解题的前景也就明朗了.

例 4 设 α,β 为相异的两个锐角，且满足方程

$$a\cos 2x+b\sin 2x=c$$

求证：(1) $\cos^2(\alpha-\beta)=\frac{c^2}{a^2+b^2}$；

(2) $\cos^2\alpha+\cos^2\beta=\frac{a^2+ac+b^2}{a^2+b^2}$；

(3) $\tan\alpha\tan\beta=\frac{c-a}{c+a}$.

思考 由题设知 $A(\cos 2\alpha,\sin 2\alpha)$，$B(\cos 2\beta,\sin 2\beta)$ 两点在直线 $aX+bY=c$ 上，另一方面，据 A,B 两点又可得到直线的两点式方程，然后利用两直线重合的充要条件来得出有用的关系式.

证明 承上分析，过 A,B 两点的直线方程为

$$\frac{Y-\sin 2\alpha}{X-\cos 2\alpha}=\frac{\sin 2\beta-\sin 2\alpha}{\cos 2\beta-\cos 2\alpha}$$

化简，得

$$X\cos(\alpha+\beta)+Y\sin(\alpha+\beta)=\cos(\alpha-\beta) \quad ①$$

因为方程 $aX+bY=c$ 与方程①表示同一直线，有

$$\frac{a}{\cos(\alpha+\beta)}=\frac{b}{\sin(\alpha+\beta)}=\frac{c}{\cos(\alpha-\beta)}$$

令其比值为 k（因为 $a,b\neq0,k\neq0$），则有

$$\begin{cases} a=k\cos(\alpha+\beta) & ② \\ b=k\sin(\alpha+\beta) & ③ \\ c=k\cos(\alpha-\beta) & ④ \end{cases}$$

(1)由②③平方相加，得

$$a^2+b^2=k^2 \quad ⑤$$

由④平方，得

$$c^2=k^2\cos^2(\alpha-\beta)$$

以⑤代入上式，即得

$$\cos^2(\alpha-\beta)=\frac{c^2}{a^2+b^2}$$

(2)因为

$$\cos^2\alpha+\cos^2\beta=1+\frac{1}{2}(\cos 2\alpha+\cos 2\beta)=1+\cos(\alpha+\beta)\cos(\alpha-\beta)$$

以式②④代入，并应用式⑤，得

$$\cos^2\alpha+\cos^2\beta=1+\frac{a}{k}\cdot\frac{c}{k}=1+\frac{ac}{a^2+b^2}=\frac{a^2+ac+b^2}{a^2+b^2}$$

(3)因为

$$a+c=k\cos(\alpha+\beta)+k\cos(\alpha-\beta)=2k\cos\alpha\cos\beta \quad ⑥$$

所以

$$\cos\alpha\cos\beta=\frac{a+c}{2k}$$

又因为

$$c-a=k\cos(\alpha-\beta)-k\cos(\alpha+\beta)=2k\sin\alpha\sin\beta \quad ⑦$$

⑦÷⑥，即得

$$\tan\alpha\tan\beta=\frac{c-a}{c+a}$$

说明 本题的一种常规解法是利用万能公式，化已知的等式为$(b+c)t^2-2at-b+c=0$(其中$t=\tan x$)，再利用韦达定理并结合恒等变形求证.

上面给出的解法比较新颖，提供了解析方法处理这类三角问题的一条路径，两点A,B，直线方程及参数k在解题中起到了关键作用.

从上面证明过程中，我们还可由②③④推出如下结论：(4)$a^2+b^2\geqslant c^2$；(5)$a\cos(\alpha-\beta)=c\cos(\alpha+\beta)$；等等.

二、反三角函数

对形式较复杂的反三角函数问题(求值、证明、定义域、值域等)，可通过辅设参数把问题分解为一些简单的基本问题，有时可转化为三角函数的问题.

例 5 求值 $\arccos\frac{\sqrt{6}}{3}-\arccos\frac{3\sqrt{2}+\sqrt{3}}{6}$.

思考 为求反三角函数的值，对两项之差，在选择第一项 $\arccos\frac{\sqrt{6}}{3}=\alpha$ 为参数后，将第二项用 α 表示出来，然后再求差即得.

解 令 $\alpha=\arccos\frac{\sqrt{6}}{3}\left(0<\alpha<\frac{\pi}{2}\right)$，则 $\cos\alpha=\frac{\sqrt{6}}{3}$，所以

$$\sin\alpha=\sqrt{1-\cos^2\alpha}=\frac{\sqrt{3}}{3}$$

所以

$$\frac{3\sqrt{2}+\sqrt{3}}{6}=\frac{\sqrt{3}}{2}\times\frac{\sqrt{6}}{3}+\frac{1}{2}\times\frac{\sqrt{3}}{3}=\cos\frac{\pi}{6}\cos\alpha+\sin\frac{\pi}{6}\sin\alpha=\cos\left(\alpha-\frac{\pi}{6}\right)$$

又 $\frac{\sqrt{6}}{3}<\frac{\sqrt{3}}{2}$，且 $y=\arccos x$，在 $x\in\left[0,\frac{\pi}{2}\right]$ 上是减函数，故 $\alpha>\frac{\pi}{6}$，又 $0<\alpha<\frac{\pi}{2}$，所以

$$0<\alpha-\frac{\pi}{6}<\frac{\pi}{2}$$

因此，有

$$\arccos\frac{3\sqrt{2}+\sqrt{3}}{6}=\alpha-\frac{\pi}{6}$$

故

$$\arccos\frac{\sqrt{6}}{3}-\arccos\frac{3\sqrt{2}+\sqrt{3}}{6}=\alpha-\left(\alpha-\frac{\pi}{6}\right)=\frac{\pi}{6}$$

说明 本题引入的角参数 α，在解题过程中起到了联系前后项的纽带作用，它直接参与运算.

关于反三角函数的运算应注意

$$\arcsin(\sin x)=x\quad\left(-\frac{\pi}{2}\leqslant x\leqslant\frac{\pi}{2}\right)$$

$$\arccos(\cos x)=x\quad(0\leqslant x\leqslant\pi)$$

$$\arctan(\tan x)=x\quad\left(-\frac{\pi}{2}<x<\frac{\pi}{2}\right)$$

$$\operatorname{arccot}(\cot x)=x\quad(0<x<\pi)$$

还应该注意反三角函数的单调区间，忽视这两点，就容易犯错误.

如果所给反三角函数是较复杂的复合函数，那么根据函数的复合结构，选用适当的参数作中间变量，能将它化为几个简单函数，再由这些简单函数的定义域和值域，求得原复合函数的定义域和值域.

例 6 求函数 $y=\csc(\arctan x-2\operatorname{arccot} x)$ 的定义域和值域.

解 设 $\arctan x-2\operatorname{arccot} x=u$，因为

$$-\frac{\pi}{2}<\arctan x<\frac{\pi}{2} \text{及} 0<\operatorname{arccot} x<\pi$$

所以

$$-\frac{5\pi}{2}<\arctan x-2\operatorname{arccot} x<\frac{\pi}{2}$$

即 $u\in\left(-\frac{5\pi}{2},\frac{\pi}{2}\right)$.

原来的函数为

$$y=\csc u \quad (u\neq 0-\pi,-2\pi) \qquad ①$$

又

$$\begin{aligned} u=&\arctan x-2\operatorname{arccot} x=\\ &3\arctan x-2(\arctan x+\operatorname{arccot} x)=\\ &3\arctan x-\pi \end{aligned}$$

故有 $\arctan x=\frac{u}{3}+\frac{\pi}{3}$.

由式①，知 $\arctan x\neq\frac{\pi}{3},0,-\frac{\pi}{3}$，从而 $x\neq\sqrt{3},0,-\sqrt{3}$.

所以原来函数的定义域为 $x\neq\pm\sqrt{3}$，$x\neq 0$，$x\in\mathbf{R}$，值域为 $y\in(-\infty,-1]\cup[1,+\infty)$.

例 7 求证：$\frac{2x-1}{2}-\frac{1}{\pi}\arctan\left(\tan\frac{2x-1}{2}\pi\right)=[x]$.

其中$[x]$表示不超过 x 的最大整数.

证明 因为$\frac{2x-1}{2}\pi\neq k\pi-\frac{\pi}{2}$，所以

$$k\neq x \quad (k\in\mathbf{Z})$$

这里 k 是参数，并记 $x\in(k,k+1)(k\in\mathbf{Z})$，由 $k<x<k+1$，得

$$k\pi-\frac{\pi}{2}<\frac{2x-1}{2}\pi<k\pi+\frac{\pi}{2}$$

所以可设 $\tan\frac{2x-1}{2}\pi=t$，$t\in\mathbf{R}$，t 也是参数，因为

$$\frac{2x-1}{2}\pi=k\pi+\arctan t$$

所以

$$\frac{2x-1}{2}=k+\frac{1}{\pi}\arctan t$$

于是,有

$$\frac{2x-1}{2}-\frac{1}{\pi}\arctan\left(\tan\frac{2x-1}{2}\pi\right)=\left(k+\frac{1}{\pi}\arctan t\right)-\frac{1}{\pi}\arctan t=k=[x]$$

说明 一般的,用参数法证明反三角函数恒等式的步骤是:

1. 取角参数:将某个基本反三角函数取为角参数,或将变量设为角参数的某种三角函数,并依题设条件确定出角参数的取值范围.

2. 换元:将角参数的某种三角函数,分别代入题中各个反三角函数符号后的式子,通过三角恒等变形,尽可能将该式化为相应的关于角参数的同名三角函数,再变化角的取值区间,使其成为相应的反三角函数值域区间的子集.

3. 消参数:将 2 中所得表达式代入原式,利用反三角函数定义化简、消去角参数,从而获得要证的结论.

三、三角方程

解一般三角方程,多是设法把较复杂的方程转化为若干个最简方程再求解,若方程的形式繁复、层次众多,则宜求助于参数,若方程自含参数,还须做恰当的分类讨论.

例 8 解方程 $\sin x+\cos x+\tan x+\cot x+\sec x+\csc x+2=0$.

解 原方程变形为

$$\sin x+\cos x+\frac{1}{\sin x\cos x}+\frac{\sin x+\cos x}{\sin x\cos x}=-2$$

设

$$\sin x+\cos x=y \quad (y\text{ 为参数})$$

则

$$\sin x\cos x=\frac{y^2-1}{2}$$

原方程可化为

$$y+\frac{2}{y^2-1}+\frac{2y}{y^2-1}=-2$$

整理成

$$y(y+1)^2=0$$

所以 $y=0$ 或 $y=-1$.

若 $y=0$,即 $\sin x+\cos x=0$,有

$$\tan x=-1, x=k\pi-\frac{\pi}{4} \quad (k\in \mathbf{Z})$$

若 $y=-1$,即 $\sin x+\cos x=-1$,则有

$$\sin\left(x+\frac{\pi}{4}\right)=-\frac{\sqrt{2}}{2}$$

$$x=2n\pi-\frac{\pi}{2} \text{ 或 } x=(2n+1)\pi \quad (n\in \mathbf{Z})$$

经检验,这两组值均不是原方程的解.

故原方程的解为

$$x=k\pi-\frac{\pi}{4} \quad (k\in \mathbf{Z})$$

例 9 求方程 $\sin x \cdot \tan 2x+\sqrt{3}(\sin x-\sqrt{3}\tan 2x)=3\sqrt{3}$ 满足不等式 $2+\log_{\frac{1}{2}} x\leqslant 0$ 的全部解.

思考 先求三角方程的通解,将通解中的 k 视作参数,再确定参数 k 的范围以满足不等式.

解 原方程可分解为

$$(\sin x-3)(\tan 2x+\sqrt{3})=0$$

因为 $\sin x-3=0$ 无解,所以 $\tan 2x+\sqrt{3}=0$,得

$$2x=k\pi-\frac{\pi}{3}$$

所以

$$x=\frac{k}{2}\pi-\frac{\pi}{6} \quad (k\in \mathbf{Z})$$

由不等式 $2+\log_{\frac{1}{2}} x\leqslant 0$,知其解为 $x\geqslant 4$,故须

$$\frac{k}{2}\pi-\frac{\pi}{6}\geqslant 4$$

解得 $k\geqslant\frac{24+\pi}{3\pi}\approx 2.8$.

所以满足条件的全部的解为

$$x=\frac{k}{2}\pi-\frac{\pi}{6} \quad (k=3,4,5,\cdots)$$

例 10 对每一个实数 a,解方程

$$4\cos x\sin\alpha+2\sin x\cos\alpha-3\cos\alpha=2\sqrt{7}$$

思考 原方程形如 $A\sin x+B\cos x=c$，可用引入辅助角的方法先确定方程有解时参数 α 的取值范围，再做分类讨论.

解 原方程为

$$4\sin\alpha\cos x+2\cos\alpha\sin x=3\cos\alpha+2\sqrt{7}$$

引入角 φ，$\tan\varphi=\dfrac{4\sin\alpha}{2\cos\alpha}=2\tan\alpha$. 则有

$$\sqrt{4\cos^2\alpha+16\sin^2\alpha}\sin(x+\varphi)=3\cos\alpha+2\sqrt{7}$$

因为 $|\sin(x+\varphi)|\leqslant 1$，所以

$$\sqrt{4\cos^2\alpha+16\sin^2\alpha}\geqslant|3\cos\alpha+2\sqrt{7}|$$

两边平方，整理得

$$7\cos^2\alpha+4\sqrt{7}\cos\alpha+4\leqslant 0$$

即 $(\sqrt{7}\cos\alpha+2)^2\leqslant 0$.

因此，有 $\sqrt{7}\cos\alpha+2=0$，即 $\cos\alpha=-\dfrac{2}{\sqrt{7}}$. 所以

$$\alpha=(2k+1)\pi\pm\arccos\frac{2\sqrt{7}}{7}\quad(k\in\mathbf{Z})$$

如果 $\alpha=(2k+1)\pi+\arccos\dfrac{2\sqrt{7}}{7}$，则

$$\sin\alpha=-\frac{\sqrt{21}}{7}$$

此时，原方程化为 $\sqrt{3}\cos x+\sin x=-2$，即

$$\cos\left(x-\frac{\pi}{6}\right)=-1$$

解得

$$x=(2n+1)\pi+\frac{\pi}{6}=2n\pi+\frac{7}{6}\pi\quad(n\in\mathbf{Z})$$

如果 $\alpha=(2k+1)\pi-\arccos\dfrac{2\sqrt{7}}{7}$，则

$$\sin\alpha=\frac{\sqrt{21}}{7}$$

此时，原方程化为 $\sqrt{3}\cos x-\sin x=2$，即

$$\cos\left(x+\frac{\pi}{6}\right)=1$$

解得

$$x=2m\pi-\frac{\pi}{6} \quad (m\in \mathbf{Z})$$

如果 α 取其他实数值,方程无解.

四、三角不等式的解与证明

解三角不等式一般比较困难,因此,常借助于参数或再结合图像区域做适当处理,三角不等式的证明,通过引入恰当的参数常可创造利用函数增减性、有界性的机会,使解题路子变得宽广.

例 11 解不等式 $\tan\frac{x}{2}>\frac{\tan x-2}{\tan x+2}$.

解 设 $\tan\frac{x}{2}=t$ 为参数,据万能代换有

$$t>\frac{\frac{2t}{1-t^2}-2}{\frac{2t}{1-t^2}+2}$$

或

$$\frac{(t-1)(t^2+t+1)}{t^2-t-1}>0$$

因为 $t^2+t+1>0$,有

$$\frac{t-1}{t^2-t-1}>0$$

可由此解得 $t>\frac{1+\sqrt{5}}{2}$ 或 $\frac{1-\sqrt{5}}{2}<t<1$. 所以

$$2k\pi+2\arctan\frac{1+\sqrt{5}}{2}<x<2k\pi+\pi \quad (k\in \mathbf{Z})$$

$$2k\pi+2\arctan\frac{1-\sqrt{5}}{2}<x<2k\pi+\frac{\pi}{2} \quad (k\in \mathbf{Z})$$

例 12 已知

$$x^2+y^2=m \quad (m>0)$$

求证:$|x\cos\theta+y\sin\theta|\leqslant\sqrt{m}$.

思考 题设的等式可化为 $\left(\frac{x}{\sqrt{m}}\right)^2+\left(\frac{y}{\sqrt{m}}\right)^2=1$,故可设 $x=\sqrt{m}\cos\varphi$,$y=\sqrt{m}\sin\varphi$(φ 为参数),利用三角函数的有界性来推证.

证明 接上分析，得

$$|x\cos\theta+y\sin\theta|=|\sqrt{m}\cos\varphi\cos\theta+\sqrt{m}\sin\varphi\sin\theta|=$$

$$\sqrt{m}\,|\cos(\varphi-\theta)|\leqslant\sqrt{m}\quad(\text{因为}|\cos(\varphi-\theta)|\leqslant1)$$

例 13 当 $0\leqslant\theta\leqslant2\pi$ 时，求满足下列不等式的 θ 的范围

$$\frac{\sin\theta}{1+\cos\theta}>\frac{\cos\theta}{1+\sin\theta}$$

思考 本题可以仿例 11，在原不等式化为 $\tan\frac{\theta}{2}>\frac{\cos\theta}{1+\sin\theta}$以后，利用万能代换求解，但涉及无理根的运算，不易处理，下面引入参数 $x=\cos\theta,y=\sin\theta$，将问题转化为求坐标平面上的点$(x,y)$的范围.

解 由所给不等式知，应有

$$\theta\neq\pi,\theta\neq\frac{3}{2}\pi$$

设

$$\begin{cases}x=\cos\theta\\y=\sin\theta\end{cases}\quad(0\leqslant\theta\leqslant2\pi)\qquad ①$$

上面方程表示单位圆 $x^2+y^2=1$，故所给不等式化为

$$\begin{cases}\dfrac{y}{1+x}>\dfrac{x}{1+y}\\x^2+y^2=1\end{cases}\qquad ②$$

因为 $1+x>0,1+y>0$，由式②得

$$y+y^2>x+x^2$$

即

$$(y-x)(1+x+y)>0$$

故有

$$\begin{cases}y>x\\y>-x-1\end{cases}\qquad ③$$

及

$$\begin{cases}y<x\\y<-x-1\end{cases}\qquad ④$$

由图像知，③④的解集分别是图 3.10 中阴影部分内的$\overset{\frown}{AB}$和$\overset{\frown}{CD}$，但不包括 A,B,C,D 四点，由于

$$0\leqslant\theta\leqslant2\pi$$

所以所求的θ值的范围应是

$$\frac{\pi}{4}<\theta<\pi,\frac{5\pi}{4}<\theta<\frac{3}{2}\pi$$

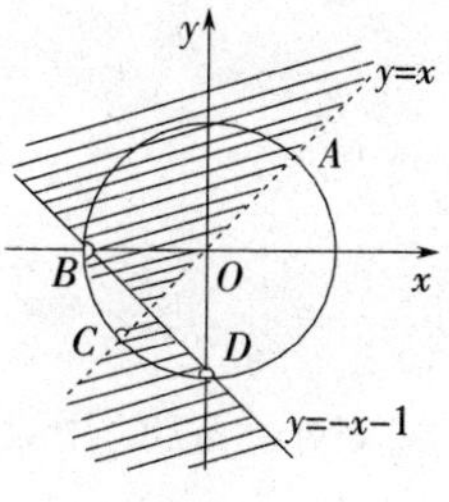

图 3.10

五、解三角形问题

三角形的计算或证明问题的困难，多来源于图形的交错复杂，使条件间、条件结论间关系离散，以致问题中的关键三角形或元素不易发现，条件或结论不易处理. 此时恰当的参数能起清理、沟通、示踪和疏导的关键性作用.

例 14 在$\triangle ABC$中，$AC=1$，D为BC边上的一点，$BD=1$，$\angle DAC=90^\circ$，$\angle BAD=30^\circ$，求CD的长.（图 3.11）

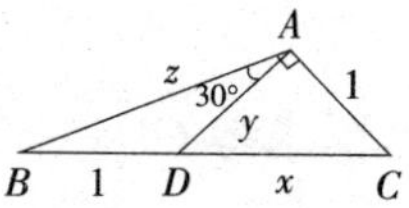

图 3.11

思考一 设$CD=x$，则AD可以x表示，又AD在$\triangle ABD$中，若以$\angle B$为参数，可联系$\triangle ABD$，$\triangle ABC$，即可利用正弦定理来建立含x的等式.

解法一 在$\triangle ADC$中，$\angle DAC=90^\circ$，$AC=1$，设$CD=x$，则

$$AD=\sqrt{x^2-1}$$

在$\triangle ABD$，$\triangle ABC$内据正弦定理有

$$\frac{\sqrt{x^2-1}}{\sin B}=\frac{1}{\sin 30^\circ},\frac{1}{\sin B}=\frac{x+1}{\sin 120^\circ}$$

比较两式，消去$\sin B$，得

$$\frac{\sqrt{x^2-1}}{1}=\frac{\sin 120^\circ}{(x+1)\sin 30^\circ}$$

平方再整理，得

$$x^4+2x^3-2x-4=0$$

或

$$(x+2)(x^3-2)=0$$

因为$x+2\neq 0$，可求得$x=\sqrt[3]{2}$，所以$CD=\sqrt[3]{2}$.

思考二 设$CD=x$，$AD=y$，$AB=z$，利用余弦定理及三角形的面积关系来建立含x的方程.

解法二 设

$$CD=x,AD=y,AB=z\quad (y,z\text{ 为参数})$$

则有

$$\frac{S_{\triangle ABD}}{S_{\triangle ADC}}=\frac{1}{x}=\frac{\frac{1}{2}yz\sin 30^\circ}{\frac{1}{2}y\cdot 1\cdot\sin 90^\circ}$$

所以$\frac{1}{x}=\frac{z}{2}$,即$z=\frac{2}{x}$.

又对$\triangle ABC$用余弦定理,得

$$(x+1)^2=z^2+1-2\cdot z\cdot 1\cdot\cos 120^\circ$$

以$z=\frac{2}{x}$代入上式,再整理,得

$$x^4+2x^3-2x-4=0$$

由此,求得$CD=x=\sqrt[3]{2}$.

例 15 在$\triangle ABC$中,若有一角不小于120°,求证:最大边∶最小边$\geqslant\sqrt{3}$.

思考 不妨设A不小于120°,引入参数θ,使$A=120^\circ+\theta(0^\circ\leqslant\theta<60^\circ)$,于是$B+C=60^\circ-\theta$,由此知$B,C$中必有一角不大于$30^\circ-\frac{\theta}{2}$,不妨设为$c$,即$c\leqslant 30^\circ-\frac{\theta}{2}$,于是问题便归结为求证$a:c\geqslant\sqrt{3}$,此可借助正弦定理及三角变换来获证.

证明 接上分析,知

$$\text{最大边}:\text{最小边}=\frac{a}{c}=\frac{2R\sin A}{2R\sin C}$$

因为$y=\sin x$在$x\in\left(0,\frac{\pi}{2}\right)$上是增函数.由$c\leqslant 30^\circ-\frac{\theta}{2}$,知

$$\sin c\leqslant\sin\left(30^\circ-\frac{\theta}{2}\right),\text{且 }A=120^\circ+\theta$$

所以

$$\frac{a}{c}=\frac{\sin A}{\sin C}\geqslant\frac{\sin(120^\circ+\theta)}{\sin\left(30^\circ-\frac{\theta}{2}\right)}=\frac{\sin(60^\circ-\theta)}{\sin\left(30^\circ-\frac{\theta}{2}\right)}=$$

$$2\cos\left(30^\circ-\frac{\theta}{2}\right)\geqslant 2\cos 30^\circ=\sqrt{3}$$

例 16 半径分别为$R,r(R>r)$的两圆相外切,它们的两条外公切线的夹角为θ,求证:$\sin\theta=\frac{4(R-r)\sqrt{Rr}}{(R+r)^2}$.

思考 如图 3.12，外公切线 AB 交连心线 O_1O_2 于 P，则 $\angle APO_1=\frac{\theta}{2}$，联结过切点的两半径 O_1A，O_2B，为利用两直角三角形，引入参数 $O_2P=m$ 以建立等式.

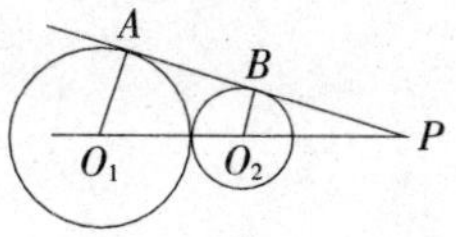

图 3.12

解 承上，有

$$\sin\frac{\theta}{2}=\frac{O_2B}{O_2P}=\frac{O_1A}{O_1P}$$

所以

$$\sin\frac{\theta}{2}=\frac{r}{m}=\frac{R}{R+r+m}$$

消去参数，得

$$\sin\frac{\theta}{2}=\frac{R-r}{R+r}$$

因为

$$\cos\frac{\theta}{2}=\sqrt{1-\sin^2\frac{\theta}{2}}=\frac{2\sqrt{Rr}}{R+r}$$

故有

$$\sin\theta=2\sin\frac{\theta}{2}\cos\frac{\theta}{2}=\frac{4(R-r)\sqrt{Rr}}{(R+r)^2}$$

例 17 已知$\triangle ABC$的三边成等差数列，最大边 a 所对的角为θ，最小边 c 所对的角为φ，求证

$$4(1-\cos\theta)(1-\cos\varphi)=\cos\theta+\cos\varphi$$

思考 要证的等式中含有 $\cos\theta$，$\cos\varphi$，易联想余弦定理，又因三角形的三边成等差数列，为利用此条件，选择公差 d 作为参数.

证明 承上分析，设

$$a=b+d,c=b-d$$

则

$$\cos\theta=\frac{b^2+(b-d)^2-(b+d)^2}{2b(b-d)}=\frac{b-4d}{2(b-d)} \quad ①$$

$$\cos\varphi=\frac{b^2+(b+d)^2-(b-d)^2}{2b(b+d)}=\frac{b+4d}{2(b+d)} \quad ②$$

将①②分别代入证式两边，有

$$左边=4\left(1-\frac{b-4d}{2(b-d)}\right)\left(1-\frac{b+4d}{2(b+d)}\right)=$$

$$4\cdot\frac{b+2d}{2(b-d)}\cdot\frac{b-2d}{2(b+d)}=$$

$$\frac{b^2-4d^2}{b^2-d^2}$$

$$右边=\frac{b-4d}{2(b-d)}+\frac{b+4d}{2(b+d)}=\frac{b^2-4d^2}{b^2-d^2}$$

左边=右边，因此命题成立.

例 18 证明$\triangle ABC$为等腰三角形的充要条件是

$\cos^2A(\sin B-\sin C)+\cos^2B(\sin C-\sin A)+\cos^2C(\sin A-\sin B)=0$

思考 若$\triangle ABC$等腰，不妨设$A=B$代入，等式成立，故条件的必要性容易证明. 今考虑充分性，因已知条件含有六项，且关于A,B,C轮换对称，因此可将它写成行列式并利用解析几何方法来证明之.

证明 (1)必要性，从略.

(2)充分性：据条件式有

$$\cos^2A\sin B+\cos^2B\sin C+\cos^2C\sin A-\cos^2A\sin C-$$
$$\cos^2B\sin A-\cos^2C\sin B=0$$

则

$$\begin{vmatrix}\cos^2A & \sin A & 1\\ \cos^2B & \sin B & 1\\ \cos^2C & \sin C & 1\end{vmatrix}=0$$

此可表示三点$P(\cos^2A,\sin A)$，$Q(\cos^2B,\sin B)$，$R(\cos^2C,\sin C)$三点共线.

又P,Q,R三点都在曲线$\begin{cases}x=\cos^2\theta\\ y=\sin\theta\end{cases}$上，消去$\theta$得此曲线的普通方程为$y^2=-x+1$，$0\leqslant x\leqslant 1$，$-1\leqslant y\leqslant 1$这是抛物线的一段.

因直线PQR不能与抛物线交于不同的三点，故P,Q,R中至少必有两点重合，不妨设P,Q重合，即有

$$\cos^2A=\cos^2B,\sin A=\sin B$$

因为$0<A,B<\pi$，且$A+B\neq\pi$，故有

$$A=B$$

即$\triangle ABC$为等腰三角形.

说明 若用常规的三角变换方法来证此题，则因涉及多元而运算甚繁，本证法别出心裁引入辅助点P,Q,R及参数θ，充分显示思维的灵活性，突出了参数方法解题的优越.

六、三角函数的最值

无论是求异名三角函数的最值、存在图形背景的三角函数最值、还是解三角形中最值的应用题，选设参数都可带来化异为同、化三角函数为代数函数、数形结合揭示变化范围和建立最佳目标函数的好处，无疑，这是探求简解的重要策略.

例 19 求函数 $y=1+\sin x+\cos x+\sin x\cos x$ 的最大值和最小值.

解 设 $\sin x+\cos x=t$ 为参数，则有

$$\sin x\cos x=\frac{t^2-1}{2}\text{，且}|t|\leqslant\sqrt{2}$$

原函数可化为

$$y=1+t+\frac{t^2-1}{2}=\frac{1}{2}(t+1)^2$$

所以当 $t=-1$ 时，有

$$y_{\min}=0$$

当 $t=\sqrt{2}$ 时，有

$$y_{\max}=\frac{1}{2}(3+2\sqrt{2})$$

例 20 在区间 $\left(0,\frac{\pi}{4}\right]$ 上，求函数

$$f(x)=\sin^4 x+\cos^4 x+\sec^4 x+\csc^4 x$$

的最小值.

思考 为简化函数表达式，根据三角式的特点，可选取参数 $\sin^2 x=a$，$\cos^2 x=b$，然后借助代数不等式及放缩法求其最小值.

解 设 $\sin^2 x=a$，$\cos^2 x=b$，则有 $a+b=1$.

因为

$$\frac{a^2+b^2}{2}\geqslant\left(\frac{a+b}{2}\right)^2=\left(\frac{1}{2}\right)^2=\frac{1}{4}$$

所以

$$a^2+b^2\geqslant\frac{1}{2}$$

又因为

$$ab\leqslant\left(\frac{a+b}{2}\right)^2$$

所以

$$a^2b^2 \leqslant \left(\frac{1}{2}\right)^4 = \frac{1}{16}$$

所以

$$f(x)=\sin^4 x+\cos^4 x+\sec^4 x+\csc^4 x=a^2+b^2+\frac{1}{b^2}+\frac{1}{a^2}=$$

$$(a^2+b^2)+\frac{a^2+b^2}{a^2b^2}\geqslant\frac{1}{2}+\frac{\frac{1}{2}}{\frac{1}{16}}=\frac{17}{2}$$

当且仅当 $a=b$，即 $\sin^2 x=\cos^2 x$，亦即 $x=\frac{\pi}{4}$时，等号成立.

所以所求最小值为 $f(x)_{\min}=f\left(\frac{\pi}{4}\right)=\frac{17}{2}$.

说明 本例针对所给函数的特点合理选择参数，把问题转化为有约束条件的代数函数求极值，然后借助代数不等式有关定理的威力，较简捷明快地解决问题.

利用类似方法我们还可得到更一般的结论：

设 m 是自然数，在区间 $\left(0,\frac{\pi}{4}\right]$ 上，函数 $f(x)=\sin^{2m}x+\cos^{2m}x+\sec^{2m}x+\csc^{2m}x$ 有最小值 $f\left(\frac{\pi}{4}\right)=2^{1-m}(1+4^m)$. 请试证.

例 21 求函数 $y=\frac{2\sin x-3}{3\cos x-4}$的最大值与最小值.

思考 $\frac{2\sin x-3}{3\cos x-4}$可表示动点 $P(3\cos x, 2\sin x)$与定点 $Q(4,3)$连线的斜率，动点 P 的轨迹方程是$\begin{cases}x'=3\cos x\\ y'=2\sin x\end{cases}$，化为普通方程即$\frac{x'^2}{9}+\frac{y'^2}{4}=1$，要求 k_{PA} 的最大值与最小值只要 AP 是椭圆的切线即可，这是容易计算的.

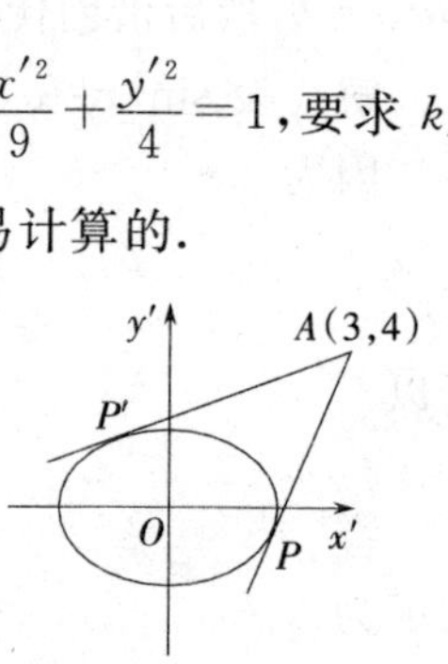

图 3.13

解 承上分析，如图 3.13，只要求得切线 AP 与 AP'的斜率，其中 k_{AP} 是最大值，$k_{AP'}$ 是最小值.

因为椭圆$\frac{x^2}{9}+\frac{y^2}{4}=1$ 的斜率为 k 的切线方程为

$$y=kx\pm\sqrt{9k^2+4}$$

因为 $A(4,3)$在此切线上，坐标代入，得

$$3=k\times4\pm\sqrt{9k^2+4}$$

可据此求得

$$k=\frac{12\pm\sqrt{109}}{7}$$

由此,知 $y_{\max}=\frac{12+\sqrt{109}}{7}$,$y_{\min}=\frac{12-\sqrt{109}}{7}$.

说明 利用同样的方法,我们可以得出更一般的结论:

设 $a>0,b>0,|A|>a$,则函数 $y=\frac{b\sin x+B}{a\cos x+A}$的最大值和最小值分别是

$$y_{\max}=\frac{AB+\sqrt{a^2B^2+b^2A^2-a^2b^2}}{A^2-a^2}$$

$$y_{\min}=\frac{AB-\sqrt{a^2B^2+b^2A^2-a^2b^2}}{A^2-a^2}$$

例 22 求函数 $y=\cos\left(\frac{1}{2}\arcsin\sqrt{2-x}\right)$的极值.

思考 通过引入一些参数,化原来函数为几个简单函数,先确定这些简单函数的取值范围,再判断原来函数的极值.

解 所给函数的定义域为 $x\in[1,2]$,设 $t=2-x,w=\sqrt{t},v=\arcsin w,u=\frac{1}{2}v$,则原来函数化为 $y=\cos u$.

因为 $x\in[1,2]$,所以 $t\in[0,1],w\in[0,1]$,从而

$$v\in\left[0,\frac{\pi}{2}\right],u\in\left[0,\frac{\pi}{4}\right]$$

作出函数 $y=\cos u$ 的略图,如图 3.14,可观察到 $y\in\left[\frac{\sqrt{2}}{2},1\right]$(或据 $y=\cos u$ 在$\left[0,\frac{\pi}{4}\right]$上是递减函数可知),所以 $y_{\min}=\frac{\sqrt{2}}{2},y_{\max}=1$.

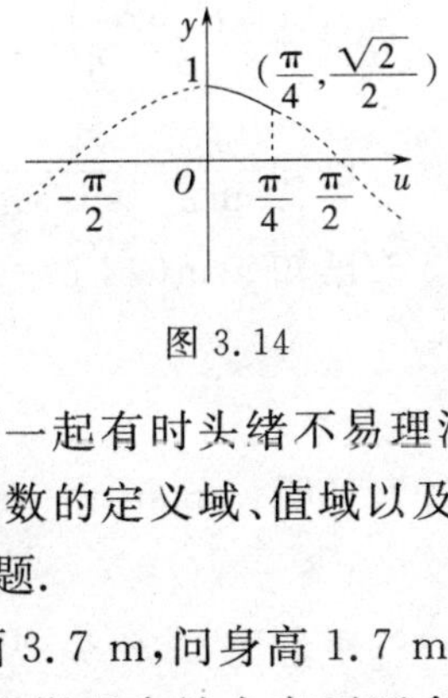

图 3.14

此时相应的 x 分别是 1,2.

说明 求复合反三角函数的极值,多种因素纠缠一起有时头绪不易理清,本题通过选取若干参数作中介,只要掌握基本初等函数的定义域、值域以及单调区间,就不难一层一层地处理好复合函数的极值问题.

例 23 墙上挂着一张高 4 m 的图画,画底距地面 3.7 m,问身高 1.7 m 的一观众,站在离画的正面多远的地方能看得最清楚(即指观众站在离画面多远处对画有最大视角).

思考 如图 3.15，引 $OC\perp AB$，并引入角参数 $\alpha=\angle AOC,\beta=\angle BOC$，则视角 $\theta=\alpha-\beta$，可利用锐角三角函数来建立有关 θ 的目标函数.

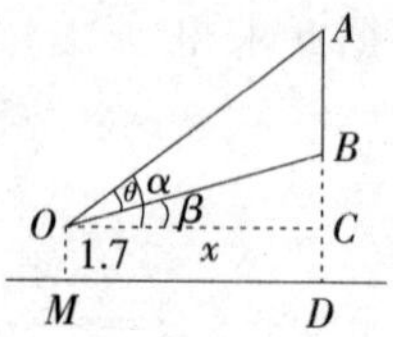

图 3.15

解 设 $OC=MD=x$，则有

$$\tan\theta=\tan(\alpha-\beta)=\frac{\frac{6}{x}-\frac{2}{x}}{1+\frac{6}{x}\times\frac{2}{x}}=\frac{4x}{x^2+12}\leqslant$$

$$\frac{4x}{2\sqrt{x^2\times 12}}=\frac{4x}{4x\sqrt{3}}=\frac{\sqrt{3}}{3}$$

因 θ 为锐角，所以 $0°<\theta\leqslant 30°$，即 $\theta_{\max}=30°$，这时，可求得 $x=2\sqrt{3}$.

故知观众在离画面 $2\sqrt{3}$ m 处看得最清楚.

练 习 三

1. 设 $a>0,0\leqslant x<2\pi$，若函数 $y=\cos^2x-a\sin x+b$ 的最大值为 0，最小值为 -4，试求 a 与 b 的值，并求使 y 取得最大值和最小值时的 x 的值.

2. 求证：$\tan(x-y)+\tan(y-z)+\tan(z-x)=\tan(x-y)\tan(y-z)\tan(z-x)$.

3. 求证：$\cos\frac{\pi}{2^{n+1}+1}\cos\frac{2\pi}{2^{n+1}+1}\cos\frac{2^2\pi}{2^{n+1}+1}\cdots\cos\frac{2^n\pi}{2^{n+1}+1}=\frac{1}{2^{n+1}}$.

4. 设 $\frac{\cos x}{a}=\frac{\cos 3x}{b}$，其中 $\cos x\neq 0,\cos 3x\neq 0$. 证明：$\tan^2x=\frac{a-b}{3a+b}$.

5. 已知 $\frac{m}{\sin\alpha}=\frac{n}{\sin 3\alpha}=\frac{p}{\sin 5\alpha}$，求证：$\frac{n}{m-2n+p}=\frac{m}{n-3m}$.

6. 已知 $a\sin(\alpha+\beta)=b\sin(\alpha+\gamma)\neq 0$，求证

$$\tan\alpha=\frac{b\sin\gamma-a\sin\beta}{a\cos\beta-b\cos\gamma}$$

7. 证明：$\arctan x=\arcsin\frac{x}{\sqrt{1+x}}$.

8. 若 $\tan A=2$，求 $\sin 2A,\sin\left(\frac{3}{2}\pi-2A\right),\sin\left(2A+\frac{\pi}{3}\right)$的值.

9. 解方程 $\sin x+\cos x+\frac{1}{2}\sin 2x=1$.

10. 解方程 $3\sin^3 x+7\cos^2 x\sin x=3$.

11. 已知 $0<x<2\pi$，解不等式 $\dfrac{\sin x+\cos x-1}{\sin x-\cos x+1}>0$.

12. 已知 α,β 均是锐角，且 $\tan\alpha=\dfrac{1}{7}$，$\sin\beta=\dfrac{1}{\sqrt{10}}$. 求证：$\alpha+2\beta=\dfrac{\pi}{4}$.

13. 证明

$$\frac{1}{8}\sin^8 x-\frac{1}{8}\cos^8 x-\frac{1}{3}\sin^6 x+\frac{1}{6}\cos^6 x+\frac{1}{4}\sin^4 x=\frac{1}{24}$$

14. 在 $\triangle ABC$ 中，求证：

(1) $b\cos B+c\cos C=a\cos(B-C)$；

(2) $\dfrac{a-c\cos B}{b-c\cos A}=\dfrac{\sin B}{\sin A}$.

15. 在 $\triangle ABC$ 中，若 $B=2c$，求证：$a-b+c=2(b-c)\cdot\cos C$.

16. a,b 为两邻边的长方形 $ABCD$ 的外接长方形 $PQRS$，是比 $ABCD$ 更接近于正方形，试证明之.

17. 在 $\triangle ABC$ 中，$\angle BAC=120^\circ$，$AB=1$，由 A 向 BC 作垂线交 BC 于点 P，当 $\dfrac{CP}{BP}=1+AC$ 时，求 AC 和 BC 的长.

18. 若 $\arctan x+\arctan y+\arctan z=\pi$，求证

$$x+y+z=x\cdot y\cdot z$$

19. 解方程 $\log_{\cos x}\sin x+\log_{\sin x}\cos x=2$.

20. 若 $\arcsin\dfrac{3x}{5}+\arcsin\dfrac{4x}{5}=\arcsin x$，求 x 的值.

21. 在 $\triangle ABC$ 中，若

$$\sin A:\sin B:\sin C=2:\sqrt{6}:(\sqrt{3}+1)$$

求 $\triangle ABC$ 的最小内角.

22. 解方程组 $\begin{cases}\dfrac{\sin x}{\sin y}=\sqrt{2}\\[2ex]\dfrac{\cos x}{\cos y}=\sqrt{\dfrac{2}{3}}\end{cases}$.

23. 已知直角 $\triangle ABC$ 中，$\angle C$ 为直角，求证

$$\cos(A-B)=\frac{2ab}{c^2}$$

24. 设 m,n,p 都是正数，且 $m^2+n^2=p^2$，求 $\dfrac{m+n}{p}$ 的最大值.

25. 设 $a,b\in\mathbf{R}$，求满足方程

$$\frac{a\sin x+b}{b\cos x+a}=\frac{a\cos x+b}{b\sin x+a}$$

的实数 x.

26. 已知 $a\sin\alpha+b\sin\beta+c\sin\gamma=0$，$a\cos\alpha+a\cos\beta+c\cos\gamma=0$. 求证

$$\frac{\sin(\beta-\gamma)}{a}=\frac{\sin(\gamma-\alpha)}{b}=\frac{\sin(\alpha-\beta)}{c}$$

27. 计算 $\tan\left(\frac{\pi}{4}+\frac{1}{2}\arccos\frac{a}{b}\right)+\tan\left(\frac{\pi}{4}-\frac{1}{2}\arccos\frac{a}{b}\right)$.

28. 已知 $-\frac{\pi}{2}\leqslant\arcsin x+\arcsin y\leqslant\frac{\pi}{2}$，试证

$$\arcsin x+\arcsin y=\arcsin(x\sqrt{1-y^2}+y\sqrt{1-x^2})$$

29. 若方程 $x^4+\frac{1}{3}\sin\alpha\cdot x^2+\frac{1}{200}\cos\frac{\pi}{3}=0$ 的四个根成等差数列，其中 $\alpha\in(0,2\pi)$，求角 α 及四个根.

30. 对于方程组

$$\begin{cases}a\cos y+b\sin y=x\cos y\\a\cos y+d\sin y=x\sin y\end{cases}\quad(a,b,c,d\text{ 均为正数})$$

证明：(1) x 是某一两次方程的根；

(2) 这个两次方程有相异的实根.

31. α 为何值时，方程组

$$\begin{cases}x^2+3y^2-6=0\\x\cos\alpha+y\sin\alpha-2=0\end{cases}$$

有解？

32. 已知实数 x,y,z 满足 $x^2+y^2+z^2=9\tan^2 10^\circ+4\tan 10^\circ\tan 40^\circ$，$xy+xz=\sqrt{2}\tan 10^\circ\tan 20^\circ$. 求证：$|y-z|\leqslant\sqrt{2}$.

33. 一直线通过线段 AB 的中点 O，直线与线段 AB 的一个夹角为 θ，且 $0<\theta<\frac{\pi}{2}$，动点 P 在直线上变动，证明：$\tan\frac{\theta}{2}\leqslant\frac{PA}{PB}\leqslant\cot\frac{\theta}{2}$.

34. 在 $\triangle ABC$ 中，已知 $\frac{\sin A}{\sin C}=\frac{\sin(A-B)}{\sin(B-C)}$，求证：$a^2+c^2=2b^2$.

35. 内切圆半径为定值 r 的直角三角形中，试证以等腰直角三角形的周长最小.

36. $\triangle ABC$ 中，两腰上的中线 AD，BE 互相垂直于点 G，第三边 AB 所对的

角 C 的余弦的值是$\frac{4}{5}$，试判别三角形的形状.

37. 从直角三角形的直角顶点作与斜边的两个三等分点的两条连线，若这两条连接线段的长恰分别为 $\sin x$ 和 $\cos x$，其中 x 是$\left(0,\frac{\pi}{2}\right)$内的一个实数，则斜边的长应是多少？

38. $\triangle ABC$ 中，AC 边上的中线 $m_b=6$，$\angle A=45°$，$\angle B=15°$，求这三角形的面积.

39. $\triangle ABC$ 的内切圆周分它的中线 BM 为三等分. 求这三角形的三个内角.

40. 求函数 $y=(\sin x+a)(\cos x+a)$的最值.

参数在平面几何、立体几何中的应用

第四章

从前几章我们已经看到，在数式问题的研究中引入参数，常能为难题的求解带来曙光和生机．一旦将参数再引入图形研究的大门，我们便可从新的角度来饱览它的卓越功能．它是如何促成以"数"的量化手段去处理"形"的问题；它怎样变图形性质为数式关系；它如何在图形中汇聚条件与求解目标，从而沟通它们间的联系；它如何启发或减少辅助线的添设；它如何帮助我们揭开迷雾看清解题的方向．

§1　平面几何、立体几何中辅助参数的常见形式

解答平面几何、立体几何图形问题时所用的参数，可从图形中选取也可人为辅设，就其形式而言，主要有以下的五种．

一、线段参数

无论是关于图形的计算题或是证明题，线段总是图形中最基本的研究对象，围绕它所辅设的参数亦就成为图形问题中最常见的参数，线段参数的登场（有时也伴随着角参数），推动了代数法、三角法（有时还有解析方法）在解答几何问题中的巧妙应用．

例 1　求证：对于任意一个矩形 A，总存在一个矩形 B 使得矩形 B 与矩形 A 的周长比和面积比都等于 $k(k\geqslant1)$．

思考 为便于用代数方法证明，以 A，B 两矩形的边长 a，b，x，y 为参数，从而建立关于周长和面积的代数方程，证其必有实根便得结论.

证明 承上，如图 4.1，据条件，有

$$\begin{cases} x+y=k(a+b) \\ xy=kab \end{cases}$$

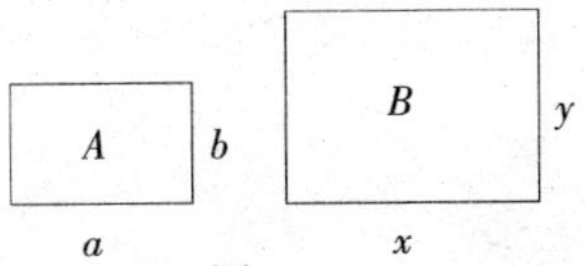

图 4.1

据韦达定理的逆定理知，x，y 可看成是方程

$$t^2-k(a+b)t+kab=0 \qquad ①$$

的两个根.

因为判别式

$$\Delta=k^2(a+b)^2-4kab\geqslant k^2(a+b)^2-4k^2ab=k^2(a-b)^2\geqslant 0 \quad (k\geqslant 1)$$

所以方程①必有两实根 x，y，且因

$$x+y=k(a+b)>0, xy=kab>0$$

知 x，y 均为正值. 故矩形 B 总是存在的.

例 2 AB 是圆 O 的直径，P 是圆 O 上一点，PC 垂直 AB 于 C，以 P 为圆心，PC 为半径的圆 P 与圆 O 交于 D，E，DE 与 PC 交于 M，求证：M 是 PC 的中点.

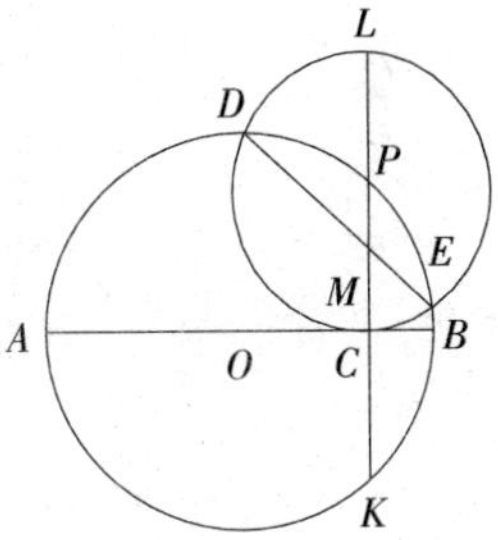

图 4.2

思考 如图 4.2，延长 PC 交圆 O 于 K，交圆 P 于 L，则有 $CK=PC=PL$，据图形性质可利用相交弦定理列式求证，为便于列出代数方程，可辅设有关线段为参数.

证明 承上，不妨设 $MC=x$，$PM=y$，$DM=m$，$EM=n$，又圆 P 的半径为 r，则据相交弦定理：

在圆 O 中，有

$$m\cdot n=y(r+x) \qquad ①$$

在圆 P 中，有

$$m\cdot n=x(y+r) \qquad ②$$

由①②，得 $yr+xy=xy+xr$，即 $yr=xr$.

所以 $x=y$，即知 M 为 PC 的中点.

例 3 A 是圆 O 外的一点，过 A 作切线 AB，AC，B，C 是切点，D，E 是 AB，AC 的中点，P 是 DE 上一点，PT 是圆 O 的切线，T 是切点，求证：$AP=PT$.

证明 如图 4.3，连 AO，交 DE 于 M，交 BC 于 N，连 OC，OT，则 $OC\perp AC$，$OT\perp PT$，设 $AO=a$，$PM=x$，$NO=y$，圆 O 的半径为 r（a，x，y，r 都是参数）.

在 $\text{Rt}\triangle AOC$ 中，因为

$$r^2=y\cdot a$$

所以 $y=\frac{r^2}{a}$,有

$$AM=\frac{1}{2}\left(a-\frac{r^2}{a}\right)$$

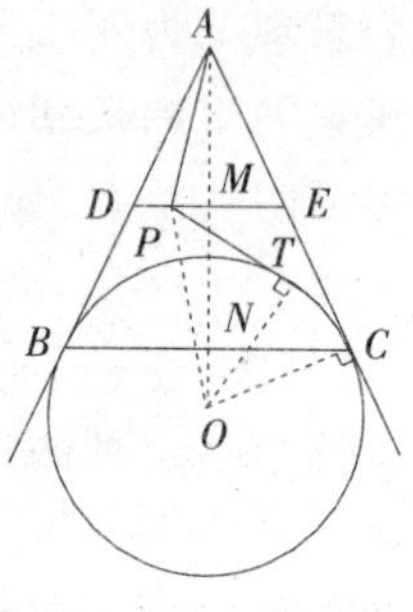

图 4.3

于是 Rt$\triangle APM$ 中,有

$$PA^2=x^2+\frac{1}{4}\left(a-\frac{r^2}{a}\right)^2 \qquad ①$$

在 Rt$\triangle POM$ 中,有

$$PO^2=x^2+\left[a-\frac{1}{2}\left(a-\frac{r^2}{a}\right)\right]^2=x^2+\left[\frac{1}{2}\left(a+\frac{r^2}{a}\right)\right]^2$$

又,在 Rt$\triangle POT$ 中,有

$$PT^2=PO^2-r^2=x^2+\left[\frac{1}{2}\left(a+\frac{r^2}{a}\right)\right]^2-r^2=x^2+\left[\frac{1}{2}\left(a-\frac{r^2}{a}\right)\right]^2 \qquad ②$$

由①②,得 $PA^2=PT^2$,所以 $PA=PT$.

说明 这是一道比较难的几何证明题,一经引入参数便容易列出数式,依靠代数计算而解决了问题.

例 4 Rt$\triangle ABC$ 的斜边 BC 在平面 α 上,AB 与平面 α 成 $30°$角,AC 与 α 成 $45°$角,求平面 ABC 与平面 α 所成的角.(图 4.4)

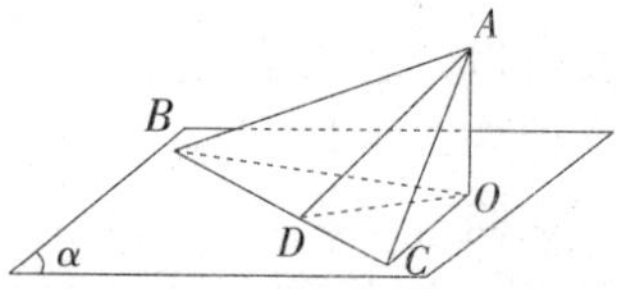

图 4.4

思考 引 $AO\perp\alpha$ 于点 O,连 BO,CO,再在平面 α 内作 $OD\perp BC$ 于 D,连 AD,据三垂线定理知 $AD\perp BC$,所以$\angle ADO$ 是平面 ABC 与 α 所成的角,因$\angle ABO=30°$,$\angle ACO=45°$,要由这两个角来计算第三个$\angle ADO$,不妨选择三个角所在直角三角形的公共边 AO 为参数,既便于列式,又可沟通已知与未知数间的联系.

解 承上,设 $AO=a$ 为参数,在 Rt$\triangle ABO$,Rt$\triangle ACO$ 中,因为$\angle ABO=30°$,有

$$AB=2a$$

因为$\angle ACO=45°$,有

$$AC=\sqrt{2}a$$

于是,在 Rt$\triangle ABC$ 中,有

$$BC=\sqrt{(2a)^2+(\sqrt{2}a)^2}=\sqrt{6}a$$

因 AD 是斜边 BC 上的高，所以

$$AD=\frac{AB\cdot AC}{BC}=\frac{2a\cdot\sqrt{2}a}{\sqrt{6}a}=\frac{2}{\sqrt{3}}a$$

因此，在 Rt$\triangle ADO$ 中，有 $\sin\angle ADO=\dfrac{a}{\dfrac{2}{\sqrt{3}}a}=\dfrac{\sqrt{3}}{2}$.

即 $\angle ADO=60^\circ$，所以平面 ABC 与 α 所成的角是 60°.

例 5 已知正四棱柱 $ABCD-A'B'C'D'$，P 为对角线 AC' 上的动点，设 PC 与底面 AC 所成的角为 α，PD 与平面 $CC'D$ 所成的角为 β，求证：$\tan\alpha\cdot\tan\beta$ 为定值.

思考 如图 4.5，分别引 PM，PN 垂直 AC，$C'D$ 于 M，N，则知 PM，PN 分别垂直平面 ACD，$CC'D$，于是据条件有 $\angle PCM=\alpha$，$\angle PDN=\beta$.

其次，探求 $\tan\alpha\cdot\tan\beta$ 的具体值. 不妨移 P 到 AC' 的中点，则知 $CM=AM$，$DN=C'N$，于是有

$$\tan\alpha\cdot\tan\beta=\tan\angle CAC'\cdot\tan\angle AC'D$$

而 $\angle CAC'$，$\angle AC'D$ 都是定角.

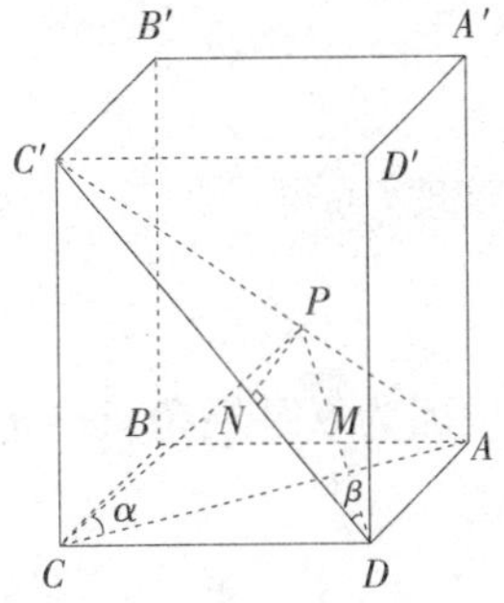

图 4.5

因 P 在 AC' 上移动，为证得结论，不妨设线段 AP 的长为 x 作参数，这便容易列式计算.

证明 承上，因 $PM/\!/CC'$，有

$$\frac{AM}{MC}=\frac{AP}{PC'}=\frac{x}{AC'-x}$$

所以

$$MC=\frac{AC'-x}{x}AM$$

于是 Rt$\triangle PCM$ 中，有

$$\tan\alpha=\frac{PM}{MC}=\frac{PM}{AM}\cdot\frac{x}{AC'-x}=\frac{x}{AC'-x}\tan\angle CAC'$$

同理，可得 $\tan\beta=\dfrac{PN}{DN}=\dfrac{AC'-x}{x}\tan\angle AC'D$.

于是，有 $\tan\alpha\cdot\tan\beta=\tan\angle CAC'\cdot\tan\angle AC'D$ 为定值.

二、角参数

角参数是图形问题中另一类主要的参数，是代数、三角、解析方法用来解(证)几何题常用的参数工具之一.

例 6 已知矩形 $ABCD$ 有外接矩形 $PQRS$，如图 4.6，$AB:AD=2:3$，求

证：$\frac{2}{3}<\frac{PQ}{PS}<\frac{3}{2}$.

思考 解答不等量问题，可根据图形特点考虑引入角参数，以便转化为三角问题来处理.

证明 据条件，在图中可设 $AB=2x$，$AD=3x$，$\angle SAD=\angle ABP=\angle BCQ=\theta$，则有

$$PB=2x\cos\theta, BQ=3x\sin\theta$$

$$PA=2x\sin\theta, AS=3x\cos\theta$$

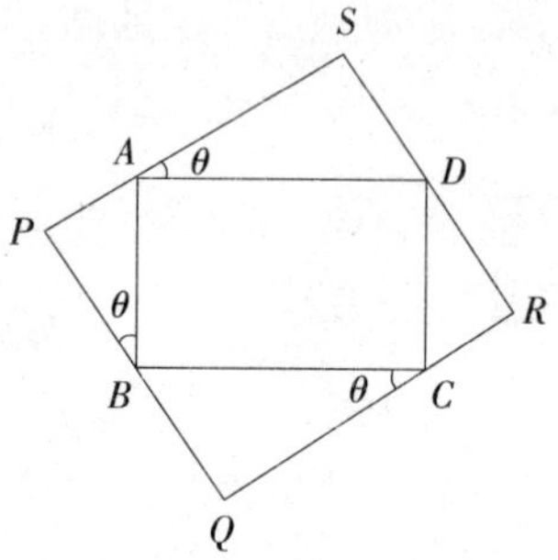

图 4.6

其中 x,θ 为参数，又

$$\frac{PQ}{PS}=\frac{PB+BQ}{PA+AS}=\frac{2x\cos\theta+3x\sin\theta}{2x\sin\theta+3x\cos\theta}$$

记 $\frac{PQ}{PS}=k$，则

$$k=\frac{2\cos\theta+3\sin\theta}{2\sin\theta+3\cos\theta}=\frac{2+3\tan\theta}{2\tan\theta+3}$$

经整理，可得

$$\tan\theta=\frac{2-3k}{2k-3}$$

因为 θ 是锐角，$\tan\theta>0$，即得不等式

$$\frac{2-3k}{2k-3}>0$$

解此不等式，得

$$\frac{2}{3}<k<\frac{3}{2}$$

所以有 $\frac{2}{3}<\frac{PQ}{PS}<\frac{3}{2}$.

例 7 在一个面积为 1 的正方形中作一个小正方形如下：将单位正方形的每条边 n 等分，然后如图 4.7 所示，将每个顶点和与它相对的顶点最接近的分点联结起来，如果小正方形（图中的阴影部分）的面积恰为 $\frac{1}{1\,985}$，求 n 的值.

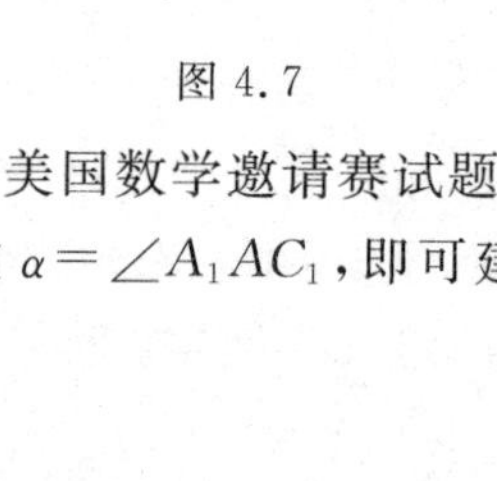

图 4.7

（1985 年第三届美国数学邀请赛试题）

思考 由于图形中存在诸多平行线段，引入角参数 $\alpha=\angle A_1AC_1$，即可建立联系 n 和小正方形面积的方程，n 的值便不难确定.

解 设

$$\angle A_1AC_1=\angle AC_1D=\alpha \quad (\alpha \text{ 是参数})$$

因为

$$AA_1=CC_1=\frac{1}{n}$$

$$C_1D=1-\frac{1}{n}=\frac{n-1}{n}$$

所以

$$\tan\alpha=\frac{AD}{C_1D}=\frac{n}{n-1}$$

于是，得

$$\sin\alpha=\frac{n}{\sqrt{n^2+(n-1)^2}}$$

引 $A_1E\perp AC_1$ 于 E，在 Rt$\triangle AA_1E$ 中，有

$$A_1E=AA_1\sin\alpha=\frac{1}{\sqrt{n^2+(n-1)^2}}$$

所以小正方形面积为

$$A_1E^2=\frac{1}{n^2+(n-1)^2}=\frac{1}{1\ 985}$$

整理，得

$$n^2-n-992=0$$

据此可解得合于题意的 $n=32$.

例 8 $\triangle ABC$ 的底边 AB 上取一点 D，$\triangle ACD$，$\triangle CDB$ 的外接圆半径分别为 R_1，R_2.（图 4.8）

(1)求证：$\dfrac{R_1}{R_2}$为定值；

(2)求 R_1，R_2 的最小值.

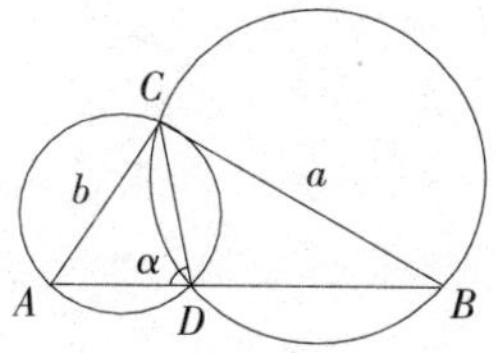

图 4.8

思考 因$\angle ADC$与$\angle BDC$互补，且 R_1，R_2 为两三角形的外接圆半径，故引入角参数 $\alpha=\angle ADC$，并应用正弦定理来推证.

解 (1)承上分析，有

$$R_1=\frac{b}{2\sin\alpha} \quad ①$$

$$R_2=\frac{a}{2\sin(\pi-\alpha)}=\frac{a}{2\sin\alpha} \quad ②$$

所以$\dfrac{R_1}{R_2}=\dfrac{b}{a}$为定值.

(2)由①②知,当$\alpha=\dfrac{\pi}{2}$时,R_1,R_2有最小值$\dfrac{b}{2}$,$\dfrac{a}{2}$.

这时,$CD\perp AB$.

例 9 AB是圆O的直径,P是$\overset{\frown}{AB}$中点,弦PE与AB交于D,在圆O内取弦$PF=PD$,连EF与AB交于G,求证:$\angle PGD=\angle PGF$.

思考 用全等或相似三角形不易处理此题,故试选角参数,利用三角方法来证明此题.

证明 如图4.9,设$\angle PGD=\alpha$,$\angle PGF=\beta$,$\angle PDB=\theta$,θ是参数.

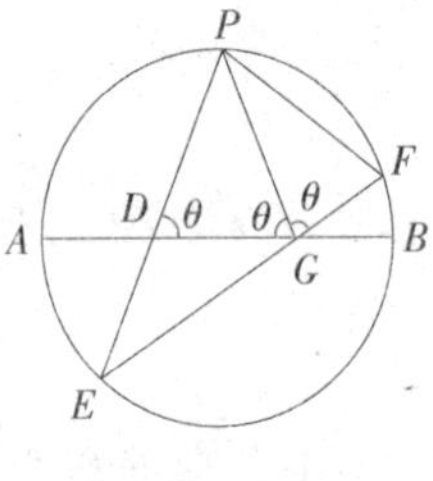

图 4.9

因为$\angle PDB=\dfrac{1}{2}(\overset{\frown}{PB}+\overset{\frown}{AE})$度数$=\dfrac{1}{2}(\overset{\frown}{AP}+\overset{\frown}{AE})$度数$=\dfrac{1}{2}\overset{\frown}{PE}$度数$=\angle PFE$,所以

$$\angle PFE=\angle PDB=\theta$$

在$\triangle PDG$中,据正弦定理有

$$\frac{PD}{\sin\alpha}=\frac{PG}{\sin\theta},\text{即}\frac{PD}{PG}=\frac{\sin\alpha}{\sin\theta}$$

在$\triangle PGF$中,同理有

$$\frac{PF}{PG}=\frac{\sin\beta}{\sin\theta}$$

因为$PD=PF$,可得$\dfrac{\sin\alpha}{\sin\theta}=\dfrac{\sin\beta}{\sin\theta}$,所以$\sin\alpha=\sin\beta$.

因为α,β均是锐角,所以$\alpha=\beta$.

即$\angle PGD=\angle PGF$.

例 10 在$\mathrm{Rt}\triangle ABC$中,CD是斜边上的高,以AC,BD分别为直径的两个圆交$\triangle ABC$内一点P,求证:$S_{\triangle PCB}=S_{\triangle PAD}$.

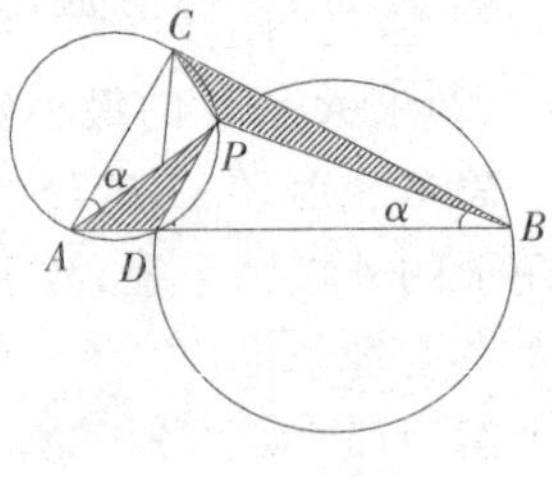

图 4.10

思考 如图4.10,因图形中涉及许多和圆有关的角,故可选其中某个角为参数来沟通条件与结论.

证明 设$\angle PDC=\alpha$,由弦切角定理知$\angle PBD=\angle PDC=\alpha$,且在圆$ACP$中,有$\angle PAC=\angle PDC=\alpha$.

在$\mathrm{Rt}\triangle PAC$中,有

$$AP=AC\cos\alpha, PC=AC\sin\alpha$$

在 Rt$\triangle PBD$ 中，有

$$PD=BD\sin\alpha, PB=BD\cdot\cos\alpha$$

所以

$$S_{\triangle PBC}=\frac{1}{2}PD\cdot PB\sin\angle BPC=$$

$$\frac{1}{2}AC\sin\alpha\cdot BD\cos\alpha\cdot\sin(\pi-\alpha)=$$

$$\frac{1}{2}AC\cdot BD\cdot\sin^2\alpha\cos\alpha$$

又

$$S_{\triangle PAD}=\frac{1}{2}PA\cdot PD\cdot\sin\angle APD=$$

$$\frac{1}{2}AC\cos\alpha\cdot BD\sin\alpha\cdot\sin\alpha=$$

$$\frac{1}{2}AC\cdot BD\cos\alpha\sin^2\alpha$$

所以 $S_{\triangle PBC}=S_{\triangle PAD}$.

例 11 求证：弧的中点 M 与这弧两端点 A，B 距离之和必大于弧上其他的点 P 与 A，B 距离之和.

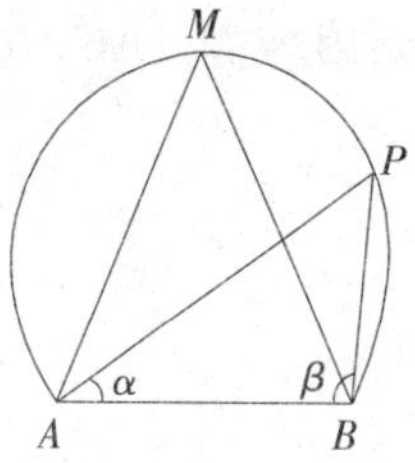

图 4.11

思考 引入角参数 $\alpha=\angle PAB$，$\beta=\angle PBA$，再利用正弦定理等工具求证.

证明 如图 4.11，因为$\angle APB=\angle AMB$，所以

$$\angle MBA=\frac{1}{2}(180^\circ-\angle AMB)=\frac{1}{2}[180^\circ-(180^\circ-\alpha-\beta)]=\frac{1}{2}(\alpha+\beta)$$

设 $\overset{\frown}{AB}$ 的半径为 R，据正弦定理有

$$MA+MB=2MA=2\times 2R\sin\frac{\alpha+\beta}{2} \quad ①$$

但

$$PA+PB=2R\sin\alpha+2R\sin\beta=4R\sin\frac{\alpha+\beta}{2}\cos\frac{\alpha-\beta}{2} \quad ②$$

因为 $\alpha\neq\beta$，$0<\cos\frac{\alpha-\beta}{2}<1$，比较①②，得

$$MA+MB>PA+PB$$

例 12 矩形 $ABCD$ 中，$AC=2\sqrt{2}$，$AB<AC$，沿对角线 AC 将矩形折成直

二面角，此时 $BD=\sqrt{5}$，求矩形两边 AB，AD 的长.

思考 如图 4.12，因矩形被折成直二面角，有关系式 $\cos\angle BAD=\cos\angle CAD\cos\angle CAB$，故可选取角参数再利用余弦定理求解.

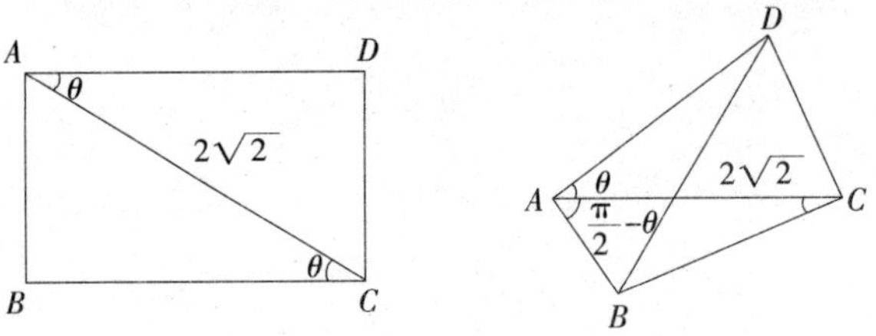

图 4.12

解 设 $\angle CAD=\theta$，因为 $AC=2\sqrt{2}$，有

$$AB=2\sqrt{2}\sin\theta, AD=2\sqrt{2}\cos\theta \quad \left(0<\theta<\frac{\pi}{4}\right)$$

因为 $D-AC-B$ 成直二面角，有

$$\cos\angle BAD=\cos\theta\cos\left(\frac{\pi}{2}-\theta\right)$$

即

$$\cos\angle BAD=\cos\theta\sin\theta，且 BD=\sqrt{5}$$

于是，在 $\triangle BAD$ 中，据余弦定理，有

$$(\sqrt{5})^2=(2\sqrt{2}\cos\theta)^2+(2\sqrt{2}\sin\theta)^2-2\cdot 2\sqrt{2}\cos\theta\cdot 2\sqrt{2}\sin\theta\cdot\cos\angle BAD=$$
$$8\cos^2\theta+8\sin^2\theta-16\cos^2\theta\sin^2\theta$$

所以

$$5=8-4\sin^2 2\theta$$

解得 $\sin 2\theta=\frac{\sqrt{3}}{2}$，所以 $\theta=30°$，于是，知

$$AB=2\sqrt{2}\sin 30°=\sqrt{2}, AD=2\sqrt{2}\cos 30°=\sqrt{6}$$

例 13 由球面上一点 P 在球内作两两组成角 α 的三条相等的弦，另一端点分别为 A，B，C，如果球的半径为 R，求弦的长.

思考 如图 4.13，因 $P-ABC$ 组成正三棱锥，$\angle APB=\angle BPC=\angle APC=\alpha$，三棱锥的高 PD 过球心 O，且 D 是正$\triangle ABC$ 的中心，取 AB 的中点 G，连 PG，DG，则 PG，DG 都垂直 AB，且 $\angle APG=\frac{\alpha}{2}$，$\angle DAG=30°$，设 M 为 AP 的中点，连 OM，

则 $OM\perp PA$，再设$\angle APD=\theta$为参数，则由θ可计算出弦PA的长.

解　接上分析，在$\triangle APD$内，有

$$\sin\theta=\frac{AD}{PA}=\frac{AD}{AG}\cdot\frac{AG}{PA}=\frac{1}{\cos 30^\circ}\cdot\sin\frac{\alpha}{2}=\frac{2}{\sqrt{3}}\sin\frac{\alpha}{2}$$

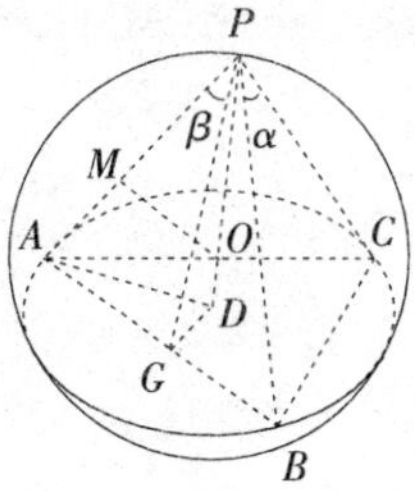

图 4.13

在$\triangle MPO$中，$MP=PO\cos\theta=R\cos\theta$，所以

$$PA=2R\cos\theta$$

又

$$\cos\theta=\sqrt{1-\sin^2\theta}=\sqrt{1-\frac{4}{3}\sin^2\frac{\alpha}{2}}=\frac{1}{\sqrt{3}}\sqrt{3-4\sin^2\frac{\alpha}{2}}$$

所以$PA=\frac{2R}{\sqrt{3}}\sqrt{3-4\sin^2\frac{\alpha}{2}}$.

说明　立体几何问题引入参数，一般来说以线段参数和角参数最为常见，就其实质而言，是通过参数沟通图形中各元素，并把立体几何问题转化为平面几何或三角问题求解.

三、比值参数

例 14　如图 4.14，在$\triangle ABC$中，AD，AE三等分$\angle BAC$，BD，DE，EC的长度分别为 2，3，6，求$\triangle ABC$的最短边的长度.

（1982 年美国中学生数学竞赛题）

思考　据条件知AD，AE三等分$\angle BAC$，故可设$\angle BAD=\angle DAE=\angle EAC=\alpha$为参数，又在$\triangle BAE$，$\triangle DAC$内，$AD$，$AE$都分别是角平分线，有$AB:AE=BD:DE=2:3$，$AD:AC=DE:EC=3:6=1:2$，可据此比值分别辅设$AB=2x$，$AE=3x$，$AD=y$，$AC=2y$. 这里$x$，$y$为参数，于是图形中的边角都已由参数表示，即可列式计算.

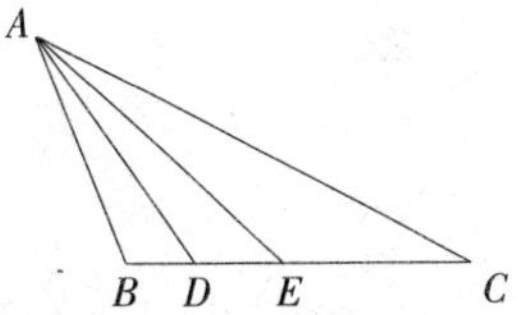

图 4.14

解　承接上面分析，在$\triangle ABD$中，据余弦定理有

$$4=4x^2+y^2-4xy\cos\alpha \quad ①$$

同理，在$\triangle DAE$，$\triangle EAC$中，有

$$9=y^2+9x^2-6xy\cos\alpha \quad ②$$

$$36=9x^2+4y^2-12xy\cos\alpha \quad ③$$

①×3－③，得

$$3x^2-y^2=-24 \quad ④$$

②×2－③，得

$$9x^2-2y^2=-18 \quad ⑤$$

⑤－④×2，得 $3x^2=30$，所以 $x^2=10$，取 $x=\sqrt{10}$.

由此求得 $y^2=54$，$y=\sqrt{54}=3\sqrt{6}$.

比较三边大小，知最短边为 $AB=2\sqrt{10}$.

例 15 a,b,c 和 a',b',c' 分别为两个三角形的边，若无论 x 为何实数，分式 $\dfrac{ax^2+bx+c}{a'x^2+b'x+c'}$ 的值恒为一定，证明：这两个三角形相似.

证明 引入比值参数

$$k=\frac{ax^2+bx+c}{a'x^2+b'x+c'}$$

整理，得

$$(a-a'k)x^2+(b-b'k)x+(c-c'k)=0$$

据题意知上式应是恒等式，须有

$$a=a'k,b=b'k,c=c'k$$

即 $\dfrac{a}{a'}=\dfrac{b}{b'}=\dfrac{c}{c'}=k$，故这两个三角形相似.

例 16 在△ABC 中，∠B 是锐角，从顶点 A 向边 BC 或它的延长线引垂线交 BC 于点 H，又从顶点 C 向边 AB 或它的延长线引垂线交 AB 于点 k，若 $\dfrac{2BH}{BC}$，$\dfrac{2BK}{BA}$ 为整数，问△ABC 是怎样的三角形？

思考 设 $\dfrac{2BH}{BC}=m$，$\dfrac{2BK}{BA}=n$（m,n 即是比值参数），先据三角形中边的不等量关系确定 m,n 的范围，再分类讨论来判定△ABC 的形状.

解 设△ABC 的三边为 a,b,c，承上，有 $BH=\dfrac{m}{2}a$，$BK=\dfrac{n}{2}c$，如图 4.15.

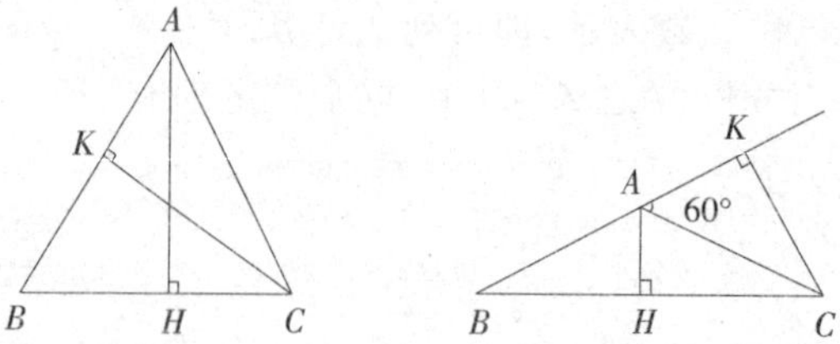

图 4.15

因为 $BH<AB=c$，$BK<BC=a$，有

$$\frac{m}{2}a<c,\frac{n}{2}c<a$$

所以

$$\frac{m}{2}a<c<\frac{2}{n}a$$

因 $a>0$，据上式可得

$$mn<4$$

因 m,n 均为正整数，故唯有

$$\begin{cases}m=1\\n=1\end{cases},\begin{cases}m=1\\n=2\end{cases},\begin{cases}m=1\\n=3\end{cases},\begin{cases}m=2\\n=1\end{cases},\begin{cases}m=3\\n=1\end{cases}$$

(1) 当 $m=n=1$ 时，$BH=\frac{a}{2}$，$BK=\frac{c}{2}$，易知 $AB=AC$，$AC=BC$，所以 $\triangle ABC$ 为正三角形.

(2) 当 $m=1$，$n=2$ 时，$BH=\frac{a}{2}$，$BK=c$，此时，K 和 A 重合，$\angle A=90^\circ$，$AB=AC$，所以 $\triangle ABC$ 是以 $\angle A$ 为直角的等腰直角三角形.

(3) 当 $m=1$，$n=3$ 时，$BH=\frac{a}{2}$，$BK=\frac{3}{2}c$，易知 $AB=AC$，$AK=\frac{1}{2}AB=\frac{1}{2}AC$，所以 $\angle CAK=60^\circ$ 知 $\triangle ABC$ 是以 A 为 120° 顶角的等腰三角形.

(4) 当 $m=2$，$n=1$ 时，仿(2)知，$\triangle ABC$ 是以 $\angle C$ 为直角的等腰直角三角形.

(5) 当 $m=3$，$n=1$ 时，与(3)相仿，知 $\triangle ABC$ 是以 C 为 120° 顶角的等腰三角形.

综上可知，$\triangle ABC$ 是等边三角形，或等腰直角三角形，或顶角为 120° 的等腰三角形.

说明 将线段的比 $\frac{2BH}{BC}$，$\frac{2BK}{BA}$ 以参数表之，就便于确定范围，在做进一步分类讨论处理时，代数运算方法的优点也能充分发挥.

例 17 设圆台的上、下底面的面积分别为 Q_1，Q_2. 平行于圆台底面的截面由上到下分圆台的高为 $m:n$，求此截面的面积 Q_0.

思考 如图 4.16，作圆台的轴截面，并延长母线 BC，AD 交于轴上的点 O，显然，设圆台的高为 $(m+n)k$，k 为比例参数，再设顶点 O 到上底面的距离为 x

(也是参数),则据平行截面的性质即可列式计算.

解 接上分析,据相似圆锥底面积的比等于对应高的平方的比,有

$$\frac{\sqrt{Q_0}}{\sqrt{Q_1}}=\frac{x+mk}{x},\frac{\sqrt{Q_2}}{\sqrt{Q_1}}=\frac{x+(m+n)k}{x}$$

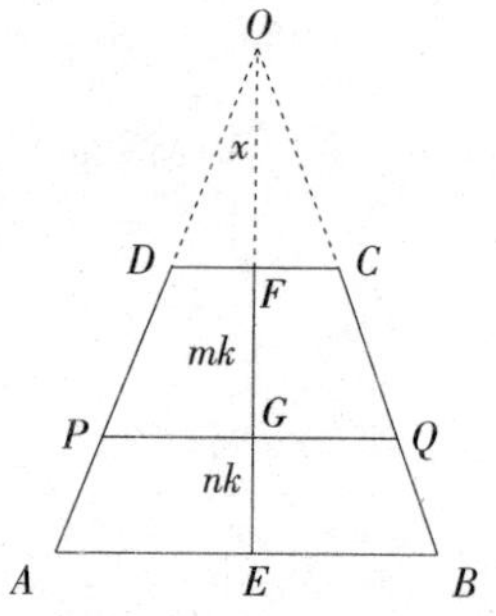

图 4.16

所以

$$\frac{\sqrt{Q_0}-\sqrt{Q_1}}{\sqrt{Q_1}}=\frac{mk}{x},\frac{\sqrt{Q_2}-\sqrt{Q_1}}{\sqrt{Q_1}}=\frac{(m+n)k}{x}$$

上面两式相除,得

$$\frac{\sqrt{Q_0}-\sqrt{Q_1}}{\sqrt{Q_2}-\sqrt{Q_1}}=\frac{m}{m+n}$$

解之,得 $Q_0=\left(\frac{n\sqrt{Q_1}+m\sqrt{Q_2}}{m+n}\right)^2$.

说明 这里引进的两个参数 k,x 不能包含在答案中,因此,在求解过程中应消去,上面的运算便以此为主线.

四、面积、体积参数

图形问题常直接或间接地涉及面积、体积的计算.若以此为参数就能充分利用等积、分割、补形等图形变换和有关的计算公式,使解题过程显得灵活、简捷.这种方法通常也称为面积法和体积法.

例 18 设$\triangle ABC$三边上的高为 h_a,h_b,h_c,内切圆半径为 r,若 $h_a+h_b+h_c=9r$,试证:$\triangle ABC$ 为等边三角形.

思考 三角形各边上的高与内切圆半径都与其面积有密切关系,故选取$\triangle ABC$ 的面积 S 为参数,以此来获得关于边 a,b,c 的关系式.

证明 承上,因为

$$S=\frac{1}{2}ah_a=\frac{1}{2}bh_b=\frac{1}{2}ch_c=\frac{1}{2}(a+b+c)\cdot r$$

所以

$$h_a=\frac{2S}{a},h_b=\frac{2S}{b},h_c=\frac{2S}{c},r=\frac{2S}{a+b+c}$$

代入已知式,有

$$\frac{2S}{a}+\frac{2S}{b}+\frac{2S}{c}=9\cdot\frac{2S}{a+b+c}$$

即

$$\frac{1}{a}+\frac{1}{b}+\frac{1}{c}=\frac{9}{a+b+c}\quad (S\neq 0)$$

上式变形后，得

$$a(b-c)^2+b(c-a)^2+c(a-b)^2=0$$

因为 $a>0,b>0,c>0$，故知唯有

$$b-c=c-a=a-b=0，即\ a=b=c$$

故知 $\triangle ABC$ 为等边三角形.

例 19 在 $\triangle ABC$ 中，$\angle A$ 的平分线交 BC 于 D，$AB=a$，$AC=2a$，$\angle BAC=2\theta$，若 $AD=a$，求 θ 的值.

思考 如图 4.17，因已知 $AB=AD=a$，$AC=2a$，$\angle BAD=\angle DAC=\theta$，已知与未知皆与面积公式有关，故选 $\triangle BAD$，$\triangle DAC$ 的面积作为参数来建立关于 θ 的方程.

解 承上分析，因为

$$S_{\triangle ABC}=S_{\triangle ABD}+S_{\triangle DAC}$$

所以

$$\frac{1}{2}a\cdot 2a\sin 2\theta=\frac{1}{2}a\cdot a\sin\theta+\frac{1}{2}a\cdot 2a\sin\theta$$

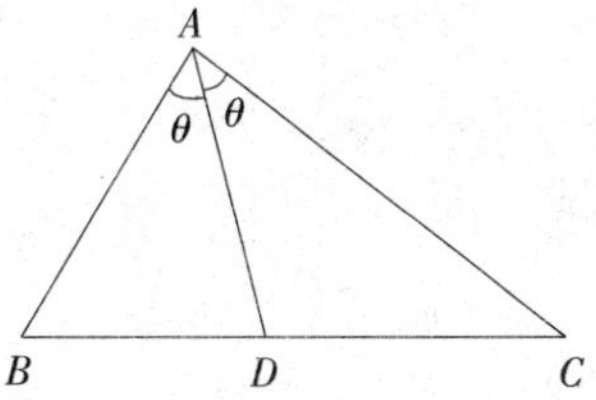

图 4.17

即得

$$2\sin 2\theta=\sin\theta+2\sin\theta$$

或

$$4\sin\theta\cos\theta=3\sin\theta$$

因为 $\sin\theta\neq 0$，得

$$\cos\theta=\frac{3}{4}$$

θ 为锐角，故知 $\theta=\arccos\frac{3}{4}$.

例 20 如图 4.18，四面体 $ABCD$ 的棱 $AB=a$，$CD=b$，四面体被一个平行于 AB 和 CD 的平面 α 截成两部分，已知直线 AB，CD 到平面 α 的距离的比为 $2:1$，求四面体 $ABCD$ 被平面 α 分成的两部分体积的比.

思考 为便于列式并用体积参数表示四面体 $ABCD$ 被平面 α 分成的两部分体积，考虑补形法，将四面体 $ABCD$ 补成如图 4.18 的三棱柱 APQ-BCD.

解 承上，设三棱柱 APQ-BCD 的体积为 t（t 是参数），则

$$V_{ABCD}=\frac{1}{3}t,V_{A-CDQP}=\frac{2}{3}t$$

再设

$$V_{AB-EFGH}=t_1,V_{CD-EFGH}=t_2,V_{A-GHSR}=t_3$$

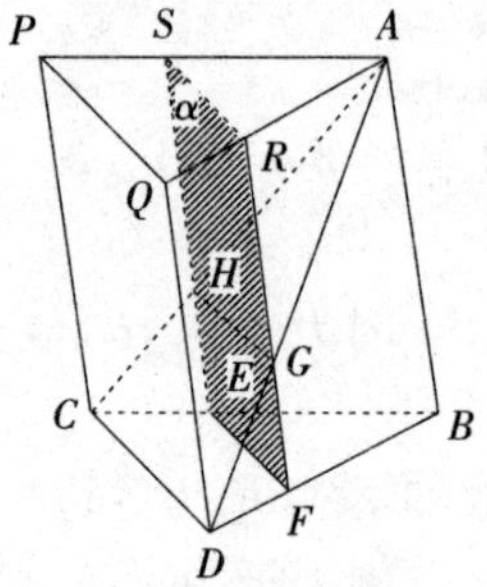

图 4.18

因为

$$\frac{t_1+t_3}{t}=\frac{V_{ASR-BEF}}{t}=\frac{S_{\triangle BEF}}{S_{\triangle BCD}}=\frac{BE\cdot BF}{BC\cdot BD}=\left(\frac{2}{3}\right)^2=\frac{4}{9}$$

所以

$$t_1+t_3=\frac{4}{9}t \qquad ①$$

又

$$\frac{t_3}{V_{A-CDQP}}=\left(\frac{AG}{AD}\right)^3=\left(\frac{2}{3}\right)^3=\frac{8}{27}$$

所以

$$t_3=\frac{8}{27}\cdot\frac{2}{3}t=\frac{16}{81}t$$

代入式①,得

$$t_1=\frac{4}{9}t-\frac{16}{81}t=\frac{20}{81}t$$

又

$$t_2=V_{ABCD}-t_1=\frac{1}{3}t-\frac{20}{81}t=\frac{7}{81}t$$

所以

$$t_1:t_2=\frac{20}{81}t:\frac{7}{81}t=20:7$$

即被分成的两部分的体积之比为 20 : 7.

例 21 正四面体 $ABCD$ 的棱长为 a,E,F 分别为 BC,CD 的中点,求 AF 与 DE 之间的距离.

思考 要找出异面直线 AF 与 DE 间的公垂线颇难,考虑转化:如图 4.19 取 CE 的中点 G,连 FG,则 $FG/\!/DE$,所以 $DE/\!/$平面 AFG,于是 DE 与平面 AFG 的距离就是异面直线 AF 与 DE 的距离.因 DE 上任一点到平面 AFG 的距离相等,故问题转化为求三棱锥 $O-AFG$ 的高,这便可以依三棱锥的体积 V 为参数来求高 d.

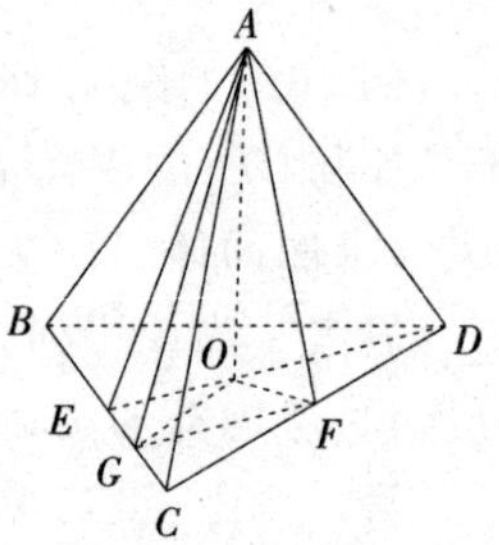

图 4.19

解 承上分析，因为 $S_{\triangle OFG}=S_{\triangle CFG}=\frac{1}{8}S_{\triangle BCD}=\frac{1}{8}\cdot\frac{\sqrt{3}}{4}a^2=\frac{\sqrt{3}}{32}a^2$，且

$$AE=\frac{\sqrt{3}}{2}a,OE=\frac{\sqrt{3}}{6}a$$

所以

$$AO=\sqrt{\left(\frac{\sqrt{3}}{2}a\right)^2-\left(\frac{\sqrt{3}}{6}a\right)^2}=\frac{\sqrt{6}}{3}a$$

所以

$$V=V_{A-OFG}=\frac{1}{3}\cdot\frac{\sqrt{3}}{32}a^2\cdot\frac{\sqrt{6}}{3}a=\frac{\sqrt{2}}{96}a^3$$

又在 $\mathrm{Rt}\triangle AEG$ 中，有

$$AG=\sqrt{AE^2+EG^2}=\sqrt{\left(\frac{\sqrt{3}}{2}a\right)^2+\left(\frac{a}{4}\right)^2}=\frac{\sqrt{13}}{4}a$$

$$FG=\frac{1}{2}DE=\frac{\sqrt{3}}{4}a,AF=\frac{\sqrt{3}}{2}a$$

所以

$$\cos\angle AFG=\frac{AF^2+FG^2-AG^2}{2AF\cdot FG}=\frac{\frac{3}{4}a^2+\frac{3}{16}a^2-\frac{13}{16}a^2}{2\cdot\frac{\sqrt{3}}{2}a\cdot\frac{\sqrt{3}}{4}a}=\frac{1}{6}$$

求得

$$\sin\angle AFG=\frac{\sqrt{35}}{6}$$

所以

$$S_{\triangle AFG}=\frac{1}{2}\cdot\frac{\sqrt{3}}{2}a\cdot\frac{\sqrt{3}}{4}a\cdot\frac{\sqrt{35}}{6}=\frac{\sqrt{35}}{32}a^2$$

于是，由 $V_{O-AFG}=\frac{1}{3}S_{\triangle AFG}\cdot d=v$，得

$$\frac{1}{3}\cdot\frac{\sqrt{35}}{32}a^2\cdot d=\frac{\sqrt{2}}{96}a^3$$

由此可求得异面直线 AF,DE 间的距离 $d=\frac{\sqrt{70}}{35}a$.

例 22 正四棱锥的侧棱长为 b，与底面所成的角为 α，求棱锥的内切球的体积.

思考　如图 4.20，要直接计算内切球半径，中间步骤太多显得烦琐. 不如利用体积参数，因正四棱锥可看作是以内切球球心 O 为顶点、各个面为底面的五个小棱锥所组成，故它的体积 $V=\frac{1}{3}S_{棱锥全}\cdot r$，由此可求出球半径 r.

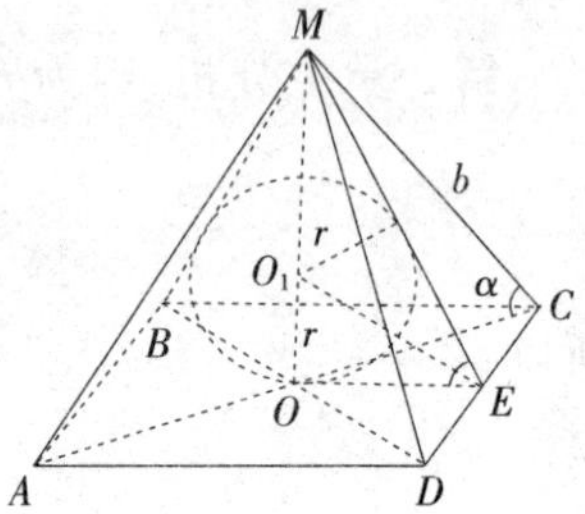

图 4.20

解　承上分析，因为 $\mathrm{Rt}\triangle MCO$ 中有

$$MO=b\sin\alpha$$

又 $CO=b\cos\alpha$，所以

$$CD=\sqrt{2}b\cos\alpha$$

于是正四棱锥体积 $V=\frac{1}{3}(\sqrt{2}b\cos\alpha)^2\cdot b\sin\alpha=\frac{2}{3}b^3\cos^2\alpha\sin\alpha$.

又 $\mathrm{Rt}\triangle MCE$ 中，有

$$ME=\sqrt{MC^2-CE^2}=\sqrt{b^2-\left(\frac{\sqrt{2}}{2}b\cos\alpha\right)^2}=b\sqrt{1-\frac{1}{2}\cos^2\alpha}$$

所以

$$S_{全}=S_{底}+S_{侧}=(\sqrt{2}b\cos\alpha)^2+\frac{1}{2}\cdot4\sqrt{2}b\cos\alpha\cdot b\sqrt{1-\frac{1}{2}\cos^2\alpha}=$$

$$2b^2\cos^2\alpha+2\sqrt{2}b^2\cos\alpha\sqrt{1-\frac{1}{2}\cos^2\alpha}$$

于是

$$V=\frac{2}{3}b^3\cos^2\alpha\sin\alpha=\frac{1}{3}(2b^2\cos^2\alpha+2b^2\cos\alpha\sqrt{2-\cos^2\alpha})\cdot r$$

可求得

$$r=\frac{b\sin\alpha\cos\alpha}{\cos\alpha+\sqrt{2-\cos^2\alpha}}=\frac{b\sin\alpha}{1+\sqrt{2\sec^2\alpha-1}}$$

所以内切球体积

$$V_{球}=\frac{4}{3}\pi\left(\frac{b\sin\alpha}{1+\sqrt{2\sec^2\alpha-1}}\right)^3=\frac{4}{3}\pi\left(\frac{b\sin\alpha(\sqrt{2\sec^2\alpha-1}-1)}{2\sec^2\alpha-2}\right)^3=$$

$$\frac{1}{6}\pi b^3\cos^3\alpha\cot^3\alpha(\sqrt{2\sec^2\alpha-1}-1)^3$$

五、点(的坐标)参数

在恰当的坐标系或复平面，引入点(的坐标)参数，是用解析法、代数法处理平面几何问题的一条新的思路.

例 23 圆 O 的直径 AB 上一点 P，弦 $CD /\!/ AB$，设圆 O 半径为 r，求证：$PC^2+PD^2=2(OP^2+r^2)$.

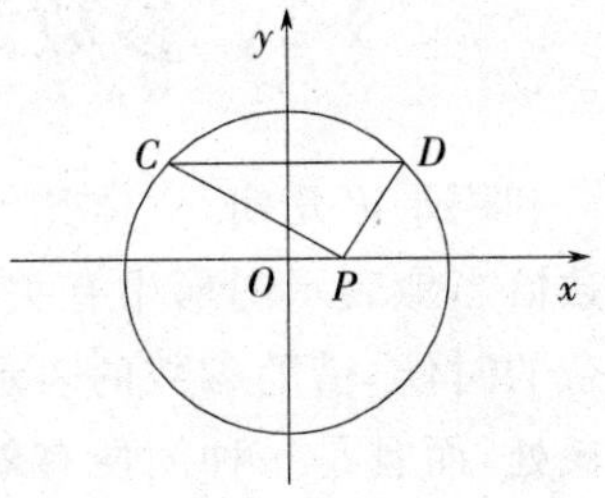

图 4.21

思考 建立适当的坐标系，并以 C,D 两点的坐标为参数，用解析方法证明.

证明 如图 4.21 建立坐标系，则圆的方程为 $x^2+y^2=r^2$，再分别设 P,D,C 三点的坐标为 $(a,0)$，$(r\cos\theta, r\sin\theta)$，$(-r\cos\theta, r\sin\theta)$.

其中 $OP=a$，$|a|<r$，则

$$\text{左边}=|PC|^2+|PD|^2=(-r\cos\theta-a)^2+r^2\sin^2\theta+(r\cos\theta-a)^2+r^2\sin^2\theta=$$
$$2r^2\cos^2\theta+2a^2+2r^2\sin^2\theta=2(a^2+r^2)$$
$$\text{右边}=2(a^2+r^2)$$

左边=右边. 所以证式成立.

例 24 半径分别为 r_1,r_2 的两圆交于 M,N，两圆的外公切线垂直相交于点 O，求证：OM（或 ON）是 r_1，r_2 的比例中项.

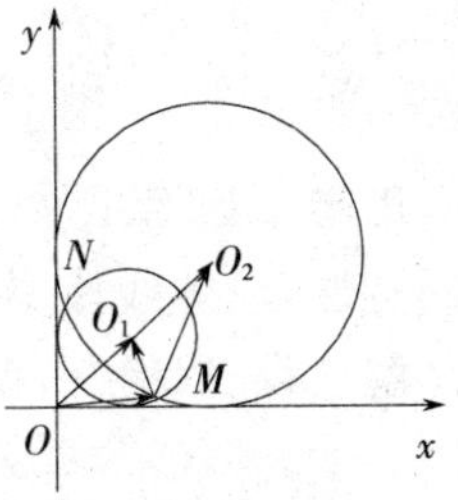

图 4.22

思考 以两外公切线分别为实轴和虚轴建立如图 4.22 的复平面，并设点 M 的坐标 (x,y) 为参数，有 $\overrightarrow{OM}=x_1+y_1\mathrm{i}$，即可用复数方法处理本题.

证明 承上，因为

$$\overrightarrow{MO_1}=\overrightarrow{OO_1}-\overrightarrow{OM}=(r_1-x_1)+(r_1-y_1)\mathrm{i}$$

又 $|\overrightarrow{MO_1}|=r_1$，所以

$$(r_1-x_1)^2+(r_1-y_1)^2=r_1{}^2$$

整理，得

$$r_1{}^2-2r_1(x_1+y_1)+x_1{}^2+y_1{}^2=0 \quad ①$$

同理，由 $|\overrightarrow{MO_2}|=r_2$，得

$$r_2{}^2-2r_2(x_1+y_1)+x_1{}^2+y_1{}^2=0 \quad ②$$

由①②知 r_1,r_2 是方程

$$t^2-2t(x_1+y_1)+x_1{}^2+y_1{}^2=0$$

的两个根，据韦达定理，知

$$r_1\cdot r_2=x_1{}^2+y_1{}^2$$

此即 $r_1\cdot r_2=OM^2$. 结论获证.

§2　参数法解平面几何、立体几何题

利用平面几何、立体几何、三角的有关定理，以及代数公式和法则，可以用参数恰当地表示图形中有关的边、角等元素，当这类图形问题的条件错综头绪纷杂的时候，借助参数的表示、沟通和转移，更能充分发挥代数化方法变形简捷之长处，而且是一种简便有效的综合处理方法. 这种由参数作引子的代数方法的好处是，回避了辅助线的添作；省去了必须步步有据的几何推理；降低了解几何题的难度；数形紧密结合. 使人有解题思路清晰、协调透彻的轻松之感.

下面的例子将说明，代数参数的触角如何伸向平面几何、立体几何问题的计算求值，与等量或不等量有关的证明、定值问题或最值问题等广阔领域.

例 1　在$\triangle ABC$中，D，F分别在AC，BC上，且$AB\perp AC$，$AF\perp BC$，$BD=DC=FC=1$，求AC.

（第 35 届美国中学生数学竞赛题）

思考　如图 4.23，为能充分利用多个直角三角形的特性，设置线段参数以有利于列式计算.

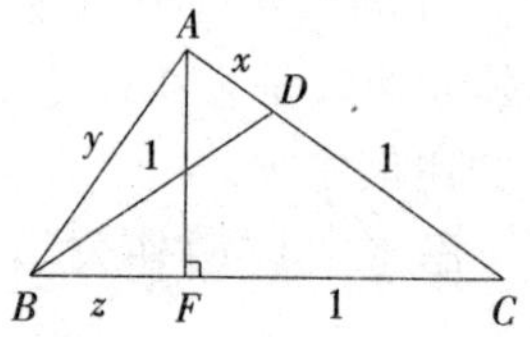

图 4.23

解　设$AD=x$，$AB=y$，$BF=z$，则有

$$x^2+y^2=1 \quad ①$$

$$(x+1)^2+y^2=(z+1)^2 \quad ②$$

又据射影定理，得

$$(x+1)^2=1\cdot(1+z) \quad ③$$

①③代入②，得

$$(x+1)^2+1-x^2=(x+1)^4$$

由此解得

$$(x+1)^3=2$$

所以$AC=x+1=\sqrt[3]{2}$.

例 2　在周长为 36 cm 的 Rt$\triangle ABC$中，有一个内切圆，切点D分斜边AB的比为$3:2$，求这直角三角形的三边长.

思考　如图 4.24，因$AD:DB=3:2$，以比例系数为参数来表示两条线段，故设$AD=3x$，$DB=2x$，再设$CE=CF=y$，便可建立以x，y为未知数的方程组.

解　承上分析有

$$AD=AF=3x,\ BD=BE=2x,\ CE=CF=y$$

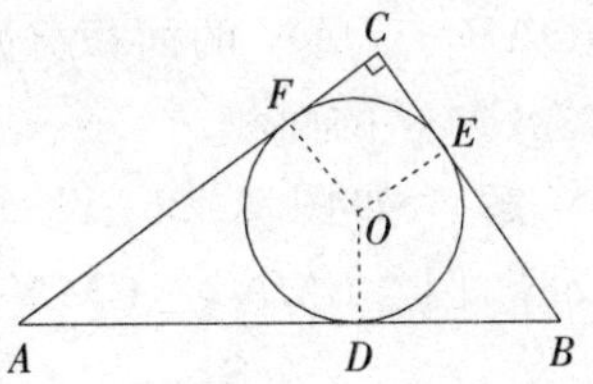

图 4.24

所以

$$10x+2y=36 \quad ①$$

$$(3x+y)^2+(2x+y)^2=(3x+2x)^2 \quad ②$$

由②整理，得

$$(6x+y)(x-y)=0$$

因为 $6x+y\neq 0$，知唯有

$$x-y=0$$

将它代入①，解得 $x=3$，即

$$y=x=3$$

故直角三角形的斜边长

$$AB=5x=15(\text{cm})$$

两条直角边之长分别为

$$AC=3x+y=12(\text{cm})$$

$$BC=2x+y=9(\text{cm})$$

例 3 如图 4.25，正方形的边长为 a，分别以四个顶点为圆心，边长 a 为半径作圆弧，求四弧所围成的阴影部分的面积.

解 为便于列式计算，据图形的对称性，正方形被分割成的三种类型的图形面积分别设为 x,y,z(x,y,z 是参数，如图所标出). 联结 AO,BO，则据图形性质可列出方程组

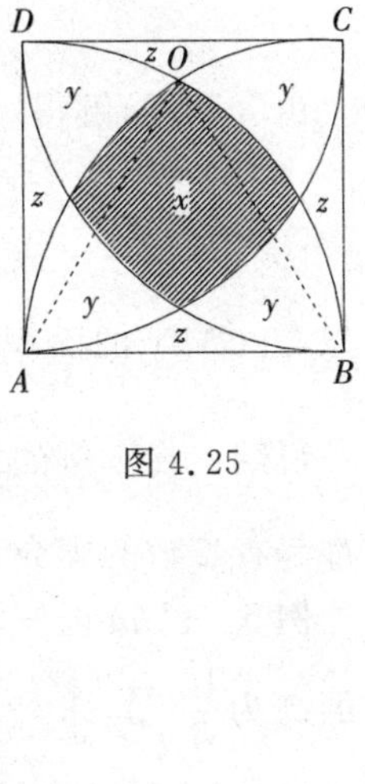

图 4.25

$$\begin{cases} x+4y+4z=a^2 & ① \\ x+3y+2z=\dfrac{1}{4}\pi a^2 & ② \\ x+2y+z=\dfrac{1}{3}\pi a^2-\dfrac{\sqrt{3}}{4}a^2 & ③ \end{cases}$$

解此方程组，即得

$$x=\left(1+\frac{\pi}{3}-\sqrt{3}\right)a^2$$

所以，所求阴影部分面积为 $\left(1+\frac{\pi}{3}-\sqrt{3}\right)a^2$.

说明 上面几个例子都是以参数代替图形中的线段或面积等有关元素，使图形中的等量关系明朗化，为列式计算创造了有利条件.

例 4 $\triangle ABC$，M,N 分别在 BC 和 AC 上，AM 与 BN 交于点 O，$\triangle OBM$，

$\triangle OAB$,$\triangle OAN$ 的面积分别是 3 cm^2,2 cm^2,1 cm^2,求$\triangle CMN$ 的面积.

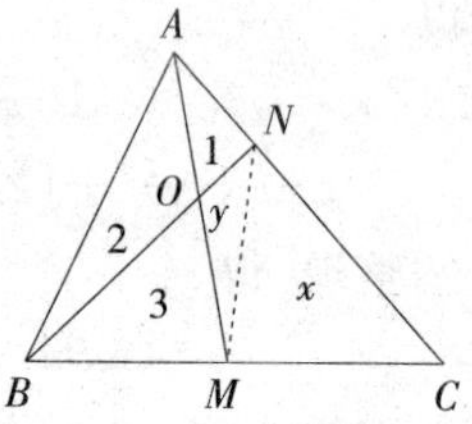

图 4.26

解 如图 4.26,设 $S_{\triangle CMN}=x$ cm^2,$S_{\triangle OMN}=y$ cm^2,因$\triangle BMN$,$\triangle CMN$ 等高,所以

$$\frac{S_{\triangle CMN}}{S_{\triangle BMN}}=\frac{x}{3+y}=\frac{CM}{BM} \quad ①$$

同理

$$\frac{S_{\triangle AMC}}{S_{\triangle ABN}}=\frac{x+y+1}{5}=\frac{CM}{BM} \quad ②$$

由①和②,得

$$\frac{x+y+1}{5}=\frac{x}{3+y} \quad ③$$

同理,因为

$$\frac{S_{\triangle OMN}}{S_{\triangle OBM}}=\frac{y}{3}=\frac{ON}{OB},\frac{S_{\triangle OAN}}{S_{\triangle OAB}}=\frac{1}{2}=\frac{ON}{OB}$$

得

$$\frac{y}{3}=\frac{1}{2} \quad ④$$

由③和④,解得 $y=\frac{3}{2}$,所以

$$x=\frac{45}{2}$$

所以,$\triangle CMN$ 的面积为$\frac{45}{2}$ cm^2.

说明 在本例的求解中,除引入参数 x,y,使列式方便以外,比值$\frac{CM}{BM}$,$\frac{ON}{OB}$也都起着参数的媒介作用,③④两个方程便是依靠它们建立起来的.

例5 已知正三棱锥的三条侧棱两两垂直,它的高为$\frac{10}{3}\sqrt{3}$,求棱锥的体积和它的外接球的半径之长.

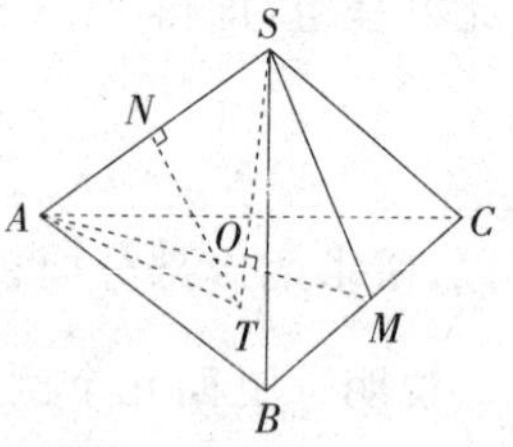

图 4.27

思考 正三棱锥的体积及外接球半径均与底面边长相关,故选取底面边长为参数 a,设法建立方程来求解.

解 如图 4.27,设底边 $AB=a$,因 O 为正$\triangle ABC$ 中心,所以

$$OM=\frac{1}{3}\times\frac{\sqrt{3}}{2}a=\frac{\sqrt{3}}{6}a$$

又$\triangle SBC$为等腰直角三角形，所以

$$SM=BM=\frac{1}{2}a$$

在$\mathrm{Rt}\triangle SOM$中，由勾股定理，得

$$\left(\frac{\sqrt{3}}{6}a\right)^2+\left(\frac{10}{3}\sqrt{3}\right)^2=\left(\frac{1}{2}a\right)^2$$

可求得$a=10\sqrt{2}$.

于是，知侧棱长

$$SB=\frac{1}{\sqrt{2}}(10\sqrt{2})=10$$

所以所求体积$V_{S-ABC}=\frac{1}{3}\times\left(\frac{1}{2}\times10\times10\right)\times10=\frac{500}{3}$.

再在面ASM内引AS的中垂线交SO于T，则T为棱锥外接球的球心，设球半径为R，在$\mathrm{Rt}\triangle OAT$中，有

$$OA^2+OT^2=AT^2$$

所以$\left(\frac{\sqrt{3}}{3}\times10\sqrt{2}\right)^2+\left(R-\frac{10}{3}\sqrt{3}\right)^2=R^2$.

解得$R=5\sqrt{3}$，即外接球半径为$5\sqrt{3}$.

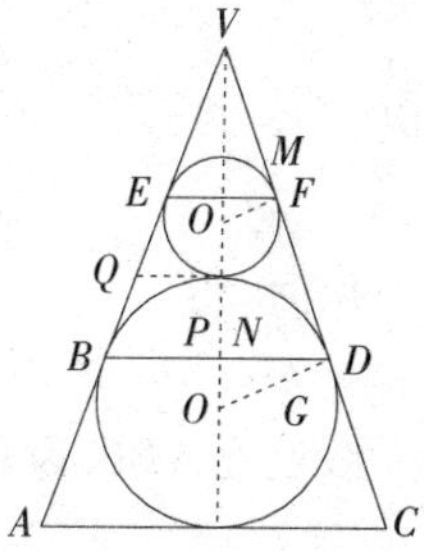

图 4.28

例6 有半径为R_1的球O_1与半径为R_2的球O_2相外切，$(R_2>R_1)$且两球同时内切于圆锥$V-AC$，求以这两个球与圆锥的侧面切出的两圆为底面的圆台的侧面积.

思考 如图4.28，因圆台的侧面积公式为$S_{台侧}=\pi(r_1+r_2)l$，母线长$l=DF$，要求出不难，但要分别求出r_1,r_2却不易，考虑到圆形的几何性质，引两圆的内公切线PQ交BE于Q，因$PQ=QB=QE$，可利用线段PQ作为参数，在梯形$MNBE$内求出r_1+r_2.

解 图中连O_1F,O_2D，引$O_1G\parallel DF$交O_2D于F，则有$O_1F=R_1,O_2D=R_2$，因为$O_1O_2=R_1+R_2,O_2G=R_2-R_1$，故在$\mathrm{Rt}\triangle O_1O_2G$内，有

$$O_1G^2=(R_1+R_2)^2-(R_2-R_1)^2=4R_1R_2$$

所以

$$DE=O_1G=2\sqrt{R_1R_2}$$

又在梯形 $MNBE$ 中，承上分析知中位线 $PQ=\frac{1}{2}BE$，所以

$$PQ=\frac{1}{2}DE=\sqrt{R_1R_2}$$

但

$$ME+NB=2PQ=2\sqrt{R_1R_2}$$

所以所求

$$S_{圆台侧}=\pi(r_1+r_2)l=\pi(ME+NB)\cdot DE=\pi\cdot 2\sqrt{R_1R_2}\cdot 2\sqrt{R_1R_2}=4\pi R_1R_2$$

例 7 如图 4.29，D 为 $\triangle ABC$ 的内切圆在 AB 边上的切点，且 $AC\cdot BC=2AD\cdot DB$，求证：$\triangle ABC$ 是直角三角形.

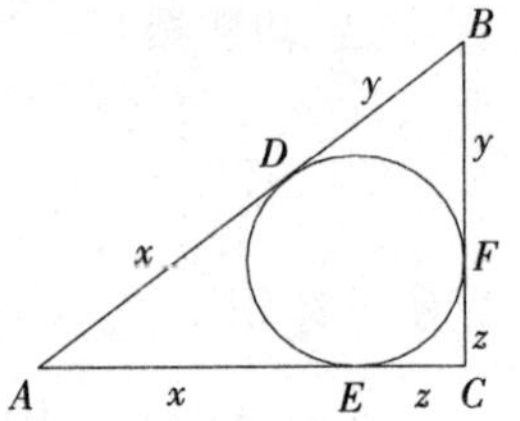

图 4.29

思考 要证明 $\triangle ABC$ 是直角三角形，可从证明它的三边适合勾股定理着手，因此如图设 $AD=AE=x$，$BD=BF=y$，$CE=CF=z$，不难从已知条件推得结论. 在推证过程中可试用分析逆推方法.

证明 承上分析，因

$$AC\cdot BC=2AD\cdot DB$$

所以

$$(x+z)(y+z)=2xy$$

整理化简，得

$$xz+yz+z^2=xy \qquad ①$$

假设 $\triangle ABC$ 为直角三角形，有

$$AC^2+BC^2=AB^2$$

即

$$(x+z)^2+(y+z)^2=(x+y)^2$$

或

$$x^2+2xz+z^2+y^2+2yz+z^2=x^2+2xy+y^2$$

也有

$$xz+yz+z^2=xy$$

此与式①相同，且各步可逆推，故可由此逆推，得

$$AC^2+BC^2=AB^2$$

即 $\triangle ABC$ 为直角三角形.

例 8 $\triangle ABC$ 中，$\angle A=90°$，以 BC 为一边向外侧作正方形 $BCDE$，连 AD，AE 与 BC 交于 F，G，求证：$BF^2+CG^2+FG^2=BC^2$.

思考 为充分利用图形性质，延长 AB，AC 分别交 DE 的延长线于 B'，C'，如图 4.30，设 $BG=x$，$GF=y$，$FC=z$，并设正方形的边长 $DE=a$，x，y，z，a 都是参数，因 $BC /\!/ B'C'$，且 $\triangle BB'E \backsim \triangle C'CD$，不难利用比例性质来列式计算以推证结论.

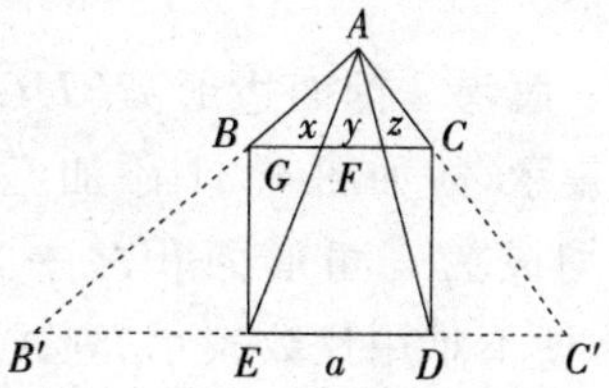

图 4.30

证明 承上，因为 $BC /\!/ B'C'$，据线束定理，有

$$\frac{x}{B'E}=\frac{y}{a}=\frac{z}{DC'} \quad ①$$

又

$$\angle B'=90°-\angle C'=\angle C'CD$$

所以

$$\mathrm{Rt}\triangle BB'E \backsim \mathrm{Rt}\triangle C'CD$$

所以

$$\frac{B'E}{a}=\frac{a}{DC'} \quad ②$$

由①，得

$$BE'=\frac{ax}{y}, DC'=\frac{az}{y} \quad ③$$

由②，得

$$BE' \cdot DC'=a^2 \quad ④$$

③代入④，得

$$\frac{ax \cdot az}{y^2}=a^2$$

即

$$y^2=xz \quad ⑤$$

所以

$$\begin{aligned}BF^2+CG^2+FG^2&=(x+y)^2+(y+z)^2+y^2=\\&x^2+y^2+z^2+2y^2+2xy+2yz=\\&x^2+y^2+z^2+2xz+2xy+2yz=\\&(x+y+z)^2=a^2=BC^2\end{aligned}$$

例 9　已知四边形 $ABCD$ 中，E,G 和 F,H 分别为 AD 和 BC 的三等分点，求证：$S_{EFHG}=\frac{1}{3}S_{ABCD}$.

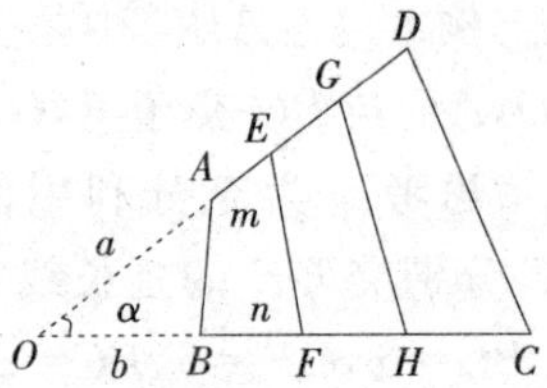

图 4.31

思考　因四边形 $EFHG$ 与 $ABCD$ 的面积均不易表示，故如图 4.31 添加 $\triangle AOB$，这样两四边形面积均成为三角形面积之一部分，进而引入线段参数，便不难用代数表示、列式以求得结论.

证明　延长 DA,CB 交于点 O，并设 $OA=a,OB=b,AE=m,BF=n$，$\angle AOB=\alpha$（角参数），则有

$$S_{EFHG}=S_{\triangle OHG}-S_{\triangle OFE}=\frac{1}{2}(a+2m)(b+2n)\sin\alpha-\frac{1}{2}(a+m)(b+n)\sin\alpha=$$

$$\frac{1}{2}(mb+na+3mn)\sin\alpha \qquad ①$$

$$S_{ABCD}=S_{\triangle OCD}-S_{\triangle OAB}=\frac{1}{2}(a+3m)(b+3n)\sin\alpha-\frac{1}{2}ab\sin\alpha=$$

$$\frac{1}{2}(3mb+3na+9mn)\sin\alpha=$$

$$3\cdot\frac{1}{2}(mb+na+3mn)\sin\alpha \qquad ②$$

由①②，知 $S_{EFHG}=\frac{1}{3}S_{ABCD}$.

例 10　$\triangle ABC$ 的内切圆 O 与底边 BC 切于点 D，又 DH 为圆 O 的直径，联结 AH 延长交 BC 于 E.

求证：$BE=CD$.

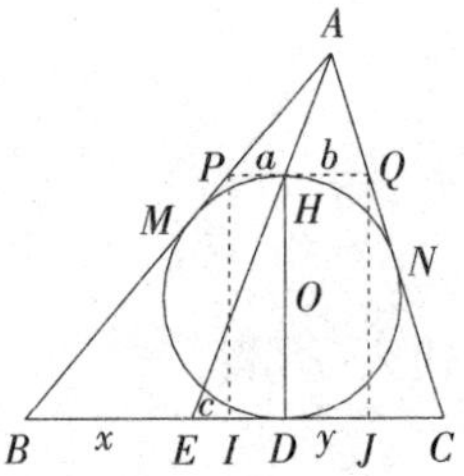

图 4.32

证明　如图 4.32，过 H 引 $PQ\parallel BC$，交 AB,AC 分别于 P,Q，并引 PI,QJ 垂直 BC 于 I,J，引入线段参数，使 $PH=a,HQ=b,BE=x,DE=c,DC=y$，且设内切圆分别切 AB,AC 于 M,N.

则由 $BM=BD=x+c,PM=PH=a,BI=x+c-a$，且 $BP^2-BI^2=PI^2$，得

$$(x+c+a)^2-(x+c-a)^2=PI^2 \qquad ①$$

同理，由 $QC^2-CJ^2=QJ^2$，得

$$(y+b)^2-(y-b)^2=QJ^2 \qquad ②$$

由①②，因 $PI=QJ$，得

$$(x+c+a)^2-(x+c-a)^2=(y+b)^2-(y-b)^2$$

即

$$a(x+c)=by \quad ③$$

又因 $PQ/\!/BC$,得 $\frac{PH}{BE}=\frac{HQ}{EC}$,即 $\frac{a}{x}=\frac{b}{c+y}$.

由③④消去 c,得

$$(a+b)x=(a+b)y$$

所以 $x=y$,即 $BE=CD$.

说明 从以上一些例子可以看到,参数选择的优劣直接决定了代数法解(证)几何题的简繁,通常应在观察、比较、分析图形条件的基础上,选择易于列式表示且能沟通条件与结论的关键量作为参数.

例 11 试证:三组对棱分别相等的四面体的四条"中线"(四面体的顶点与对面的重心的连线)长相等.

思考 如图 4.33,设 G_1 为 $\triangle BCD$ 的重心,则 AG_1 即是一条"中线"的长,联结 DG_1 并延长交 BC 于 E,联结 AE,设棱长 $AD=BC=a$,$AC=BD=b$,$AB=CD=c$,只要设法用 a,b,c 表示 AG_1 即可,为此,应再选取一些边、角参数.

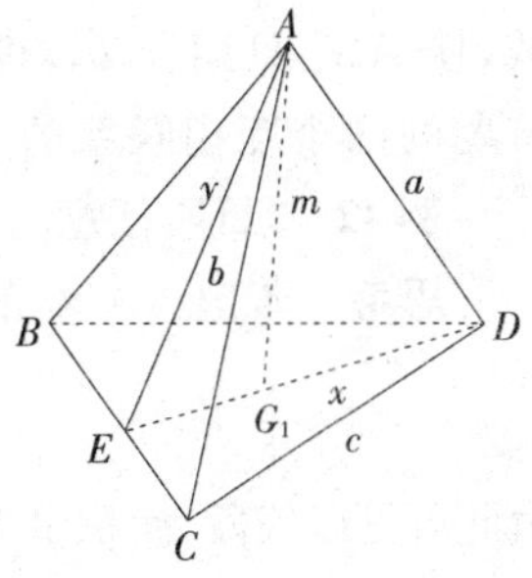

图 4.33

证明 接上分析:再设 $AG_1=m$,$DE=x$,$AE=y$,$\angle AG_1D=\alpha$,因 G_1 为重心,有 $DG_1=\frac{2}{3}x$,$EG_1=\frac{1}{3}x$.

在$\triangle BCD$与$\triangle ABC$中,由中线长公式,得

$$x^2=\frac{1}{4}(2b^2+2c^2-a^2) \quad ①$$

$$y^2=\frac{1}{2}(2b^2+2c^2-a^2) \quad ②$$

又在$\triangle ADG_1$与$\triangle AEG_1$中,分别由余弦定理,得

$$a^2=m^2+\left(\frac{2}{3}x\right)^2-2m\left(\frac{2}{3}x\right)\cos\alpha \quad ③$$

$$y^2=m^2+\left(\frac{1}{3}x\right)^2-2m\left(\frac{1}{3}x\right)\cos(\pi-\alpha) \quad ④$$

③+④×2,得

$$a^2+2y^2=3m^2+\frac{2}{3}x^2$$

以①②代入上式，得

$$a^2+2\left[\frac{1}{4}(2b^2+2c^2-a^2)\right]=3m^2+\frac{2}{3}\left[\frac{1}{4}(2b^2+2c^2-a^2)\right]$$

由此，解得

$$m^2=\frac{2}{9}(a^2+b^2+c^2)$$

所以

$$AG_1=\frac{\sqrt{2}}{3}\sqrt{a^2+b^2+c^2}$$

同理可解得其他中线长为$\frac{\sqrt{2}}{3}\sqrt{a^2+b^2+c^2}$，故四条“中线”相等.

说明 本题选取线段参数x，y和角参数α，列出有关的等式，逐步消去参数，使AG_1只用a，b，c表示，从而获证. 由此可见，“设参数、消参数”是参数法解题的两个互相联系的主要环节.

例 12 求证：任意$\triangle ABC$的外接圆半径R、内切圆半径r，满足$R\geqslant 2r$.

思考 若记$\triangle ABC$的三边为a,b,c面积为S，则有

$$S=\frac{abc}{4R}，及\ S=\frac{a+b+c}{2}\cdot r$$

由此可见以线段、面积量为参数，可以沟通R与r的联系，为了简化不等式的证明过程，还可以再引入一些辅助参数.

证明 承上分析，有

$$R=\frac{abc}{4S}，2r=\frac{4S}{a+b+c}$$

因此原不等式等价于

$$\frac{abc}{4S}\geqslant\frac{4S}{a+b+c}$$

或

$$abc\geqslant\frac{16S^2}{a+b+c}$$

据海伦公式知

$$S^2=\frac{1}{16}(a+b+c)(a+b-c)(b+c-a)(c+a-b)$$

故上式又等价于$abc\geqslant(a+b-c)(b+c-a)(c+a-b)$.

若设 $a+b-c=2x$，$b+c-a=2y$，$c+a-b=2z$（x,y,z 是参数），则

$$a=x+z, b=x+y, c=y+z$$

上式即成

$$(x+y)(y+z)(z+x)\geqslant 8xyz$$

因 x,y,z 都是正数，有

$$x+y\geqslant 2\sqrt{xy}, y+z\geqslant 2\sqrt{yz}, z+x\geqslant 2\sqrt{zx}$$

上式显然成立，且各步逆.

故原命题获证：$R\geqslant 2r$.

例 13 如图 4.34，设四条直线 m_1,m_2,m_3,m_4 相交于点 O，过直线 m_1 上任意一点 A_1 引平行于 m_4 的直线交直线 m_2 于 A_2，过 A_2 引直线平行于 m_1 交 m_3 于 A_3，过 A_3 引平行于 m_2 的直线交 m_4 于 A_4，过 A_4 引平行于 m_3 的直线交 m_1 于点 B，求证：$OB\leqslant\frac{OA_1}{4}$.

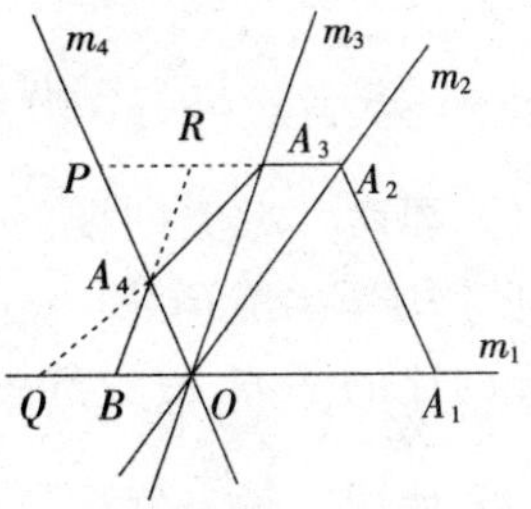

图 4.34

思考 条件中多次涉及平行线，可如图中作辅助线并引入线段参数，用平行线截得比例线段定理来求证.

证明 设 $OA_1=a$，$OB=b$，$A_2A_3=c$，如图添线后有

$$PA_2=a, RA_3=b, BQ=c-b$$

因为 $PA_3\,/\!/\,OQ$，有

$$\frac{PR}{RA_3}=\frac{OB}{BQ}$$

所以

$$PR=\frac{PA_3\cdot OB}{BQ}=\frac{b^2}{c-b}$$

又

$$PR+RA_3+A_3A_2=OA_1$$

所以

$$\frac{b^2}{c-b}+b+c=a$$

即得 $c^2-ac+ab=0$.

因 c 为实数，视上式为关于 c 的一元二次方程，有实解的条件是判别式 $a^2-4ab\geqslant 0$，即，解得

$$a \geqslant 4b \quad (\text{因为 } a>0)$$

此即 $OB \leqslant \frac{OA_1}{4}$.

说明 本题求题中 a,b 两参数代表结论中两条线段,为列式提供了方便,参数 c 起中介作用,在利用有关定理获得关于 a,b,c 的方程以后,c 应予以消去,因此想到利用关于 c 的一元二次方程的判别式来分出所需要的不等式.

例 14 如图 4.35,在 $\triangle ABC$ 中,P 为 BC 上任意一点,$PE /\!/ BA$,$PF /\!/ CA$,若 $S_{\triangle ABC}=1$,证明:$S_{\triangle BPF}$,$S_{\triangle PCE}$,$S_{\square PEAF}$ 中至少有一个不小于 $\frac{4}{9}$.

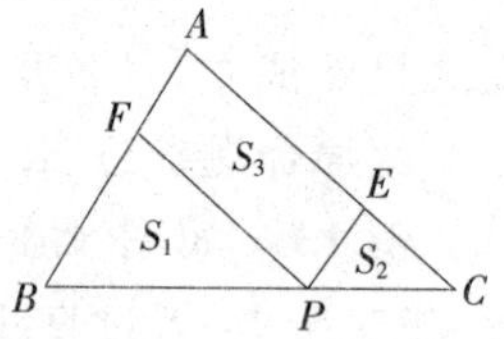

图 4.35

思考 此类问题纯用几何方法颇难处理.考虑到 $\triangle BPF \backsim \triangle PCE \backsim \triangle BCA$,其面积之比等于对应边的比的平方,故设线段的比为参数,利用代数方法推证.

证明 接上分析,设 $\frac{BP}{BC}=x$,则

$$\frac{PC}{BC}=1-x \quad (0<x<1)$$

由 $S_{\triangle ABC}=1$,知

$$S_1=S_{\triangle BPF}=x^2$$

$$S_2=S_{\triangle PCE}=(1-x)^2$$

$$S_3=S_{\square PEAF}=1-S_{\triangle BPF}-S_{\triangle PCE}=1-x^2-(1-x)^2=2x(1-x)$$

(1)当 $0<x \leqslant \frac{1}{3}$ 时,有 $S_2 \geqslant \left(1-\frac{1}{3}\right)^2=\frac{4}{9}$.

(2)当 $\frac{1}{3}<x \leqslant \frac{2}{3}$ 时,有

$$S_3=2x(1-x)=2\left[\frac{1}{4}-\left(\frac{1}{2}-x\right)^2\right] \geqslant 2\left[\frac{1}{4}-\left(\frac{1}{2}-\frac{1}{3}\right)^2\right]=\frac{4}{9}$$

(3)当 $\frac{2}{3} \leqslant x<1$ 时,有 $S_1 \geqslant \left(\frac{2}{3}\right)^2=\frac{4}{9}$.

所以当 $0<x<1$ 时,对任一 x 值,S_1,S_2,S_3 中总至少有一个不小于 $\frac{4}{9}$,故命题得证.

说明 本题求解中使用比值参数 x,使题设条件与三角形面积联系起来,并使 S_1,S_2,S_3 以简单的函数形式表示出来,便于分类讨论.

例 15 设 P 是正 $\triangle ABC$ 内的任意一点,分别以三边为对称轴,作点 P 的

对称点 P_1,P_2,P_3,求证:$S_{\triangle P_1P_2P_3}\leqslant S_{\triangle ABC}$.

思考 如图 4.36,若设正$\triangle ABC$的边长为 a,则 $S_{\triangle ABC}=\frac{\sqrt{3}}{4}a^2$,但 $S_{\triangle P_1P_2P_3}$ 不易用 a 表示,考虑到图中的对称点,可选取线段参数 $PD=x,PE=y,PF=z$,因 $\angle DPE=\angle EPF=\angle DPF=120°$,且 $S_{\triangle ABC}=\frac{1}{2}BC\cdot x+\frac{1}{2}AC\cdot y+\frac{1}{2}AB\cdot z=\frac{1}{2}a(x+y+z)$,故 x,y,z 可沟通两三角形的面积关系.

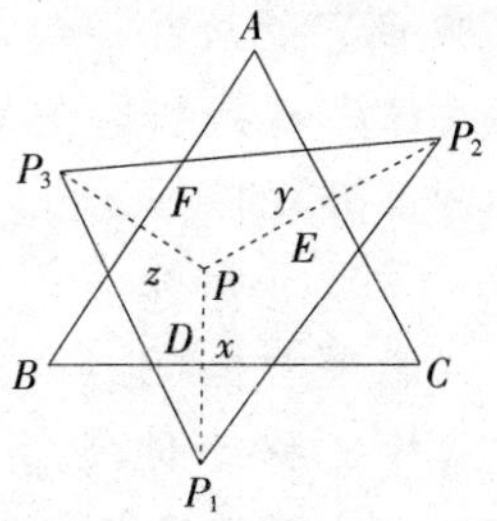

图 4.36

证明 承上分析,因为

$$S_{\triangle ABC}=\frac{1}{2}a(x+y+z)=\frac{\sqrt{3}}{4}a^2$$

所以

$$a=\frac{2}{\sqrt{3}}(x+y+z)$$

即得

$$S_{\triangle ABC}=\frac{\sqrt{3}}{3}(x+y+z)^2$$

又

$$S_{\triangle P_1P_2P_3}=\frac{1}{2}2x\cdot 2y\sin 120°+\frac{1}{2}2y\cdot 2z\sin 120°+\frac{1}{2}2z\cdot 2x\sin 120°=\sqrt{3}(xy+yz+zx)$$

因为

$$S_{\triangle ABC}-S_{\triangle P_1P_2P_3}=\frac{\sqrt{3}}{3}(x+y+z)^2-\sqrt{3}(xy+yz+zx)=\frac{\sqrt{3}}{3}(x^2+y^2+z^2-xy-yz-zx)=\frac{\sqrt{3}}{6}[(x-y)^2+(y-z)^2+(z-x)^2]\geqslant 0$$

所以 $S_{\triangle ABC}\geqslant S_{\triangle P_1P_2P_3}$.

当且仅当 $x=y=z$,即 P 为正$\triangle ABC$的中心时等号成立.

说明 几何不等式的证明是较为困难的一类问题,但若引入代数或三角参数,便能转化为代数或三角不等式来处理,这样不但思路清晰而且难度也会降低.

例 16　$\triangle ABC$ 与 $\triangle A'B'C'$ 是两个直角边为 $2a$ 的等腰直角三角形，如图 4.37 所示叠放在一起，$\triangle ABC$ 位置固定，直角边 AC，BC 的中点分别是 M，N，$\triangle A'B'C'$ 保持斜边在 MN 上且左右移动，求两个三角形的重叠部分面积（图中阴影部分）的最大值.

（北京市 1987 年高一竞赛题）

思考　因 $S_{阴影}=S_{MABN}-S_{NAD}-S_{KEB}$，在 $\triangle A'B'C'$ 移动时，S_{HAD}，S_{KEB} 是变量，可选择能反映变化的线段例如 AH 作为参数，即可据此列式建立目标函数.

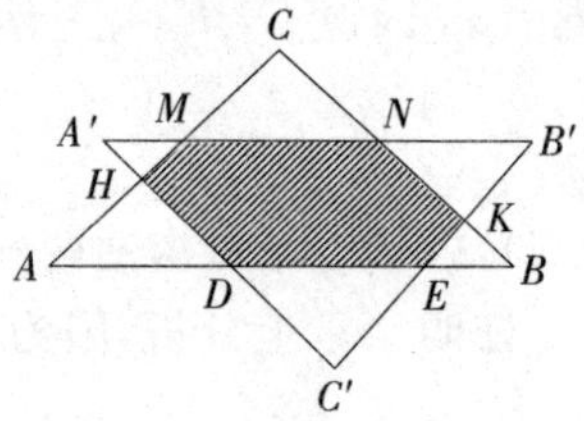

图 4.37

解　设 $AH=x$，则

$$AD=\sqrt{2}x$$

又

$$DE=\frac{1}{2}A'B'=\sqrt{2}a$$

$$EB=AB-AD-DE=\sqrt{2}(a-x)$$

所以

$$KB=a-x$$

因为

$$S_{阴影}=S_{MABN}-S_{HAD}-S_{EKB}=$$

$$\frac{1}{2}(2\sqrt{2}a+\sqrt{2}a)\cdot\frac{\sqrt{2}}{2}a-\frac{1}{2}x^2-\frac{1}{2}(a-x)^2=$$

$$\frac{3}{2}a^2-\frac{1}{2}x^2-\frac{1}{2}(a-x)^2=\frac{5}{4}a^2-\left(x-\frac{a}{2}\right)^2$$

所以当 $x=\frac{a}{2}$ 时，$S_{阴影}$ 有最大面积 $\frac{5}{4}a^2$.

例 17　在 $\triangle ABC$ 中，$\angle C=90°$，$AC=4$，$BC=3$，内有一点 P，$PD\perp AB$ 于点 D，求 PC^2+PD^2 的最小值.

思考　如图 4.38，引 PE，PF 分别垂直 BC，AC 于 E，F，若将 PE，PF，PD 分别设为参数 x，y，z，则 $PC^2+PD^2=x^2+y^2+z^2$，而 x，y，z 与三角三边的关系可由面积来沟通.

解　承上分析，有

$$PC^2+PD^2=x^2+y^2+z^2$$

又联结 PA，PB，因

$$S_{PAB}+S_{PBC}+S_{PAC}=S_{ABC}$$

可得

$$3x+4y+5z=12$$

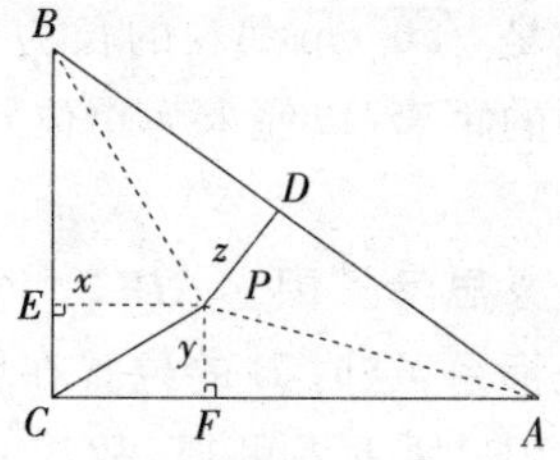

图 4.38

据不等式的性质,有

$$(3^2+4^2+5^2)(x^2+y^2+z^2)\geqslant(3x+4y+5z)^2$$

得 $50(x^2+y^2+z^2)\geqslant 144$,所以

$$x^2+y^2+z^2\geqslant\frac{144}{50}=\frac{72}{25}$$

于是,知 PC^2+PD^2 的最小值是$\frac{72}{25}$.

(当且仅当$\frac{x}{3}=\frac{y}{4}=\frac{z}{5}$,即 $x=\frac{18}{25}$,$y=\frac{24}{25}$,$z=\frac{6}{5}$时,取到最小值.)

例 18 有一圆形铁片,欲剪出一个中心角为 θ 的扇形制成一圆锥,求 θ 取何值时,所得圆锥的体积最大?

思考 研究题意,圆形铁片的大小似与此最值问题无关,为顺利得出目标函数,不妨赋以一系列参数:设铁片的半径即圆锥的母线为 l,圆锥的高为 h,底半径是 r,据此便可列式.

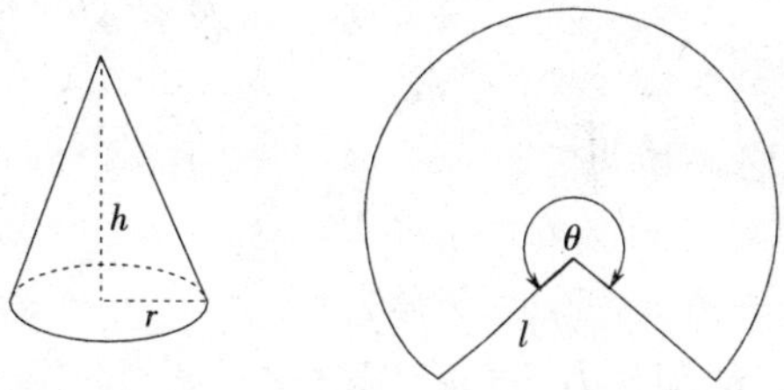

图 4.39

解 承接分析,如图 4.39,有

$$V_{圆锥}=\frac{1}{3}\pi r^2h=\frac{1}{3}\pi r^2\sqrt{l^2-r^2}=$$

$$\frac{1}{3}\pi\sqrt{r^4(l^2-r^2)}=\frac{2}{3}\pi\sqrt{\frac{r^2}{2}\cdot\frac{r^2}{2}\cdot(l^2-r^2)}\leqslant$$

$$\frac{2}{3}\pi\left[\sqrt{\frac{1}{3}\left(\frac{r^2}{2}+\frac{r^2}{2}+l^2-r^2\right)}\right]^3=\frac{2\sqrt{3}}{27}\pi l^3$$

显然,当$\frac{r^2}{2}=\frac{r^2}{2}=l^2-r^2$,即 $r^2=\frac{2}{3}l^2$,或$\frac{r}{l}=\frac{\sqrt{6}}{3}$时,$V_{圆锥}$能取到最大值$\frac{2\sqrt{3}}{27}\pi l^3$,这时,$\theta=\frac{r}{l}\cdot 360°=\frac{\sqrt{6}}{3}\times 360°\approx 294°$.

说明 解几何极值问题,须建立恰当的目标函数,因此,自变量的选取及函数式的建立就成为参数的用武之地.上面三例都是物色恰当的参数来建立代数函数的,方法却因题而异,可供借鉴.

例 19 一金工车间的切割工具呈有缺口的圆形，如图 4.40 所示，圆的半径是 $\sqrt{50}$ cm，AB 的长为 6 cm，BC 的长为 2 cm，$\angle ABC$ 是直角，求点 B 到圆心的距离（以厘米为单位）的平方.

（第一届美国数学邀请赛试题）

思考 因 $\angle ABC=90°$，易想到建立如图的直角坐标系，这时 B 的位置在原点，若能知圆心 O 的坐标，$|OB|^2$ 便垂手可得，故以点 $O(a,b)$ 为坐标参数来过渡，建立与已知条件的联系.

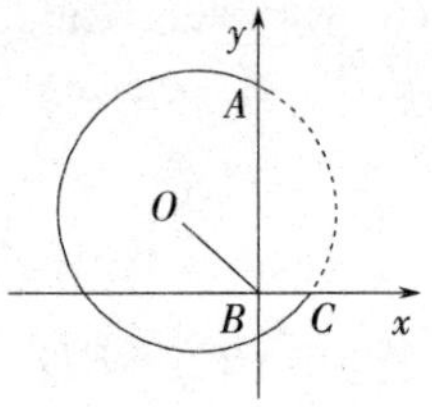

图 4.40

解 承上，设圆 O 的方程为

$$(x-a)^2+(y-b)^2=50$$

因为点 $A(0,6)$，$B(2,0)$ 都在圆上，坐标分别代入有

$$a^2+(b-6)^2=50 \quad ①$$

$$(2-a)^2+b^2=50 \quad ②$$

由①②，解得

$$a=-5,b=1$$

（另一解 $a=7,b=5$ 舍去）.

故知 $|OB|^2=a^2+b^2=26$.

说明 解析法隶属于代数方法，坐标系的建立为代数法解（证）几何题提供了必要条件.

例 20 $\triangle ABC$ 的两边 AB，AC 的中点分别为 M，N，P 为 MN 上的一点，BP，CP 的延长线分别交 AC，AB 于 D，E 两点，求证：$\dfrac{AD}{DC}+\dfrac{AE}{EB}$ 为定值.

思考 建立如图 4.41 的坐标系，因问题涉及比值，可设 A，B，C 三点坐标为 $A(a,h)$，$B(b,-h)$，$C(c,-h)$ 并设比值参数 $\lambda_1=\dfrac{AD}{DC}$，$\lambda_2=\dfrac{AE}{EB}$ 来展开代数运算.（这里 a，b，c，h 也都是参数）

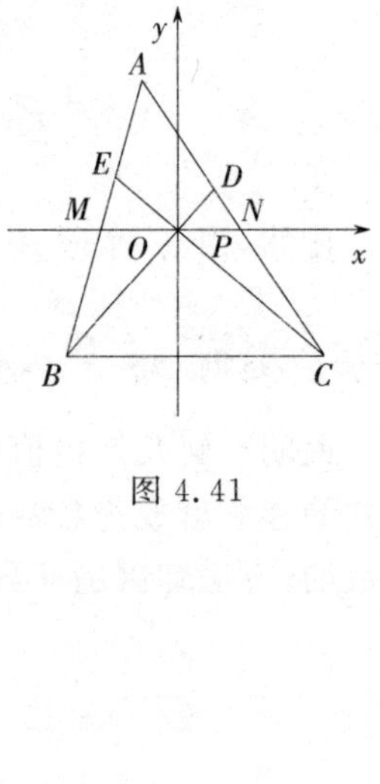

图 4.41

证明 承上，易知点 D 的坐标为

$$x_D=\frac{a+\lambda_1 c}{1+\lambda_1}$$

$$y_D=\frac{h+\lambda_1(-h)}{1+\lambda_1}$$

因 B,P,D 三点共线，可得

$$\frac{h+\lambda_1(-h)}{1+\lambda}:\frac{a+\lambda_1 c}{1+\lambda_1}=(-h):b$$

化简，求得

$$\lambda_1=\frac{a+b}{b-c}$$

同理，得

$$\lambda_2=\frac{-a-c}{b-c}$$

所以 $\frac{AD}{DC}+\frac{AE}{EB}=\lambda_1+\lambda_2=\frac{a+b}{b-c}+\frac{-a-c}{b-c}=1$ 为定值.

例 21 在球 O 内有一上下平行移动着的截面圆 A，截面内有两定点 B,C，平移时 A,B,C 的相对位置保持不变，设经过 A,B,C 三点且与球 O 相切的两球球心分别为 O_1,O_2，求证：球 O_1 与球 O_2 的半径之和为定值.（图 4.42）

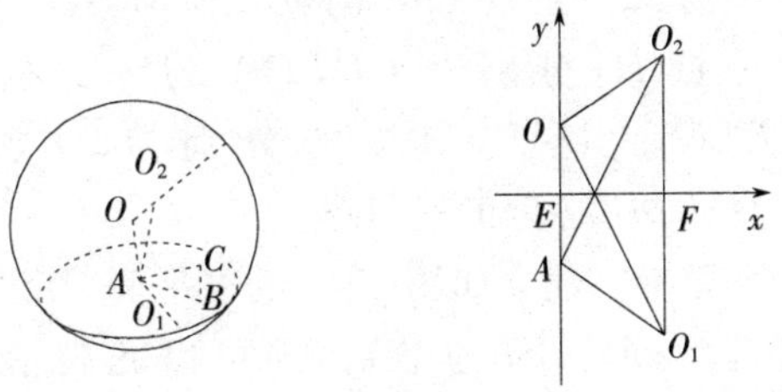

图 4.42

思考 记球 O,O_1,O_2 的半径分别为 r,r_1,r_2，据内切球半径间的关系，再引入点的坐标参数，利用解析法来探求定值.

为便于确定求证目标，置点 A 于特殊位置，例如 A 与球心 O 重合. 显然此时 O_1,O_2 分别位于球半径的中点，故知 $r_1+r_2=\frac{1}{2}r+\frac{1}{2}r=r$，即定值为 r.

证明 因为球 O_1，球 O_2 都经过 A,B,C 三点，所以

$$O_1O_1\perp \text{平面 } ABC$$

即有

$$O_1O_2 /\!/ OA$$

知 O_1O_2OA 是一平面梯形，其中

$$O_1O=r-r_1,\ OO_2=r-r_2,\ AO_1=r_1,\ AO_2=r_2$$

所以

$$OO_1+O_1A=OO_2+O_2A=r$$

今过 OAO_1O_2 作坐标平面，使 OA 为 y 轴，OA 的中点 E 为坐标原点，并设 $O\left(0,\frac{a}{2}\right)A\left(0,-\frac{a}{2}\right)$，动点 $O_1(x,y_1)O_2(x,y_2)$，则 y_1,y_2 为下面关于 y 的方程

的两个根

$$\sqrt{x^2+\left(y-\frac{a}{2}\right)^2}+\sqrt{x^2+\left(y+\frac{a}{2}\right)^2}=r$$

上式整理为

$$\frac{4x^2}{r^2-a^2}+\frac{4y^2}{r^2}=1$$

解得 $y_{1,2}=\pm\frac{r}{4}\sqrt{\frac{r^2-a^2-4x^2}{r^2-a^2}}$.

此说明 O_1,O_2 是以 x 轴为对称轴的两对称点,故知 OAO_1O_2 为等腰梯形.有 $OO_1=AO_2$,所以 $r-r_1=r_2$.

所以 $r_1+r_2=r$ 为定值.

我们还知道复数运算的几何意义有着特殊的威力,这便决定了另一种代数参数——复参数在解(证)几何题中的奇妙作用.

例 22 正$\triangle ABC$ 的重心为 M,在一边 AC 上任取一点 D,分别以 CD,DA 为一边向外侧作正$\triangle CDE$,$\triangle DAF$,其重心分别为 M_1,M_2,求证:$\triangle MM_1M_2$ 必为正三角形.

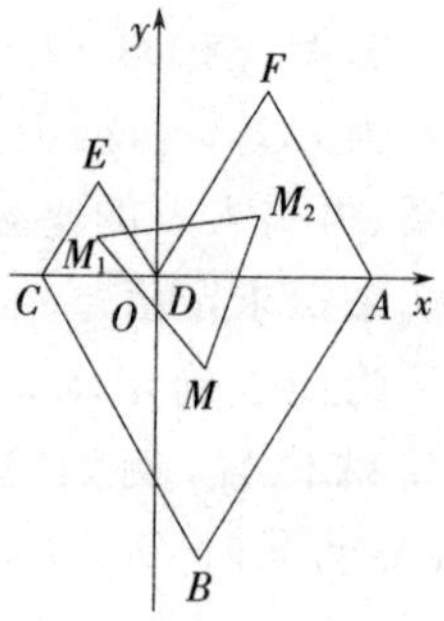

图 4.43

思考 建立如图 4.43 的复平面,并设 $|DA|=m$,$|CD|=n$,m,n 为参数,即可以此表示 $\overrightarrow{OM}$,$\overrightarrow{OM_1}$,$\overrightarrow{OM_2}$,并设法证明:$|MM_1|=|MM_2|=|M_1M_2|$.

证明 承上,如图易知

$$\overrightarrow{OM_2}=m\cdot\frac{\sqrt{3}}{3}(\cos 30°+\mathrm{i}\sin 30°)=\frac{1}{2}m+\frac{\sqrt{3}}{6}m\mathrm{i} \quad ①$$

$$\overrightarrow{OM_1}=-n\cdot\frac{\sqrt{3}}{3}[\cos(-30°)+\mathrm{i}\sin(-30°)]=-\frac{1}{2}n+\frac{\sqrt{3}}{6}n\mathrm{i} \quad ②$$

$$\overrightarrow{OM}=\frac{1}{2}(m-n)-\frac{\sqrt{3}}{6}(m+n)\mathrm{i} \quad ③$$

①—②,得

$$\overrightarrow{M_1M_2}=\frac{1}{2}(m+n)+\frac{\sqrt{3}}{6}(m-n)\mathrm{i}$$

所以

$$|M_1M_2|^2=\left[\frac{1}{2}(m+n)\right]^2+\left[\frac{\sqrt{3}}{6}(m-n)\right]=\frac{1}{3}(m^2+n^2+mn)$$

①—③,得

$$\overrightarrow{MM_2}=\frac{1}{2}n+\left(\frac{\sqrt{3}}{3}m+\frac{\sqrt{3}}{6}n\right)\mathrm{i}$$

所以

$$|MM_2|^2=\left(\frac{1}{2}n\right)^2+\left[\frac{\sqrt{3}}{3}m+\frac{\sqrt{3}}{6}n\right]^2=\frac{1}{3}(m^2+n^2+mn)$$

同理②—③,可得

$$|MM_1|^2=\frac{1}{3}(m^2+n^2+mn)$$

所以$|MM_1|=|MM_2|=|M_1M_2|$,即$\triangle MM_1M_2$为正三角形.

说明 用复参数解几何题的方法,本质上就是解析法,其步骤大致上是:

(1)选取适当的复平面;

(2)用复数和复参数表示有关的点和有向线段;

(3)将图形中的性质和关系,转化为复数间的代数式;

(4)通过复数运算或消参来得出结论.

由上我们可以看出,代数参数用于解(证)几何题的关键是将"形"的问题转化为"数"的表示和计算,然后就能用恒等变形、解方程或运用函数性质来推导所需的结论.积累并掌握判断问题的题设条件是否易于用代数参量来列式表示,是考虑能否选用代数法求解问题的关键.

因几何图形说到底是一种点的集合的表现,因此建立坐标系后,平面及空间中的点又可与实数对建立起一一对应关系,这为我们使用代数解析方法求解几何题奠定了基础.我们可以在更广阔的天地里解决"形"与"数"结合的问题,下一章中我们对在坐标系中如何运用代数参数来解决各类几何问题,将做进一步的引申与探讨.

§3 用三角参数解平面几何、立体几何题

如同用代数参数解平面几何、立体几何题一样,用三角参数解题也有思路清晰、规律明显、易于驾驭、可以少引辅助线等优点,由于三角函数是一个比值,这个比值随着角的变化而变化,而平面几何、立体几何主要研究线段和角的有关问题,如果选定一个角参数,就可用三角函数来表示相应的线段间的关系,并

进而借助三角变换作为工具来解决问题.其间选好三角参数是关键,熟悉三角变换是基础,这就须做到:

(1)通晓锐角三角函数和任意角三角函数的定义,熟练地掌握三角函数和线段间的关系.

(2)熟悉各类三角公式,能灵活地运用、代换和变形.如同角关系式、诱导公式、加法定理和三角形内的边角关系式等.

(3)具有分析复杂图形、捕捉其中与条件、结论均密切相关的关键元素作为参数的本领.

例 1 在 Rt$\triangle ABC$ 中,$\angle C=90^\circ$,$CD\perp AB$ 于 D,AE 平分$\angle A$,并交 AD 于 F,交 BC 于 E,$FG /\!/ AB$ 且 FG 交 BC 于 G,求证:$CE=BG$.

思考 如图 4.44,引 $GH\perp AB$ 于 H,因图中有众多的直角三角形及等角,考虑选用角参数以三角方法来证明 $CE=BG$.

证明 设$\angle B$ 为 α,则有$\angle ACD=\alpha$,因为 AE 平分$\angle A$.

在 Rt$\triangle BGH$ 中,有

$$BG=\frac{GH}{\sin\alpha}$$

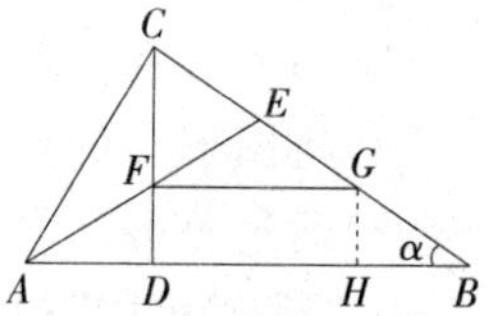

图 4.44

在 Rt$\triangle AFD$ 中,有

$$DF=AD\cdot\tan\frac{A}{2}$$

在 Rt$\triangle ACD$ 中,有

$$AD=AC\cdot\sin\alpha$$

在 Rt$\triangle AEC$ 中,有

$$CE=AC\cdot\tan\frac{A}{2}$$

且 $GH=DF$,所以

$$BG=\frac{DF}{\sin\alpha}=\frac{AD\tan\frac{A}{2}}{\sin\alpha}=\frac{AC\sin\alpha\cdot\tan\frac{A}{2}}{\sin\alpha}=AC\cdot\tan\frac{A}{2}$$

于是,有

$$BG=CE$$

例 2 从圆 O 上一点 P,作弦 AB 的垂线,C 为垂足,过 P 引圆 O 的切线 l,过 A,B 分别作 AD,BE 垂直 l 于 D,E,求证:$PC^2=AD\cdot BE$.

思考 如图 4.45,联结 PA,PB,据弦切角定理,可设$\angle APD=\angle ABP=\alpha$,$\angle BPE=\angle BAP=\beta$ 为角参数,利用三角函数来推导结论.

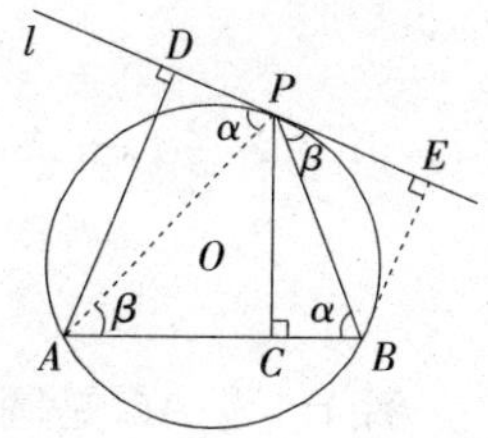

图 4.45

证明　承上，在 Rt$\triangle PAD$ 中，有

$$AD=PA\cdot\sin\alpha \quad ①$$

在 Rt$\triangle PBC$ 中，有

$$PC=PB\cdot\sin\alpha \quad ②$$

在 Rt$\triangle PAC$ 中，有

$$PC=PA\cdot\sin\beta \quad ③$$

在 Rt$\triangle PBE$ 中，有

$$BE=PB\cdot\sin\beta \quad ④$$

②×③，得

$$PC^2=PB\cdot\sin\alpha\cdot PA\cdot\sin\beta$$

①×④，得

$$AD\cdot BE=PA\cdot\sin\alpha\cdot PB\cdot\sin\beta$$

所以 $PC^2=AD\cdot BE$.

例 3　如图 4.46，已知 P 为$\triangle ABC$ 的垂心，$BC=a$，$\triangle ABC$ 的外接圆半径为 R，且 $a,PA,2R$ 成等差数列，求证：$5a=6R$.

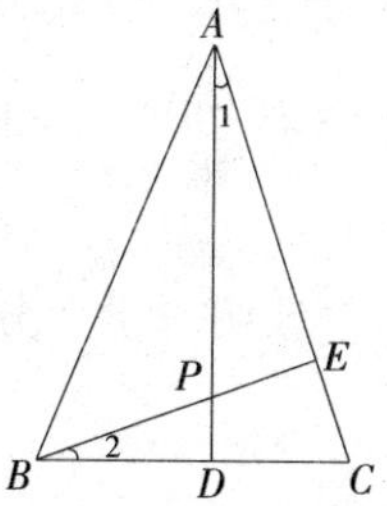

图 4.46

思考　正弦定理与三角形的边 a 及外接圆半径 R 密切相关，为此宜引入角参数 A，并据 $a,PA,2R$ 成等差数列来寻求结论.

证明　因为

$$AD\perp BC, BE\perp AC$$

所以$\angle 1=\angle 2$，有

$$\text{Rt}\triangle APE\backsim\text{Rt}\triangle BCE$$

故

$$\frac{PA}{BC}=\frac{AE}{BE}=\cot A$$

即 $PA=a\cot A$，由正弦定理，得

$$PA=2R\sin A\cot A-2R\cos A$$

且 $a,PA,2R$ 成等差数列，所以

$$a+2R=2PA$$

代入，得

$$2R\sin A+2R=4R\cos A$$

约去 $2R$，平方整理，得

$$5\sin^2 A+2\sin A-3=0$$

解得 $\sin A=\frac{3}{5}$，$\sin A=-1$（舍去），于是，有

$$5a=5\times 2R\sin A=10R\times\frac{3}{5}=6R$$

例 4 设 AC 是圆 O 的直径，半径 $OB\perp AC$，P 是 $\overset{\frown}{AB}$ 上任一点，连 PA，PB，作 $QB\perp PB$ 且交 PC 于 Q，求证：$PQ=PC-PA$.

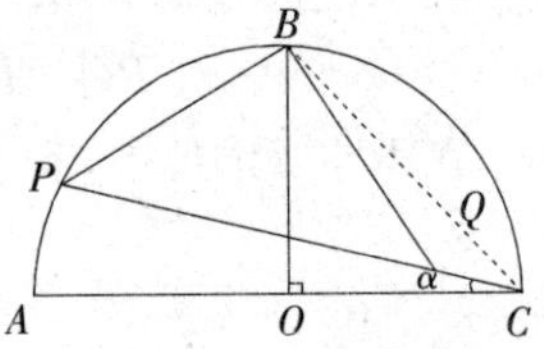

图 4.47

思考 如图 4.47，联结 BC，图中虽有 $PQ=PC-QC$，但要直接证明 $PA=QC$ 颇不易，考虑三角方法，为此设 $\angle ACP=\alpha$ 为角参数，此时 $\angle PCB=45^\circ-\alpha$，且 $\angle BPC=\frac{1}{2}\overset{\frown}{BC}$ 的度数 $=45^\circ$，可据这些角的关系来着手运算.

证明 承上分析，并设圆的半径为 R，则在 $\mathrm{Rt}\triangle PCA$ 中，有

$$PA=2R\sin\alpha,PC=2R\cos\alpha$$

于是

$$PC-PA=2R(\cos\alpha-\sin\alpha)=2\sqrt{2}R\sin(45^\circ-\alpha)$$

又 $PB=PQ\cdot\cos 45^\circ=\frac{\sqrt{2}}{2}PQ$，所以

$$PQ=\sqrt{2}PB$$

在 $\triangle PCB$ 中，用正弦定理，有

$$PB=2R\sin(45^\circ-\alpha)$$

所以

$$PQ=\sqrt{2}PB=2\sqrt{2}\sin(45^\circ-\alpha)$$

所以 $PQ=PC-PA$.

例 5 已知 $ABCD$ 为圆内接四边形，AB，DC 的延长线相交于 E，AD，BC 的延长线相交于 F.

求证：$\frac{EA}{ED}=\frac{FA}{FB}$.

思考 如图 4.48，据圆内接四边形性质，有 $\angle ADC+\angle ABC=180^\circ$，且 EA，ED 与 FA，FB 分别为 $\triangle ADE$，$\triangle AFB$ 的两边，考虑引入角参数利用正弦定理来证明.

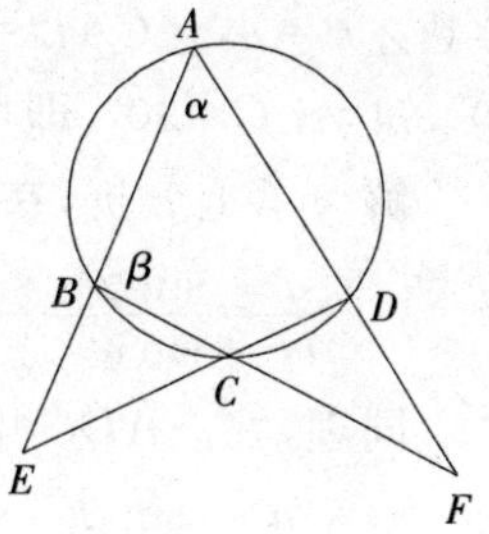

图 4.48

证明 设$\angle BAD=\alpha$，$\angle ABC=\beta$，则

$$\angle ADE=180^\circ-\beta$$

在$\triangle ADE$中，据正弦定理，得

$$\frac{EA}{ED}=\frac{\sin\angle ADE}{\sin\angle DAE}=\frac{\sin(180^\circ-\beta)}{\sin\alpha}=\frac{\sin\beta}{\sin\alpha}$$

又在$\triangle ABF$中，同理，得

$$\frac{FA}{FB}=\frac{\sin\angle ABF}{\sin\angle BAF}=\frac{\sin\beta}{\sin\alpha}$$

于是，$\dfrac{EA}{ED}=\dfrac{FA}{FB}$.

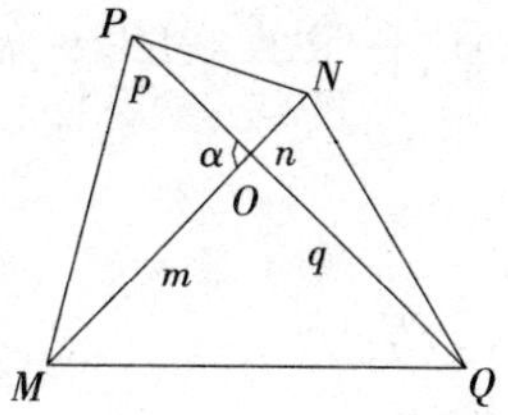

图 4.49

例 6 M，N及P，Q分别是两条相交直线上的两点，已知$PM^2-PN^2=QM^2-QN^2$，求证：$MN\perp PQ$.

思考 如图 4.49，要证$MN\perp PQ$，即是证$\angle POM=90^\circ$，再考察已知式似与勾股定理或余弦定理有关，故设角参数$\alpha=\angle POM$，来建立关系式.

证明 承上，因为

$$PM^2-PN^2=QM^2-QN^2$$

再设

$$OM=m,ON=n,OP=p,OQ=q$$

据余弦定理，有

$$(m^2+p^2-2mp\cos\alpha)-[p^2+n^2-2pn\cos(\pi-\alpha)]=$$
$$[m^2+q^2-2mq\cos(\pi-\alpha)]-(n^2+q^2-2nq\cos\alpha)$$

化简，得

$$2(mp+pn+mq+nq)\cos\alpha=0$$

因上式括号不为零，故唯有

$$\cos\alpha=0$$

且因$0<\alpha<\pi$，所以$\alpha=90^\circ$，即$MN\perp PQ$.

说明 本题也可以用同一法证明，但上面的三角参数方法规律明显，推导简便，较同一法为优.

例 7 已知AD是$\triangle ABC$的BC边上的中线，且有$\angle B+\angle CAD=90^\circ$，试判别$\triangle ABC$的形状.（图 4.50）

思考 要判断三角形的形状，应考察各个角之间的关系，为此，据条件设角参数$\angle B=\alpha$，$\angle CAD=\beta$，$\angle BAD=\gamma$，及$AD=m$，$BD=DC=a$，因为$\alpha+\beta=90°$，知$\gamma+C=90°$，即可在各三角形内用正弦定理列出等式.

解　承上分析，在$\triangle ABD$中，据正弦定理，有

$$\frac{a}{m}=\frac{\sin\gamma}{\sin\alpha}=\frac{\sin(90°-C)}{\sin\alpha}=\frac{\cos C}{\sin\alpha}$$

同理，在$\triangle ADC$中，有

$$\frac{a}{m}=\frac{\sin\beta}{\sin C}=\frac{\sin(90°-\alpha)}{\sin C}=\frac{\cos\alpha}{\sin C}$$

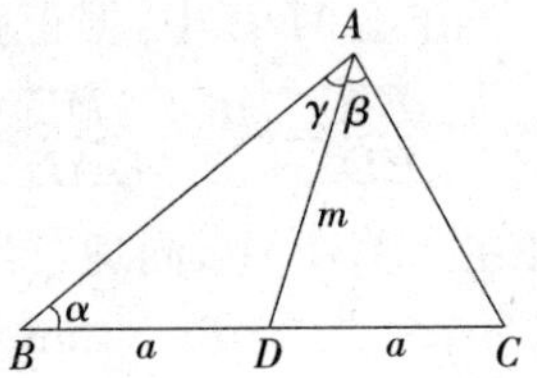

图 4.50

于是，有$\frac{\cos C}{\sin\alpha}=\frac{\cos\alpha}{\sin C}$，所以

$$\sin C\cos C=\sin\alpha\cos\alpha$$

即

$$\sin 2C=\sin 2\alpha$$

此唯有

$$2\alpha=2C \text{ 或 } 2\alpha+2C=180°$$

所以

$$\alpha=C \text{ 或 } \alpha+C=90°$$

即知$\triangle ABC$为等腰三角形或直角三角形.

例 8　已知边长为a的正方形$ABCD$内接于圆O，延长DC到Z，使$CZ=\frac{1}{2}a$，在BC上取$BF=\frac{1}{3}a$，AF的延长线交BZ于G，求证：G必在圆O上.

思考　若G在圆上，应有$\angle AGB=45°$，故只需证$\angle AGB=45°$，为此引入角参数$\alpha=\angle BAG$，$\beta=\angle CBG$，再用三角计算来推证.

证明　承上，如图 4.51，据条件有

$$\tan\alpha=\frac{BF}{AB}=\frac{1}{3}$$

$$\tan\beta=\frac{CZ}{BC}=\frac{1}{2}$$

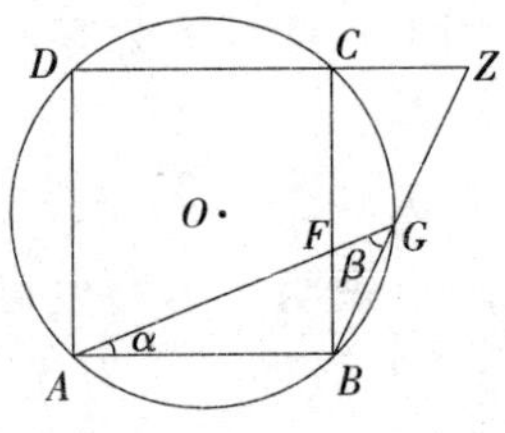

图 4.51

因为

$$\tan(\alpha+\beta)=\frac{\tan\alpha+\tan\beta}{1-\tan\alpha\tan\beta}=\frac{\frac{1}{3}+\frac{1}{2}}{1-\frac{1}{3}\times\frac{1}{2}}=1$$

又α，β为锐角，$0°<\alpha+\beta<180°$，故

$$\alpha+\beta=45°$$

所以

$$\angle AGB=180^\circ-\alpha-(90^\circ+\beta)=90^\circ-(\alpha+\beta)=45^\circ$$

即 G 在圆 O 上.

例 9 设 P,Q 为线段 BC 上两点，且 $BP=CQ$，A 为 BC 外一动点，(图 4.52)当点 A 运动到使 $\angle BAP=\angle CAQ$ 时，$\triangle ABC$ 是什么三角形？证明你的结论.

(1986 年全国初中数学竞赛题)

思考 此题求证目标需经探索，考察图形，猜想 $\triangle ABC$ 为等腰三角形，为此选设角参数 $\angle ABP=\angle CAQ=\alpha$，$\angle PAQ=\beta$，并设 $BP=CQ=a$，再据面积定理来找寻有用的等式.

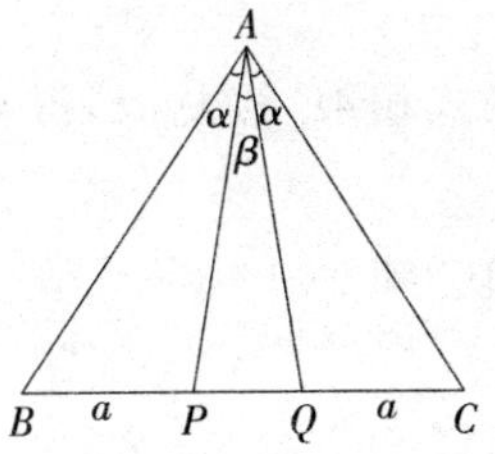

图 4.52

解 接上分析，据面积定理得

$$\frac{BP}{PC}=\frac{a}{a+PQ}=\frac{S_{\triangle ABP}}{S_{\triangle APC}}=\frac{\frac{1}{2}AB\cdot AP\sin\alpha}{\frac{1}{2}AP\cdot AC\cdot\sin(\alpha+\beta)}=\frac{AB\sin\alpha}{AC\sin(\alpha+\beta)}\quad ①$$

$$\frac{BQ}{QC}=\frac{a+PQ}{a}=\frac{S_{\triangle ABQ}}{S_{\triangle AQC}}=\frac{\frac{1}{2}AB\cdot AQ\sin(\alpha+\beta)}{\frac{1}{2}AQ\cdot AC\sin\alpha}=\frac{AB\sin(\alpha+\beta)}{AC\sin\alpha}\quad ②$$

①×②，得

$$1=\frac{AB^2}{AC^2}$$

所以 $AB=AC$，即 $\triangle ABC$ 是等腰三角形.

例 10 在四边形 $ABCD$ 的内部有一点 P，使得 $\triangle PAB,\triangle PBC,\triangle PCD,\triangle PAD$ 有相等的面积，试证：点 P 必落在四边形的对角线 AC 或 BD 上.

(1982 年瑞典数学竞赛题)

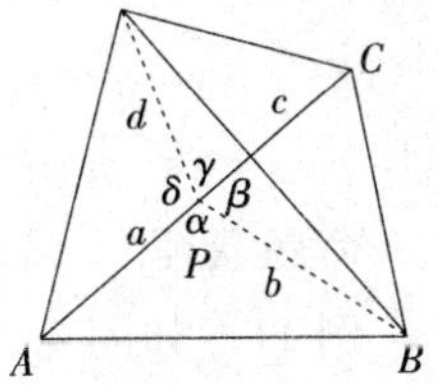

图 4.53

思考 要作出一个这样的四边形并不困难，只要四边形的一条对角线能平分另一条对角线，则前一条对角线的中点便可是点 P. 但它的逆命题的证明颇费筹索. 不如用三角方法，因之选取角参数，设 $\angle APB=\alpha$，$\angle BPC=\beta$，$\angle CPD=\gamma$，$\angle APD=\delta$，再设 $PA=a$，$PB=b$，$PC=c$，$PD=d$，然后利用四个等积三角形来证明 $\alpha+\beta$ 或 $\alpha+\delta$ 为

180°.

证明　如图 4.53,因四个三角形等积,承上分析,有

$$\frac{1}{2}ab\sin\alpha=\frac{1}{2}bc\sin\beta=\frac{1}{2}cd\sin\gamma=\frac{1}{2}da\sin\delta \quad ①$$

且

$$\alpha+\beta+\gamma+\delta=2\pi \quad ②$$

由①得

$$a\sin\alpha=c\sin\beta,c\sin\gamma=a\sin\delta$$

两式相乘,约去 ac,得

$$\sin\alpha\sin\gamma=\sin\beta\sin\delta \quad ③$$

由②知

$$\alpha+\gamma=2\pi-(\beta+\delta)$$

所以

$$\cos(\alpha+\gamma)=\cos(\beta+\delta)$$

即

$$\cos\alpha\cos\gamma-\sin\alpha\sin\gamma=\cos\beta\cos\delta-\sin\beta\sin\delta$$

以③代入上式,得

$$\cos\alpha\cos\gamma=\cos\beta\cos\delta \quad ④$$

由③+④,即得

$$\cos(\alpha-\gamma)=\cos(\beta-\delta) \quad ⑤$$

因 $0<\alpha,\beta,\gamma,\delta<\pi$,所以

$$-\pi<\alpha-\gamma<\pi,-\pi<\beta-\delta<\pi$$

由此,据式⑤,得

$$\alpha-\gamma=\pm(\beta-\delta)$$

若 $\alpha-\gamma=\beta-\delta$,则 $\alpha+\delta=\beta+\gamma=\pi$,即知 P 在对角线 BD 上;

若 $\alpha-\gamma=-\beta+\delta$,则 $\alpha+\beta=\gamma+\delta=\pi$,即知 P 在对角线 AC 上.

命题获证.

例 11　如图 4.54,O 为边长为 a 的正$\triangle ABC$ 的中心,过 O 任作不与 BC 平行的直线交 AB,AC 及 BC 的延长线于 M,N,P,求证:$\frac{1}{OM^2}+\frac{1}{ON^2}+\frac{1}{OP^2}=\frac{18}{a^2}$.

思考　如图引 $OD\perp AB,OE\perp BC,OF\perp AC$,且设 $OD=OE=OF=r$,因为

$r=\frac{\sqrt{3}}{6}a$，要证的等式可改写为

$$\frac{r^2}{OM^2}+\frac{r^2}{ON^2}+\frac{r^2}{OP^2}=\frac{18r^2}{a^2}=\frac{3}{2} \quad ①$$

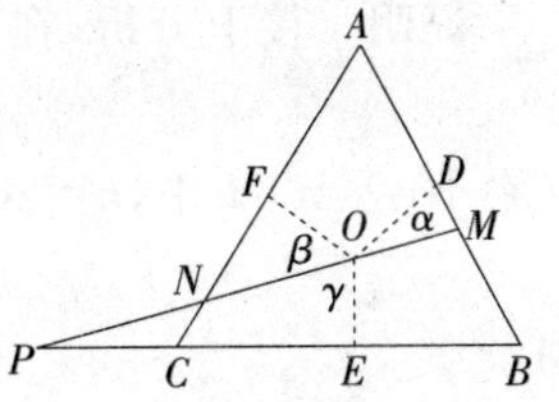

图 4.54

进而辅设角参数 $\alpha=\angle DOM$，$\beta=\angle FON$，$\gamma=\angle EOP$，则要证的等式更可进一步转化为 $\cos^2\alpha+\cos^2\beta+\cos^2\gamma=\frac{3}{2}$，此可用三角变换的方法来证明.

证明 接上面分析，因为

$$\angle DOF=\angle EOF=120°$$

所以

$$\alpha+\beta=180°-120°=60°,\beta+\gamma=120°$$

于是

$$\cos^2\alpha+\cos^2\beta+\cos^2\gamma=\frac{1+\cos 2\alpha}{2}+\frac{1+\cos 2\beta}{2}+\frac{1+\cos 2\gamma}{2}=$$

$$\frac{3}{2}+\frac{1}{2}(\cos 2\alpha+\cos 2\beta+\cos 2\gamma)=$$

$$\frac{3}{2}+\frac{1}{2}[\cos(120°-2\beta)+\cos 2\beta+\cos(240°-2\beta)]=$$

$$\frac{3}{2}+\frac{1}{2}[\cos(120°-2\beta)+\cos 2\beta+\cos(120°+2\beta)]=$$

$$\frac{3}{2}+\frac{1}{2}[2\cdot\cos 120°\cos 2\beta+\cos 2\beta]=\frac{3}{2}+0=\frac{3}{2}$$

所以命题获证.

例 12 过直线 l 外一定点 O，任引两互相垂直的直线交直线 l 于 A，B，$\angle AOB$ 的内角平分线、外角平分线分别交直线 l 于 C，D，求证：$\frac{1}{AB^2}+\frac{1}{CD^2}$ 是定值.

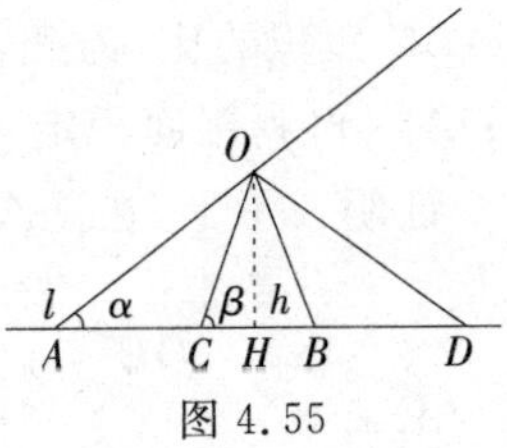

图 4.55

思考 要证 $\frac{1}{AB^2}+\frac{1}{CD^2}$ 为定值，必先在图中找出一条定长线段，为此，如图 4.55，引 $OH\perp l$ 于 H，则 OH 为定长，记 $OH=h$，再引入角参数 $\alpha=\angle OAB$，$\beta=\angle OCD$，就能利用三角函数表示出 AB，CD，然后推证结论.

证明　接上分析，在 Rt$\triangle AOB$ 中，有

$$AO=AB\cdot\cos\alpha$$

又在 Rt$\triangle AOH$ 中，$h=AO\cdot\sin\alpha$，所以

$$h=AB\sin\alpha\cos\alpha$$

即

$$\frac{1}{AB}=\frac{\sin 2\alpha}{2h} \qquad ①$$

因为 CO，DO 是 $\angle AOB$ 的内、外角平分线，有 $\angle COD=90°$，且因 $\angle AOC=45°$，所以 $\beta=45°+\alpha$.

所以 $h=CO\cdot\sin\beta=CD\cos\beta\sin\beta$，即

$$\frac{1}{CD}=\frac{\sin 2\beta}{2h} \qquad ②$$

由①^2＋②^2，得

$$\frac{1}{AB^2}+\frac{1}{CD^2}=\frac{\sin^2 2\alpha}{4h^2}+\frac{\sin^2 2\beta}{4h^2}=\frac{\sin^2 2\alpha+\sin^2 2(45°+\alpha)}{4h^2}=$$

$$\frac{\sin^2 2\alpha+\cos^2 2\alpha}{4h^2}=\frac{1}{4h^2}$$

为定值.

例 13　D，E，F 顺次是$\triangle ABC$ 的三边 BC，CA，AB 上的点，且 $BD=\frac{1}{3}BC$，$CE=\frac{1}{3}CA$，$AF=\frac{1}{3}AB$，AD，BE，CF 顺次两两相交于 A_1，B_1，C_1.

求证：$\triangle A_1B_1C_1$ 的面积等于$\triangle ABC$ 面积的$\frac{1}{7}$.

思考　如图 4.56，先设法确定$\triangle ACC_1$ 与$\triangle ABC$ 面积的比，为此辅设角参数 $\alpha=\angle BAD$，$\beta=\angle DAC$，再利用面积定理来进行计算.

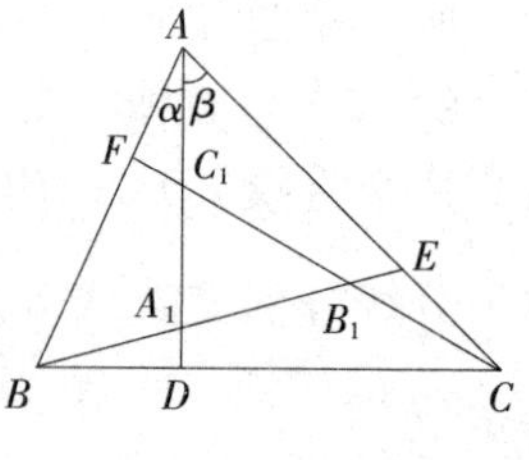

图 4.56

证明　承上，在$\triangle ABD$ 和$\triangle ADC$ 内，有

$$\frac{\sin\alpha}{\sin\angle ADB}=\frac{BD}{AB},\quad \frac{\sin\angle ADC}{\sin\beta}=\frac{AC}{DC}$$

因为

$$\angle ADB=180°-\angle ADC$$

$$\sin\angle ADB=\sin\angle ADC$$

所以

$$\frac{\sin\alpha}{\sin\angle ADB}\cdot\frac{\sin\angle ADC}{\sin\beta}=\frac{BD}{AB}\cdot\frac{AC}{DC}$$

得

$$\frac{\sin\alpha}{\sin\beta}=\frac{BD\cdot AC}{AB\cdot DC}=\frac{BD}{DC}\cdot\frac{AC}{AB}=\frac{1}{2}\frac{\sin B}{\sin C} \qquad ①$$

又在$\triangle AFC_1$及$\triangle AC_1C$中,有

$$\frac{C_1F}{AF}=\frac{\sin\alpha}{\sin\angle AC_1F},\frac{AC}{C_1C}=\frac{\sin\angle AC_1C}{\sin\beta}$$

因为$\angle AC_1F=180^\circ-\angle AC_1C$,有

$$\sin\angle AC_1F=\sin\angle AC_1C$$

所以

$$\frac{C_1F}{C_1C}=\frac{AF}{AC}\cdot\frac{\sin\alpha}{\sin\beta}=\frac{\frac{1}{3}AB}{AC}\cdot\frac{\sin\alpha}{\sin\beta}=\frac{\frac{1}{3}\times 2R\sin C}{2R\sin B}\cdot\frac{\sin B}{2\sin C}=\frac{1}{6}$$

即$\frac{C_1C}{CF}=\frac{6}{7}$,所以

$$S_{\triangle AC_1C}=\frac{6}{7}S_{\triangle AFC}=\frac{6}{7}\times\frac{1}{3}S_{\triangle ABC}=\frac{2}{7}S_{\triangle ABC}$$

同理$S_{\triangle BA_1A}=S_{\triangle CB_1B}=\frac{2}{7}S_{\triangle ABC}$.

所以

$$S_{\triangle A_1B_1C_1}=S_{\triangle ABC}-(S_{\triangle AC_1C}+S_{\triangle BA_1A}+S_{\triangle CB_1B})=\frac{1}{7}S_{\triangle ABC}$$

例 14 A,B,C,D四点共圆,另一圆的圆心在AB上,且与四边形$ABCD$的其余三边相切,求证:$AD+BC=AB$.

(第 26 届国际数学奥林匹克试题)

思考 如图 4.57,设另一圆的圆心是O,半径为r,与BC,CD,AD分别相切于E,F,G,联结OE,OF,OG,则有$OE\perp BC,OF\perp CD,OG\perp AD$,再联结$OC,OD$,图中有很多直角三角形,故考虑用三角法,并设角参数$\alpha=\angle BAD$,$\beta=\angle ABC$.

证明 承上,因$ABCD$是圆内接四边形,所以

$$\angle BCD=180^\circ-\alpha,\angle BCO=\angle DCO=90^\circ-\frac{\alpha}{2}$$

于是

$$\angle COE=\angle COF=90^\circ-\left(90^\circ-\frac{\alpha}{2}\right)=\frac{\alpha}{2}$$

同理

$$\angle ADO=\angle CDO=90°-\frac{\beta}{2}$$

$$\angle DOG=\angle DOF=\frac{\beta}{2}$$

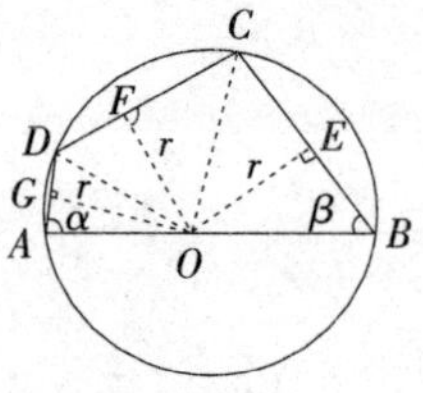

图 4.57

所以

$$AD+BC=AG+DG+BE+CE=$$

$$r\cot\alpha+r\tan\frac{\beta}{2}+r\cot\beta+r\tan\frac{\alpha}{2}=$$

$$r\left(\frac{\cos\alpha}{\sin\alpha}+\frac{1-\cos\beta}{\sin\beta}+\frac{\cos\beta}{\sin\beta}+\frac{1-\cos\alpha}{\sin\alpha}\right)=$$

$$\frac{r}{\sin\alpha}+\frac{r}{\sin\beta}$$

又

$$AB=AO+OB=\frac{r}{\sin\alpha}+\frac{r}{\sin\beta}$$

故知 $AD+BC=AB$.

说明 充分利用图形的几何性质，将图中的关键性元素辅设为参数（如本题的角参数 α,β，线段参数 r），则一道奥林匹克难题解来显得甚易. 由此可见三角法之巧妙及参数的威力.

例 15 过相交两圆的一个交点 A 作直线交两圆于 C,D 两点，问何时 $AC\cdot AD$最大？

（美国中学生数学奥林匹克试题）

思考 如图 4.58，为列出 $AC\cdot AD$ 的表达式，选取两圆的半径 r_1,r_2 为参数，又联结 AO_1，AO_2 并分别延长成直径 AE,AF，联结 CE,DF，则$\angle C=\angle D=90°$，可再设$\angle CAE=\alpha$，$\angle DAF=\beta$为角参数，就可得了.

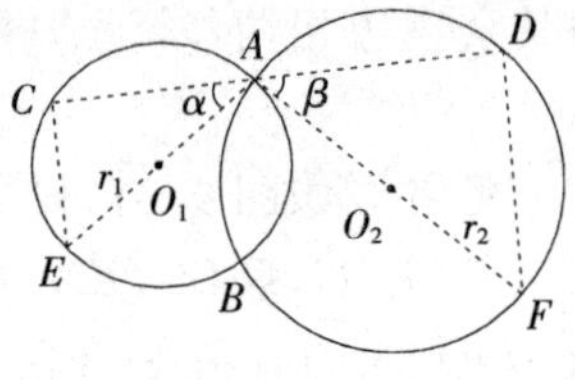

图 4.58

解 接上分析，有

$$AC\cdot AD=2r_1\cos\alpha\cdot 2r_2\cos\beta=2r_1r_2[\cos(\alpha+\beta)+\cos(\alpha-\beta)]$$

因为 $\alpha+\beta=180°-\angle O_1AO_2$ 为定角，所以当

$$\alpha-\beta=0$$

即 $\alpha=\beta$ 时，上式的值最大，其最大值

$$(AC\cdot AD)_{\max}=2r_1r_2(1-\cos\angle O_1AO_2)$$

例 16　设有一边长为 1 的正方形，试在这个正方形的内接正三角形中找出一个面积最大和一个面积最小的，并求出这两个面积.

思考　如图 4.59，若正三角形有两个顶点落在正方形的同一边上，则第三个顶点不可能落在正方形的边上，故不妨设正$\triangle EFG$ 的 F，G 两个顶点在正方形的一组对边上，并引 $GH // BC$ 交 AB 于 H，为研究 GF 的最大、最小值，可引入角参数 $\alpha=\angle FGH$ 来参加讨论.

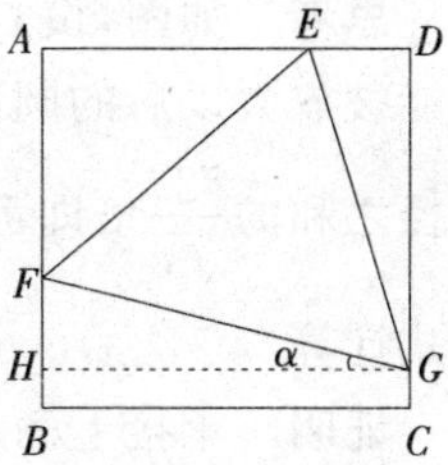

图 4.59

解　承上，在 Rt$\triangle FGH$ 中，有

$$FG=\frac{GH}{\cos\alpha}=\frac{1}{\cos\alpha} \quad ①$$

由①知，当 $\alpha=0°$时，$FG=1$ 可达最小值，此时

$$FG // BC$$

正三角形面积之最小值为$\frac{\sqrt{3}}{4}$.

再求 α 的可能的最大角，因 G 在 DC 上，有

$$DG\leqslant DC=GH，且 GE=GF$$

故

$$\frac{DG}{GE}\leqslant\frac{GH}{GF}$$

若设 $\beta=\angle EGD$，则据上式有

$$\cos\beta\leqslant\cos\alpha$$

因为 α，β 都是锐角，所以 $\alpha\leqslant\beta$，但

$$\alpha+\beta=90°-\angle EGF=90°-60°=30°$$

故

$$\alpha\leqslant 15°$$

由此，知当 $\alpha=15°$，即点 G 位于点 C 时，FG 可达最大值.

此时，$FG=\frac{1}{\cos 15°}=\sqrt{6}-\sqrt{2}$，相应的正三角形面积的最大值为 $2\sqrt{3}-3$.

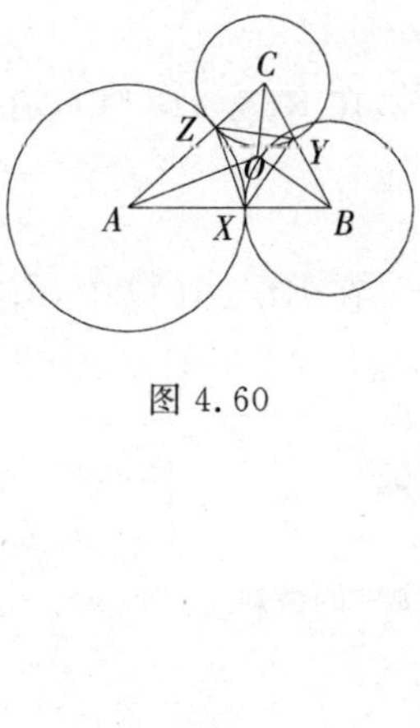

图 4.60

例 17　如图 4.60，三个圆 A，B，C 两两外切，其切点为 X，Y，Z，然后圆心不动，将三个圆的半径

都放大$\frac{2}{\sqrt{3}}$倍，证明：$\triangle XYZ$内的任一点至少被放大后的某一圆所覆盖.

思考 如图，设O为$\triangle XYZ$内的任意一点，联结OA，OB，OC，为证明点O必能被放大以后的圆所覆盖，只要证明它到其中两圆心距离之和小于相应两圆半径之和的$\frac{2}{\sqrt{3}}$倍即可，为此设$\angle AOB=\alpha$，$\angle BOC=\beta$，$\angle AOC=\gamma$为角参数，再列式计算.

证明 承接上面分析，因为$\alpha+\beta+\gamma=360°$，则三个角中必有一个角不小于$120°$，不妨即设$\alpha\geqslant120°$，则在$\triangle AOB$中据余弦定理，有

$$\begin{aligned}AB^2=&OA^2+OB^2-2\cdot OA\cdot OB\cos\alpha\geqslant\\&OA^2+OB^2-2\cdot OA\cdot OB\cdot\cos120°=\\&OA^2+OB^2+OA\cdot OB=\\&(OA+OB)^2-OA\cdot OB\geqslant\\&(OA+OB)^2-\frac{1}{4}(OA+OB)^2=\frac{3}{4}(OA+OB)^2\end{aligned}$$

所以$OA+OB\leqslant\frac{2}{\sqrt{3}}AB=\frac{2}{\sqrt{3}}(AX+BX)$.

即A，B两圆放大$\frac{2}{\sqrt{3}}$倍后便能覆盖点O.

说明 本题证明中用关键性的常数值取代参数值.从而，能用放缩法得到了本题所要的结论。

例18 已知自平面π外的一点A向平面π作斜线AB，AC，垂线AO，O是垂足，两斜线在π内的射影长分别是2 cm和12 cm，它们与π所成的角的差为$45°$，求A到平面π的距离.

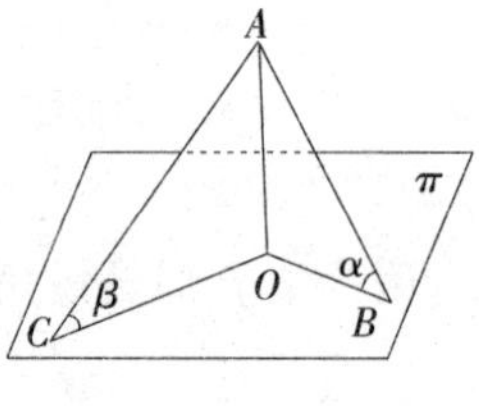

图4.61

解 如图4.61，设$AO=x$，$\angle ABO=\alpha$，$\angle ACO=\beta$为角参数，则有

$$\alpha-\beta=45°$$

在$\text{Rt}\triangle ABO$中，有

$$\tan\alpha=\frac{x}{2}$$

在$\text{Rt}\triangle ACO$中，有

$$\tan\beta=\frac{x}{12}$$

又因

$$\tan(\alpha-\beta)=\frac{\tan\alpha-\tan\beta}{1+\tan\alpha\tan\beta}=1$$

所以

$$\frac{\frac{x}{2}-\frac{x}{12}}{1+\frac{x}{2}\cdot\frac{x}{12}}=1$$

解得

$$x_1=4 \text{ 或 } x_2=6$$

即点 A 到平面 π 的距离是 4 cm 或 6 cm.

说明 在立体几何计算、证明题中,常有众多的三角形其边、角等元素是未知的,选择关键性的边、角作为参数,便可转化为三角问题来求解.

例 19 如图 4.62,设平面 AC 和 BD 相交于 BC,它们所成的二面角为 45°,P 为面 AC 内的一点,Q 为面 BD 内的一点,已知直线 MQ 是直线 PQ 在平面 BD 内的射影,并且 M 在 BC 上,又设 PQ 与平面 BD 所成的角为 β,$\angle CMQ=\theta(0°<\theta<90°)$,线段 PM 的长为 a,求线段 PQ 的长.

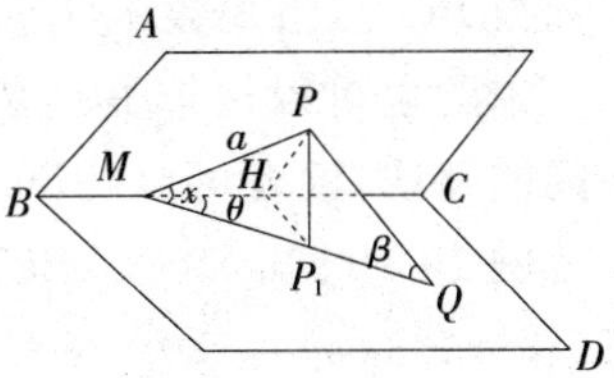

图 4.62

思考 因 MQ 是 PQ 在平面 BD 内的射影,引 $PP_1\perp MQ$ 于 P_1,则 $PP_1\perp$ 平面 BD,又过 P_1 引 $P_1H\perp BC$ 于 H,连 PH,据三垂线定理知 $PH\perp BC$,所以 $\angle PHP_1$ 为二面角的平面角,所以 $\angle PHP_1=45°$,因已知 $PM=a$,$\angle CMQ=\theta$,$\angle PQM=\beta$,要求的线段却是 PQ,图中可见条件与结论、已知与未知的关系相当松散,很难直接利用,因此在图中需找一个能沟通各元素的线段或角作为参数,例如选取 $\angle PMQ=x$,依靠它来展开运算.

解 承上分析,在 $\triangle PMQ$ 内,据正弦定理,有

$$\frac{PQ}{\sin x}=\frac{a}{\sin\beta}$$

所以

$$PQ=\frac{a\sin x}{\sin\beta} \quad ①$$

又在 $Rt\triangle PMP_1$ 中,有

$$PP_1=a\sin x, MP_1=a\cos x$$

在 $Rt\triangle MHP_1$ 中,有

$$P_1H=MP_1\sin\theta=a\cos x\sin\theta$$

又在 $\mathrm{Rt}\triangle PP_1H$ 中，因为 $\angle PHP_1=45^\circ$，有

$$PP_1=P_1H$$

代入得

$$a\sin x=a\cos x\sin\theta$$

由上式，解得

$$\sin x=\frac{\sin^2\theta}{\sqrt{1+\sin^2\theta}}$$

代入式①，即得 $PQ=\dfrac{a\sin^2\theta}{\sqrt{1+\sin^2\theta}}$.

说明 本题求解中有一个明显的设参数、消参数的过程，借助角参数 x 使未知数 PQ 与已知数 α,β,θ 有机地联系起来，轻松地求得了结论.

本题也可以选取其他的角或线段为辅助参数，很明显，不同的参数会导致不同的解法，读者可以一试.

例 20 已知 $\mathrm{Rt}\triangle ABC$ 的两直角边 $AC=2$，$BC=3$，P 为斜边 AB 上的一点(图 4.63(a))，现沿着 CP 将此直角三角形折成直二面角 $A-PC-B$，当 $AB=\sqrt{7}$ 时，求二面角 $P-AC-B$ 的大小(图 4.63(b)).

(1986 年上海市理科高考题)

思考 本题求解显然可分两步进行，先设法确定 CP 的方向，即 $\angle ACP$ 的大小，为此辅设 $\angle ACP=\alpha$ 为角参数，在据此求得 CP 的方向以后，二面角 $P-AC-B$ 的大小便不难计算.

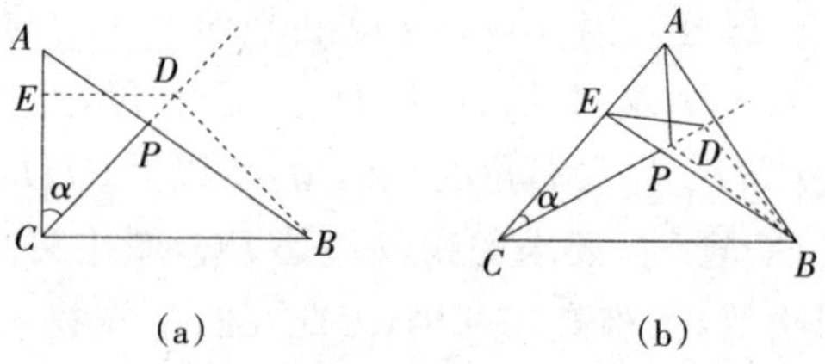

图 4.63

解 设 $\angle ACP=\alpha$，因为

$$\angle ACB=90^\circ$$

所以

$$\angle BCP=90^\circ-\alpha$$

因为 $A-CP-B$ 成直二面角，有

$$\cos\angle ACB=\cos\alpha\cdot\cos\angle BCP$$

又在 $\triangle ACB$ 内，有

$$AC=2,BC=3,AB=\sqrt{7}$$

所以

$$\cos\angle ACB=\frac{2^2+3^2-(\sqrt{7})^2}{2\times 2\times 3}=\frac{1}{2}$$

代入上式，得

$$\frac{1}{2}=\cos\alpha\cos(90°-\alpha)=\cos\alpha\sin\alpha$$

所以 $\sin 2\alpha=1$，因为 α 为锐角，知 $\alpha=45°$.

其次，引 $BD\perp CP$ 于 D，因为平面 $BPC\perp$ 平面 APC，所以 $BD\perp$ 平面 APC，再引 $DE\perp AC$ 于 E，连 BE，则 $\angle BED$ 是二面角 $P-AC-B$ 的平面角.

因为 $\angle BCP=90°-45°=45°$，在 $\triangle BCD$ 内，有

$$BD=CD=3\times\sin 45°=\frac{3}{2}\sqrt{2}$$

又在 $\triangle CDE$ 内，有

$$DE=CD\sin 45°=\frac{3}{2}\sqrt{2}\times\frac{\sqrt{2}}{2}=\frac{3}{2}$$

所以

$$\tan\angle BED=\frac{BD}{DE}=\frac{3}{2}\sqrt{2}\div\frac{3}{2}=\sqrt{2}$$

于是知二面角 $P-AC-B$ 的大小是 $\arctan\sqrt{2}$.

例 21 正四棱锥的侧面与底面所成的角是 α，相邻两侧面所成的角是 β，求证：$\cos\alpha=\sqrt{-\cos\beta}$.

思考 如图 4.64，因 α,β 分别位于图中不共面的两个三角形中，不易集中处理，研究图形特性可发现，$OG=BG=GC$，$OB=\sqrt{2}OG$，即知 $\mathrm{Rt}\triangle BCM$ 与 α,β 所在的 $\triangle VGO$，$\triangle MBO$ 都有关联，故选取 $\angle BCM=\theta$ 为参数来沟通各个三角形中边角之间的联系.

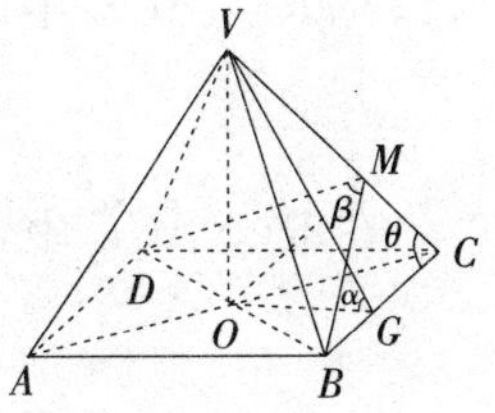

图 4.64

证明 承上分析，设 $\angle BCM=\theta$，在 $\mathrm{Rt}\triangle MBO$ 中，有

$$\sin\frac{\beta}{2}=\frac{BO}{BM}=\frac{\frac{1}{\sqrt{2}}BC}{BM}=\frac{1}{\sqrt{2}}\csc\theta \quad ①$$

又在 $\mathrm{Rt}\triangle VOG$ 中，有

$$\cos\alpha=\frac{OG}{VG}=\frac{CG}{VG}=\cot\theta=\sqrt{\csc^2\theta-1} \qquad ②$$

由式①，$\csc\theta=\sqrt{2}\sin\frac{\beta}{2}$，代入式②，即得

$$\cos\alpha=\sqrt{\left(\sqrt{2}\sin\frac{\beta}{2}\right)^2-1}=\sqrt{2\sin^2\frac{\beta}{2}-1}=\sqrt{-\cos\beta}$$

命题获证.

例 22 四面体 $ABCD$ 中，$BC=3$，$CD=4$，$BD=AC=5$，$AD=6$，$AB=7$，求此四面体的体积.

思考 如图 4.65，引 $AO\perp$ 底面 BCD 于点 O，求体积的关键在先求高 AO，再作 OE，OF 分别垂直 BC，CD 于 E，F，选择角参数 $\alpha=\angle ACB$，$\beta=\angle ACD$来沟通各已知线段与高 AO 的关系.

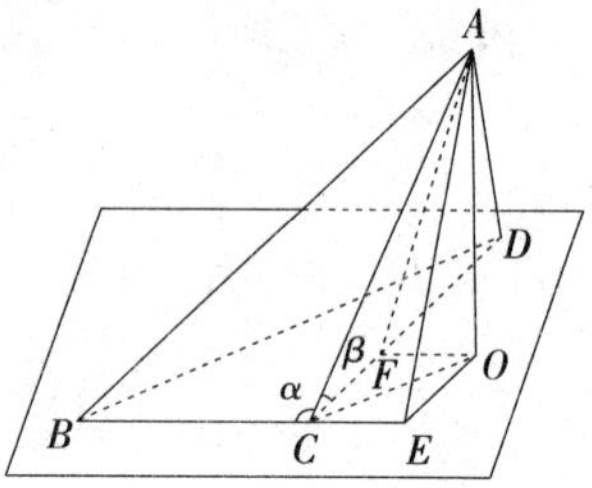

图 4.65

解 承上分析，在$\triangle ABC$ 及$\triangle ACD$ 中，据余弦定理，易求得

$$\cos\alpha=-\frac{1}{2}，\cos\beta=\frac{1}{8}$$

所以

$$\alpha=120^\circ，\angle ACE=60^\circ$$

联结 AE，AF，据三垂线定理知

$$AE\perp BC，AF\perp CD$$

所以在 $\mathrm{Rt}\triangle ACE$ 中，有

$$CE=AC\cdot\cos 60^\circ=\frac{5}{2}$$

在 $\mathrm{Rt}\triangle ACF$ 中，有

$$CF=AC\cdot\cos\beta=\frac{5}{8}$$

因为$\triangle BCD$ 为直角三角形，即

$$\angle BCD=90^\circ$$

所以四边形 $OECF$ 为矩形，联结 OC，则

$$OC^2=CE^2+CF^2=\left(\frac{5}{2}\right)^2+\left(\frac{5}{8}\right)^2$$

在 $\mathrm{Rt}\triangle AOC$ 中，有

$$AO=\sqrt{AC^2-OC^2}=\sqrt{5^2-\left(\frac{5}{2}\right)^2-\left(\frac{5}{8}\right)^2}=\frac{5}{8}\sqrt{47}$$

所以四面体的体积 $V=\frac{1}{3}\times\frac{1}{2}\times 3\times 4\times\frac{5}{8}\sqrt{47}=\frac{5}{4}\sqrt{47}$.

例 23 一个正三棱锥的高为 h,相邻两个侧面的二面角为 α,求这三棱锥的体积.

思考 如图 4.66,SO 是棱锥的高,连 AO 延长交 BC 于 E ,连 SE,在面 SAE 内引 $ED\perp SA$ 于 D,连 CD, BD,则 $\angle BDC$ 是二面角的平面角,$\angle BDC=\alpha$,且 ED 平分 $\angle BDC$.

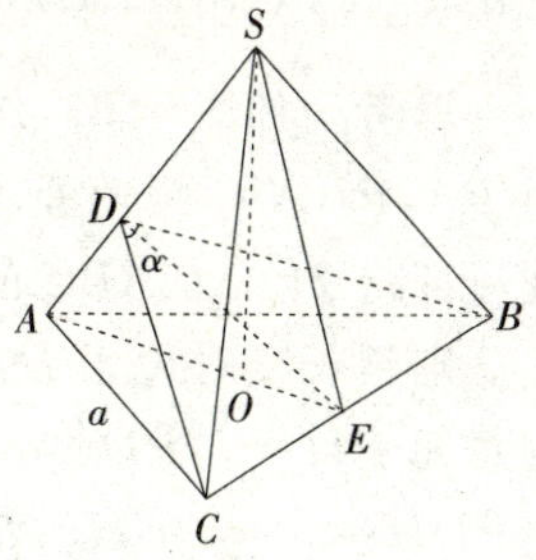

图 4.66

由于体积计算涉及正三棱锥的底面,故选取底面的边长 $AC=BC=AB=a$ 作为参数来沟通已知与未知.

解 承上分析,设底面边长为 a,则

$$CE=\frac{a}{2},AE=\frac{\sqrt{3}}{2}a$$

在 Rt$\triangle DCE$ 中,有

$$DE=CE\cdot\cot\angle CDE=\frac{a}{2}\cot\frac{\alpha}{2}$$

又因为

$$\triangle SAO\backsim\triangle EAD,\frac{SA}{SO}=\frac{AE}{DE}$$

所以

$$SA=\frac{AE\cdot SO}{DE}=\frac{\frac{\sqrt{3}}{2}a\cdot h}{\frac{a}{2}\cot\frac{\alpha}{2}}=\sqrt{3}h\tan\frac{\alpha}{2}$$

因为在 Rt$\triangle SAO$ 中,$AO=\frac{\sqrt{3}}{3}a$,据勾股定理,有

$$SA^2=AO^2+SO^2$$

即

$$\left(\sqrt{3}h\tan\frac{\alpha}{2}\right)^2=\left(\frac{\sqrt{3}}{3}\alpha\right)^2+h^2$$

求得

$$a^2=3h^2\left(3\tan^2\frac{\alpha}{2}-1\right)$$

于是,所求体积 $V=\frac{1}{3}\times\frac{\sqrt{3}}{4}a^2\times h=\frac{\sqrt{3}}{4}h^3\left(3\tan^2\frac{\alpha}{2}-1\right)$.

例 24 PA,PB,PC 是两两互相垂直的三条线段,P 到平面 ABC 的距离是 d,P 到 BC,CA,AB 的距离分别是 d_1,d_2,d_3,求证:$d^3\leqslant\frac{2\sqrt{6}}{9}d_1d_2d_3$.

思考 如图 4.67,作 $PH\perp$ 平面 ABC 于 H,因 PA,PB,PC 两两垂直,由三垂线定理之逆定理可证得 H 为 $\triangle ABC$ 的垂心,连 AH,BH,CH,并分别延长交对边于 D,E,F,连 PD,PE,PF,据题意知 $PH=d,PD=d_1,PE=d_2,PF=d_3$,若设 $\angle PDH=\alpha,\angle PEH=\beta,\angle PFH=\gamma$ 为角参数,因 $d=d_1\sin\alpha,d=d_2\sin\beta,d=d_3\sin\gamma$,则要证的不等式转化为

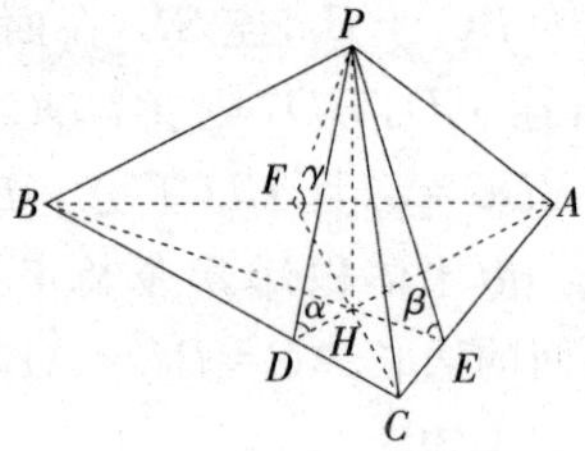

图 4.67

$$\sin^2\alpha\sin^2\beta\sin^2\gamma\leqslant\frac{8}{27}$$

此即可利用基本不等式来证明.

证明 因 PA,PB,PC 两两垂直,$\triangle PBC$ 可看作是 $\triangle ABC$ 的射影,承上分析,知两平面所成角为 α,据射影面积公式,有

$$S_{\triangle PBC}=S_{\triangle ABC}\cdot\cos\alpha$$

所以

$$\cos\alpha=\frac{S_{\triangle PBC}}{S_{\triangle ABC}}$$

同理,有

$$\cos\alpha=\frac{S_{\triangle BHC}}{S_{\triangle PBC}}$$

两式相乘,得

$$\cos^2\alpha=\frac{S_{\triangle BHC}}{S_{\triangle ABC}} \quad ①$$

同理,有

$$\cos^2\beta=\frac{S_{\triangle AHC}}{S_{\triangle ABC}} \quad ②$$

$$\cos^2\gamma=\frac{S_{\triangle AHB}}{S_{\triangle ABC}} \quad ③$$

①+②+③,得

$$\cos^2\alpha+\cos^2\beta+\cos^2\gamma=\frac{S_{\triangle BHC}+S_{\triangle AHC}+S_{\triangle AHB}}{S_{\triangle ABC}}=1$$

所以

$$\sin^2\alpha+\sin^2\beta+\sin^2\gamma=2$$

于是,有

$$\sin^2\alpha\cdot\sin^2\beta\cdot\sin^2\gamma\leqslant\left(\frac{\sin^2\alpha+\sin^2\beta+\sin^2\gamma}{3}\right)^3=\left(\frac{2}{3}\right)^3=\frac{8}{27}$$

据此,知 $d^3\leqslant\frac{2\sqrt{6}}{9}d_1d_2d_3$.

例 25 已知 M 是边长为 1 的正方体 AC_1 的棱 AA_1 的中点,P 为对棱 CC_1 上任意一点,求过 D,M,P 的截面中所有的四边形面积的最小值和最大值.

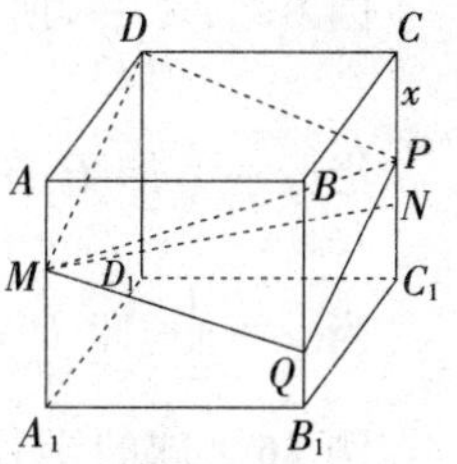

图 4.68

思考 如图 4.68,取 CC_1 的中点 N,当 P 在 CN 上时,截面为平行四边形,当 P 在 NC_1 上时,截面将成为五边形,不予考虑.为求平行四边形 $MDPQ$ 的面积的最值,不妨设 $CP=x$,并设 $\angle MDP=\theta$ 来建立目标函数.

解 承上,因正方体棱长为 1,在 $\mathrm{Rt}\triangle ADM$ 中,因为

$$AD=1,AM=\frac{1}{2}$$

所以

$$DM=\sqrt{1^2+\left(\frac{1}{2}\right)^2}=\frac{\sqrt{5}}{2}$$

又

$$\cos\angle MDD_1=\cos\angle DMA=\frac{1}{\sqrt{5}}$$

同理,在 $\mathrm{Rt}\triangle DCP$ 中,$DC=1,CP=x$,所以

$$DP=\sqrt{1+x^2}$$

且

$$\cos\angle PDD_1=\cos\angle DPC=\frac{x}{\sqrt{1+x^2}}$$

因为平面 $C_1D\perp$平面 DA_1,有

$$\cos\angle MDP=\cos\angle MDD_1\cdot\cos\angle PDD_1$$

所以

$$\cos\theta=\frac{1}{\sqrt{5}}\cdot\frac{x}{\sqrt{1+x^2}}$$

求得

$$\sin\theta=\sqrt{1-\frac{x^2}{5(1+x^2)}}=\sqrt{\frac{4x^2+5}{5(1+x^2)}}$$

所以

$$S_{DMQP}=DM\cdot DP\cdot\sin\theta=\frac{\sqrt{5}}{2}\cdot\sqrt{1+x^2}\cdot\sqrt{\frac{4x^2+5}{5(1+x^2)}}=\frac{1}{2}\sqrt{4x^2+5}$$

因 $0\leqslant x\leqslant\frac{1}{2}$，所以

当 $x=0$，即 P 在点 C 时，S_{DMQP} 有最小值$\frac{\sqrt{5}}{2}$；

当 $x=\frac{1}{2}$，即 P 在 CC_1 中点时，S_{DMQP} 有最大值$\frac{\sqrt{6}}{2}$.

例 26 球的半径是 r，求它的内接圆锥的最大体积.

思考 如图 4.69，要建立球的内接圆锥体积的表达式，需将底半径 DC 和高 AD 都用恰当的自变量表示，考虑到这两条线段都与 $\angle CAD$ 有关，故选取 $\angle CAD=\theta$ 为角参数来导出函数式.

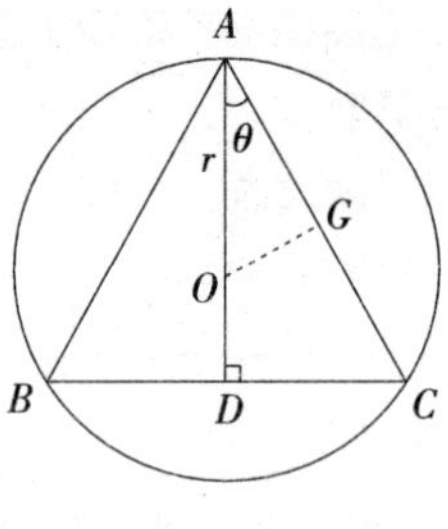

图 4.69

解 引 $OG\perp AC$ 于 G，则 G 为 AC 中点.

在 $\mathrm{Rt}\triangle AOG$ 中，$AG=r\cos\theta$，所以

$$AC=2r\cos\theta$$

于是，在 $\mathrm{Rt}\triangle CAD$ 中，有

$$CD=AC\sin\theta=2r\cos\theta\sin\theta$$
$$AD=AC\cos\theta=2r\cos^2\theta$$

所以

$$V=\frac{1}{3}\pi CD^2\cdot AD=\frac{1}{3}\pi\cdot 4r^2\cos^2\theta\sin^2\theta\cdot 2r\cos^2\theta=$$
$$\frac{4}{3}\pi r^3\cos^2\theta\cdot\cos^2\theta\cdot 2\sin^2\theta\leqslant\frac{4}{3}\pi r^3\left(\frac{\cos^2\theta+\cos^2\theta+2\cos^2\theta}{3}\right)^3=$$
$$\frac{4}{3}\pi r^3\left(\frac{2}{3}\right)^3=\frac{32}{81}\pi r^3$$

故当 $\cos^2\theta=2\sin^2\theta$，即

$$\theta=\arctan\frac{\sqrt{2}}{2}\text{时}\quad(\theta\text{为锐角})$$

内接圆锥的体积有最大值$\frac{32}{81}\pi r^3$.

上述各例告诉我们,用三角参数解平面几何、立体几何题,是在选择恰当的三角参数后将几何图形中的边、角关系转化为三角函数的关系式,然后结合图形的性质运用三角变换方法逐步导出要求的结论.

通常只要参数选择得当,因三角公式众多,内在联系密切、规律易循,多比较容易掌握并完成求解.由于这一方法一般可直接利用现有图形,不需或少需添加辅助线,运算过程也不如几何推理抽象,因此成为综合处理几何问题的有效方法.

具体用三角参数解几何题时,应当:

(1)选取与条件、结论密切相关的图形元素,比如捕捉关键性的边或角作为参数,并注意利用相等、互余、互补、和差倍半等关系分别用参数表示其他有关的边、角.

(2)若处理的元素在直角三角形中,考虑用锐角三角函数定义表示各元素间的关系,若在斜三角形内,则考虑用正弦定理、余弦定理等.

(3)利用三角公式进行恒等变形或化简求值.而熟悉边、角关系的转化规律常常是实施变换的前提.

(4)参数的处理应结合问题的特点而定,有时引进的参数需求其值,有时应作消参处理,有时既不求值也不用消去而是利用它的性质论证问题,这时还应利用图形的特点,以减少计算量.

关于如何把握这些方面,我们将在第六章详加讨论.

练　习　四

1. 在$\triangle ABC$中,$\angle B$,$\angle C$平分线分别交对边AC,AB于D,E,且$BE=CD$,求证:$AB=AC$.

2. 以$\triangle ABC$的边AB,AC为弦的两个圆分别交BC于D,E两点,且$BD=EC$,两圆在$\triangle ABC$内交于点P,AP延长线交BC于M.求证:AM是BC边上的中线.

3. 设点M,N为$\triangle ABC$内部的两点,点M到三边的距离的和与点N到三边的距离的和都等于m.

试证:线段 MN 上任一点到三边的距离的和也等于 m.

4.一直线顺次交相离的圆 O_1 和圆 O_2 于 A,B,C,D 四点,且 $AB=CD$,过 A,D 分别作圆 O_1 和圆 O_2 的切线交于点 P,设两圆的半径分别为 r_1,r_2,求证:$PA:PD=r_1:r_2$.

5.两圆 O_1 和 O_2 相外离,过 O_1 作圆 O_2 的切线 O_1P,O_1Q,P,Q 是切点,且分别交圆 O_1 于 A,B,过 O_2 作圆 O_1 的切线 O_2M,O_2N,M,N 是切点,且分别交圆 O_2 于 C,D,求证:$AB=CD$.

6.从$\triangle ABC$的外接圆上任一点 M 分别引直线 AB 及 AC 的垂线 MN,MK,N,K 为垂足,对于怎样的点 M,能使线段 NK 的长为最大?

7.$\triangle ABC$ 中,$\angle A=60°$,它的内切圆与 BC 边切于点 D,已知 $BD=m$,$CD=n$,求$\triangle ABC$ 中 BC 边上的高 h_a.

8.在二面角 $\alpha-l-\beta$ 的面 α 上有两条互相垂直的直线 AB,CD 交于点 O,A,C 在 l 上,且 AB,CD 与 β 面成角 φ_1,φ_2,若二面角 θ 为锐角,求证

$$\sin^2\theta=\sin^2\varphi_1+\sin^2\varphi_2$$

9.直接量得三棱锥的三组对棱的长分别相等,各长 13 cm,14 cm,15 cm,求这三棱锥的体积.

10.圆柱的内接长方体的一条对角线和底面所成的角是 α,这条对角线和底边长为 b 的一个侧面所成的角为 β,求证

$$S_{圆柱侧}=\frac{\pi b^2\sin 2\alpha}{2\cos(\alpha+\beta)\cos(\alpha-\beta)}$$

11.已知三棱锥 $P-ABC$ 中,$PA=BC,PB=AC,PC=AB$.三个侧面与底面所成二面角分别是 α,β,γ.求 $\cos\alpha+\cos\beta+\cos\gamma$ 的值.

12.三个球的面积和为 33π,第一个球与一个正八面体的各面相切,第二个球与这个正八面体的各条棱相切,第三个球过这个正八面体的各个顶点,求以这个正八面体的各面的中心为顶点的正方体的体积.

13.有三个相等的球,半径都是 R,这三个球都与平面 α 相切,且互相两两相切.一个圆锥倒立在平面 α 上,它的顶点在平面 α 内,轴垂直于 α,三个球都在圆锥的外部,且分别与圆锥的一条母线相切,试求圆锥母线与平面 α 所成的角.

14.在周长为 36 cm 的 Rt$\triangle ABC$ 中,有一个内切圆,切点 D 分斜边 AB 的比为 $3:2$,求这三角形的三边之长.

15.如图 4.70,把 $AB=BC=12$ 的等腰直角三角形的纸片以 EF 为折痕折过来,使点 A 到达点 D 位置,若点 D 分 BC 成 $2:1$,求 BE 的长.

16.一等腰梯形的上、下底长分别为 3,8,高为 7,试在对称轴上找一点 P,

使这点对梯形的腰所张的角为直角，又 h 为怎样的值时，唯有一点的张角为直角？h 为怎样的值时，对称轴上不存在这样的点？

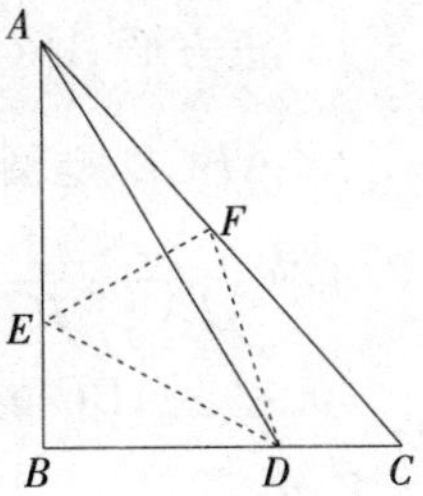

图 4.70

17. 若凸四边形的两条对角线均能平分其面积，求证：这个四边形必定是平行四边形.

18. 以边长为 $2a$ 的正三角形的三个顶点为圆心，$\sqrt{2}a$ 为半径分别作圆弧，求三条圆弧所围成的公共部分(凸边三角形)的面积.

19. E 是正方形 $ABCD$ 中 DC 边的中点，作 AE 的垂直平分线交 AB 延长线于 F，EF 与 BC 交于 N，求证

$$BN : NC = 1 : 2$$

20. 已知半径为 r 的圆 O 内有一点 P，$OP=d$，过 P 引两条互相垂直的弦 AC 与 BD，当四边形 $ABCD$ 的面积最大时，求证：OP 与 BD(或 AC)成 $45°$角.

21. 两圆相交于 A，P，过 P 作 PA 的垂线分别交两圆于 B，C，延长 BA，CA 分别交圆周于 Q，R，求证：PA 平分$\angle QPR$.

22. 矩形 $ABCD$ 中，$AD=\sqrt{2}AB$，以 AD 为直径在形外作半圆，P 为圆周上任意一点，连 PB，PC 分别交 AD 于 F，E，求证：$AE^2+DF^2=AD^2$.

23. 设 AD 为$\triangle ABC$ 的一条中线，引任一直线 CEF 分别交 AD 于 E、交 AB 于 F，求证：$AE : ED = 2AF : FB$.

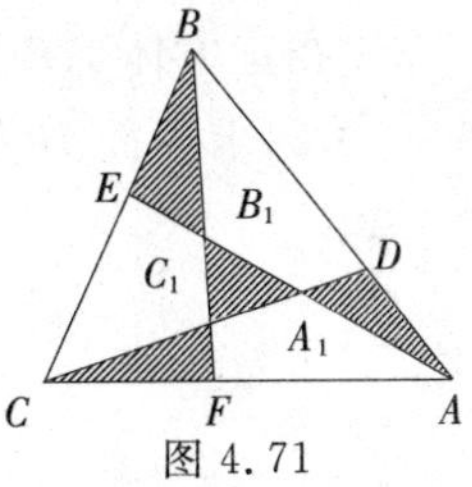

图 4.71

24. 如图 4.71，已知其中阴影所示的四个三角形的面积相等，证明无阴影的三个四边形的面积也相等. 另外，如果每个小三角形的面积等于 1，那么每个空白四边形的面积是多少？

25. 若 Rt$\triangle ABC$ 在平面 α 内的射影为正$\triangle A_1B_1C_1$，且 $AA_1=a$，$BB_1=b$，$CC_1=c$，求斜边 AB 的长.

26. 斜三棱柱的两侧面面积的比为 $5:8$，它们所成的二面角为 $60°$，棱柱的侧面积为 $60\ \text{cm}^2$，体积的 $15\sqrt{3}\ \text{cm}^3$，求它的侧棱的长.

27. 半径为 1 的球面，其球心在复平面 α 的原点，MN 是垂直 α 的直径，P 是球面上异于 M，N 的任意点，直线 MP 交 α 于 z_1，直线 NP 交 α 于 z_2，求证：$z_2=\dfrac{1}{z_1}$.

28. 正方形 $ABCD$，延长 CB 至 P，使 $PB=2BC$，求证：$\angle APD<\frac{1}{2}\angle DPC$.

29. $ABCD$ 是圆内接四边形，它又有内切圆其圆心为 I.

求证：$\frac{1}{IA^2}+\frac{1}{IC^2}=\frac{1}{IB^2}+\frac{1}{ID^2}=$定值.

30. 在$\triangle ABC$ 的 AC 边上取一点 E，再延长 AB 到 D，使 $BD=EC$，DE 交 BC 于 M.

求证：$DM:ME=AC:AB$.

31. 圆内接四边形的一组对边 CB，DA 的延长线交于点 P，M 是 CD 的中点，PM 交 AB 于 E，求证

$$AE:BE=PA^2:PB^2$$

32. $ABCD$ 是圆内接四边形，过 AB 边上的一点 M，引 MP，MQ，MR 分别垂直 BC，CD，DA 于 P，Q，R，联结 PR 与 MQ 相交于 N，求证

$$PN:NR=BM:MA$$

33. 已知 A，P，M，B 是圆周上的依次四点，M 是 $\overparen{AB}$ 的中点，P 在 $\overparen{AM}$ 上，过 M 作 PB 的垂线与 PB 交于 K，求证：$AP+PK=KB$.

34. 在平面 α 内有正$\triangle ABC$，$DE /\!/ BC$ 分别交 AB，AC 于 D，E，沿着 DE 将$\triangle ABC$ 折成直二面角，问 DE 处于何位置时，AB 最短.

35. 在正方体 $ABCD-A_1B_1C_1D_1$ 中，E 是 BC 中点，F 在 AA_1 上且 $A_1F:FA=1:2$，求平面 B_1EF 与底面 $A_1B_1C_1D_1$ 所成的角.

参数在解析几何中的应用

第五章

参数的触角一旦伸展到解析几何的领域，它的功效便得到更为充分的发挥.在中学数学教材系统中，只有到了解析几何的参数方程这一章，才正式提出参数的概念及其应用，也正是在这里，我们才有充分的机会去全面认识参数的意义和作用.

同前面几章所述参数在代数、三角和几何中的应用一样，早在参数方程这部分内容之前，参数早已在解析几何其他章节中起着非常活跃的作用.如：

例 1 直线过点(3,1)，且倾斜角是直线 $y=2x-1$ 的倾斜角的 2 倍，求此直线的方程.

解 设直线 $y=2x-1$ 的倾角为 α，则有 $\tan\alpha=2$，这里 α 便是参数.

因为所求直线的斜率

$$k=\tan 2\alpha=\frac{2\tan\alpha}{1-\tan^2\alpha}=\frac{2\times2}{1-4}=-\frac{4}{3}$$

所以所求直线方程为

$$y-1=-\frac{4}{3}(x-3)$$

即 $4x+3y-15=0$.

例 2 直线过已知两条直线：$x-3y+1=0$，$2x+y-7=0$的交点，且垂直于第三条直线 $3x-y+5=0$，求此直线方程.

解 这类问题可用过两已知直线交点的直线系方程来求解，即先设所求直线方程为

$$x-3y+1+\lambda(2x+y-7)=0 \quad ①$$

这里的λ,既是待定系数,又是所设直线系方程中的参数.

因为所求直线与直线 $3x-y+5=0$ 垂直,有

$$-\frac{1+2\lambda}{-3+\lambda}\cdot 3=-1$$

可由此解得

$$\lambda=-\frac{6}{5}$$

代入式①,整理即得所求直线方程为

$$7x+21y-47=0$$

例 3 设 A_1,A_2 是一个圆的一条直径的两个端点,P_1P_2 是与 A_1A_2 垂直的弦,求直线 A_1P_1 与 A_2P_2 的交点的轨迹方程.

解 如图 5.1,设圆的方程为 $x^2+y^2=a^2$,$A_1(-a,0)$,$A_2(a,0)$,再设 A_1P_1 与 A_2P_2 的交点为 $Q(x,y)$,P_1 的坐标为(x_1,y_1),则 P_2 的坐标为$(x_1,-y_1)$,这里的 x_1,y_1 便是辅设的点的坐标参数.

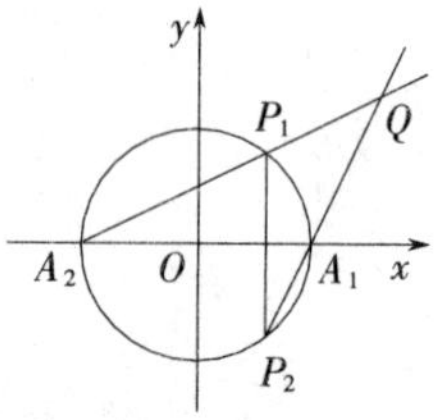

图 5.1

因为直线 A_1P_1 的方程是

$$\frac{y}{x+a}=\frac{y_1}{x_1+a} \quad ①$$

直线 A_2P_2 的方程是

$$\frac{y}{x-a}=\frac{-y_1}{x_1-a} \quad ②$$

又因点 P_1 在圆上,有

$$x_1{}^2+y_1{}^2=a^2 \quad ③$$

从①②③三式中消去参数 x_1,y_1,即可获得所求的方程,为此使①×②得

$$\frac{y^2}{x^2-a^2}=\frac{-y_1{}^2}{x_1{}^2-a^2} \quad ④$$

由式③,有

$$x_1{}^2-a^2=-y_1{}^2$$

以此代入式④,整理即得所求的交点 Q 的轨迹方程为 $x^2-y^2=a^2$,轨迹是等轴双曲线.

例 4 从抛物线的焦点向它的任一切线引垂线,求证:这条垂线和准线的交点在过切点且平行于对称轴的直线上.

解 如图 5.2,设抛物线的方程为 $y^2=2px$,切点为 $P(x_0,y_0)$,则切线方程为 $y_0y=Px+Px_0$,过切点且平行于对称轴的直线方程是 $y=y_0$,这里的 x_0,

y_0，便是辅设的点的坐标参数.

因切线 PT 的斜率为

$$k_{切}=\frac{P}{y_0}$$

所以过焦点 $F\left(\frac{P}{2},0\right)$ 且垂直于切线的垂线斜率为

$$-\frac{y_0}{P}$$

故垂线方程为 $y=-\frac{y_0}{P}\left(x-\frac{P}{2}\right)$.

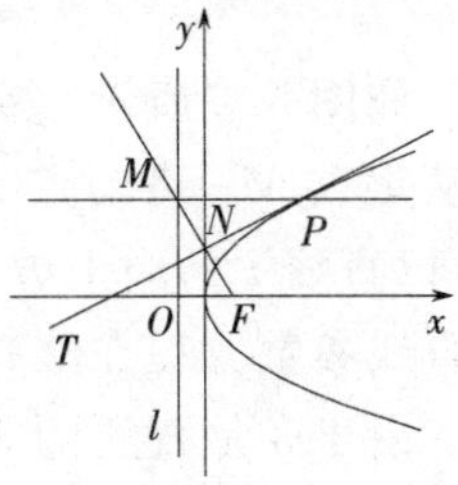

图 5.2

垂线与准线 l：$x=-\frac{P}{2}$ 的交点设为 M，则易求得点 M 的坐标为 $\left(-\frac{P}{2},y_0\right)$，所以交点 M 在过切点且平行于对称轴的直线 $y=y_0$ 上.

上面这些例子选自统编《平面解析几何课本甲种本》，直线或圆锥曲线两章的习题，可见在最后一章参数方程之前，参数的概念早已被涉及并加以应用了. 下面，我们仍以参数方程的概念为主线来详尽阐述参数在解析几何领域中呈现的各种形式、特征及其应用.

§1 解析几何中参数的常见形式

解析几何中参数的常见形式，大致可以归纳为如下的三大类.

一、依靠参数建立曲线的参数方程

我们知道，在直角坐标系中，如果曲线上任意一点的坐标 x,y 都是某个变数 t 的函数

$$\begin{cases}x=f(t)\\y=\varphi(t)\end{cases}$$

并且对于 t 的每一个允许值，由方程组所确定的点 $P(x,y)$ 都在这曲线上，那么上面的方程组就叫作这曲线的参数方程，联系 x,y 之间关系的变数叫作参变数，简称为参数.

解析几何中五类常见曲线的参数方程如下：

1. 直线参数方程

过定点 $M_0(x_0,y_0)$，倾斜角为定角 α 的直线的参数方程为

$$\begin{cases}x=x_0+t\cos\alpha\\y=y_0+t\sin\alpha\end{cases}\quad(t\text{ 为参数})$$

如图 5.3 所示，参数 t 是一种线段参数，它表示从定点 M_0 到动点 $M(x,y)$ 的有向线段的数量. 以直线 l 的向上方向作为正向. t 的几何意义使直线参数方程在解有关问题中具有重要价值.

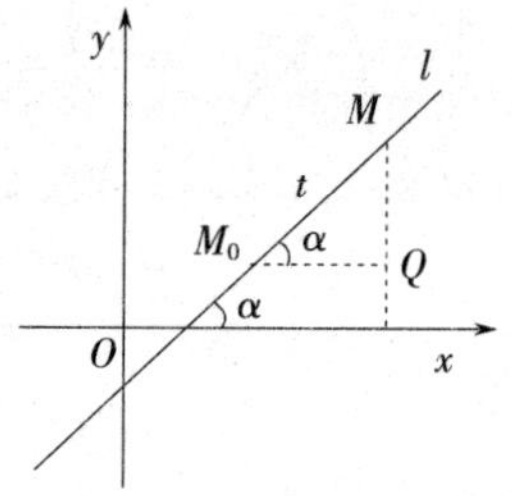

图 5.3

由于 α 是直线的倾斜角，$0\leqslant\alpha<\pi$，因此上面的直线参数方程中 t 的系数应具有如下特点：其平方和为 1，且 $-1<\cos\alpha\leqslant1$，$0\leqslant\sin\alpha\leqslant1$.

2. 圆的参数方程

以 $C(x_0,y_0)$ 为圆心，r 为半径的圆的参数方程为

$$\begin{cases}x=x_0+r\cos\theta\\y=y_0+r\sin\theta\end{cases}\quad(\theta\text{ 是参数})$$

特别的，当圆心在原点时，圆的参数方程为

$$\begin{cases}x=r\cos\theta\\y=r\sin\theta\end{cases}\quad(\theta\text{ 是参数})$$

如图 5.4 所示，参数 θ 是一种角参数，它表示动半径 CP 与 x 轴正向所成的旋转角.

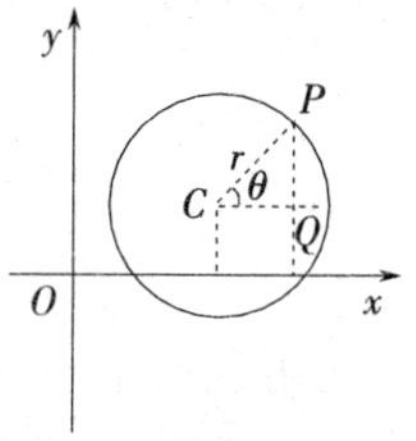

图 5.4

3. 椭圆的参数方程

椭圆 $\frac{x^2}{a^2}+\frac{y^2}{b^2}=1$ 的参数方程为

$$\begin{cases}x=a\cos\theta\\y=b\sin\theta\end{cases}\quad(\theta\text{ 为参数},a>b>0)$$

如图 5.5 所示，圆 $x^2+y^2=a^2$，$x^2+y^2=b^2$ 分别称为椭圆的大、小辅助圆，动半径与 x 轴正向成角 θ 且与大小两圆分别交于 A，B 两点，过 A 引 x 轴的垂线与过 B 的 x 轴的平行线交于点 M，则点 M 是对应的椭圆上的动点.

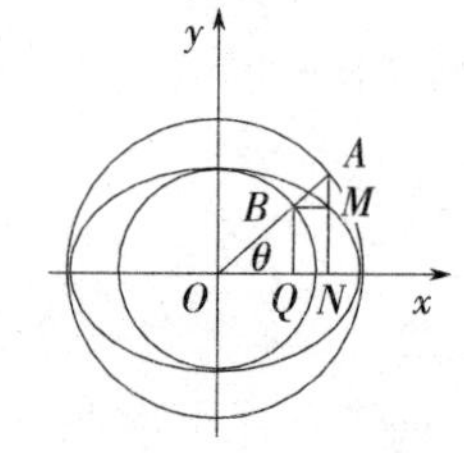

图 5.5

参数 θ 称为点 M 的离心角.

相仿的，椭圆 $\frac{(x-x_0)^2}{a^2}+\frac{(y-y_0)^2}{b^2}=1$ 的参数方程为

$$\begin{cases}x=x_0+a\cos\theta\\y=y_0+b\sin\theta\end{cases}\quad(a>b>0,\text{离心角 }\theta\text{ 是参数})$$

4. 双曲线的参数方程

双曲线$\frac{x^2}{a^2}-\frac{y^2}{b^2}=1$的参数方程为

$$\begin{cases}x=a\sec\varphi\\y=b\tan\varphi\end{cases}\quad(a>0,b>0,\varphi\text{ 为参数})$$

如图 5.6 所示，圆 $x^2+y^2=a^2$，$x^2+y^2=b^2$ 分别称为双曲线的大、小辅助圆，动半径与 x 轴正向成角 φ 且与大辅助圆交于点 A，过 A 引大圆的切线交 x 轴于点 M，过小圆与 x 轴的对应交点 Q 引小圆的切线与动半径交于点 N，再过点 M 引 x 轴的垂线与过点 N 的 x 轴的平行线交于点 P，则点 P 是对应的双曲线上的动点.

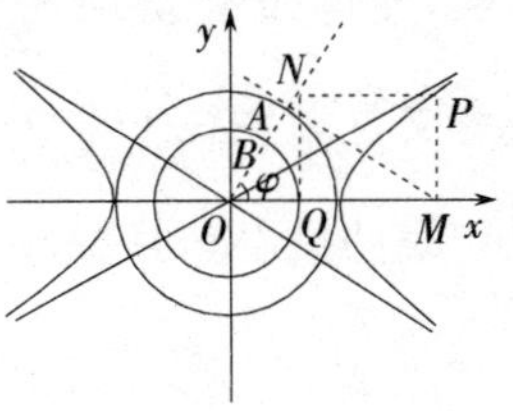

图 5.6

参数 φ 称为点 P 的离心角.

与上相仿，双曲线$\frac{(x-x_0)^2}{a^2}-\frac{(y-y_0)^2}{b^2}=1$的参数方程为

$$\begin{cases}x=x_0+a\sec\varphi\\y=y_0+b\tan\varphi\end{cases}\quad(a>0,b>0,\text{离心角 }\varphi\text{ 是参数})$$

上述圆、椭圆、双曲线的参数方程均用的角参数，这便为几何、三角方法与解析方法的综合运用大开方便之门，在灵活简捷解题方面起着重要作用.

5. 抛物线的参数方程

抛物线 $y^2=2px$ 的参数方程为

$$\begin{cases}x=2pt^2\\y=2pt\end{cases}\quad(p>0,t\text{ 为参数})$$

如图 5.7 所示，如果参数 t 对应的抛物线上的动点是 $P(x,y)$，联结 P 与原点的弦 PO 可以称为顶点弦，可以得出顶点弦 PO 的斜率 $k=\frac{y}{x}$，如果将点 P 所对应的参数方程中的两式相除，又可得$\frac{y}{x}=\frac{1}{t}$，与上式对照，便可知 $t=\frac{1}{k}$. 因此，在抛物线参数方程中，参

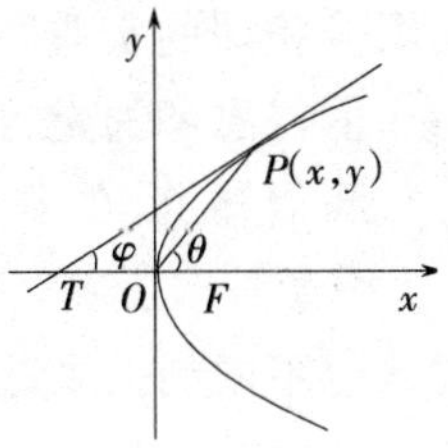

图 5.7

数 t 的几何意义是 $y^2=2px$ 上的对应点(原点除外)与原点连线斜率的倒数.(如果顶点弦 PO 的倾斜角为 θ,则参数 $t=\cot\theta, 0<\theta<\pi, \theta\neq\frac{\pi}{2}$)

仍如图 5.7 所示,过动点 $P(x,y)$ 作切线 PT,容易求出切线 PT 的斜率 $k_{切}=\frac{p}{y}$,如果将点 P 所对应的参数方程中的第二式变形,可得 $t=\frac{y}{2p}$,与上式对照,便可知参数 $t=\frac{1}{2}\cdot\frac{1}{k_{切}}$,因此,在抛物线参数方程中,参数 t 的另一种几何意义是抛物线 $y^2=2px$ 上的对应点(原点除外)的切线斜率倒数的一半.(如果切线的倾斜角是 $\varphi, 0<\varphi<\pi$,则参数 $t=\frac{1}{2}\cot\varphi$,当 $\varphi=\frac{\pi}{2}$ 时,此式也能适合.)

一般的说,若问题涉及抛物线的顶点弦或切线的斜率、倾角,在用参数方程解题时利用参数 t 的几何意义,一般会比较方便,这时,抛物线的相应的参数方程也可分别改为

$$\begin{cases}x=2p\cot^2\theta\\ y=2p\cot\theta\end{cases}\text{和}\begin{cases}x=\dfrac{p}{2}\cot^2\varphi\\ y=p\cot\varphi\end{cases}\quad(\theta\text{ 或 }\varphi\text{ 是参数},0<\theta,\varphi<\pi,\theta\neq\frac{\pi}{2})$$

我们还可看到,由于参数选择的不同,同一曲线可以有不同形式的参数方程.这是毫不足怪的,除上面抛物线的例子以外,又如:

过两已知点 $M_1(x_1,y_1)$,$M_2(x_2,y_2)$ 的直线的参数方程,可以写为

$$\begin{cases}x=\dfrac{x_1+\lambda x_2}{1+\lambda}\\ y=\dfrac{y_1+\lambda y_2}{1+\lambda}\end{cases}\quad(\lambda\text{ 为参数},\lambda\neq-1)$$

但必须看到,它们相互之间存在着参数变换的联系以及实际上所反映的曲线图像相同的实质.

值得思考的是:曲线为什么要用参数方程来表示呢?它又具备哪些优点?

我们知道,在中学代数中研究的函数 $y=f(x)$ 是单值函数,以 x 为自变量,y 为因变量,这对认识与研究函数的各种性质是有好处的.但使用这种 x 与 y 的地位不同的关系式来认识曲线的性质,往往会有很大的缺陷.例如圆、椭圆等封闭曲线就不是单值函数所能简单表达的.因为对于曲线,x,y 作为曲线上点的坐标,它们的地位是相同的,再用函数表达形式便不能适应需要,这就产生了用方程 $F(x,y)=0$ 来表示曲线的方法,它是 x 与 y 对等的形式,对研究二次曲

线大有益处.

但对于一般曲线的研究,方程 $F(x,y)=0$ 的形式也存在一些缺陷,例如"由曲线求方程"比较困难.在解决某些问题时,因图形条件的隐晦松散,不易找到坐标 x,y 之间的直接关系,需要寻求能起沟通联系作用的参变量,这便在解题中引进了参数,间接但却方便地表示 x,y 之间的关系.又如"由方程作曲线",方程 $F(x,y)=0$ 又缺少函数式之便:由已知 x 的值去求对应 y 的值,往往要解一个相当麻烦的方程.再如某些解析几何题,因涉及曲线上点的坐标计算或数式变形,在受制于方程 $F(x,y)=0$ 时也会带来诸多不便.

因而,用参数方程 $\begin{cases}x=f(t)\\y=\varphi(t)\end{cases}$ 来表示曲线、讨论曲线的性质、描绘方程的曲线和进行坐标计算数式变形,就能处处现出灵活方便的优点来,现实世界中各类实际问题的多因素研究和复杂关系的剖析,用这种参数和参数方程的观点处理更胜于方程 $F(x,y)=0$ 的处理,这便是参数方程具有强大生命力的根源所在.

由于中学解析几何的主要研究对象是直线和二次曲线,上面的五种常见曲线的参数方程在有关问题的求解中,有着广泛的应用.如:

例 1 一直线经过点 $A\left(-3,-\dfrac{3}{2}\right)$,被圆 $x^2+y^2=25$ 所截得的弦长为 8,求此弦所在直线的方程.

思考 为减少计算量,选用直线参数方程,再利用韦达定理联系条件来求解.

解 因直线过点 $A\left(-3,-\dfrac{3}{2}\right)$,可设直线参数方程为

$$\begin{cases}x=-3+t\cos\alpha\\y=-\dfrac{3}{2}+t\sin\alpha\end{cases}\quad(t\text{ 为参数})$$

把它代入圆方程,整理,得

$$t^2-3(2\cos\alpha+\sin\alpha)t-\frac{55}{4}=0$$

设其两个根为 t_1,t_2,据韦达定理,有

$$t_1+t_2=3(2\cos\alpha+\sin\alpha),t_1t_2=-\frac{55}{4}$$

因弦长为 8,有

$$\sqrt{|t_1-t_2|^2}=\sqrt{(t_1+t_2)^2-4t_1t_2}=\sqrt{9(2\cos\alpha+\sin\alpha)^2+55}=8$$

得

$$3\cos^2\alpha+4\sin\alpha\cos\alpha=0$$

所以

$$\cos\alpha=0 \text{ 或 } \tan\alpha=-\frac{3}{4}$$

当 $\cos\alpha=0$，$\alpha=90°$，故直线方程为 $x=-3$；

当 $\tan\alpha=-\frac{3}{4}$时，直线方程为 $y+\frac{3}{2}=-\frac{3}{4}(x+3)$，即 $3x+4y+15=0$.

说明 此题若用直线普通方程求解，计算要繁杂得多. 可见有些曲线尽管其普通方程易于写出，但解决某些问题时，不如参数方程为便.

本题若充分利用图形的几何性质，可以得到直线与原点的距离为 3，于是辅设斜率参数 k，并利用点到直线的距离公式，也可较方便地求出直线方程.

例 2 如果直线的参数方程为$\begin{cases}x=2+3t\\y=-1-2t\end{cases}$，试求直线的斜率、倾角，并确定参数 t 的几何意义.

解 使 $t=0$，知直线过定点 $M_0(2,-1)$.

再设直线上有另一点 $M(2+3t,-1-2t)$，则直线的斜率

$$k=\frac{-1-2t+1}{2+3t-2}=\frac{-2t}{3t}=-\frac{2}{3}$$

因为

$$k=\tan\alpha=-\frac{2}{3}$$

故知直线的倾斜角为 $\alpha=\pi-\arctan\frac{2}{3}$.

其次，将直线参数方程变形为

$$\begin{cases}x=2-\frac{3}{\sqrt{13}}(-\sqrt{13}t)\\y=-1+\frac{2}{\sqrt{13}}(-\sqrt{13}t)\end{cases}\quad(t\text{ 是参数})$$

作代换 $t'=-\sqrt{13}t$，则直线参数方程变为

$$\begin{cases}x=2-\frac{3}{\sqrt{13}}t'\\y=-1+\frac{2}{\sqrt{13}}t'\end{cases}\quad(t'\text{是参数})$$

显然，参数 t' 表示由定点 $M_0(2,-1)$ 到动点 M 的有向距离.

因为 $t=-\dfrac{t'}{\sqrt{13}}$，故原参数方程中的参数 t 的几何意义是由定点 $M_0(2,-1)$ 到动点 M 的有向距离 $-\dfrac{1}{\sqrt{13}}$ 倍.（指示的方向与 t' 的方向相反.）

说明 本题推广到一般，可知若直线参数方程为

$$\begin{cases}x=x_0+at\\ y=y_0+bt\end{cases}\quad (x_0,y_0,a,b\text{ 为实常数},a,b\text{ 不全为零},t\text{ 是参数})$$

则当 $a\neq 0$ 时，斜率 $k=\tan\alpha=\dfrac{b}{a}$. $a=0$ 时，斜率不存在，且参数 t 的几何意义是表示由定点 $M_0(x_0,y_0)$ 到动点 $M(x,y)$ 的有向线段数量的 $\dfrac{1}{\pm\sqrt{a^2+b^2}}$ 倍，其正负号取与 b 同号，$b=0$ 时则取与 a 同号.

例 3 如图 5.8，直线 $\sqrt{3}x+2y-6=0$ 与抛物线 $y^2=2\sqrt{3}x$ 交于 A,B 两点，O 是原点，求证：$\angle AOB=90°$.

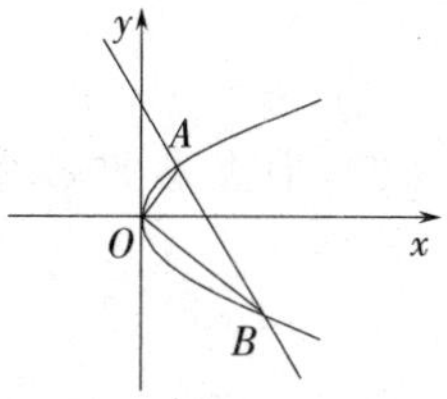

图 5.8

思考 由于 OA,OB 是抛物线的顶点弦，其斜率与参数方程中的参数 t 有关，故考虑应用抛物线的参数方程.

证明 抛物线 $y^2=2\sqrt{3}x$ 的参数方程为

$$\begin{cases}x=2\sqrt{3}t^2\\ y=2\sqrt{3}t\end{cases}$$

代入直线方程 $\sqrt{3}x+2y-6=0$，得

$$3t^2+2\sqrt{3}t-3=0$$

据韦达定理，知两个根 $t_1\cdot t_2=-1$.

由参数 t 的几何性质，知

$$\frac{1}{k_{OA}}\cdot\frac{1}{k_{OB}}=-1$$

因两顶点弦斜率

$$k_{OA}\cdot k_{OB}=-1$$

所以 $\angle AOB=90°$.

例 4 如图 5.9，双曲线 $\dfrac{x^2}{a^2}-\dfrac{y^2}{b^2}=1$ 的左、右顶点是 A_1,A_2，P_1P_2 是垂直于

实轴的一条弦，求直线 P_1A_1 与 P_2A_2 的交点 Q 的轨迹方程.

思考 本题与本章引言中的例 3 情况类似，可以用点 P_1 或 P_2 的坐标作为双参数来求解. 但若用双曲线的参数方程作坐标表示，参数的个数可以减为一个，运算将更为简便.

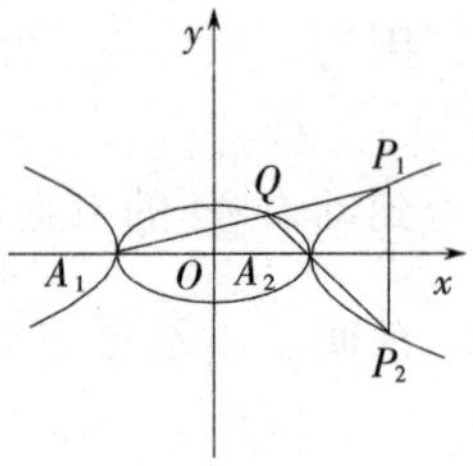

图 5.9

解 设焦点 Q 的坐标为 (x,y)，并设

$$P_1(a\sec\varphi, b\tan\varphi)$$

则

$$P_2(a\sec\varphi, -b\tan\varphi)$$

因为 $A_1(-a,0)$，$B(a,0)$，所以直线 A_1P_1 的方程为

$$\frac{y}{x+a}=\frac{b\tan\varphi}{a\sec\varphi+a} \quad ①$$

直线 A_2P_2 的方程为

$$\frac{y}{x-a}=\frac{-b\tan\varphi}{a\sec\varphi-a} \quad ②$$

①×②，消去参数 φ，有

$$\frac{y^2}{x^2-a^2}=\frac{-b^2\tan^2\varphi}{a^2(\sec^2\varphi-1)}=-\frac{b^2}{a^2}$$

或 $a^2y^2=-b^2x^2+a^2b^2$，即

$$\frac{x^2}{a^2}+\frac{y^2}{b^2}=1$$

故知点 Q 的轨迹方程为椭圆 $\frac{x^2}{a^2}+\frac{y^2}{b^2}=1$.（除去短轴两端点）

例 5 求椭圆 $\frac{x^2}{a^2}+\frac{y^2}{b^2}=1$ 的关于直线 $y=x+1$ 成对称的曲线方程.

解 如图 5.10，设已知椭圆上的任意一点为 $M(a\cos\theta, b\sin\theta)$，$\theta$ 是参数.

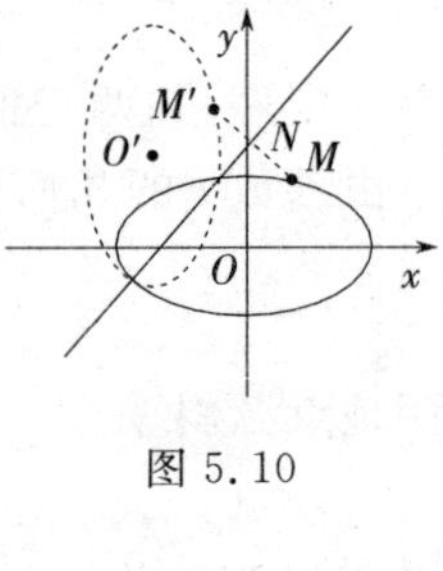

图 5.10

若 $M'(x,y)$ 是 M 的关于直线 $y=x+1$ 的对称点，则直线 MM' 的方程为

$$y-b\sin\theta=-1\cdot(x-a\cos\theta)$$

将它与 $y=x+1$ 联立，可求得交点 N 的坐标为

$$x_N=\frac{1}{2}(b\sin\theta+a\cos\theta-1)$$

$$y_N=\frac{1}{2}(b\sin\theta+a\cos\theta+1)$$

又因 N 是线段 MM' 的中点，有

$$x_N=\frac{1}{2}(x+a\cos\theta)$$

$$y_N=\frac{1}{2}(y+b\sin\theta)$$

代入，得

$$x+a\cos\theta=b\sin\theta+a\cos\theta-1$$
$$y+b\sin\theta=b\sin\theta+a\cos\theta+1$$

于是，得点 M' 轨迹的参数方程

$$\begin{cases}x=b\sin\theta-1\\y=a\cos\theta+1\end{cases}$$

消去参数 θ，即得对称曲线的方程为

$$\frac{(x+1)^2}{b^2}+\frac{(y-1)^2}{a^2}=1\quad（椭圆）$$

例 6 如图 5.11，P,Q 是圆 $x^2+y^2=a^2$ 上的两个动点，且两动半径 OP,OQ 夹成 $90°$ 角，$A(a,0)$ 是定点，求△APQ 面积的最小值.（$a>0$）

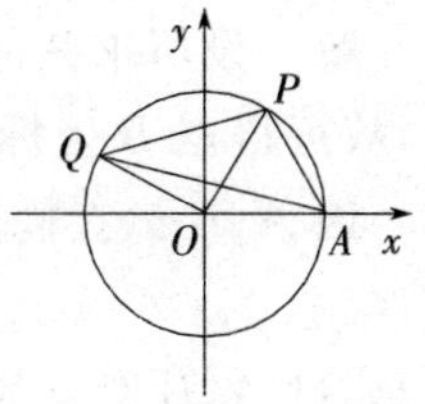

图 5.11

思考 由于 $\angle POQ=90°$，利用圆的参数方程可以将动点 P,Q 的坐标变量减少到一个，有利于列出目标函数. 使运算大为简便.

解 设点 P 坐标为 $(a\cos\theta,a\sin\theta)$，则点 Q 的坐标为 $\left(a\cos\left(\theta+\frac{\pi}{2}\right),a\sin\left(\theta+\frac{\pi}{2}\right)\right)$，或 $(-a\sin\theta,a\cos\theta)$.

所以

$$S_{\triangle APQ}=\frac{1}{2}\begin{vmatrix}a & 0 & 1\\ a\cos\theta & a\sin\theta & 1\\ -a\sin\theta & a\cos\theta & 1\end{vmatrix}\text{的绝对值}=$$

$$\frac{1}{2}|a^2\sin\theta+a^2\cos^2\theta+a^2\sin^2\theta-a^2\cos\theta|=$$

$$\frac{1}{2}a^2|(1+\sin\theta-\cos\theta)|=\frac{1}{2}a^2\left|1+\sqrt{2}\sin\left(\theta-\frac{\pi}{4}\right)\right|$$

显然，当 $\theta=\frac{3}{4}\pi$ 时，△APQ 面积有最大值 $\frac{1}{2}(1+\sqrt{2})a^2$.

此时，P,Q 的坐标分别为

$$P\left(-\frac{\sqrt{2}}{2}a,\frac{\sqrt{2}}{2}a\right)$$

$$Q\left(-\frac{\sqrt{2}}{2}a,-\frac{\sqrt{2}}{2}a\right)$$

二、由参数制约的曲(直)线系

由一个(或几个)参数所制约的(即具有某种共同性质的)直线或曲线的集合叫作直线系或曲线系，在中学解析几何中主要研究的是直线系或圆锥曲线系，涉及的参数可以是直线的斜率、截距，或图形中的某个经段、角或面积等，也可以是方程 $F_1(x,y)+\lambda F_2(x,y)=0$ 中的 λ(其中 $F_1(x,y)=0$，$F_2(x,y)=0$ 均是直线或圆锥曲线方程).

参数的不同决定了曲线系所反映的共性的不同，因此在解题中，可以根据问题的需要，设置适当的曲线系方程来减少运算量. 如：

例 7 求椭圆 $9x^2+16y^2=144$ 的以点 $M(-1,2)$ 为中点的弦所在直线的方程.

解 设所求弦的两个端点为 A,B，设 A 为(x,y)，因 AB 的中点为 $M(-1,2)$，故可得点 B 坐标为$(-2-x,4-y)$.

因 A,B 都在椭圆上，坐标代入方程，有

$$9x^2+16y^2=144,9(x+2)^2+16(y-4)^2=144$$

于是，过 A,B 两点的曲线系(不包括后一椭圆)方程可写为

$$(9x^2+16y^2-144)+\lambda[9(x+2)^2+16(y-4)^2-144]=0$$

令 $\lambda=-1$，则上述方程可退化为一次方程

$$9x-32y+73=0$$

因此，直线过 A,B 两点，故就是所求的直线方程.

说明 本题的解法颇多，上面给出的是利用圆锥曲线系的一种比较别致的解法，此外，如设所求弦的斜率为 k，又有解法二：因弦过点 $M(-1,2)$，则弦 AB 的方程是

$$y-2=k(x+1) \qquad ①$$

方程①是一种直线系方程，它的所有直线都过点$(-1,2)$，斜率 k 是参数，式①代入椭圆方程整理后有

$$(9+16k^2)x^2+32(k^2+2k)x+16(k^2+4k-5)=0$$

据韦达定理，知 A,B 两点的横坐标有

$$x_1+x_2=\frac{32(k^2+2k)}{-(9+16k^2)}$$

因为 $x_1+x_2=2\times(-1)$，有

$$-\frac{32(k^2+2k)}{9+16k^2}=-2$$

解得 $k=\frac{9}{32}$，于是可获所求直线方程 $9x-32y+73=0$.

显然，此解法计算较繁.

有时，题目所给的二次曲线(或直线)中，含有一个(或几个)参数，这是另一类二次曲线系(或直线系)的问题. 如：

例 8 当 θ 在 $\left[0,\frac{\pi}{2}\right]$ 上变动时，求抛物线 $y=x^2-4x\sin\theta-\cos 2\theta$ 的顶点 P 的轨迹.

解 问题中给出的是含参数 θ 的抛物线系，将原式配方，可得

$$y=(x-2\sin\theta)^2-(1+2\sin^2\theta)$$

设顶点 P 的坐标为 (x,y)，则点 P 轨迹的参数方程为

$$\begin{cases}x=2\sin\theta\\ y=-1-2\sin^2\theta\end{cases}\quad(\theta\text{ 为参数},0\leqslant\theta\leqslant\frac{\pi}{2})$$

消去 θ，即得顶点 P 的轨迹是抛物线 $x^2=-2(y+1)$ 在 $0\leqslant x\leqslant 2$ 间的一段弧.

例 9 对于二次曲线系 L_k：$\frac{x^2}{9-k}+\frac{y^2}{4-k}=1$，证明：任取平面上一点 $P(a,b)$ $(ab\neq 0)$，总有曲线系 L_k 中的一个椭圆和一个双曲线通过它.

证明 当 $k<4$ 时，因为 $4-k>0$，$9-k>0$，L_k 表示一系列椭圆.

当 $4<k<9$ 时，$9-k>0$，$4-k<0$，L_k 表示一系列双曲线.

对于平面上一点 $P(a,b)(ab\neq 0)$，坐标代入 L_k 方程，有

$$\frac{a^2}{9-k}+\frac{b^2}{4-k}=1\qquad①$$

化成关于 k 的二次方程

$$f(k)=k^2+(a^2+b^2-13)k+(36-4a^2-9b^2)=0\qquad②$$

因

$$f(4)=-5b^2<0,f(9)=5a^2>0$$

知二次函数 $f(k)$ 的图像开口向上，且与横轴有两个交点，交点分别在 $(-\infty,4)$，$(4,9)$ 内.

这表明方程②也就是方程①有两个根分别在 $(-\infty,4)$ 和 $(4,9)$ 内，这正好

说明 $P(a,b)$ 对应着一个椭圆和一个双曲线.

例 10 证明:椭圆系 $kx^2+2ky^2+(2k+m)x+m=0$ 必过两定点.

证明 所给椭圆系方程含有双参数 k,m,但可以用特殊值法来确定这两定点.若椭圆系过定点,即对任意参数 k,m 的值,均过定点,则给予 k 和 m 两对特殊值,相对应的两条特定曲线也必过这两定点.

取 $k=1,m=1$,得椭圆

$$x^2+2y^2+3x+1=0 \quad ①$$

再取 $k=1,m=-1$,得椭圆

$$x^2+2y^2+x-1=0 \quad ②$$

联立①②,即可解得

$$\begin{cases}x_1=-1\\ y_1=\dfrac{1}{\sqrt{2}}\end{cases},\begin{cases}x_2=-1\\ y_2=-\dfrac{1}{\sqrt{2}}\end{cases}$$

将所得两组坐标值代入椭圆系方程均能适合,故知椭圆系过两定点 $\left(-1,\dfrac{1}{\sqrt{2}}\right),\left(-1,-\dfrac{1}{\sqrt{2}}\right)$.

三、选设的辅助参数

根据解题的需要,有时还可以选择有关的角、线段长、线段(包括有向线段)间的比值、面积、关键性点的坐标、斜率、截距等量作为辅助参数(有时还可直接利用椭圆、双曲线的离心角).适当的参数常能成为解题的突破口并使难度大为降低.

例 11 从双曲线 $\dfrac{x^2}{a^2}-\dfrac{y^2}{b^2}=1$ 上任意一点 P,引任一条渐近线的平行线交两准线于 A,B,求证:点 P 到这两点的距离分别等于过点 P 的两焦半径.

思考 由于过 $P(x_1,y_1)$ 的两焦半径的长分别为 $ex_1\pm a$,显然关键性的点 P 的坐标作为参数比较恰当.由于问题涉及平行线上的有向线段的长度,我们再利用直线参数方程.

证明 设双曲线上的任一点 P 的坐标是 (x_1,y_1),且过 P 的直线平行于渐近线 $bx+ay=0$,则其倾角 α 合于 $\tan\alpha=k=-\dfrac{b}{a}$,故

$$\cos\alpha=-\frac{a}{\sqrt{a^2+b^2}}=-\frac{a}{c},\sin\alpha=\frac{-b}{\sqrt{a^2+b^2}}=\frac{-b}{c}$$

于是,过点 P 的平行线的参数方程为

$$\begin{cases} x=x_1-\dfrac{a}{c}\cdot t \\ y=y_1-\dfrac{b}{c}\cdot t \end{cases} \quad (t\text{ 为参数})$$

平行线与两准线 $x=\pm\dfrac{a^2}{c}$ 的交点为 A,B，则 $|PA|,|PB|$ 可由下式，求得

$$\pm\frac{a^2}{c}=x_1-\frac{a}{c}t$$

即得

$$|PA|=t_1=\frac{c}{a}x_1-a=ex_1-a$$

$$|PB|=t_2=\frac{c}{a}x_1+a=ex_1+a$$

故命题获证.

例 12 作双曲线 $x^2-y^2=a^2$ 的任意切线，与抛物线 $y^2=4ax$ 交于 A,B 两点，过 A,B 两点作抛物线的两切线交于点 P，求点 P 的轨迹.

思考 我们知道，从抛物线外一定点 $P(x_0,y_0)$ 向抛物线 $y^2=2Px$ 作切线，两切点 A,B 的连线叫切点弦，切点弦的方程是 $y_0y=P(x+x_0)$，因 AB 恰为等轴双曲线 $x^2-y^2=a^2$ 的切线，若设其斜率 k 为参数，切线方程也可写出. 再据表示同一直线的两方程，其对应系数成比例，即可获得点 P 轨迹的参数方程.

解 如图 5.12，设点 P 的坐标为 (x_0,y_0)，则切点弦 AB 的方程为

$$y_0y=2a(x+x_0)$$

或

$$2ax-y_0y+2ax_0=0 \qquad ①$$

又设双曲线 $x^2-y^2=a^2$ 的切线 AB 的斜率为 k，则 AB 的方程为

$$y=kx\pm a\sqrt{k^2-1} \quad (|k|>1)$$

或

$$kx-y\pm a\sqrt{k^2-1}=0 \qquad ②$$

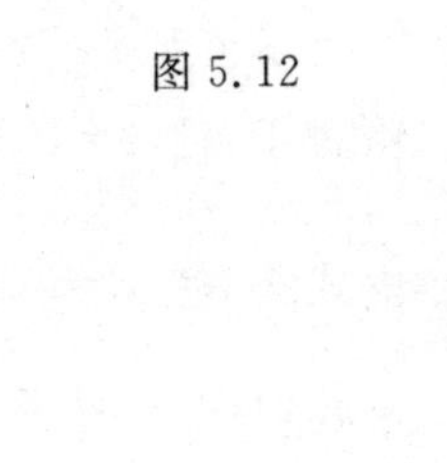

图 5.12

因①②代表同一条直线，比较系数，得

$$\begin{cases}\dfrac{2a}{k}=\dfrac{y_0}{1} \\ \dfrac{y_0}{1}=\dfrac{2ax_0}{\pm a\sqrt{k^2-1}}\end{cases} \quad (|k|>1)$$

从两式消去 k 并整理，得

$$4{x_0}^2+{y_0}^2=4a^2$$

故所求点 P 的轨迹方程为

$$4x^2+y^2=4a^2$$

或

$$\frac{x^2}{a^2}+\frac{y^2}{4a^2}=1$$

但从 $|k|>1$，可知上述轨迹方程中变量的取值范围是 $0<|x|\leqslant a$，$|y|<2a$，故轨迹是椭圆，但除去上、下两个顶点 $(0,2a)$，$(0,-2a)$.

值得强调的是利用参数解题，因所选参数不同，解法也往往不同，这便形成一题多解. 在解题中多角度地考虑选设参数，既利于灵活发散思维，又可熟练各种运算技能技巧，还能从中选择最佳方案以积累经验，是一种非常有益的综合训练.

例 13 过定点 $A(a,b)$，任作互相垂直的两直线 l_1，l_2，分别与 x 轴，y 轴交于 P，Q 两点，求线段 PQ 的中点 M 的轨迹方程. $(a,b\neq 0)$

思考一 因两动直线互相垂直，若设直线 l_1 的斜率 k 为参数，则 l_2 的斜率也可表示，以此即可展开运算.

解法一 如图 5.13，设 PQ 的中点为 $M(x,y)$，直线 l_1 的斜率为 k，则 l_1 的方程为

$$y-b=k(x-a) \quad ①$$

因为 $l_1\perp l_2$，得直线 l_2 的方程为

$$y-b=-\frac{1}{k}(x-a) \quad ②$$

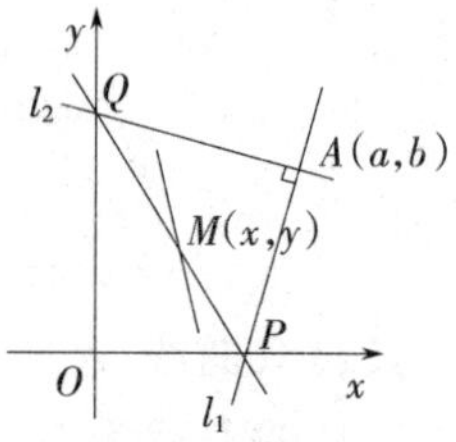

图 5.13

由式①，使 $y=0$，得点 P 坐标为 $\left(a-\dfrac{b}{k},0\right)$；

由式②，使 $x=0$，得点 Q 坐标为 $\left(0,\dfrac{a}{k}+b\right)$.

由此得中点 M 的轨迹参数方程为

$$\begin{cases}x=\dfrac{a}{2}-\dfrac{b}{2k}\\ y=\dfrac{a}{2k}+\dfrac{b}{2}\end{cases}$$

从中消去 k,即得中点 M 的轨迹方程为直线

$$2ax+2by-a^2-b^2=0$$

思考二 试以 l_1 在 x 轴上的截距 m 为参数.

解法二 设点 P 坐标为 $(m,0)$,则 PA 的斜率 $k_{PA}=\dfrac{b}{a-m}$,所以

$$k_{AQ}=\frac{m-a}{b}$$

即知 AQ 方程为

$$y-b=\frac{m-a}{b}(x-a)$$

使 $x=0$,得点 Q 坐标为

$$\left(0,\frac{a^2-am+b^2}{b}\right)$$

于是,中点 M 的轨迹参数方程是

$$\begin{cases}x=\dfrac{m}{2}\\ y=\dfrac{a^2-ma+b^2}{2b}\end{cases}$$

从中消去参数 m,即得中点 M 的轨迹方程为直线

$$2ax+2by-a^2-b^2=0$$

思考三 如果以点 M 的坐标作为参数,P,Q 两点的坐标也可表示出来,再利用 l_1,l_2 的垂直关系来建立方程.

解法三 设中点坐标为 $M(x,y)$,则线段 PQ 两端点坐标为

$$P(2x,0),Q(0,2y)$$

又因为 $AP\perp AQ$,有

$$k_{AP}\cdot k_{AQ}=-1$$

即

$$\frac{b}{a-2x}\cdot\frac{b-2y}{a}=-1$$

整理即得中点 M 的轨迹方程为直线

$$2ax+2by-a^2-b^2=0$$

思考四 由于图中有 Rt$\triangle APQ$ 与 Rt$\triangle OPQ$，可以两直角三角形的公共斜边 PQ 的长作为参数媒介而得 $|MA|=|MO|$，以此也能建立方程.

解法四 承上分析，知

$$|MA|=|MO|=\frac{1}{2}|PQ|$$

设点 M 坐标为 (x,y)，则有

$$\sqrt{(x-a)^2+(y-b)^2}=\sqrt{x^2+y^2}$$

整理即得所求点 M 轨迹方程为直线

$$2ax+2by-a^2-b^2=0$$

§2 解析几何中各类参数的主要用途

本节中我们将以上节内对参数的分类为主线，依次介绍各种参数方程和参数分别擅长于解决哪些类型的问题.

一、直线参数方程

在直线参数方程 $\begin{cases}x=x_0+t\cos\alpha\\ y=y_0+t\sin\alpha\end{cases}$ 中，参数 t 有着明显的几何意义，事实上，在方程中消去 α，可得

$$t^2=(x-x_0)^2+(y-y_0)^2$$

即 $|t|=\sqrt{(x-x_0)^2+(y-y_0)^2}$.

这就是说，$|t|$ 的大小等于定点 $M_0(x_0,y_0)$ 到动点 $M(x,y)$ 的距离. 因此利用直线参数方程常可较方便地解决与距离有关的问题.

例 1 已知直线 $l_1: x-y-2\sqrt{3}=0$，直线 l_2 过点 $P(1,-5)$，且倾角为 $\frac{\pi}{3}$，求点 $P(1,-5)$ 到直线 l_1，l_2 的交点 Q 的距离.

解 为避免求点 Q 的坐标及两点间距离公式的繁复计算，使直线 l_2 的方程为

$$\begin{cases}x=1+\dfrac{1}{2}t\\ y=-5+\dfrac{\sqrt{3}}{2}t\end{cases}$$

将它代入 l_1 方程，得

$$\left(1+\frac{1}{2}t\right)-\left(-5+\frac{\sqrt{3}}{2}t\right)-2\sqrt{3}=0$$

所以

$$t=4\sqrt{3}$$

即

$$|PQ|=4\sqrt{3}$$

当直线与二次曲线相交时，若要求解与弦的长，弦中点问题和其他有关线段长的问题，亦以选用直线参数方程(常结合韦达定理等)作为工具比较相宜.

例 2 在抛物线 $y^2=4p(x+p)$ 中($p>0$)，设过原点引互相垂直的两条直线被抛物线所截的弦分别为 AB 和 CD，求 $|AB|+|CD|$ 的最小值.(图 5.14)

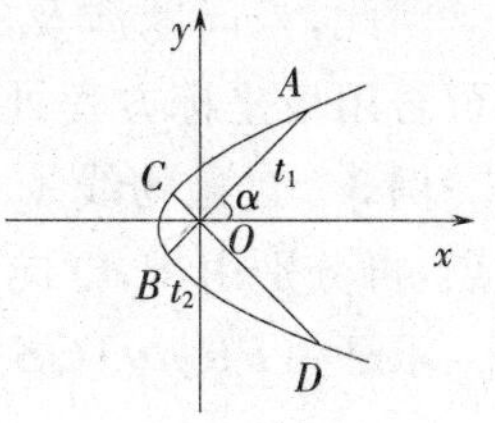

图 5.14

解 设过原点且互相垂直的两条直线 AB，CD 的参数方程分别为

$$AB:\begin{cases}x=t\cos\alpha\\ y=t\sin\alpha\end{cases}\quad(t\text{ 为参数})\qquad ①$$

$$CD:\begin{cases}x=-t'\sin\alpha\\ y=t'\cos\alpha\end{cases}\quad(t'\text{为参数})\qquad ②$$

将①代入已知抛物线方程，得

$$t^2\sin^2\alpha-4pt\cos\alpha-4p^2=0$$

设其两个根为 t_1，t_2，则

$$|AB|=|t_1-t_2|=\sqrt{(t_1+t_2)^2-4t_1t_2}=\sqrt{\frac{16p^2\cos^2\alpha}{\sin^4\alpha}+\frac{16p^2}{\sin^2\alpha}}=\frac{4p}{\sin^2\alpha}$$

同理，以②代入抛物线方程，得

$$|CD|=\frac{4p}{\cos^2\alpha}$$

所以

$$|AB|+|CD|=\frac{4p}{\sin^2\alpha}+\frac{4p}{\cos^2\alpha}=\frac{16p}{\sin^2 2\alpha}$$

即当 $2\alpha=90^\circ$，$\alpha=45^\circ$ 时，其和最小，最小值为 $16p$.

这时，两条直线的倾斜角分别为 45° 和 135°.

说明 本题若用一般的直线方程求 A,B,C,D 的坐标再用两点间距离公式求解，运算将极繁复.

但因原点恰为抛物线之焦点，抛物线方程可化为极坐标形式

$$\rho=\frac{2p}{1-\cos\theta}$$

于是,有

$$|AB|+|CD|=|OA|+|OB|+|OC|+|OD|=$$

$$\frac{2p}{1-\cos\alpha}+\frac{2p}{1+\cos\alpha}+\frac{2p}{1+\sin\theta}+\frac{2p}{1-\sin\theta}=$$

$$\frac{4p}{\sin^2\alpha}+\frac{4p}{\cos^2\alpha}=\frac{16p}{\sin^2\alpha}$$

计算可更方便.

因此,当问题涉及的弦通过焦点时,常可在直线参数方程的应用之外再考虑可否用极坐标方程处理,以便获得最简捷的解法.

例3 过抛物线 $y^2=2px(p>0)$ 的焦点 F 任作一弦,与该抛物线交于 P,Q 两点,再分别由 P,Q 向其对称轴引垂线,令垂足分别为 R,S.

求证:$|PR|\cdot|QS|$ 为定值.

证明 如图 5.15,设过焦点 $F\left(\frac{p}{2},0\right)$ 的弦 PQ 倾斜角为 $\alpha(0<\alpha<\pi)$,则所在直线参数方程为

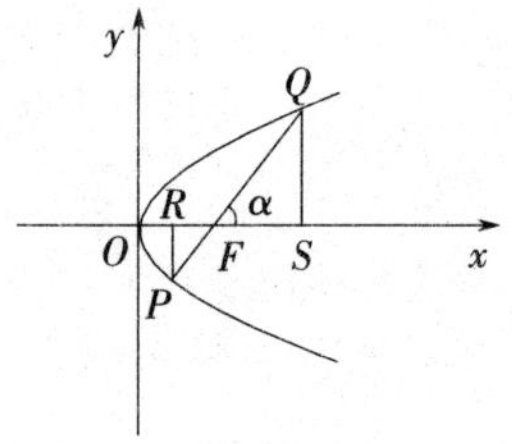

图 5.15

$$\begin{cases}x=\frac{p}{2}+t\cos\alpha\\ y=t\sin\alpha\end{cases}\quad (t\text{ 为参数})$$

将它代入抛物线方程得

$$t^2\sin^2\alpha-2pt\cos\alpha-p^2=0$$

因为 $0<\alpha<\pi$,有 $\sin\alpha\neq0$,故得

$$t^2-\frac{2p\cos\alpha}{\sin^2\alpha}t-\frac{p^2}{\sin^2\alpha}=0$$

设其两个根为 t_1,t_2,据韦达定理,得

$$t_1\cdot t_2=-\frac{p^2}{\sin^2\alpha}$$

因为 $|t_1|=|FQ|,|t_2|=|FP|$,有

$$|PR|\cdot|QS|=|FQ|\sin\alpha\cdot|FP|\cdot\sin\alpha=|t_1\cdot t_2|\cdot\sin^2\alpha=$$

$$\left|-\frac{p^2}{\sin^2\alpha}\right|\cdot\sin^2\alpha=p^2$$

为定值.

例4 过抛物线 $y^2=2px$ 的焦点 F 引弦 AB,若 O 为原点,$|AB|=m$,试求

$\triangle OAB$ 的面积.

解 如图 5.16,设 AB 的倾角为 θ,则其参数方程为

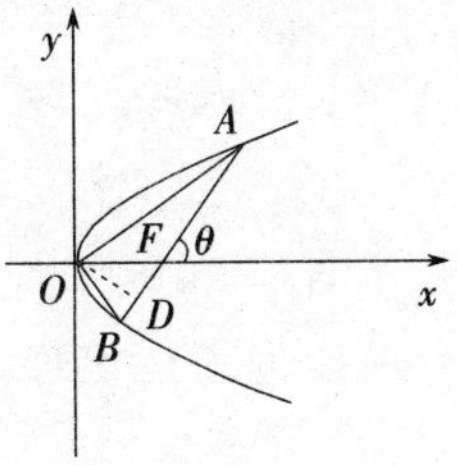

图 5.16

$$\begin{cases} x=\dfrac{p}{2}+t\cos\theta \\ y=t\sin\theta \end{cases}$$

代入抛物线方程整理后,得

$$t^2\sin^2\alpha-2p\cos\theta\cdot t-p^2=0$$

其两个根 $t_1=FA, t_2=FB$,所以

$$|AB|=|t_1-t_2|=\sqrt{(t_1+t_2)^2-4t_1t_2}=\sqrt{\left(\frac{2p\cos\theta}{\sin^2\theta}\right)^2-4\left(\frac{-p^2}{\sin^2\theta}\right)}=\frac{2p}{\sin^2\theta}$$

因为 $\dfrac{2p}{\sin^2\theta}=m$,得

$$\sin\theta=\sqrt{\frac{2p}{m}}\quad(0<\theta<\pi)$$

所以

$$S_{\triangle OAB}=\frac{1}{2}|AB|\cdot|OD|=\frac{1}{2}|AB|\cdot|OF\cdot\sin\theta|=$$

$$\frac{1}{2}m\cdot\frac{p}{2}\cdot\sqrt{\frac{2p}{m}}=\frac{p}{4}\sqrt{2Pm}$$

例 5 从抛物线 $y^2=2px$ 外一点 $A(-2,-4)$,引倾斜角为 45°的直线,交抛物线于两点 P_1, P_2,若 $|AP_1|, |P_1P_2|, |AP_2|$ 成等比数列,试求抛物线的方程.

思考 利用割线的参数方程中 t 的几何意义,对照条件即能列出关于 p 的方程.

解 设割线 AP_2 的方程为

$$\begin{cases} x=-2+\dfrac{\sqrt{2}}{2}t \\ y=-4+\dfrac{\sqrt{2}}{2}t \end{cases}\quad(t\text{ 为参数})$$

代入抛物线方程得

$$t^2-(8\sqrt{2}+2\sqrt{2}p)t+32+8p=0$$

设此方程的两个根为 t_1, t_2,则

$$|t_1|=|AP_1|, |t_2|=|AP_2|, |t_1-t_2|=|P_1P_2|$$

因为$|AP_1|$,$|P_1P_2|$,$|AP_2|$成等比数列,有

$$(t_1-t_2)^2=|t_1t_2|$$

当$t_1t_2>0$时,$(t_1-t_2)^2=t_1t_2$,得

$$(t_1+t_2)^2=5t_1t_2 \qquad ①$$

当$t_1t_2<0$时,$(t_1-t_2)^2=-t_1t_2$,有$(t_1+t_2)^2=3t_1t_2<0$应舍去.

所以据韦达定理,得

$$(8\sqrt{2}+2\sqrt{2}p)^2=5(32+8p)$$

或$p^2+3p-4=0$,解得

$$p=1,p=-4$$

当$p=-4$时,$\Delta=0$不合题意应舍去.

故取$p=1$,即所求抛物线方程为$y^2=2x$.

说明 本题引入的参数t为实数,且$|P_1P_2|\neq0$,即两个根必不相等,故$\Delta>0$,若忽略此条件,就会错误地多出一解$y^2=-8x$.

例6 已知抛物线$y=\left(x-\frac{3}{4}\right)^2$上存在关于过原点的直线$l$对称的点,求直线$l$的倾角$\alpha$的范围.

解 如图5.17,设$M(x_0,y_0)$为直线l上的一点,则过M且与已知直线l垂直的直线的参数方程可写为

$$\begin{cases}x=x_0+t\cos\left(\alpha+\dfrac{\pi}{2}\right)\\ y=y_0+t\sin\left(\alpha+\dfrac{\pi}{2}\right)\end{cases}$$

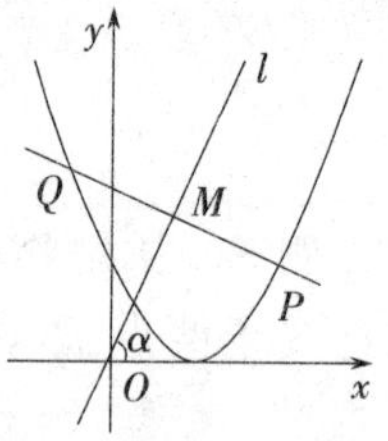

图5.17

或

$$\begin{cases}x=x_0-t\sin\alpha\\ y=y_0+t\cos\alpha\end{cases}$$

代入抛物线方程,整理,得(其中$y_0=x_0\tan\alpha$)

$$t^2\sin^2\alpha-\left[2\left(x_0-\frac{3}{4}\right)\sin\alpha+\cos\alpha\right]t+\left(x_0-\frac{3}{4}\right)^2-x_0\tan\alpha=0$$

设方程的两个根为t_1,t_2,要使t_1,t_2对应于MQ,MP,P,Q为关于l的抛物线上的两个对称点,则有

$$t_1+t_2=0,t_1t_2<0$$

据韦达定理,得

$$\begin{cases}2\left(x_0-\dfrac{3}{4}\right)\sin\alpha+\cos\alpha=0\\\left(x_0-\dfrac{3}{4}\right)^2-x_0\tan\alpha<0\end{cases}$$

由上两式消去 x_0，整理，得

$$3\tan^3\alpha-2\tan^2\alpha-1>0$$

即

$$(\tan\alpha-1)(3\tan^2\alpha+\tan\alpha+1)>0$$

因 $3\tan^2\alpha+\tan\alpha+1$ 恒为正值，故唯有

$$\tan\alpha-1>0$$

即 $\tan\alpha>1$，因为

$$0<\alpha<\pi$$

故知 $\frac{\pi}{4}<\alpha<\frac{\pi}{2}$. 此即直线 l 的倾角 α 的范围.

例 7 已知双曲线 $x^2-y^2=1$，P_1P_2 为此双曲线的动弦，且 $|P_1P_2|=l$ 为定值($l\geqslant 2$)，求此动弦的中点的轨迹方程.

思考 设动弦 P_1P_2 的中点为 $M(x_0, y_0)$，P_1P_2 的参数方程为

$$\begin{cases}x=x_0+t\cos\alpha\\y=y_0+t\sin\alpha\end{cases}\quad(t\text{ 为参数})$$

将此式代入双曲线方程，可整理为关于 t 的二次方程，设两实根为 t_1, t_2，由 t 的几何意义知 $t_1+t_2=0$，且 $|t_1-t_2|=l$，据此可得出关于 x_0, y_0, θ 的关系式，从两式中消去 θ，即得所求点 M 的轨迹方程.

解 承上分析，将动弦所在直线参数方程代入双曲线方程 $x^2-y^2=1$ 中，整理后得关于 t 的二次方程

$$(\cos^2\theta-\sin^2\theta)t^2+2(x_0\cos\theta-y_0\sin\theta)t+(x_0{}^2-y_0{}^2-1)=0$$

因为 $\theta\neq\frac{\pi}{4}$ 和 $\frac{3}{4}\pi$，所以

$$\cos^2\theta-\sin^2\theta\neq 0$$

由韦达定理及 t 的几何意义，得

$$t_1+t_2=\frac{2y_0\sin\theta-2x_0\cos\theta}{\cos^2\theta-\sin^2\theta}=0, t_1t_2=\frac{x_0{}^2-y_0{}^2-1}{\cos^2\theta-\sin^2\theta}$$

所以

$$y_0\sin\theta-x_0\cos\theta=0$$

且

$$l^2=|t_1-t_2|^2=(t_1+t_2)^2-4t_1t_2=-4t_1t_2=-4\cdot\frac{x_0{}^2-y_0{}^2-1}{\cos^2\theta-\sin^2\theta}$$

于是，得 P_1P_2 的中点 M 坐标应满足的方程组

$$\begin{cases}y_0\sin\theta-x_0\cos\theta=0\\ l^2=-\dfrac{4(x_0^2-y_0^2-1)}{\cos^2\theta-\sin^2\theta}\end{cases}$$

当 $\theta\neq\frac{\pi}{2}$ 时，从两式消去 θ，得到方程

$$(x_0{}^2-y_0{}^2)l^2+4(x_0{}^2+y_0{}^2)(1-x_0{}^2-y_0{}^2)=0 \tag{①}$$

当 $\theta=\frac{\pi}{2}$ 时，弦 P_1P_2 与 x 轴垂直，中点为 $M\left(\pm\frac{\sqrt{4+l^2}}{2},0\right)$，检验知坐标也满足方程①，即它也在此曲线上.

所以所求中点 M 的轨迹方程是

$$(x^2-y^2)l^2+4(x^2+y^2)(1-x^2-y^2)=0$$

说明 上面是直线参数方程应用于本题，若考虑引入辅助参数，对这类已知曲线上定长弦的中点轨迹问题，还可有如下更简捷的解法：

如图 5.18，设点 M 坐标为 (x_0,y_0)，P_1P_2 倾斜角为 α，则点 P_1,P_2 的坐标可分别为 $\left(x_0+\frac{l}{2}\cos\alpha,y_0+\frac{l}{2}\sin\alpha\right)$，$\left(x_0-\frac{l}{2}\cos\alpha,y_0-\frac{l}{2}\sin\alpha\right)$.

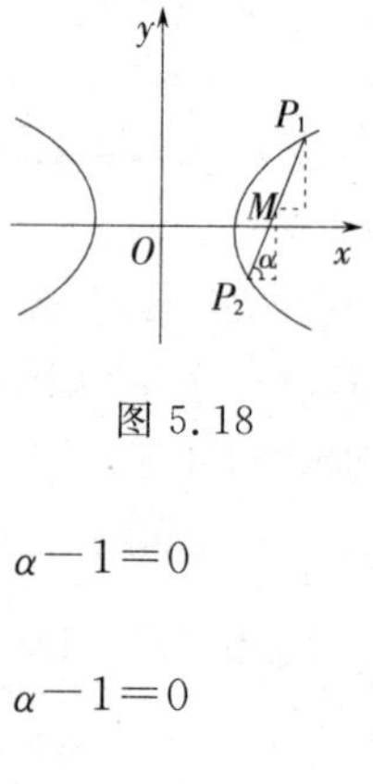

图 5.18

因点 P_1,P_2 均在双曲线 $x^2-y^2=1$ 上，坐标分别代入，得

$$x_0{}^2-y_0{}^2+lx_0\cos\alpha-ly_0\sin\alpha+\frac{l^2}{4}\cos^2\alpha-\frac{l^2}{4}\sin^2\alpha-1=0 \tag{①}$$

$$x_0{}^2-y_0{}^2-lx_0\cos\alpha+ly_0\sin\alpha+\frac{l^2}{4}\cos^2\alpha-\frac{l^2}{4}\sin^2\alpha-1=0 \tag{②}$$

①+②，得

$$2x_0{}^2-2y_0{}^2+\frac{l^2}{2}\cos^2\alpha-\frac{l^2}{2}\sin^2\alpha-2=0 \tag{③}$$

①－②，得

$$2lx_0\cos\alpha-2ly_0\sin\alpha=0 \tag{④}$$

由式④，得 $\tan\alpha=\frac{x_0}{y_0}$，故有

$$\cos^2\alpha=\frac{{y_0}^2}{{x_0}^2+{y_0}^2},\sin^2\alpha=\frac{{x_0}^2}{{x_0}^2+{y_0}^2}$$

代入式③整理，即得

$$({x_0}^2-{y_0}^2)l^2+4({x_0}^2+{y_0}^2)(1-{x_0}^2-{y_0}^2)=0$$

讨论 $\theta=\frac{\pi}{2}$ 情况后，同样可得中点 M 的轨迹方程是

$$(x^2-y^2)l^2+4(x^2+y^2)(1-x^2-y^2)=0$$

上面这些例子说明了直线参数方程在计算、证明、轨迹、极值乃至对称讨论等各类题目中的灵活应用，我们还可以看到，所有各例都在条件或结论中涉及与线段的长有关的计算. 这是能应用这种直线参数方程去解的一类解析几何问题的重要特征.

二、圆锥曲线参数方程

圆锥曲线参数方程中的参数 θ,φ 或 t，反映了圆锥曲线的丰富的本质属性，它们能简易地协调、沟通、制约变量 x,y 之间的关系并富有解题的活力. 因此，能在圆锥曲线有关的计算、证明、轨迹、极值等一大类题目的求解中有重要应用.

例 8 如图 5.19，已知圆 E 的方程为 $(x-1)^2+y^2=4$，以这圆上的动点 A 为圆心作圆与 x 轴相切于点 B，且与圆 E 交于 C,D 两点，求 CD 与 AB 的交点 P 的轨迹.

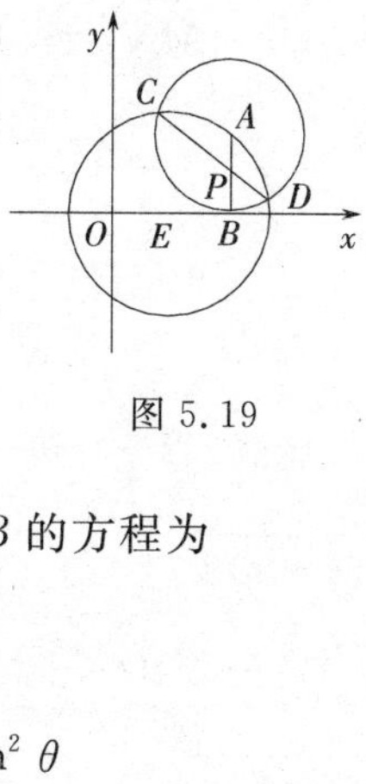

图 5.19

思考 动点 P 随动点 A 而运动. 因此可以点 A 的坐标为参数，为便于运算，又使 A 的坐标以圆的参数方程形式表示.

解 设点 A 坐标为 $(1+2\cos\theta,2\sin\theta)$，显然，直线 AB 的方程为

$$x=1+2\cos\theta \quad ①$$

又因圆 A 的方程为

$$[x-(1+2\cos\theta)]^2+(y-2\sin\theta)^2=4\sin^2\theta \quad ②$$

将方程②减去圆 E 的方程，即得直线 CD 的方程

$$x\cos\theta+y\sin\theta-\cos^2\theta-\cos\theta-1=0 \quad ③$$

将①代入③，解得点 P 的纵坐标为

$$y=\sin\theta \quad ④$$

①④即组成点 P 轨迹的参数方程

$$\begin{cases}x=1+2\cos\theta\\ y=\sin\theta\end{cases}$$

消去参数，得点 P 轨迹为椭圆 $\frac{(x-1)^2}{4}+y^2=1$.

例 9 如图 5.20，点 $P(0,2)$ 在圆 $A: x^2+(y-1)^2=1$ 上，并沿着圆按逆时针方向做匀角速旋转运动，在其同时，点 $Q(2,2)$ 在圆 $B:(x-3)^2+(y-2)^2=1$ 上，并沿着圆按顺时针方向做同一匀角速旋转运动. 求 P,Q 两点间距离的最大值和最小值.

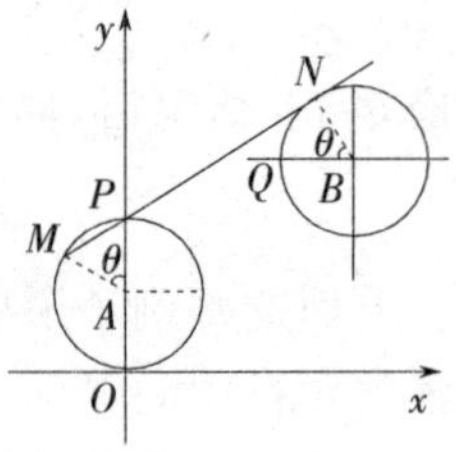

图 5.20

解 为顺利列出目标函数，据问题中 P,Q 两点运动的特点，拟利用圆的参数式表示两动点的坐标.

设在某时刻点 P 运动到点 M，$\angle PAM=\theta$，则点 Q 运动到点 N，且 $\angle QBN=-\theta$，于是点 M,N 的坐标可分别表示为

$$\left(\cos\left(\frac{\pi}{2}+\theta\right),1+\sin\left(\frac{\pi}{2}+\theta\right)\right),(3+\cos(\pi-\theta),2+\sin(\pi-\theta))$$

或 $M(-\sin\theta,1+\cos\theta)$，$N(3-\cos\theta,2+\sin\theta)$，则

$$\begin{aligned}|MN|=&\sqrt{(-\sin\theta-3+\cos\theta)^2+(1+\cos\theta-2-\sin\theta)^2}=\\&\sqrt{2(\cos\theta-\sin\theta)^2-8(\cos\theta-\sin\theta)+10}=\\&\sqrt{2(\cos\theta-\sin\theta-2)^2+2}=\\&\sqrt{2\left[\sqrt{2}\sin\left(\frac{\pi}{4}-\theta\right)-2\right]^2+2}\end{aligned}$$

显然，当 $\frac{\pi}{4}-\theta=-\frac{\pi}{2}$，即 $\theta=\frac{3}{4}\pi$ 时，两动点间的距离有最大值，最大值为 $\sqrt{14+8\sqrt{2}}$；

当 $\frac{\pi}{4}-\theta=\frac{\pi}{2}$，即 $\theta=-\frac{\pi}{4}$ 时，两动点间的距离有最小值，最小值为 $\sqrt{14-8\sqrt{2}}$.

说明 本题利用圆的参数方程表示动点坐标，使问题转化为三角极值从而轻松地求得结论. 离开这一方案，其他方法求解本题将会是十分困难的.

例 10 如图 5.21，点 P 是椭圆 $\frac{x^2}{a^2}+\frac{y^2}{b^2}=1$ 上的任意一点，O 为原点，联结

OP，α 为 OP 与椭圆在点 P 的法线 PT 的夹角，求 α 的最大值.

思考 若以点 P 的离心角（190 页）为参数，易由此表示出 OP，PT 斜率，$\tan\alpha$ 的目标函数便可据此列出.

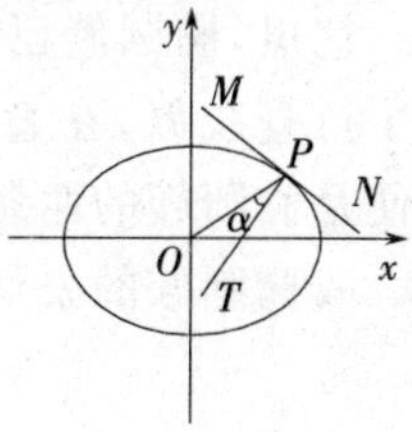

图 5.21

解 设动点 P 的坐标为

$$(a\cos\theta, b\sin\theta) \quad (0\leqslant\theta<2\pi)$$

则斜率

$$k_{OP}=\frac{b\sin\theta}{a\cos\theta} \quad \left(\theta\neq\frac{\pi}{2},\frac{3\pi}{2}\right)$$

因为切线 MN 的斜率

$$k_{MN}=-\frac{b\cos\theta}{a\sin\theta}$$

所以法线 PT 的斜率

$$k_{PT}=\frac{a\sin\theta}{b\cos\theta} \quad (\theta\neq 0,\pi)$$

于是，$\tan\alpha=\left|\dfrac{k_{PT}-k_{OP}}{1+k_{PT}k_{OP}}\right|=\dfrac{a^2-b^2}{2ab}|\sin 2\theta|$.

所以当 $\sin 2\theta=\pm1$，即 $\theta=\dfrac{k\pi}{4}(k=1,3,5,7)$ 时，$\tan\alpha$ 可有最大值 $\dfrac{a^2-b^2}{2ab}$.

因为 $0<\alpha<\dfrac{\pi}{2}$，$y=\tan\alpha$ 是增函数，故知 $\alpha_{\max}=\arctan\dfrac{a^2-b^2}{ab}$.

例 11 m 取不同的实数值时，方程 $4x^2+5y^2-8mx-20my+24m^2-20=0$ 表示不同的椭圆，求这些椭圆的公切线.

思考 原方程经配方，可得

$$\frac{(x-m)^2}{5}+\frac{(y-2m)^2}{4}=1$$

在引进离心角 θ 后，利用椭圆的参数方程，可以把原椭圆族化为与它们关联的直线族，从而易求得椭圆族的公切线.

解 承接分析，知椭圆方程可写成参数形式

$$\begin{cases}x=m+\sqrt{5}\cos\theta\\ y=2m+2\sin\theta\end{cases} \quad (\theta\text{ 为参数})$$

如果将椭圆族方程中原含的常数 m 看作参数，上述参数方程可视作直线方程，消去 m，易得直线族方程

$$y-2\sin\theta=2(x-\sqrt{5}\cos\theta)$$

或 $y=2x+2\sqrt{6}\sin(\theta-\varphi)$，其中 $\varphi=\arctan\sqrt{5}$.

这里，椭圆族已转换成与它相关联的斜率为 2 且纵截距为 $2\sqrt{6}\sin(\theta-\varphi)$ 的平行直线族，在直线族中，显然纵截距最大、最小者便是椭圆族的两条公切线.（图 5.22）

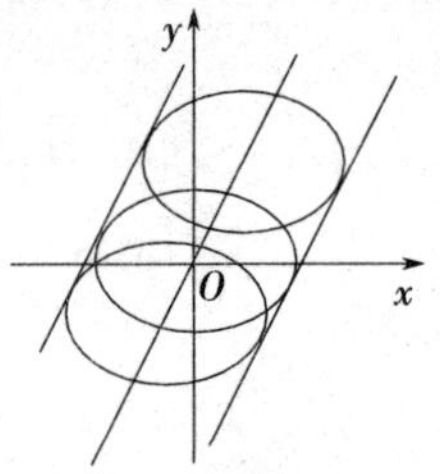

图 5.22

故椭圆族的公切线方程为

$$y=2x\pm2\sqrt{6}$$

例 12 如图 5.23，A，B 是分别在椭圆 $\frac{x^2}{a^2}+\frac{y^2}{b^2}=1$ 的任意一组共轭直径上的两个端点，P 是 AB 的中点，求证：AB 恒与一个定椭圆相切，且 P 恰为切点.

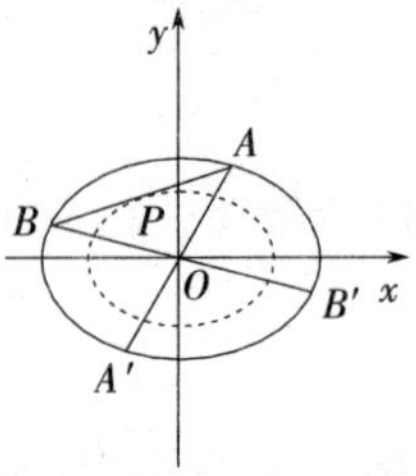

图 5.23

思考 椭圆的直径是椭圆内诸平行弦中点的轨迹，而共轭直径有“两直径中每一直径平分与另一直径平行的弦”的性质，若椭圆的一条直径为 $y=kx$，则它的共轭直径为 $b^2x+a^2ky=0$，可以证明共轭直径两端点的离心角之差的绝对值为 $\frac{\pi}{2}$ 或 $\frac{3}{2}\pi$，故用椭圆参数方程形式来表示 A，B 两点的坐标，求解较方便.

证明 承上，设点 A 坐标为 $(a\cos\theta, b\sin\theta)$，则点 B 坐标为 $\left[a\cos\left(\theta+\frac{\pi}{2}\right), b\sin\left(\theta+\frac{\pi}{2}\right)\right]$ 或 $\left[a\cos\left(\theta+\frac{3\pi}{2}\right), b\sin\left(\theta+\frac{3\pi}{2}\right)\right]$，即 $B(-a\sin\theta, b\cos\theta)$ 或 $B'(a\sin\theta, -b\cos\theta)$.

设点 P 坐标为 (x,y)，则有

$$\begin{cases}x=\frac{a}{2}(\cos\theta-\sin\theta)\\ y=\frac{b}{2}(\cos\theta+\sin\theta)\end{cases} \text{或} \begin{cases}x=\frac{a}{2}(\sin\theta+\cos\theta)\\ y=\frac{b}{2}(\sin\theta-\cos\theta)\end{cases}$$

消去参数 θ，得椭圆方程

$$\frac{x^2}{\frac{a^2}{2}}+\frac{y^2}{\frac{b^2}{2}}=1 \qquad ①$$

椭圆①在点 P 处的切线方程为

$$\frac{\cos\theta-\sin\theta}{a}x+\frac{\cos\theta+\sin\theta}{b}y=1$$

或

$$\frac{\sin\theta+\cos\theta}{a}x+\frac{\sin\theta-\cos\theta}{b}y=1$$

其斜率分别为

$$-\frac{b(\cos\theta-\sin\theta)}{a(\cos\theta+\sin\theta)}\text{或}-\frac{b(\sin\theta+\cos\theta)}{a(\sin\theta-\cos\theta)}$$

因 AB 的斜率

$$k_{AB}=-\frac{b(\cos\theta-\sin\theta)}{a(\cos\theta+\sin\theta)}$$

或

$$k'_{AB}=-\frac{b(\sin\theta+\cos\theta)}{a(\sin\theta-\cos\theta)}$$

即 AB 或 AB_1 与椭圆①相切于点 P，故命题获证.

例 13　若以 $\triangle ABC$ 的边 AB 为实轴的双曲线交这三角形的其他两边(或延长线)于 E,F 两点，过 E,F 分别作双曲线的切线相交于点 P，求证：$CP\perp AB$.（图 5.24）

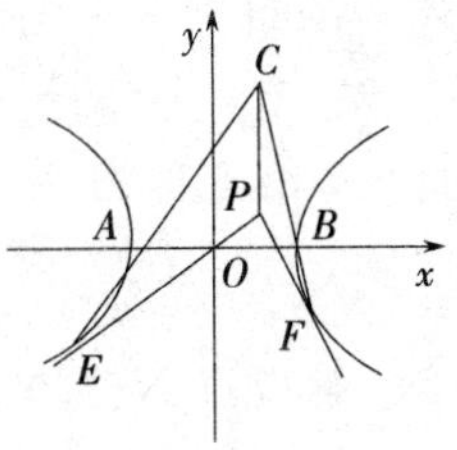

图 5.24

思考　为证明 $CP\perp AB$，只需证 C,P 两点的横坐标相同，因 E,F 在双曲线上，直接用它们的参数式表示坐标，再求 C,P 的坐标都较方便.

证明　设双曲线的参数方程为

$$\begin{cases}x=a\sec\varphi\\y=b\tan\varphi\end{cases}$$

则 A,B 两点坐标分别为 $A(-a,0)$，$B(a,0)$. 再设 E,F 坐标分别为 $(a\sec\alpha,b\tan\alpha)$，$(a\sec\beta,b\tan\beta)$，则切线 PE,PF 的方程分别为

$$\frac{x\sec\alpha}{a}-\frac{y\tan\alpha}{b}=1 \tag{①}$$

$$\frac{x\sec\beta}{a}-\frac{y\tan\beta}{b}=1 \tag{②}$$

联立①②，解得点 P 横坐标为

$$x_P=\frac{a\sin(\alpha-\beta)}{\sin\alpha-\sin\beta}=\frac{a\cos\frac{\alpha-\beta}{2}}{\cos\frac{\alpha+\beta}{2}}$$

又直线 AE,BF 的方程分别为

$$y=\frac{b\tan\alpha}{a\sec\alpha+a}(x+a) \tag{③}$$

$$y=\frac{b\sin\beta}{a\sec\beta-a}(x-a) \quad ④$$

解③④,得点 C 横坐标为

$$x_C=\frac{a\cos\frac{\alpha-\beta}{2}}{\cos\frac{\alpha+\beta}{2}}$$

因为 $x_P=x_C$,故得 $CP\perp AB$.

例 14 自双曲线 $x^2-y^2=1$ 上一动点 Q 引直线 l:$x+y=2$ 的垂线,垂足为 N,求线段 QN 中点 P 的轨迹方程.(图 5.25)

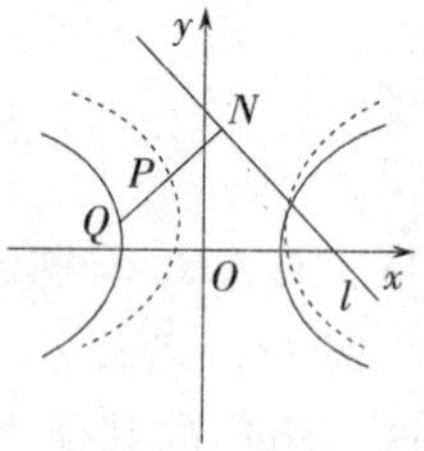

图 5.25

解 设点 Q 的坐标为$(\sec\theta,\tan\theta)$,因为 $QN\perp$ 直线 l,故斜率 $k_{QN}=+1$,可求得 QN 的方程为

$$x-y=\sec\theta-\tan\theta \quad ①$$

又直线 l 的方程为

$$x+y=2 \quad ②$$

从①②解得点 N 的坐标为$\left(\frac{2+\sec\theta-\tan\theta}{2},\frac{2-\sec\theta+\tan\theta}{2}\right)$.

因为 P 是 QN 的中点,设点 P 坐标为(x,y),则有

$$\begin{cases}x=\frac{2+3\sec\theta-\tan\theta}{4}\\ y=\frac{2-\sec\theta+3\tan\theta}{4}\end{cases}$$

这就是点 P 轨迹的参数方程,从中消去参数 θ,得点 P 轨迹为双曲线

$$2x^2-2y^2-2x+2y-1=0$$

说明 消参的方法:从参数方程的两式中可先解得

$$2\sec\theta=3x+y-2$$
$$2\tan\theta=x+3y-2$$

两式平方相减即得轨迹的普通方程.

例 15 已知抛物线 $y^2=2Px$ 和它的任一切线 l,点 Q 是抛物线的顶点关于切线 l 的对称点,求点 Q 的轨迹方程.

解 设切点为 $P(2Pt^2,2Pt)$,则切线方程为

$$x-2ty+2Pt^2=0 \quad ①$$

如图 5.26,因为 $OQ\perp$ 直线 l,斜率

$$k_{OQ}=-2t$$

所以直线 OQ 的方程为

$$y=-2tx \qquad ②$$

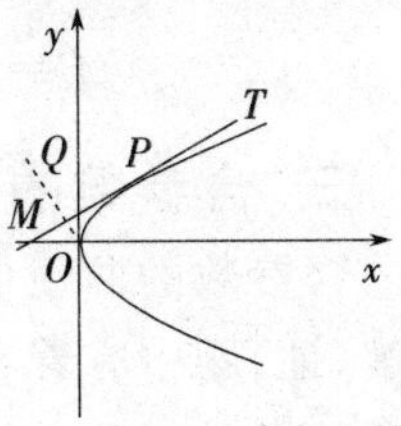

图 5.26

由①②,解得 OQ 与切线 l 的交点 M 的坐标为 $\left(\frac{-2Pt^2}{1+4t^2},\frac{4Pt^3}{1+4t^2}\right)$,设点 Q 坐标为 (x,y),得

$$\begin{cases}x=\dfrac{-4Pt^2}{1+4t^2}\\ y=\dfrac{8Pt^2}{1+4t^2}\end{cases}$$

此为点 Q 轨迹的参数方程,从中消去 t,得点 Q 轨迹方程为

$$x^3+xy^2+Py^2=0$$

例 16 如果抛物线 $y^2=Px$ 和圆 $(x-2)^2+y^2=3$ 相交,如图 5.27,它们在 x 轴上方的交点为 A 和 B,那么当 P 为何值时,线段 AB 的中点 M 在直线 $y=x$ 上.

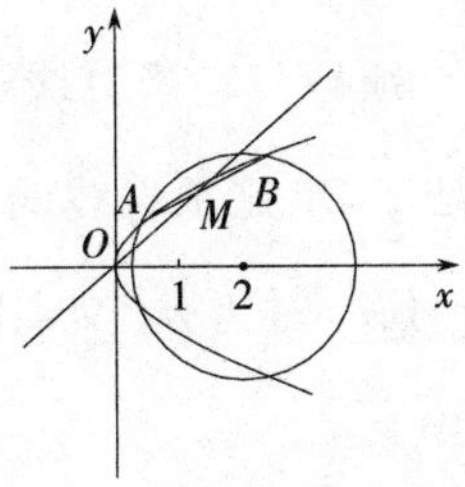

图 5.27

解 设抛物线上 A,B 两点坐标分别为 $A(Pt_1{}^2,Pt_1)$,$B(Pt_2{}^2,Pt_2)$,AB 的中点坐标为 (x_M,y_M).

将抛物线 $y^2=Px$ 的参数方程 $\begin{cases}x=Pt^2\\ y=Pt\end{cases}$,代入圆的方程,整理,得

$$P^2t^4-(4P-P^2)t^2+1=0$$

据韦达定理,得

$$t_1{}^2+t_2{}^2=\frac{4P-P^2}{P^2}=\frac{4-P}{P},t_1{}^2t_2{}^2=\frac{1}{P^2}$$

所以 $t_1t_2=\dfrac{1}{P}$,故

$$x_M=\frac{1}{2}(Pt_1{}^2+Pt_2{}^2)=\frac{P}{2}(t_1{}^2+t_2{}^2)=\frac{4-P}{2}$$

$$y_M=\frac{1}{2}(Pt_1+Pt_2)=\frac{P}{2}\sqrt{(t_1+t_2)^2}=\frac{P}{2}\sqrt{t_1{}^2+t_2{}^2+2t_1t_2}=\frac{1}{2}\sqrt{6P-P^2}$$

因为点 M 恰在直线 $y=x$ 上,有

$$x_M=y_M$$

所以

$$\frac{\sqrt{6P-P^2}}{2}=\frac{4-P}{2} \qquad ①$$

即 $P^2-7P+8=0$，解此方程，得

$$P=\frac{7-\sqrt{17}}{2}\quad\left(P=\frac{7+\sqrt{17}}{2}\text{不合方程①，舍去}\right)$$

三、含参数的曲线(直线)系

含参数的曲线(直线)系方程在解如等量、定值、共点、共圆和过定点等若干类解(证)题中有着特殊的应用，在某些计算问题中，曲(直)线系方程也能发挥特殊的长处.

常用的曲(直)线系有，具有定向的直线系，诸如平行、垂直一已知直线的直线系，过定点的直线系，过两已知直线交点的直线系，过若干条直线的交点的圆锥曲线系，过两已知二次曲线交点的二次曲线系，共焦点的二次曲线系，共渐近线的双曲线系，等等. 在解题中应根据问题的特定情况，选用恰当的曲(直)线系.

例 17 一条直线过 $l_1:7x+7y=24$，$l_2:x-y=0$ 的交点，并且和原点的距离是$\frac{12}{5}$，求这条直线的方程.

解 过 l_1，l_2 交点的直线系方程为

$$(7x+7y-24)+\lambda(x-y)=0 \qquad ①$$

即

$$(7+\lambda)x+(7-\lambda)y-24=0 \qquad ②$$

因它与原点距离为$\frac{12}{5}$，得

$$\left|\frac{-24}{\sqrt{(7+\lambda)^2+(7-\lambda)^2}}\right|=\frac{12}{5}$$

解得 $\lambda=\pm1$.

代回方程②，得所求直线方程为

$$4x+3y-12=0 \text{ 及 } 3x+4y-12=0$$

例 18 用解析法证明：三角形三条内角平分线交于一点.

证明 不妨取原点在三角形的内部，如图 5.28，设三角形三边方程分别为

$$l_1:x\cos\alpha_1+y\sin\alpha_1-P_1=0$$

$$l_2:x\cos\alpha_2+y\sin\alpha_2-P_2=0$$

$$l_3:x\cos\alpha_3+y\sin\alpha_3-P_3=0$$

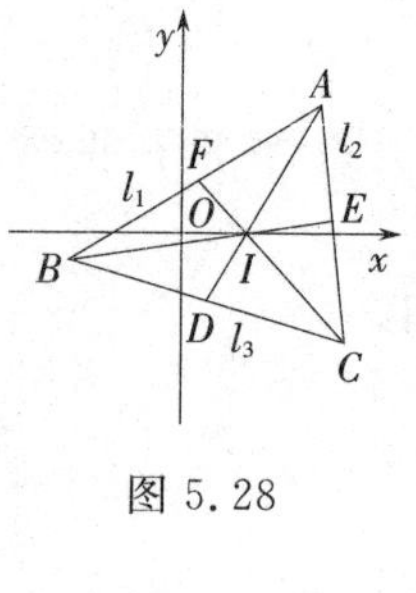

图 5.28

因$\angle A$ 平分线 AD 上的任一点到角的两边 l_1，l_2

距离相等，有

$$|x\cos\alpha_1+y\sin\alpha_1-P_1|=|x\cos\alpha_2+y\sin\alpha_2-P_2|$$

又 AD 上各点与原点都在 AB 或 AC 同侧，所以

$$-(x\cos\alpha_1+y\sin\alpha_1-P_1)=-(x\cos\alpha_2+y\sin\alpha_2-P_2)$$

即 AD 的方程为 $l_1-l_2=0$①.

同理，得 BE,CF 的方程分别为

$$l_1-l_3=0,l_2-l_3=0$$

由

$$l_1-l_3=(l_1-l_2)+(l_2-l_3)=0$$

这正好是两条直线 AD,CF 交点的直线系方程中 $\lambda=1$ 的一个.

故知三条角平分线交于一点.

例 19 求与已知圆 $x^2+y^2-7y+10=0$ 相交，所得的公共弦平行于已知直线 $2x-3y-1=0$，且过点 $A(-2,3),B(1,4)$ 的圆的方程.

解 平行于直线 $2x-3y-1=0$ 的直线系方程为

$$2x-3y+m=0 \quad ①$$

则过圆 $x^2+y^2-7y+10=0$ 与公共弦 $2x-3y+m=0$ 的交点的圆系方程可写为

$$x^2+y^2-7y+10+\lambda(2x-3y+m)=0 \quad ②$$

因所求圆过 $A(-2,3),B(1,4)$ 两点，坐标分别代入得

$$2+(m-13)\lambda=0 \quad ③$$

$$-1+(m-10)\lambda=0 \quad ④$$

由③④，解得

$$m=11,\lambda=1$$

代回式②，知所求圆的方程为

$$x^2+y^2+2x-10y+21=0$$

说明 本例接连使用直线系和曲线系方程解题，使本来相当复杂的一道计算题解得条理分明干净利落. 由此可见用曲(直)线系解题的威力.

例 20 求以直线 $x+y=4$ 在坐标轴间的线段为实轴的等轴双曲线的方程.

思考 本题若用移、转轴方法来解，其计算之繁是可想而知，考察图 5.29，

---

① 表示 $(x\cos\alpha_1+y\sin\alpha_1-p_1)-(x\cos\alpha_2+y\sin\alpha_2-p_2)=0$.

因直线 $x+y=4$ 与 x 轴，y 轴的交点分别为 $B(4,0)$，$A(0,4)$，AB 的中点 $O'(2,2)$ 即是等轴双曲线的中心，过点 O' 的两轴的平行线就是它的两条渐近线，这便可利用有公共渐近线的双曲线系来简捷地求解.

解　承上分析，因所求双曲线有渐近线

$$x-2=0, y-2=0$$

以这两条直线为渐近线的双曲线系方程为

$$(x-2)(y-2)=\lambda \quad (\lambda\neq 0) \qquad ①$$

以 $B(4,0)$ 坐标代入，有

$$(4-2)(0-2)=\lambda$$

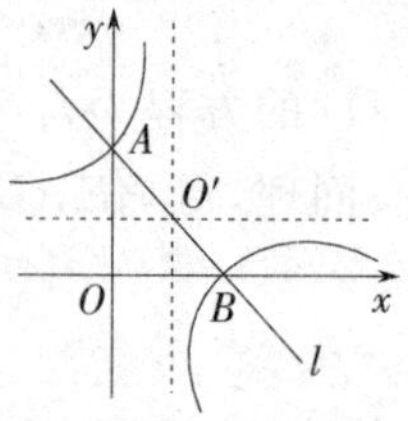

图 5.29

解得 $\lambda=-4$.

代入式①，得

$$(x-2)(y-2)=-4$$

所以所求双曲线方程为 $xy-2x-2y+8=0$.

例 21　求与椭圆 $x^2+4y^2=4$ 有公共焦点，且经过点 $A(2,1)$ 的椭圆方程和双曲线方程.

解　所给椭圆方程为

$$\frac{x^2}{4}+\frac{y^2}{1}=1$$

所以与此椭圆有公共焦点的有心二次曲线系方程为

$$\frac{x^2}{4-k}+\frac{y^2}{1-k}=1 \qquad ①$$

因为曲线通过点 $A(2,1)$，坐标代入，有

$$\frac{4}{4-k}+\frac{1}{1-k}=1$$

易解得 $k=\pm 2$.

当 $k<1$ 时，方程①表示椭圆系，所以取 $k=-2$，得所求椭圆方程为

$$\frac{x^2}{6}+\frac{y^2}{3}=1$$

当 $1<k<4$ 时，方程①表示双曲线系，取 $k=2$，得所求双曲线方程为

$$\frac{x^2}{2}-y^2=1$$

说明　当焦点在 x 轴上时，共焦点的有心二次曲线系方程为

$$\frac{x^2}{a^2-k}+\frac{y^2}{b^2-k}=1 \quad (k<a^2, a>b, k\in\mathbf{R}) \qquad ①$$

当焦点在 y 轴上时，共焦点的有心二次曲线系方程为

$$\frac{y^2}{a^2-k}+\frac{x^2}{b^2-k}=1 \quad (k<a^2, a>b, k\in\mathbf{R}) \qquad ②$$

这里，当 $k<b^2$ 时，方程①和②表示共焦点的椭圆系；当 $b^2<k<a^2$ 时，方程①和②表示共焦点的双曲线系.

仿此，对照例 20，若双曲线有两条渐近线 $A_1x+B_1y+C_1=0$，$A_2x+B_2y+C_2=0$，则以这两条直线为公共渐近线的双曲线系方程为

$$(A_1x+B_1y+C_1)(A_2x+B_2y+C_2)=\lambda \quad (\lambda\neq 0)$$

当 $\lambda=0$ 时，双曲线退化为两条渐近线.

再对照例 17～19，若有两曲线 $C_1: f_1(x,y)=0$，$C_2: f_2(x,y)=0$，则过 C_1，C_2 的交点的曲线系方程可写为

$$f_1(x,y)+\lambda f_2(x,y)=0$$

应根据问题的不同情况选用恰当的曲线系方程.

例 22 如图 5.30，椭圆 $\frac{x^2}{a^2}+\frac{y^2}{b^2}=1$ 与以这椭圆的两轴为渐近线的双曲线系 $xy=m^2$（m 为参数）交于 P，Q，R，S 四点，试证：直线 PQ 和 RS 有定向.

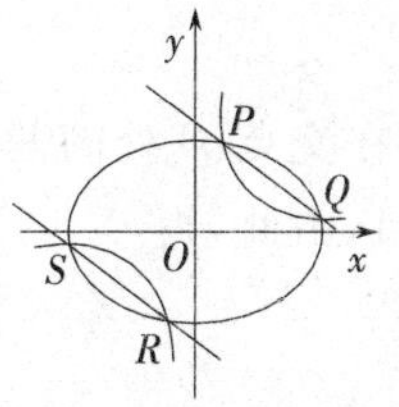

图 5.30

思考 要证直线 PQ 和 RS 有定向，只需证 PQ 和 RS 两条直线的斜率有定值. 考虑使用曲线系方程并使之退化为两条直线来取出 PQ 和 RS 的方程.

证明 已给椭圆方程为

$$b^2x^2+a^2y^2-a^2b^2=0$$

它与双曲线系 $xy=m^2$ 中的双曲线交于 P，Q，R，S 四点，则过这四点的二次曲线系方程可为

$$(b^2x^2+a^2y^2-a^2b^2)+\lambda(xy-m^2)=0 \qquad ①$$

要使方程①能分解为表示 PQ，RS 两条直线，必须且只需使

$$b^2x^2+a^2y^2+\lambda xy$$

成为完全平方式. 所以

$$\lambda=\pm 2ab$$

因为 PQ 或 RS 的斜率显然为负值，故取

$$\lambda=2ab$$

由

$$(bx+ay)^2=a^2b^2+2abm^2$$

知 PQ,RS 的方程为

$$bx+ay=\pm\sqrt{a^2b^2+2abm^2}$$

其斜率 $k_{PQ}=k_{RS}=-\dfrac{b}{a}$ 为定值,因此命题获证.

例 23 已知抛物线 $C_1:y=x^2-2x+2$,$C_2:y=-x^2+ax+b$,若曲线 C_1 与 C_2 在交点处的切线互相垂直,求证:C_2 过定点.

思考 选利用 C_1,C_2 在交点处的切线互相垂直来获得 C_2 的参数 a,b 之间的关系,再仿上例的方法作证明.

证明 设曲线 C_1,C_2 的交点为 $P(x_0,y_0)$,则过交点的 C_1 的切线方程为

$$x_0x-2\cdot\frac{x+x_0}{2}+2=\frac{y+y_0}{2}$$

过交点 P 的 C_2 的切线方程为

$$-x_0x+a\cdot\frac{x+x_0}{2}+b=\frac{y+y_0}{2}$$

因在交点 P 处的两切线互相垂直,两切线的斜率若分别为 k_1,k_2,则 $k_1\cdot k_2=-1$,由此,得

$$2(x_0-1)\cdot(-2x_0+a)=-1$$

即

$$4{x_0}^2-(4+2a)x_0+2a-1=0 \qquad ①$$

又因 $P(x_0,y_0)$ 在曲线 C_1 和 C_2 上,有

$$y_0={x_0}^2-2x_0+2$$
$$y_0=-{x_0}^2+ax_0+b$$

两式相减,得

$$2{x_0}^2-(2+a)x_0+2-b=0 \qquad ②$$

由①②消去 x_0,即得

$$2a+2b=5$$

由 $b=\dfrac{1}{2}(5-2a)$,代入 C_2 方程,得

$$y=-x^2+ax+\frac{1}{2}(5-2a)$$

将它看作是含有一个参数的曲线系,并变形为

$$\left(y+x^2-\frac{5}{2}\right)+a(1-x)=0$$

则此类 C_2 可看作为过两曲线 $y+x^2-\frac{5}{2}=0$ 与 $1-x=0$ 交点的曲线系. 联立

$$\begin{cases} y+x^2-\frac{5}{2}=0 \\ 1-x=0 \end{cases}$$

可解得

$$\begin{cases} x=1 \\ y=\frac{3}{2} \end{cases}$$

所以合于条件的曲线 C_2 都过定点 $\left(1,\frac{3}{2}\right)$. 命题获证.

说明 这是曲线系方程应用的又一典范,将含参数的曲线方程,写成 $f_1(x,y)+\lambda f_2(x,y)=0$ 形式,即可说明它是过两曲线 $f_1(x,y)=0$,$f_2(x,y)=0$ 交点的曲线系. 用这样的方法常可解决同"过定点"有关的问题.

例 24 设一圆与一等轴双曲线相交于四点 A_1,A_2,A_3,A_4,其中 A_1 和 A_2 是圆的一条直径的两个端点,试证:

(1)A_3 和 A_4 是双曲线的一条直径的两个端点;

(2)双曲线在 A_3 和 A_4 处的切线垂直于 A_1A_2.

证明 (1)如图 5.31 建立坐标系,不妨使圆的方程为 $x^2+y^2=1$,且 $A_1(0,1)$,$A_2(0,-1)$ 为直径的两个端点,A_1A_2 的方程为 $x=0$.

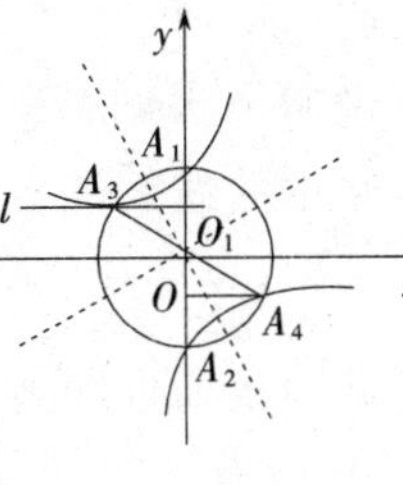

图 5.31

再设 A_3A_4 的方程为

$$y=kx+b \quad (k,b\text{ 为参数}) \qquad ①$$

则过 A_1,A_2,A_3,A_4 的圆锥曲线可写为

$$(x^2+y^2-1)+x(kx-y+b)=0$$

或

$$(k+1)x^2-xy+y^2+bx-1=0 \qquad ②$$

要使式②表示等轴双曲线,应有 $\frac{1}{k+1}=-1$,即 $k=-2$,此时双曲线方程化为

$$-x^2-xy+y^2+bx-1=0 \qquad ③$$

A_3A_4 的方程为

$$y=-2x+b \qquad ④$$

设此等轴双曲线的中心为 $O'(x_0,y_0)$,则其坐标应满足

$$\begin{cases}-2x_0-y_0+b=0\\-x_0+2y_0=0\end{cases}$$

可解得 O'：$\begin{cases}x_0=\dfrac{2}{5}b\\y_0=\dfrac{1}{5}b\end{cases}$.

显然 $O'\left(\dfrac{2}{5}b,\dfrac{1}{5}b\right)$满足方程④，即 A_3A_4 通过双曲线的中心，所以 A_3A_4 是等轴双曲线的直径.

(2)设双曲线在 $A_3(x_3,y_3)$外的切线为 l，则其方程为

$$-x_3x-\frac{x_3y+xy_3}{2}+y_3y+b\cdot\frac{x+x_3}{2}-1=0$$

整理，得

$$(-2x_3-y_3+b)x+(-x_3+2y_3)y+(bx_3+2)=0 \qquad ⑤$$

因为 $A_3(x_3,y_3)$坐标满足式④，有

$$-2x_3-y_3+b=0$$

即式⑤的 x 项系数为零，但 y 项系数不为零，故知切线 l 的斜率为零，即$l\perp A_1A_2$.

同理可得，过 A_4 的切线 T 也垂直于 A_1A_2.

说明 本例是上海市数学竞赛复赛试题，有相当的难度，在这里巧妙地运用了圆锥曲线系的方法使问题获得解决.

其中，要使式②表示等轴双曲线，方程中的二次项$(k+1)x^2-xy+y^2$ 分解后所得两条渐近线方向应垂直，故其两个根之积为-1，由此得出$\dfrac{1}{k+1}=-1$，即 $k=-2$.

又，双曲线②的中心若为 $O'(x_0,y_0)$，以坐标轴平移公式$\begin{cases}x=x'+x_0\\y=y'+y_0\end{cases}$代入式②，整理得

$$-x'^2-x'y'+y'^2+(-2x_0-y_0+b)x'+(-x_0+2y_0)y'-$$
$$x_0{}^2-x_0y_0+y_0{}^2+bx_0-1=0$$

要使 O'成为中心，上式一次项系数应为零，故有

$$\begin{cases}-2x_0-y_0+b=0\\-x_0+2y_0=0\end{cases}$$

例 25 在椭圆内任取它的一条弦 AB，过 AB 的中点 M 任作两弦 CD 和

EF,过 C,D,E,F 四点的二次曲线与 AB 相交于 P,Q 两点,求证

$$|MP|=|MQ|$$

思考 过 C,D,E,F 四点的二次曲线并没有其他附加条件,因此只能是一种二次曲线系,关键在如何表示出它的方程,以便得到 P,Q 两点的坐标,为此如图 5.32 建立坐标系,使运算较为方便.

证明 如图,以 AB 所在直线为 x 轴,M 为原点建立坐标系,并设 A,B 的坐标分别为 $A(-l,0)$,$B(l,0)$,设椭圆方程为

$$x^2+bxy+cy^2+dx+ey+f=0 \quad (b^2<4c) \qquad ①$$

再设直线 CD,EF 的方程分别为

$$y=k_1x,y=k_2x \qquad ②$$

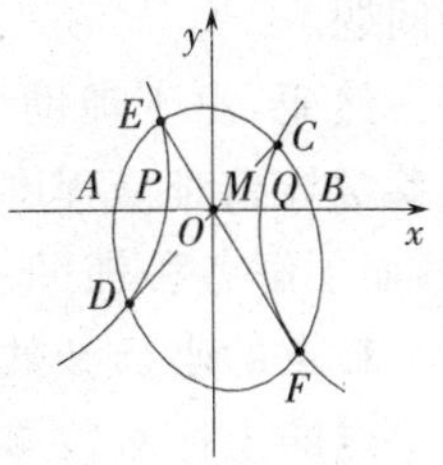

图 5.32

因为 A,B 两点在椭圆上,坐标代入式①,有

$$\begin{cases} l^2-dl+f=0 \\ l^2+dl+f=0 \end{cases}$$

可解得 $d=0,f=-l^2$,椭圆方程又简化为

$$x^2+bxy+cy^2+ey-l^2=0 \qquad ③$$

据②③,使经过 C,D,E,F 四点的二次曲线系为

$$(y-k_1x)(y-k_2x)+\lambda(x^2+bxy+cy^2+ey-l^2)=0 \qquad ④$$

在上式中,令 $y=0$,得 P,Q 两点的横坐标应满足的方程

$$(-k_1x)(-k_2x)+\lambda(x^2-l^2)=0$$

即 $(k_1k_2+\lambda)x^2-\lambda l^2=0$.

又设 PQ 的中点为 O,则由韦达定理及中点坐标公式,得

$$x_0=\frac{x_P+x_Q}{2}=\frac{1}{2}\cdot\frac{0}{k_1k_2+\lambda}=0$$

即 O 与原点 M 重合.

故知 $|MP|=|MQ|$.

说明 本题是巧用圆锥曲线系求解难题的又一范例,在这里我们可以看到在构作圆锥曲线系方程时的灵活性,当直线(曲线)$f_1(x,y)=0$,$f_2(x,y)=0$ 与二次曲线 $F(x,y)=0$ 交于 C,D,E,F 四点时,过这些点的二次曲线系方程写作

$$f_1(x,y)\cdot f_2(x,y)+\lambda\cdot F(x,y)=0$$

从上面这些例子,我们还可看到,在解析几何的计算、证明、定值(定点、定向)等一系列较为困难的问题中,圆锥曲线(直线)系的方法有着特殊的功效.而这些方法往往是我们过去曾有所忽视的,掌握常用的曲线(直线)系方程构作规

律，加强用曲线系方程解题的训练，深刻地从动的观念认识曲线与方程间联系对开拓思路、攻克难题，都有莫大的裨益.

四、辅设的参数

在解析几何中辅设的参数，可以是关键性的点的坐标、角、斜率、截距、比值、线段的长度等.其应用的范围包括计算、证明、轨迹和极值等几乎所有的各类问题.

然而，由于辅助参数的种类繁多和解析几何问题的形式纷杂，且因不同的设参常导致难易程度不同的解法，这便决定了恰当的选参是用参数法解题的关键，而了解各种辅助参数的特点及其适用范围.

1. 点的坐标参数

点的坐标参数多适用于涉及点在某已知曲线上运动或诸如中点、定比分点、切点、对称点等类问题.如：

例 26 抛物线 $y^2=2x$ 上任意两点 A,B 的切线交于点 P，过这两点的法线交于点 Q，当 P 在直线 $x=-2$ 上移动时，求点 Q 的轨迹方程.(图 5.33)

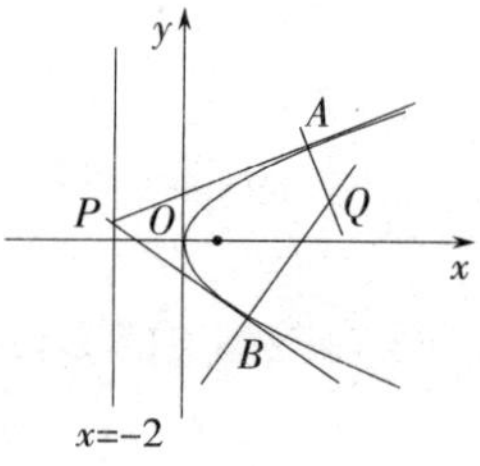

图 5.33

思考 A,B 两点在已知抛物线上运动，即设它们的坐标为参数，以此可表示出 P,Q 两点的坐标，从 P 在直线 $x=-2$ 上移动，可获参数间关系式，再据此求点 Q 的轨迹方程.

解 设 $A(x_1,y_1)$，$B(x_2,y_2)$，$P(x_0,y_0)$，$Q(x,y)$.

则切线 AP,BP 的方程分别为

$$y_1y=x+x_1 \quad ①$$

$$y_2y=x+x_2 \quad ②$$

由①②解得点 P 的坐标

$$x_0=\frac{y_1y_2}{2},y_0=\frac{y_1+y_2}{2}$$

因为点 P 在直线 $x=-2$ 上运动，由上，得

$$y_1y_2=-4,y_1+y_2=2y_0 \quad ③$$

因为斜率 $k_{AQ}=-\dfrac{1}{k_{AP}}=-y_1$，可求得法线 AQ 的方程为

$$2y_1x+2y=2y_1+y_1{}^3 \quad ④$$

同理，法线 BQ 的方程为

$$2y_2x+2y=2y_2+y_2{}^3 \quad ⑤$$

联立④⑤可解得点 Q 的坐标

$$x=\frac{1}{2}[(y_1+y_2)^2-y_1y_2]+1$$

$$y=-\frac{y_1y_2(y_1+y_2)}{2}$$

将式③代入，即得

$$\begin{cases}x=2y_0{}^2+3\\y=4y_0\end{cases}$$

再消去 y_0，便得点 Q 的轨迹方程为抛物线

$$y^2=8x-24$$

例 27 已知双曲线 $xy=1$，P,Q 分别是在第一、三象限内的曲线上的点，求线段 PQ 的长的最小值.

解 如图 5.34，设 P,Q 两点的坐标分别为

$$\left(\alpha,\frac{1}{\alpha}\right),\left(-\beta,-\frac{1}{\beta}\right)\quad(\alpha,\beta>0)$$

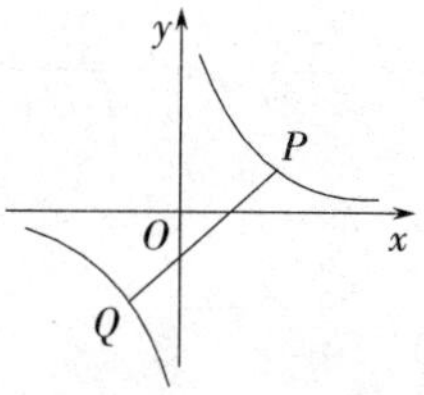

图 5.34

则

$$|PQ|^2=(\alpha+\beta)^2+\left(\frac{1}{\alpha}+\frac{1}{\beta}\right)^2\geqslant$$

$$(2\sqrt{\alpha\beta})^2+\left(2\sqrt{\frac{1}{\alpha\beta}}\right)^2=$$

$$4\left(\alpha\beta+\frac{1}{\alpha\beta}\right)\geqslant 8\sqrt{\alpha\beta\cdot\frac{1}{\alpha\beta}}=8$$

所以

$$|PQ|\geqslant 2\sqrt{2}$$

即当 $\alpha=\beta=1$，或 P,Q 的坐标为 $P(1,1)$，$Q(-1,-1)$ 时，$|PQ|$ 有最小值 $2\sqrt{2}$.

例 28 过椭圆 $\frac{x^2}{a^2}+\frac{y^2}{b^2}=1(a>b>0)$ 上任一点 P 引切线与过顶点 A,B 的切线分别相交于 C,D，引 $PE\perp AB$ 于 E，求证：$\frac{1}{|AC|}+\frac{1}{|BD|}=\frac{2}{|PE|}$.

思考 如图 5.35，因 $|AC|$，$|BD|$ 及 $|PE|$ 分别代表 C,D,P 三点的纵坐标的绝对值，似可通过简单计算解决，为此以点 P 坐标为参数展开运算.

证明 设点 P 的坐标为 $(a\cos\theta,b\sin\theta)$，则过 P 的切线方程为

$$\frac{x\cos\theta}{a}+\frac{y\sin\theta}{b}=1 \quad ①$$

因为 A,B 两点坐标分别为 $A(-a,0),B(a,0)$，且 AC,BD 均是 x 轴的垂线，其中 C,D 是与切线的交点.

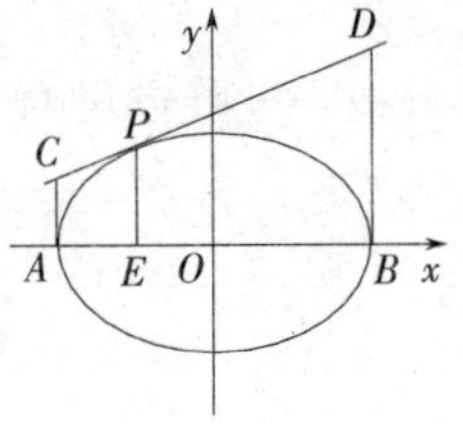

图 5.35

所以 $x=-a$ 代入式①，得

$$|AC|=|y_C|=\left|\frac{b}{\sin\theta}(1+\cos\theta)\right|$$

$x=a$ 代入式①，得

$$|BD|=|y_D|=\left|\frac{b}{\sin\theta}(1-\cos\theta)\right|$$

因为

$$\frac{2}{|PE|}=\left|\frac{2}{b\sin\theta}\right|$$

所以

$$\frac{1}{|AC|}+\frac{1}{|BD|}=\left|\frac{\sin\theta}{b(1+\cos\theta)}\right|+\left|\frac{\sin\theta}{b(1-\cos\theta)}\right|= \quad \text{(因两式同号)}$$

$$\left|\frac{\sin\theta-\sin\theta\cos\theta+\sin\theta+\sin\theta\cos\theta}{b(1-\cos^2\theta)}\right|=$$

$$\left|\frac{2\sin\theta}{b\sin^2\theta}\right|=\left|\frac{2}{b\sin\theta}\right|=\frac{2}{|PE|}$$

命题获证.

说明 同样选取点的坐标为参数，应考虑因情而异，因地制宜，上面几个例子有的以普通坐标变量为参数，有的则选用参数方程的坐标表示，也有的据方程的特点辅设适当的坐标参数(例 27). 这样，在解题中能进一步减少运算量，起简化作用.

2. 角参数

角参数多适用于图形中能构成各种三角形，易于用三角函数表示有关线段等其他元素，或点在有心圆锥曲线上运动，或以图形的转动为主要特征，易于用解三角形工具处理的问题. 如：

例 29 椭圆 $\frac{x^2}{a^2}+\frac{y^2}{b^2}=1$ 与双曲线 $\frac{x^2}{a_1{}^2}-\frac{y^2}{b_1{}^2}=1$ 有公共焦点 F_1 与 F_2，两条曲线有交点 P，求证：$\triangle F_1PF_2$ 的面积 $S_{\triangle F_1PF_2}=bb_1$.

思考 如图 5.36，$\triangle F_1PE_2$ 的两边 $|PF_1|,|PF_2|$ 恰为椭圆和双曲线的焦半径，分别记作 r_1,r_2，则 $S_{\triangle F_1PF_2}=\frac{1}{2}r_1r_2\sin\angle F_1PF_2$，故选用关键的 $\angle F_1PF_2=\theta$

为参数来展开运算.

证明 承上分析,因 P 为椭圆、双曲线的交点,据定义有

$$r_1+r_2=2a,|r_1-r_2|=2a_1$$

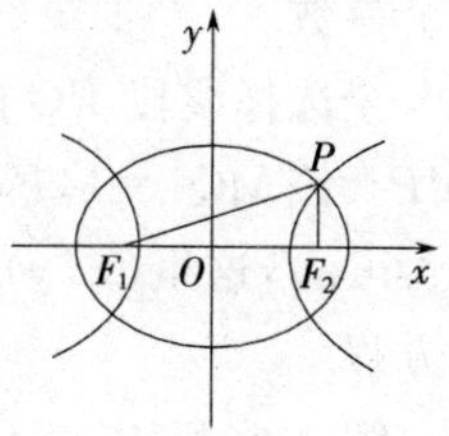

图 5.36

在$\triangle F_1PF_2$内,据余弦定理,有

$$r_1{}^2+r_2{}^2-2r_1r_2\cos\theta=4c^2 \quad ①$$

由式①变形为

$$(r_1+r_2)^2-2r_1r_2-2r_1r_2\cos\theta=4c^2$$

得

$$4a^2-4c^2=2r_1r_2(1+\cos\theta)=4b^2$$

所以

$$r_1r_2=\frac{2b^2}{1+\cos\theta} \quad ②$$

仍由式①变形为

$$(r_1-r_2)^2+2r_1r_2-2r_1r_2\cos\theta=4c^2$$

得

$$4c^2-4a_1{}^2=2r_1r_2(1-\cos\theta)=4b_1{}^2$$

所以

$$r_1r_2=\frac{2b_1{}^2}{1-\cos\theta} \quad ③$$

②×③得

$$(r_1r_2)^2=\frac{4b^2b_1{}^2}{\sin^2\theta}$$

所以

$$r_1r_2=\frac{2bb_1}{\sin\theta}$$

于是有 $S_{\triangle F_1PF_2}=\frac{1}{2}r_1r_2\sin\theta=\frac{1}{2}\cdot\frac{2bb_1}{\sin\theta}\cdot\sin\theta=bb_1$.

例 30 长度为 2 的线段 PQ,点 P 在椭圆 $4x^2+y^2=4$ 上移动.点 Q 在 x 轴上滑动,求线段 PQ 的中点 M 的轨迹方程.

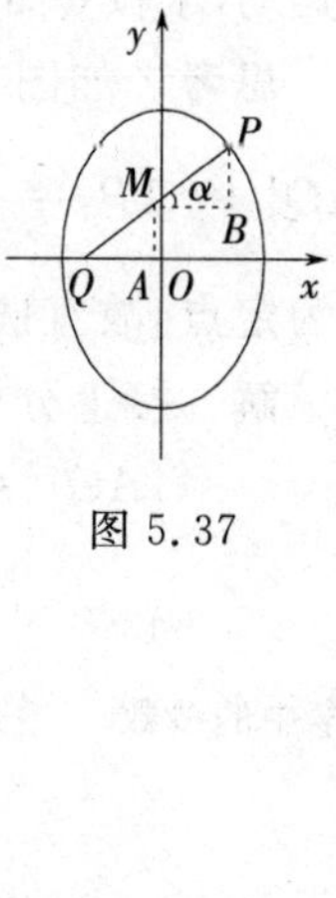

图 5.37

思考 若以 P,Q 两点的坐标为参数,设 $P(x_1,y_1)$, $Q(x_2,0)$,有三个参数.

若用椭圆参数方程表示点 P 坐标：$(\cos\theta, 2\sin\theta)$，及 $Q(x_0, 0)$，仍含 θ 及 x_0 两个参数.

今选择线段 PQ 的倾斜角 α 为参数，(参数减为一个)且如图 5.37 添线，因 $|MP|=|MQ|=1$，P，Q 的坐标可分别表示为 $(x+\cos\alpha, y+\sin\alpha)$，$(x-\cos\alpha, y-\sin\alpha)$，这里 (x, y) 是点 M 的坐标. 则据 P，Q 的特点，易导出点 M 轨迹的参数方程.

解 承上，因点 Q 在 x 轴上，有 $y-\sin\alpha=0$，即

$$y=\sin\alpha \qquad ①$$

又因点 P 在椭圆上，坐标代入，有

$$4(x+\cos\alpha)^2+(y+\sin\alpha)^2=4$$

以①代入上式，得

$$4(x+\cos\alpha)^2=4(1-\sin^2\alpha)$$

或

$$x+\cos\alpha=\pm\cos\alpha$$

于是，知点 M 轨迹为

$$\begin{cases}x=0\\ y=\sin\alpha\end{cases}\quad(\alpha\text{ 为参数}) \qquad ②$$

和

$$\begin{cases}x=-2\cos\alpha\\ y=\sin\alpha\end{cases}\quad(\alpha\text{ 为参数}) \qquad ③$$

方程②表示轨迹为 y 轴上自 $(0,1)$ 到 $(0,-1)$ 间的线段.

方程③表示一椭圆 $\dfrac{x^2}{4}+y^2=1$.

例 31 已知点 P 在圆 A：$x^2+(y-2)^2=\dfrac{1}{4}$ 上运动，点 Q 在椭圆 $x^2+4y^2=4$ 上运动，求 $|PQ|$ 的最大值.

思考 如图 5.38，本题关键在求 $|AQ|$ 的最大值，因 $\triangle APQ$ 中有 $|PQ|\leqslant |AQ|+|AP|=|AQ|+\dfrac{1}{2}$，故据 $|AQ|$ 能确定 $|PQ|$ 的最大值，因 Q 在椭圆上，A 为定点，故宜选取点 Q 的离心角为参数.

解 接上分析，设 $Q(2\cos\theta, \sin\theta)$，因为 $A(0,2)$，有

$$|AQ|^2=4\cos^2\theta+(2-\sin\theta)^2=$$
$$4-4\sin^2\theta+4-4\sin\theta+\sin^2\theta=$$

$$-3\sin^2\theta-4\sin\theta+8=$$
$$-3\left(\sin\theta+\frac{2}{3}\right)^2+\frac{28}{3}$$

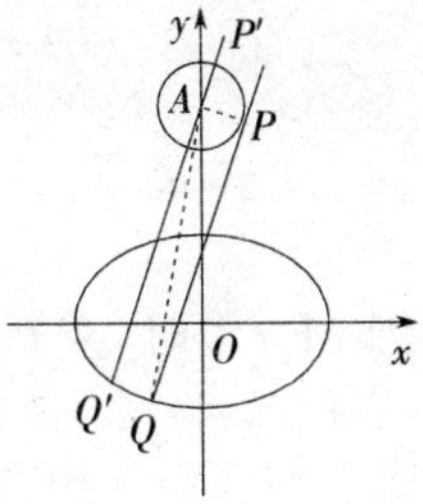

图 5.38

所以当 $\sin\theta=-\frac{2}{3}$时，有$|AQ|_{\max}=\frac{2}{3}\sqrt{21}$.

设这时点 Q 位于点Q'，延长$Q'A$ 交小圆于P'，则$|P'Q'|$（据分析）能取到最大值，因为

$$|AP'|=\frac{1}{2}$$

所以$|PQ|_{\max}=\frac{2}{3}\sqrt{21}+\frac{1}{2}$.

说明 本题在合理选用角参数的基础上再结合平面几析几何有关知识，使解题过程变得精练，可见在解析几何问题的处理中，有效地使用图形中的平面几何性质，利用平面几何知识，常能显著减少运算量、简化解题过程.

例 32 如图 5.39，M 是椭圆$\frac{x^2}{a^2}+\frac{y^2}{b^2}=1$ 上的动点，A 是椭圆的右顶点，在 x 轴的正半轴上取一点 N，使 N 在椭圆外，且$|AN|=|AM|$，直线 NM 交 y 轴于Q，当点 M 沿着上半椭圆移动逐渐接近于点 A 时，点 Q 逐渐接近于什么位置？

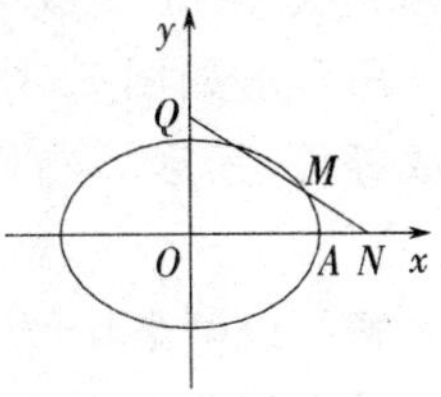

图 5.39

解 设 $M(a\cos\theta, b\sin\theta)$ $\left(0<\theta<\frac{\pi}{2}\right)$，且设 $Q(0,y)$，$A(a,0)$，因为

$$|AM|=\sqrt{(a-a\cos\theta)^2+(b\sin\theta)^2}=2\sin\frac{\theta}{2}\sqrt{a^2\sin^2\frac{\theta}{2}+b^2\cos^2\frac{\theta}{2}}$$

又因为$|AN|=|AM|$，所以点 N 坐标为

$$\left(a+2\sin\frac{\theta}{2}\sqrt{a^2\sin^2\frac{\theta}{2}+b^2\cos^2\frac{\theta}{2}},0\right)$$

因为 N,M,Q 三点共线，所以

$$\frac{y-b\sin\theta}{0-a\cos\theta}=\frac{b\sin\theta-0}{a\cos\theta-a-2\sin\frac{\theta}{2}\sqrt{a^2\sin^2\frac{\theta}{2}+b^2\cos^2\frac{\theta}{2}}}$$

整理，得

$$y=\frac{ab\cos\theta\cos\dfrac{\theta}{2}}{a\sin\dfrac{\theta}{2}+\sqrt{a^2\sin^2\dfrac{\theta}{2}+b^2\cos^2\dfrac{\theta}{2}}}+b\sin\theta$$

故当 $M\to A$ 时，有 $\theta\to0$，$\sin\dfrac{\theta}{2}$，$\sin\theta\to0$，$\cos\dfrac{\theta}{2}$，$\cos\theta\to1$，于是

$$\lim_{\theta\to0}y=\frac{ab}{\sqrt{b^2}}=a$$

即点 Q 逐渐接近于位置$(0,a)$.

3. 斜率参数

斜率参数多适用于涉及两条直线相垂直、交成定角、圆锥曲线的动切线、直径，或过定点(包括有定截距)的动直线等问题.

例 33 自动点 P 向椭圆$\dfrac{x^2}{a^2}+\dfrac{y^2}{b^2}=1$ 引两条切线，切点为 A，B，若此两条切线与直线 $y=x$ 交成等角，求点 P 的轨迹方程.

思考 如图 5.40，因切线 PA，PB 与直线 $y=x$ 交成等角，其运算与斜率有关，故以切线的斜率为参数.

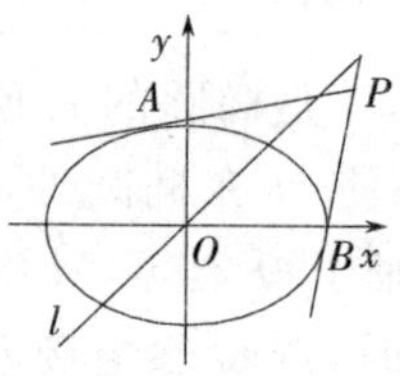

图 5.40

解 设两条切线 PA，PB 的斜率分别为 k_1，k_2，则切线的方程分别为

$$PA: y=k_1x\pm\sqrt{a^2k_1^{\,2}+b^2} \qquad ①$$

$$PB: y=k_2x\pm\sqrt{a^2k_2^{\,2}+b^2} \qquad ②$$

又因为 PA，PB 与直线 $y=x$ 交成等角，有

$$\frac{k_1-1}{1+k_1\cdot1}=\frac{1-k_2}{1+1\cdot k_2}$$

整理，得

$$k_1k_2=1 \qquad ③$$

由③，得 $k_2=\dfrac{1}{k_1}$，代入②，有

$$y=\frac{1}{k_1}x\pm\sqrt{\frac{a^2}{k_1^{\,2}}+b^2} \qquad ④$$

由①④即可组成点 P 轨迹的参数方程，为消去参数 k_1，据式①，得

$$y-k_1x=\pm\sqrt{a^2k_1^{\,2}+b^2}$$

平方，得

$$y^2-2k_1xy+k_1{}^2x^2=a^2k_1{}^2+b^2 \quad ⑤$$

同理,对式④整理后平方,得

$$k_1{}^2y^2-2k_1xy+x^2=a^2+b^2k_1{}^2 \quad ⑥$$

⑤-⑥,得

$$(k_1{}^2-1)(x^2-y^2)=(k_1{}^2-1)(a^2-b^2)$$

因为 $k_1\neq\pm1$,约去,得

$$x^2-y^2=a^2-b^2$$

即所求点 P 的轨迹方程为

$$x^2-y^2=a^2-b^2$$

但轨迹是等轴双曲线在已知椭圆外的部分.

例 34 动弦 AB 过抛物线 $y^2=8x$ 的焦点 F,求 AB 的中点 M 到直线 L: $x+2y+4=0$ 的最短距离.

思考 设动弦的斜率 k 为参数,可表示出弦 AB 的方程,其中点 M 到直线 l 的距离的目标函数也随之可得.

解 如图 5.41,抛物线的焦点为 $F(2,0)$,设 AB 斜率为 k,则方程为 $y=k(x-2)$.

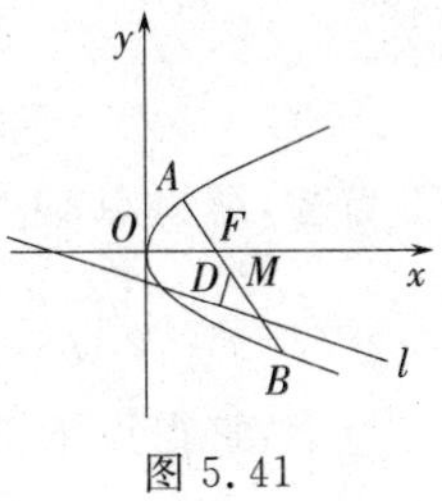

图 5.41

若设 A,B,M 的坐标分别为(x_1,y_1),(x_2,y_2),(x_0,y_0),其中(x_1,y_1),$(x_2、y_2)$为方程组

$$\begin{cases}y^2=8x\\y=kx-2k\end{cases}$$

的两个解.

消去 y,得

$$k^2x^2-4(k^2+2)x+4k^2=0$$

据韦达定理,有

$$x_0=\frac{x_1+x_2}{2}=2+\frac{4}{k^2}$$

$$y_0=\frac{y_1+y_2}{2}=kx_0-2k=\frac{4}{k}$$

于是,点 M 到直线 l 的距离

$$d=\left|\frac{\frac{4}{k^2}+2+\frac{8}{k}+4}{\sqrt{5}}\right|=\left|\frac{2}{\sqrt{5}}\left[2\left(\frac{1}{k}\right)^2+4\times\frac{1}{k}+3\right]\right|$$

显然,当$\frac{1}{k}=-\frac{4}{2\times2}=-1$,即 $k=-1$ 时,动弦 AB 的中点到直线 $x+2y+4=0$

有最短距离. 最短距离为$\frac{2\sqrt{5}}{5}$.

例 35 设双曲线$\frac{x^2}{a^2}-\frac{y^2}{b^2}=1$的一个顶点是$A$,$P$是双曲线上的一点,从$A$引两条渐近线的平行线,与直线$OP$分别交于点$Q$及$R$,求证:$|OQ|$,$|OP|$,$|OR|$成等比数列.

思考 各条线段都在直线OP上,为便于运算,选择直线OP的斜率k为参数.

证明 设直线OP的方程为

$$y=kx \quad ①$$

因直线AQ,AR分别平行于两条渐近线,如图 5.42,点A坐标为$(a,0)$,则AQ方程为

$$y=\frac{b}{a}(x-a) \quad ②$$

AR方程为

$$y=-\frac{b}{a}(x-a) \quad ③$$

据①与②,解得点Q坐标为

$$\left(\frac{ab}{b-ak},\frac{abk}{b-ak}\right)$$

据①与③,解得点R坐标为

$$\left(\frac{ab}{b+ak},\frac{abk}{b+ak}\right)$$

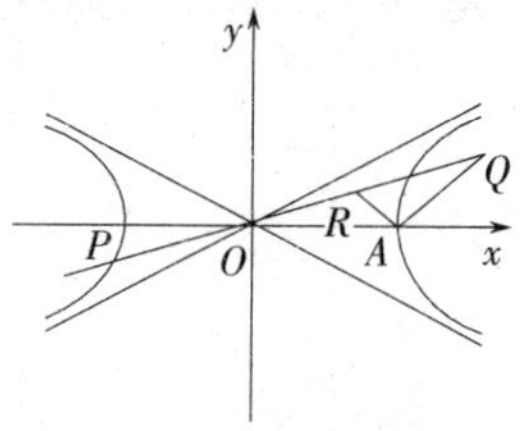

图 5.42

所以

$$|OQ|=\sqrt{\left(\frac{ab}{b-ak}\right)^2+\left(\frac{abk}{b-ak}\right)^2}=\sqrt{\frac{a^2b^2(1+k^2)}{(b-ak)^2}}$$

$$|OR|=\sqrt{\left(\frac{ab}{b+ak}\right)^2+\left(\frac{abk}{b+ak}\right)^2}=\sqrt{\frac{a^2b^2(1+k^2)}{(b+ak)^2}}$$

即$|OQ|\cdot|OR|=\frac{a^2b^2(1+k^2)}{(b^2-a^2k^2)^2}$.

再将①与双曲线方程联立,求得点P轨迹为

$$\left(\frac{ab}{b^2-a^2k^2},\frac{abk}{b^2-a^2k^2}\right)\text{或}\left(\frac{-ab}{b^2-a^2k^2},\frac{-abk}{b^2-a^2k^2}\right)$$

所以

$$|OP|^2=\frac{a^2b^2(1+k^2)}{(b^2-a^2k^2)^2}$$

因此$|OP|^2=|OQ|\cdot|OR|$. 命题获证.

说明 本题如对直线 OP 采用参数方程$\begin{cases}x=t\cos\alpha\\y=t\sin\alpha\end{cases}$,以此计算 t_Q,t_R 及 t_P,证明过程还可简化. 请读者一试.

例 36 已知抛物线 $x^2=2Py$ 和定点 $M(0,m)(P>0,m>0)$过点 M 作直线 L 与抛物线相交于 A,B 两点,若以 A,B 及原点 O 为顶点的三角形面积为 $m\sqrt{3Pm}$,试求直线 L 的方程.

解 如图 5.43,设直线 l 的斜率为 k(作参数),则 l 的方程 $y=kx+m$.

显然,原点到 l 的距离 $d=\frac{m}{\sqrt{k^2+1}}$.

再设 $A(x_1,y_1)$,$B(x_2,y_2)$,则由方程组

$$\begin{cases}x^2=2Py\\y=kx+m\end{cases}$$

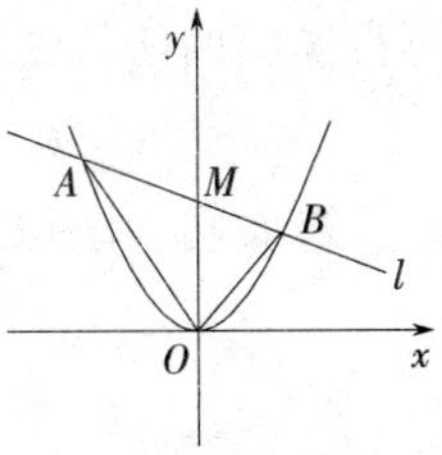

图 5.43

得

$$x^2-2Pkx-2Pm=0$$

据韦达定理有

$$x_1+x_2=2Pk,x_1x_2=-2Pm$$

而

$$|AB|=\sqrt{(x_1-x_2)^2+(y_1-y_2)^2}=\sqrt{(x_1-x_2)^2+k^2(x_1-x_2)^2}=\sqrt{1+k^2}\cdot\sqrt{(x_1+x_2)^2-4x_1x_2}=\sqrt{1+k^2}\cdot\sqrt{4P^2k^2-8Pm}$$

因为

$$S_{\triangle AOB}=\frac{1}{2}|AB|\cdot d=m\sqrt{3Pm}$$

所以

$$\frac{1}{2}\frac{m}{\sqrt{k^2+1}}\sqrt{1+k^2}\sqrt{4P^2k^2-8Pm}=m\sqrt{3Pm}$$

化简得

$$\sqrt{P^2k^2+2Pm}=\sqrt{3Pm}$$

解得 $k=\pm\sqrt{\frac{m}{p}}$.

故所求直线 l 的方程为 $y=\pm\frac{\sqrt{Pm}}{P}x+m$.

例 37 求抛物线 $y^2=\frac{20}{3}x$ 与椭圆 $\frac{x^2}{45}+\frac{y^2}{20}=1$ 的公切线的方程.

思考 若设公切线的斜率 k 为参数,抛物线与椭圆的切线方程均可写出,因两个方程代表同一条直线,即可比较系数以确定 k 的值.

解 承上,如图 5.44,可得抛物线的切线方程为

$$y=kx+\frac{5}{3k} \quad ①$$

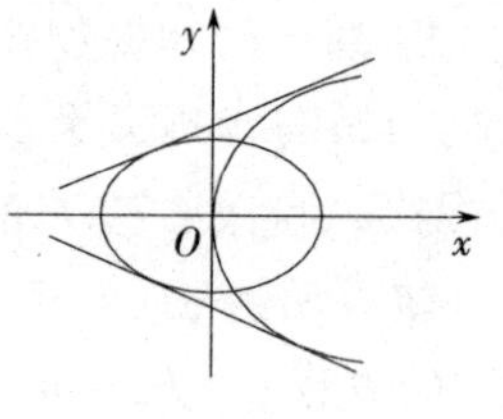

图 5.44

又可得椭圆的切线方程为

$$y=kx\pm\sqrt{45k^2+20} \quad ②$$

因①②代表同一条切线,得

$$\frac{5}{3k}=\pm\sqrt{45k^2+20}$$

得 $81k^4+36k^2-5=0$,即

$$k^2=\frac{1}{9},k^2=-\frac{5}{9}(\text{舍去})$$

所以 $k=\pm\frac{1}{3}$.

代入式①,即得所求的公切线方程为

$$y=\frac{1}{3}x+5 \text{ 和 } y=-\frac{1}{3}x-5$$

说明 这里的 k 也是待定系数,所设两个方程①或②都是含参数 k 的直线系方程.

4. 截距参数

截距参数适用于解与已知斜率的平行直线系有关的题.在辅设纵或横截距为参数后,即可方便地展开计算或讨论.

例 38 给定点 $A(a,0)$ 与 $B(0,b)(a>0,b>0)$,作直线 AB 的平行线分别交 x,y 轴于 P,Q,求 AQ 与 BP 的交点 M 的轨迹方程.

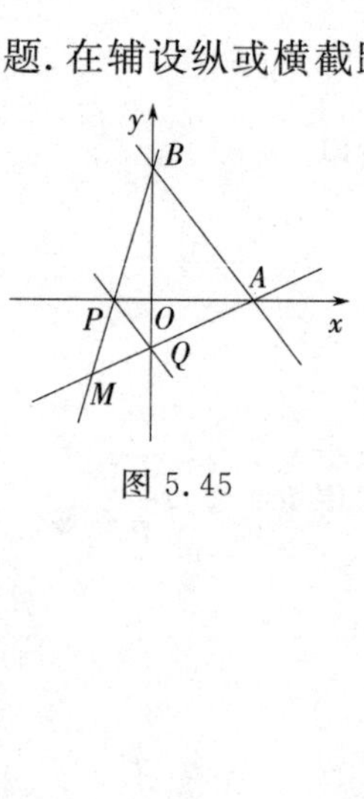

图 5.45

思考 PQ 是斜率为 $-\frac{b}{a}$ 的平行直线系,可选动截距 OQ 为参数写出方程,点 M 的坐标满足的关系

式即可通过运算而求得.

解 设 $OQ=t$ 为参数,则动直线 PQ 的方程为

$$y=-\frac{b}{a}x+t$$

易由此求得

$$OP=\frac{a}{b}t$$

所以直线 AQ 方程为

$$\frac{x}{a}+\frac{y}{t}=1 \quad ①$$

直线 BP 方程为

$$\frac{x}{\frac{a}{b}t}+\frac{y}{b}=1 \quad ②$$

从①②中消去 t,即得 AQ 与 BP 的交点 M 的轨迹方程为双曲线

$$b^2x^2-a^2y^2-ab^2x+a^2by=0$$

例 39 已知抛物线 $y=ax^2-1$ 上恒有关于直线 l:$x+y=0$ 对称的两个点,试求 a 的取值范围.

解 如图 5.46 所示,设抛物线 $y=ax^2-1$ 上有关于直线 $x+y=0$ 对称的两点 A,B,易知直线 AB 的斜率为 1,设此直线的截距 b 为参数,则 AB 的方程为

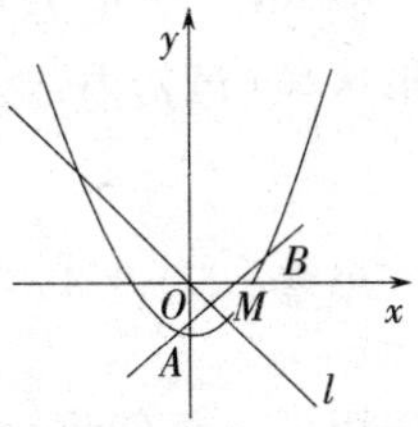

图 5.46

$$y=x+b$$

将它代入抛物线方程,整理得

$$ax^2-x-b-1=0 \quad ①$$

此方程的两个根 x_1,x_2 即为 A,B 两点的横坐标,据韦达定理,有

$$x_1+x_2=\frac{1}{a}$$

所以 AB 中点 M 的坐标为

$$x_M=\frac{1}{2}(x_1+x_2)=\frac{1}{2a}$$

$$y_M=-x_M=-\frac{1}{2a}$$

又因 M 在直线 AB 上,有

$$-\frac{1}{2a}=\frac{1}{2a}+b$$

所以

$$b=-\frac{1}{a}$$

代入式①，即得方程为

$$ax^2-x+\frac{1}{a}-1=0 \quad ②$$

因为 A,B 为不同的两个点，方程②的判别式

$$\Delta=1-4a\left(\frac{1}{a}-1\right)>0$$

解得 $a>\frac{3}{4}$.

所以当 $a>\frac{3}{4}$ 时，抛物线 $y=ax^2-1$ 上恒有关于直线 $l:x+y=0$ 的对称的两个点.

说明　本题也可以选用直线参数方程(本节的例 6)，或点的坐标参数来解，读者不妨一试.

例 40　设 R 为平面上以 $A(4,1)$，$B(-1,-6)$，$C(-3,2)$ 三点为顶点的三角形区域(包括内部及边界)，试求点 (x,y) 在 R 上变动时，函数 $3x-4y$ 的最值.

思考　若设 $3x-4y=k$(这里，$-\frac{k}{4}$ 即是直线的纵截距，故 k 为截距参数)，则选用了一组斜率为 $\frac{3}{4}$ 的平行直线系，可研究此平行线系通过区域 R 上的点时的情形来确定最值.

解　设 $3x-4y=k$，则

$$y=\frac{3}{4}x-\frac{k}{4} \quad ①$$

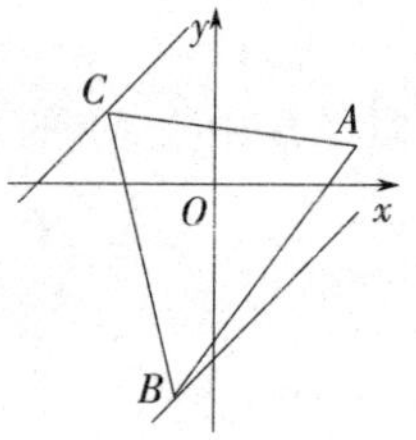

图 5.47

因为 (x,y) 在 R 上变动，见图 5.47，当直线①通过点 $B(-1,-6)$ 时，直线的纵截距 $-\frac{k}{4}$ 为最小.

此时 $\left(-\frac{k}{4}\right)_{\min}=-6+\frac{3}{4}=-\frac{21}{4}$，得 $k_{\max}=21$.

当直线①通过点 $C(-3,2)$ 时，其截距 $-\frac{k}{4}$ 为最大.

此时，$\left(-\frac{k}{4}\right)_{max}=2+\frac{9}{4}=\frac{17}{4}$，得 $k_{min}=-17$.

故当 (x,y) 在 R 上变动时，函数 $3x-4y$ 的最大值为 21，最小值为 -17.

说明 求闭区域 R(包括边界)上线性函数的最值，都可以用本题所述的解法：

设 $ax+by=k$，其中 $(x,y)\in R$.

当 k 变动时，就得到了一组平行直线系，与区域 R 有公共点的最边缘的两条直线 l_1,l_2，就决定了 $ax+by$ 在 R 上的最大值和最小值，如图 5.48 所示. 由此可以得到一般的结论：线性函数的最值总是在闭域 R 的边界上达到，特别的，当区域 R 是一个凸多边形时，就必定在顶点上达到最值，如果区域 R 有一条边与直线系 $ax+by=k$ 平行，则在这条直线上 $ax+by$ 保持定值，且是最大值或最小值.

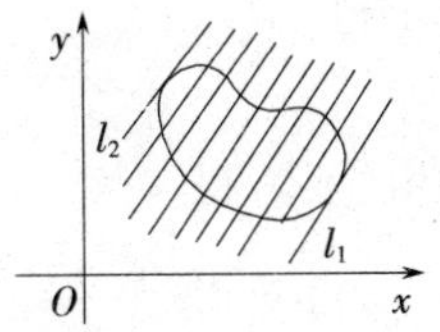

图 5.48

5. 比值参数

以有向线段的比值 λ 或其他量的比值为参数，适用于同线段的比或比例有关的问题. 包括同多边形有关的几何问题，涉及线段比的轨迹、最值等问题的解析处理. 特别应该提及的是，由比值 λ 所表示的两点式直线参数方程 $\begin{cases} x=\frac{x_1+\lambda x_2}{1+\lambda} \\ y=\frac{y_1+\lambda y_2}{1+\lambda} \end{cases}$ 在解这类问题中极具活力.

例 41 过圆外的定点 P 作直线交定圆于 A,B 两点，在弦 AB 上取点 Q，使 $|AQ|:|QB|=|AP|:|PB|$，试求点 Q 的轨迹方程.

解 建立如图 5.49 的坐标系，设定圆半径为 1，令 $|OP|=p$，并设 P,A,B,Q 各点的坐标分别为 $(0,p)$，$(\cos\alpha,\sin\alpha)$，$(\cos\beta,\sin\beta)$，(x,y). 又据条件设 $\frac{|AQ|}{|QB|}=\frac{|AP|}{|PB|}=\lambda$(这里，$\lambda$ 为比值参数).

因为 $\frac{AQ}{QB}=\lambda$，$\frac{AP}{PB}=-\lambda$，据定比分点公式，得

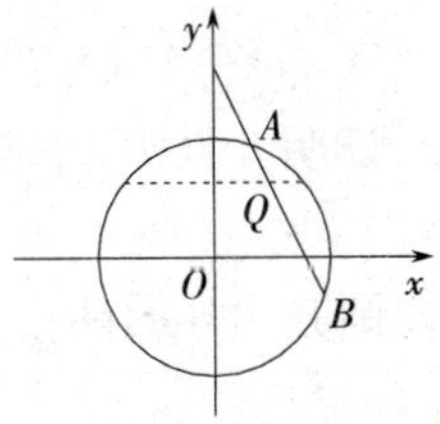

图 5.49

$$\begin{cases}0=\dfrac{\cos\alpha-\lambda\cos\beta}{1-\lambda}\\ p=\dfrac{\sin\alpha-\lambda\sin\beta}{1-\lambda}\end{cases}\quad(\lambda\neq 1)\qquad ①$$

$$\begin{cases}x=\dfrac{\cos\alpha+\lambda\cos\beta}{1+\lambda}\\ y=\dfrac{\sin\alpha+\lambda\sin\beta}{1+\lambda}\end{cases}\quad(\lambda\text{ 为参数},\lambda\neq -1)\qquad ②$$

由①得

$$\cos\alpha-\lambda\cos\beta=0$$

再由①②,得

$$py=\frac{\sin^2\alpha-\lambda\sin^2\beta}{1-\lambda^2}=\frac{(1-\lambda^2)-(\cos^2\alpha-\lambda^2\cos^2\beta)}{1-\lambda^2}=$$

$$\frac{(1-\lambda^2)-(\cos\alpha+\lambda\cos\beta)(\cos\alpha-\lambda\cos\beta)}{1-\lambda^2}=\frac{(1-\lambda^2)-0}{1-\lambda^2}=1$$

所以 $y=\dfrac{1}{p}$.

此即知点 Q 轨迹是直线 $y=\dfrac{1}{p}$ 在圆 $x^2+y^2=1$ 内的弦(不包括端点).

例 42 已知两个椭圆的离心率相等,长、短轴分别重合,求证:大椭圆的弦若与小椭圆相切,则该弦被切点平分.

思考 如图 5.50,因弦 AB 与小椭圆切于 P,不妨使用直线参数方程

$$\begin{cases}x=\dfrac{x_1+\lambda x_2}{1+\lambda}\\ y=\dfrac{y_1+\lambda y_2}{1+\lambda}\end{cases}\quad(\lambda\text{ 为参数})$$

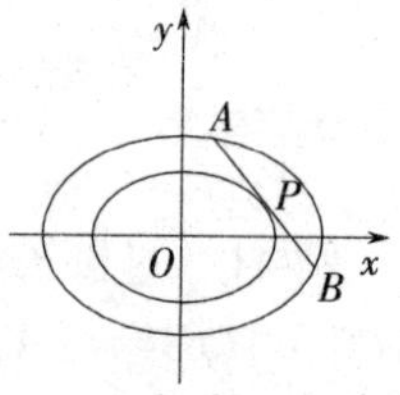

图 5.50

只要证得 $\lambda=1$,切点 P 便能平分弦 AB.

证明 设大、小椭圆方程分别为

$$b^2x^2+a^2y^2=a^2b^2,\ b_1{}^2x^2+a_1{}^2y^2=a_1{}^2b_1{}^2$$

大椭圆弦 AB 的两个端点为 $A(a\cos\theta,b\sin\theta)$,$B(a\cos\varphi,b\sin\varphi)$. $P(x,y)$,且

$$\frac{AP}{PB}=\lambda$$

则直线 AB 的方程为

$$\begin{cases}x=\dfrac{a(\cos\theta+\lambda\cos\varphi)}{1+\lambda}\\ y=\dfrac{b(\sin\theta+\lambda\sin\varphi)}{1+\lambda}\end{cases}\quad(\lambda\text{ 为参数})\qquad ①$$

因切点 P 在小椭圆上，把①代入其方程得

$$a^2b_1^{\ 2}\left(\frac{\cos\theta+\lambda\cos\varphi}{1+\lambda}\right)^2+b^2a_1^{\ 2}\left(\frac{\sin\theta+\lambda\sin\varphi}{1+\lambda}\right)^2=a_1^{\ 2}b_1^{\ 2}\qquad ②$$

因两个椭圆离心率相等，有

$$\frac{\sqrt{a^2-b^2}}{a}=\frac{\sqrt{a_1^{\ 2}-b_1^{\ 2}}}{a_1}$$

化简得 $a_1^{\ 2}b^2=a^2b_1^{\ 2}$，代入②，得

$$\left(\frac{\cos\theta+\lambda\cos\varphi}{1+\lambda}\right)^2+\left(\frac{\sin\theta+\lambda\sin\varphi}{1+\lambda}\right)^2=\frac{a_1^{\ 2}}{a^2}$$

再整理为关于 λ 的二次方程

$$\left(1-\frac{a_1^{\ 2}}{a^2}\right)\lambda^2+2\left[\cos(\theta-\varphi)-\frac{a_1^{\ 2}}{a^2}\right]\lambda+\left(1-\frac{a_1^{\ 2}}{a^2}\right)=0\qquad ③$$

设方程③的两个根为 λ_1,λ_2，则

$$\lambda_1\lambda_2=\frac{1-\dfrac{a_1^{\ 2}}{a^2}}{1-\dfrac{a_1^{\ 2}}{a^2}}=1$$

又因 AB 与小椭圆相切，仅一切点 P，$\lambda_1=\lambda_2>0$，所以 $\lambda_1=\lambda_2=1$，即知切点 P 平分弦 AB.

说明　本题也可以用点的坐标参数，或直线参数方程 $\begin{cases}x=x_0+t\cos\alpha\\ y=y_0+t\sin\alpha\end{cases}$ 等来解.

例 43　求证：抛物线的外切三角形各顶点与对边切点的连线，三线共点.

思考　为减少运算量，考虑用西瓦定理的逆定理，即如图 5.51，若能证明 $\dfrac{AP}{PB}\cdot\dfrac{BQ}{QC}\cdot\dfrac{CR}{RA}=1$，则有 AQ,BR,CP 三线共点. 考虑到式中三个比式每一个都是同一条直线上的两条线段的比，且均在抛物线的切线上，故选取比值参数再利用直线参数方程

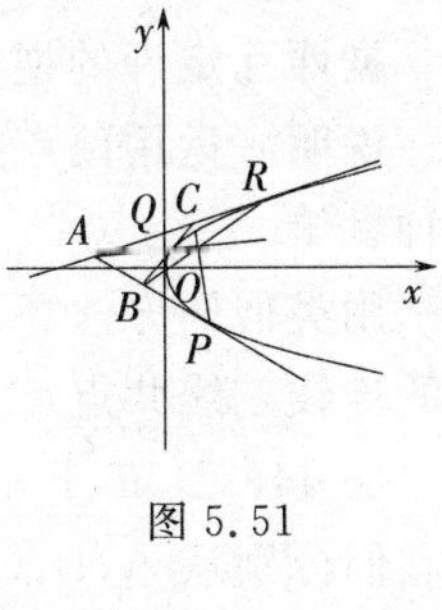

图 5.51

$$\begin{cases} x=\dfrac{x_1+\lambda x_2}{1+\lambda} \\ y=\dfrac{y_1+\lambda y_2}{1+\lambda} \end{cases} \quad (\lambda\neq -1)$$

即可证明.

证明 如图,设抛物线方程为 $y^2=2px(p>0)$,$\triangle ABC$ 各顶点的坐标分别为 $A(x_1,y_1)$,$B(x_2,y_2)$,$C(x_3,y_3)$,P,Q,R 为切点,则直线 AB 的两点式参数方程为

$$\begin{cases} x=\dfrac{x_1+\lambda x_2}{1+\lambda} \\ y=\dfrac{y_1+\lambda y_2}{1+\lambda} \end{cases} \quad (\lambda \text{ 为参数})$$

将它代入抛物线方程,化简整理得关于 λ 的二次方程

$$(y_2{}^2-2px_2)\lambda^2+(2y_1y_2-px_1-px_2)\lambda+(y_1{}^2-2px_1)=0$$

由于 AB 与抛物线相切,故此方程应有两个相等的实根,由韦达定理,得

$$\lambda^2=\lambda_1\lambda_2=\frac{y_1{}^2-2px_1}{y_2{}^2-2px_2}=\left(\frac{AP}{PB}\right)^2 \qquad ①$$

同理,可得

$$\frac{y_2{}^2-2px_2}{y_3{}^2-2px_3}=\left(\frac{BQ}{QC}\right)^2 \qquad ②$$

$$\frac{y_3{}^2-2px_3}{y_1{}^2-2px_1}=\left(\frac{CR}{RA}\right)^2 \qquad ③$$

式①②③相乘,得

$$\left(\frac{AP}{PB}\cdot\frac{BQ}{QC}\cdot\frac{CR}{RA}\right)^2=1$$

即$\dfrac{AP}{PB}\cdot\dfrac{BQ}{QC}\cdot\dfrac{CR}{RA}=1$.

据西瓦定理的逆定理知 AQ,BR,CP 三线共点.

说明 运用两点式直线参数方程以解决圆锥曲线的切线问题,常能不失为一种良策.

用类似的方法还可证明“椭圆或双曲线的外切三角形,各个顶点与对边切点的连线三线共点.”

例 44 D,E,F 分别是$\triangle ABC$ 的 AB,BC,CA 三边上的动点,在时刻 $t=0$ 时它们分别从 A,B,C 出发,各以一定的速度向 B,C,A 移动,在时刻 $t=1$ 时到达 B,C,A 位置,试问$\triangle DEF$ 面积的最小值是$\triangle ABC$ 面积的多少?

解 建立如图 5.52 的坐标系,设 $B(-a,0)$,$C(a,0)$,$A(m,n)$.

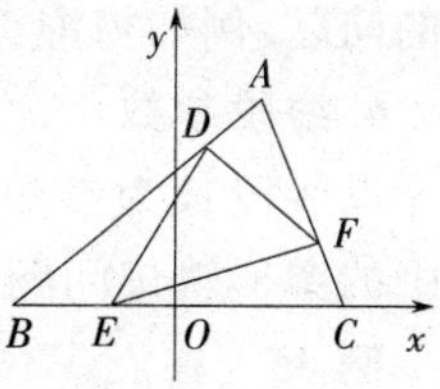

图 5.52

经时刻 t_0 后,三点达到图中 D,E,F 位置,则有

$$\frac{|AD|}{|AB|}=\frac{|BE|}{|BC|}=\frac{|CF|}{|CA|}$$

经分比定理,上式成$\frac{|AD|}{|DB|}=\frac{|BE|}{|EC|}=\frac{|CF|}{|FA|}$,设其比值为参数 λ,则有

$$\begin{cases}x_D=\frac{m-\lambda_a}{1+\lambda}\\ y_D=\frac{n}{1+\lambda}\end{cases},\begin{cases}x_E=\frac{-a+\lambda_a}{1+\lambda}\\ y_E=0\end{cases},\begin{cases}x_F=\frac{a+\lambda m}{1+\lambda}\\ y_F=\frac{\lambda n}{1+\lambda}\end{cases}$$

所以

$$S_{\triangle DEF}=\frac{1}{2}\begin{vmatrix}\frac{m-\lambda_a}{1+\lambda} & \frac{n}{1+\lambda} & 1\\ \frac{-a+\lambda a}{1+\lambda} & 0 & 1\\ \frac{a+\lambda m}{1+\lambda} & \frac{\lambda n}{1+\lambda} & 1\end{vmatrix}=\frac{1}{2(1+\lambda)^2}\begin{vmatrix}m-\lambda a & n & 1\\ -a+\lambda a & 0 & 1\\ a+\lambda m & \lambda n & 1\end{vmatrix}=an\frac{\lambda^2-\lambda+1}{(1+\lambda)^2}$$

又 $S_{\triangle ABC}=a\cdot n$,所以

$$\frac{S_{\triangle DEF}}{S_{\triangle ABC}}=\frac{\lambda^2-\lambda+1}{(1+\lambda)^2}$$

设

$$m=\frac{\lambda^2-\lambda+1}{(1+\lambda)^2}\quad(\lambda\text{ 为一切正实数})$$

整理为

$$(m-1)\lambda^2+(2m+1)\lambda+m-1=0$$

由 $\Delta=(2m+1)^2-4(m-1)^2\geqslant 0$ 可解得 $m\geqslant\frac{1}{4}$.

即知$\triangle DEF$ 的面积最小时是$\triangle ABC$ 面积的$\frac{1}{4}$. 此时 D,E,F 三点恰位于$\triangle ABC$ 三边的中点.

值得一提的是,利用比值参数我们可证得:"设已知两点 $P_1(x_1,y_1)$,$P_2(x_2,y_2)$的连线交直线 $l:Ax+By+C=0$ 于点 P(P_2 不在直线 l 上),则$\frac{P_1P}{PP_2}=-\frac{Ax_1+By_1+C}{Ax_2+By_2+C}$."这是一个很有用的命题,特别适用于证明比例线段有

关的问题. 例如梅涅劳斯定理等.

6. 线段参数

以线段长为参数,多适用于动点坐标可用线段长度表示的问题. 如平移运动中的图形轨迹问题,涉及圆锥曲线的三角形问题,等等.

例 45 在$\triangle ABC$中,$\angle A$的大小与位置都一定,边AB与AC之和为定值$2l$,试求这三角形外心的轨迹方程.

解 建立如图 5.53 的坐标系,令$|AB|+|AC|=2l$为定值,$\angle A=\alpha$(定值).

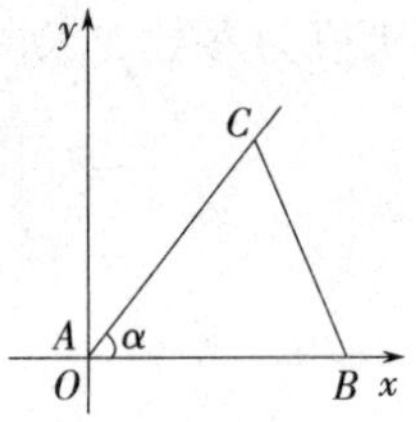

图 5.53

引入线段参数t,使$|AB|=l+t$,则

$$AC=l-t\quad(-l<t<l)$$

且知C,B的坐标分别为

$$((l-t)\cos\alpha,(l-t)\sin\alpha),(l-t,0)$$

于是AB和AC的中垂线方程分别为

$$x=\frac{1}{2}(l+t) \tag{①}$$

$$y-\frac{1}{2}(l-t)\sin\alpha=-\cot\alpha\left[x-\frac{1}{2}(l-t)\cos\alpha\right] \tag{②}$$

方程①②联立,可解得$\triangle ABC$的外心坐标为

$$\begin{cases}x=\dfrac{1}{2}(l+t)\\ y=-\dfrac{1}{2}(l+t)\cot\alpha+\dfrac{l-t}{2\sin\alpha}\end{cases}$$

从中消去参数t,即得外心的轨迹方程为

$$(1+\cos\alpha)x+y\sin\alpha-l=0\quad(0<x<l)$$

例 46 如图 5.54,边长为$2\sqrt{3}$的正$\triangle ABC$,其一边BC在x轴上滑动,点A在x轴上方,G是正$\triangle ABC$的中心,y轴上有定点$D(0,3)$,求两条直线AB,DG的交点P的轨迹方程.

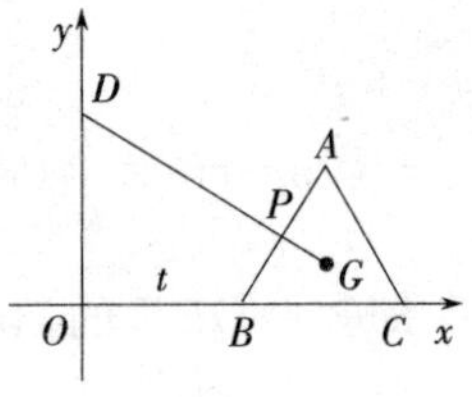

图 5.54

解 图形平行移动,宜选取线段参数,故设

$$OB=t\quad(t\in\mathbf{R})$$

则有$B(t,0)$,因为AB的倾斜角为$60°$,$k_{AB}=\sqrt{3}$,故直线AB的方程是

$$y=\sqrt{3}(x-t) \tag{①}$$

又可求得正$\triangle ABC$的中心G的坐标为$(t+\sqrt{3},1)$，故直线DG的方程为

$$\frac{y-3}{x}=\frac{1-3}{t+\sqrt{3}} \quad ②$$

从①②消去参数t，再整理即得AB，DG的交点P的轨迹方程是双曲线

$$\sqrt{3}xy-y^2-\sqrt{3}x+6y-9=0$$

例 47 已知椭圆方程为$\frac{x^2}{a^2}+\frac{y^2}{b^2}=1$，过椭圆的左焦点$F_1$作弦$MN$，使$|MN|=2b$，求证：$MN$的倾斜角$\alpha$满足：$\tan^2\alpha=\frac{b}{a}$.

思考 如图 5.55，联结MF_2，NF_2，在$\triangle MNF_2$内，设$|MF_1|=x$，$|NF_1|=y$作为线段参数，利用解三角形及三角变换的方法来证明.

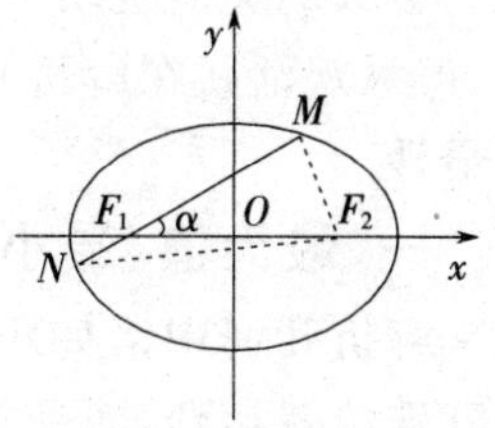

图 5.55

证明 承上分析，据椭圆定义，有

$$|MF_2|=2a-x,|NF_2|=2a-y$$

且$|F_1F_2|=2c$.

又$\angle MF_1F_2$与$\angle NF_1F_2$互补，所以在$\triangle MF_1F_2$与$\triangle NF_1F_2$内，有

$$(2a-x)^2=x^2+(2c)^2-4cx\cos\alpha$$
$$(2a-y)^2=y^2+(2c)^2-4cy\cos(\pi-\alpha)$$

即

$$ax=b^2+cx\cos\alpha$$
$$ay=b^2-cy\cos\alpha$$

两式相加、减，分别得

$$a(x+y)=2b^2+c(x-y)\cos\alpha$$
$$a(x-y)=c(x+y)\cos\alpha$$

将已知条件$x+y=2b$代入上面两式，得

$$2ab=2b^2+c(x-y)\cos\alpha$$
$$a(x-y)=2bc\cos\alpha$$

消去$x-y$，又得

$$\cos^2\alpha=\frac{a}{a+b}$$

因为

$$\tan^2\alpha=\frac{1-\cos^2\alpha}{\cos^2\alpha}=\frac{1-\dfrac{a}{a+b}}{\dfrac{a}{a+b}}=\frac{b}{a}$$

所以命题获证.

说明 本题也可用椭圆参数方程来证.

§3 参数在几类解析几何问题中的灵活应用

参数的灵活机动性和媒介作用,决定了它对求解各类解析几何问题都适用,但纵观活跃在解析几何领域中的参数,又以下列几类涉及动态的问题,使用得最妙.

一、最大值、最小值

解析几何中诸如距离、夹角、面积及其他量的最值,一般在点、线等图形某一特殊位置达到,而受几何条件制约的一些代数函数、三角函数的最值,关键在搞清变量之间的特殊结构,因此在建立最值问题的目标函数时,引进恰当的参数作自变量或变量之间的媒介,往往显得十分重要.

例 1 P 为等轴双曲线 $x^2-y^2=a^2$ 上的一点,F_1,F_2 为两个焦点,O 为中心,求$\dfrac{|PF_1|+|PF_2|}{|PO|}$的最大值.

思考 如图 5.56 所示,PF_1,PF_2 为两个焦半径,有公式可示,故选取点 P 的坐标作为参数.

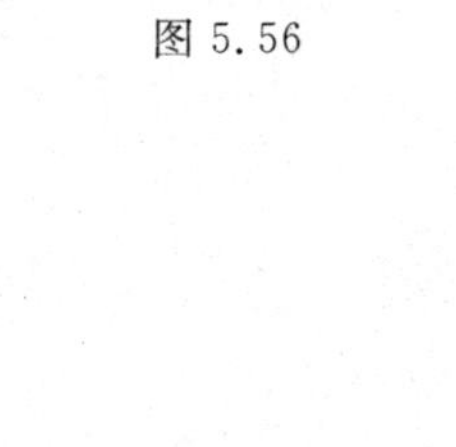

图 5.56

解 设 $P(x_0,y_0)$,不失一般性,令 $x_0>0$,且等轴双曲线的离心率 $e=\sqrt{2}$,所以

$|PF_1|+|PF_2|=(\sqrt{2}x_0+a)+(\sqrt{2}x_0-a)=2\sqrt{2}x_0$

又

$$|PO|=\sqrt{x_0{}^2+y_0{}^2}=\sqrt{2x_0{}^2-a^2}$$

设

$$k=\frac{|PF_1|+|PF_2|}{|OP|}=\frac{2\sqrt{2}x_0}{\sqrt{2x_0{}^2-a^2}}$$

整理得

$$x_0{}^2=\frac{a^2k^2}{2k^2-8} \quad ①$$

因为 $x_0{}^2 \geqslant a^2$，所以

$$\frac{a^2k^2}{2k^2-8} \geqslant a^2$$

可解得 $4<k^2\leqslant 8$，因为 $k>0$，有 $2<k\leqslant 2\sqrt{2}$.

即$\frac{|PF_1|+|PF_2|}{|PO|}$的最大值为 $2\sqrt{2}$.

将 $k=2\sqrt{2}$ 代入式①，得 $x_0=\pm a$，即这时点 P 的坐标为$(a,0)$或$(-a,0)$.

例 2 过抛物线 $y^2=2px$ 的焦点 F 作互相垂直的两弦 AB 和 CD，求以这两弦为对角线的四边形面积的最小值.

解 如图 5.57，设$\angle AFx=\theta$ 为参数，易知抛物线 $y^2=2px$ 的焦点弦的长为

$$|AB|=\frac{2p}{\sin^2\theta},\ |CD|=\frac{2p}{\sin^2\left(\theta+\frac{\pi}{2}\right)}=\frac{2p}{\cos^2\theta}$$

因为 $AB\perp CD$，所以四边形 $ACBD$ 的面积

$$S_{ACBD}=\frac{1}{2}|AB|\cdot|CD|=\frac{1}{2}\frac{4p^2}{\sin^2\theta\cos^2\theta}=\frac{8p^2}{\sin^2 2\theta}$$

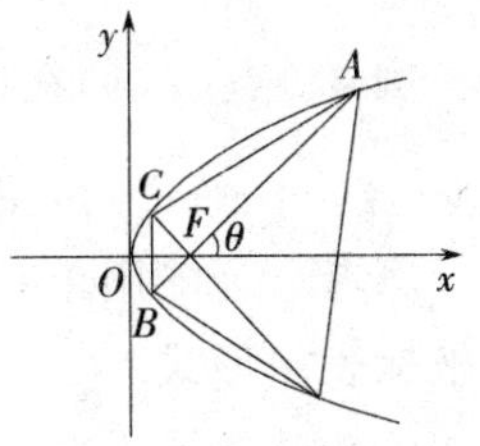

图 5.57

故当 $2\theta=\frac{\pi}{2}$，即 $\theta=\frac{\pi}{4}$时，有 S_{ACBD} 的最小值$=8p^2$.

例 3 设以原点 O 为圆心，r 为半径作圆与抛物线 $y^2=x-1$ 相交于 P,Q 两点，令$\angle POQ=\theta(0<\theta<\pi)$，问 r 为何值时，角 θ 为最大，并求此最大值.

思考 如图 5.58，P,Q 两点关于 x 轴为对称，因 θ 的大小与 P,Q 两点的坐标有关，故选取这两点的坐标为参数.

解 设 P,Q 两点的坐标分别为(x,y)，$(x,-y)$，由余弦定理，得

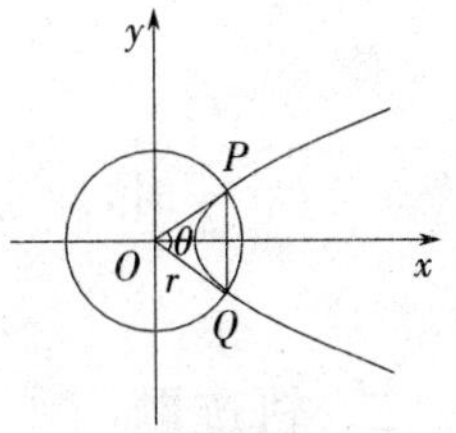

图 5.58

$$\cos\theta=\frac{|OP|^2+|OQ|^2-|PQ|^2}{2|OP|\cdot|OQ|}=$$

$$\frac{x^2+y^2+x^2+(-y)^2-(2y)^2}{2\sqrt{x^2+y^2}\cdot\sqrt{x^2+(-y)^2}}=$$

$$\frac{x^2-y^2}{x^2+y^2}=\frac{x^2-x+1}{x^2+x-1}\quad (因为\ y^2=x-1)$$

因为 $0<\theta<\pi$ 内 $\cos\theta$ 为减函数，因之需求上式的最小值.

设 $z=\frac{x^2-x+1}{x^2+x-1}$，则有

$$(1-z)x^2-(1+z)x+(1+z)=0$$

因为 x 是实数,故其判别式

$$\Delta=(1+z)^2-4(1-z)(1+z)\geqslant 0$$

解得 $z\geqslant\frac{3}{5}$ 或 $z\leqslant -1$(舍去).

所以 $z_{\min}=\frac{3}{5}$,这时有 $x=2$.

于是 $r=\sqrt{x^2+y^2}=\sqrt{x^2+x-1}=5$ 时,$\cos\theta$ 最小,而 θ 为最大,最大值为 $\arccos\frac{3}{5}$.

例 4 点 (x,y) 在曲线 $\frac{x^2}{4}+y^2=1$ 上移动时,求二元函数 $f(x,y)=x^2+2xy+4y^2+x+2y$ 的最大值.

思考 为能用单一的参变量表示二元函数的变量 x,y,选用椭圆参数方程的坐标表示形式.

解 因点 (x,y) 在椭圆 $\frac{x^2}{4}+y^2=1$ 上移动,可以椭圆的离心角为参数,将点 (x,y) 表示为 $(2\cos\theta,\sin\theta)$.

代入 $f(x,y)$ 表达式,得

$$\begin{aligned}f(x,y)=&(2\cos\theta)^2+2\times 2\cos\theta\sin\theta+4\sin^2\theta+2\cos\theta+2\sin\theta=\\&2[2+2\sin\theta\cos\theta+(\cos\theta+\sin\theta)]=\\&2\left[2+\sin 2\theta+\sqrt{2}\sin\left(\theta+\frac{\pi}{4}\right)\right]\end{aligned}$$

显然,当 $\theta=\frac{\pi}{4}$ 时,即 $x=\sqrt{2}$,$y=\frac{\sqrt{2}}{2}$ 时,有

$$f(x,y)_{\max}=2(3+\sqrt{2})$$

二、轨迹题

求已知曲线上某点(当该曲线运动时)的轨迹(随动曲线),或两动直线交点轨迹、线段中点的轨迹等,均须对曲线(直线、线段)的运动作简易的量化描述,并着眼于找出动点 (x,y) 两坐标变量之间的关系. 在 x,y 间的关系不易直接建立时,参数的纽带作用就显现出来了.

例 5 抛物线 $y^2=2px$ 的准线为 l,焦点为 F,P 为抛物线上的动点,作 $PQ\perp L$ 于 Q,求 PO 与 FQ 的交点 R 的轨迹方程.

思考 点 P 运动是形成点 R 轨迹的关键,故设点 P 的坐标为参数,并使用

抛物线的参数方程.

解 设动点 P 的坐标为 $(2pt^2, 2pt)$，如图 5.59，知点 Q 的坐标为 $\left(-\frac{p}{2}, 2pt\right)$，因为 $F\left(\frac{p}{2}, 0\right)$，再设 $R(x, y)$，因直线 PO 的方程为

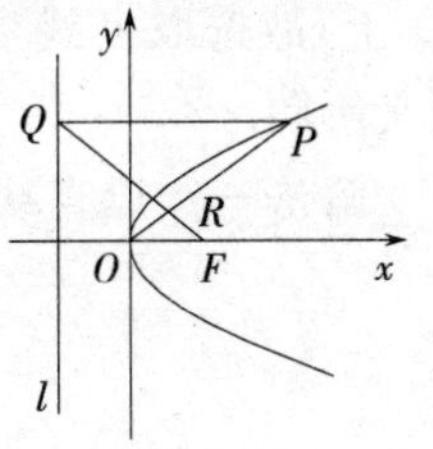

图 5.59

$$y=\frac{1}{t}x \quad ①$$

直线 FQ 的方程为

$$\frac{y}{x-\frac{p}{2}}=\frac{2pt}{-p} \quad ②$$

从①②消去参数 t，即得点 R 的轨迹方程为椭圆 $2x^2+y^2-px=0$.

例 6 求经过椭圆 $x^2+4y^2-16x=0$ 与圆 $x^2+y^2-14x-2y+14=0$ 的四个交点的二次曲线的中心的轨迹方程.

思考 过两已知圆锥曲线四个交点的二次曲线应是曲线系，故构作含参数的曲线系方程表示之，再设法取出中心的坐标参数表示式.

解 过所给椭圆与圆的四个交点的二次曲线系方程为

$$x^2+4y^2-16x+\lambda(x^2+y^2-14x-2y+14)=0$$

即

$$(\lambda+1)x^2+(\lambda+4)y^2-(14\lambda+16)x-2\lambda y+14\lambda=0 \quad ①$$

当 $\lambda\neq-1, \lambda\neq-4$ 时，方程①均表示有心曲线，其中心坐标可解得为

$$\begin{cases} x=\dfrac{14\lambda+16}{2(\lambda+1)}=\dfrac{7\lambda+8}{\lambda+1} \\ y=\dfrac{2\lambda}{2(\lambda+4)}=\dfrac{\lambda}{\lambda+4} \end{cases}$$

消去参数 λ，即得曲线系中心的轨迹方程为 $3xy+x-20y-8=0$，为双曲线.

说明 得出方程①后，也可用这样的方法获得中心坐标的参数表示式：

因二次曲线系为有心曲线，若中心为 (x_0, y_0)，则对曲线上每一点 $P(x, y)$，必有其对称点 $(2x_0-x, 2y_0-y)$ 也在曲线上，代入方程①，有

$$F(2x_0-x, 2y_0-y)\equiv F(x, y)$$

比较之，即可获得中心轨迹的参数方程 $\begin{cases} x_0=f(\lambda) \\ y_0=\varphi(\lambda) \end{cases}$.

例 7 直线 $y=mx(m>0)$ 交抛物线 $y=x^2-2x+2$ 于 P_1, P_2 两点，点 Q 在 P_1P_2 上，且满足 $\frac{1}{|OP_1|}+\frac{1}{|OP_2|}=\frac{2}{|OQ|}$，求点 Q 的轨迹.（图 5.60）

思考一 因线段 OP_1,OP_2,OQ 都在直线 $y=mx$ 上,故选取直线参数方程表示可利用 t 的几何意义解题.

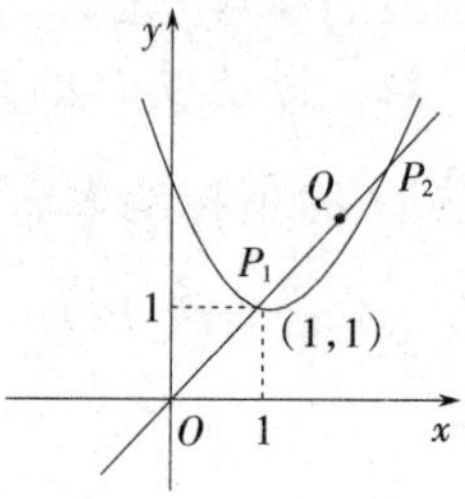

图 5.60

解法一 设直线 $y=mx$ 的参数方程为

$$\begin{cases}x=t\cos\theta\\ y=t\sin\theta\end{cases}$$

因为 $\tan\theta=m>0$,知 $0<\theta<\dfrac{\pi}{2}$,所以

$$\cos\theta=\frac{1}{\sqrt{1+m^2}},\sin\theta=\frac{m}{\sqrt{1+m^2}}$$

直线参数方程又化为

$$\begin{cases}x=\dfrac{t}{\sqrt{1+m^2}}\\ y=\dfrac{mt}{\sqrt{1+m^2}}\end{cases}\quad(t\text{ 是参数})\qquad ①$$

代入抛物线方程,整理得

$$\frac{t^2}{\sqrt{1+m^2}}-(m+2)t+2\sqrt{1+m^2}=0$$

设此方程两个根为 t_1,t_2,则 $|OP_1|=t_1$,$|OP_2|=t_2$,由韦达定理,知

$$t_1+t_2=(m+2)\sqrt{1+m^2},t_1t_2=2(1+m^2)$$

又设点 Q 对应为参数 t_Q,因为

$$\frac{1}{t_1}+\frac{1}{t_2}=\frac{2}{t_Q}$$

解得

$$t_Q=\frac{2t_1t_2}{t_1+t_2}=\frac{4\sqrt{1+m^2}}{m+2}$$

由此代入方程①,得点 Q 轨迹的参数方程

$$\begin{cases}x=\dfrac{1}{\sqrt{1+m^2}}\cdot\dfrac{4\sqrt{1+m^2}}{m+2}=\dfrac{4}{m+2} & ②\\ y=\dfrac{m}{\sqrt{1+m^2}}\cdot\dfrac{4\sqrt{1+m^2}}{m+2}=\dfrac{4m}{m+2} & ③\end{cases}$$

$$(m\text{ 为参数},m>0)$$

③÷②,得 $m=\dfrac{y}{x}$,代入②,整理,得

$$2x+y-4=0$$

因为 $m>0$,由式③知

$$0<x<2$$

所以点 Q 轨迹是直线 $2x+y-4=0$ 在 $0<x<2$ 间的部分.

思考二 设点 Q 坐标为(x_0,y_0),由两点式直线参数方程,直线 $y=mx$ 又可表示为

$$\begin{cases} x=\dfrac{x_0}{1+\lambda} \\ y=\dfrac{y_0}{1+\lambda} \end{cases} \quad (\lambda\text{ 为参数}) \qquad ①$$

设 P_1,P_2 分别对应于 λ_1,λ_2,则 $\lambda_1=\dfrac{QP_1}{P_1O},\lambda_2=\dfrac{QP_2}{P_2O}$,形式可更简.

解法二 承上,将式①代入抛物线方程并整理为

$$2\lambda^2-(2x_0+y_0-4)\lambda+(x_0{}^2-2x_0-y_0+2)=0$$

所以

$$\lambda_1+\lambda_2=\frac{1}{2}(2x_0+y_0-4)$$

因为

$$\lambda_1=\frac{QP_1}{P_1O},\lambda_2=\frac{QP_2}{P_2O}$$

所以

$$\lambda_1+1=\frac{|OQ|}{|OP_1|},\lambda_2+1=\frac{|OQ|}{|OP_2|}$$

由$\dfrac{1}{|OP_1|}+\dfrac{1}{|OP_2|}=\dfrac{2}{|OQ|}$,得

$$2=\frac{|OQ|}{|OP_1|}+\frac{|OQ|}{|OP_2|}=\lambda_1+1+\lambda_2+1$$

所以 $\lambda_1+\lambda_2=0$,即得

$$2x_0+y_0-4=0 \qquad ②$$

由②仿上同样得到点 Q 轨迹为直线 $2x+y-4=0$ 在区间 $0<x<2$ 间的部分.

说明 本例采用两种直线参数方程,据参数 t 或 λ 的性质都能巧妙合理地使用条件$\dfrac{1}{|OP_1|}+\dfrac{1}{|OP_2|}=\dfrac{2}{|OQ|}$,从而简化解题过程.

因题设参数 $m>0$,直线 $y=mx$ 的运动受到限制,故对所得轨迹方程中的

自变量允许值范围，必须加以讨论.

三、定值问题

证明诸如交角、距离、面积或某数式为定值，或证直线的定向，过定点，切定直(曲)线等问题，因都要在变动的图形中探求不变的量或位置，用参数方法描述其运动变化并从中获取不变量，往往奏效.

例8 求证：椭圆的任意两共轭直径的平方和为定值.

思考 因椭圆的共轭直径的端点，其离心角相差$\frac{\pi}{2}$或$\frac{3}{2}\pi$，考虑用椭圆的参数方程表示直径端点坐标.

证明 如图5.61，设共轭直径AB，CD的端点坐标分别为$A(a\cos\theta, b\sin\theta)$，$B[a\cos(\pi+\theta), b\sin(\pi+\theta)]$，$C\left[a\cos\left(\frac{\pi}{2}+\theta\right), b\sin\left(\frac{\pi}{2}+\theta\right)\right]$，$D\left[a\cos\left(\frac{3}{2}\pi+\theta\right), b\sin\left(\frac{3}{2}\pi+\theta\right)\right]$.

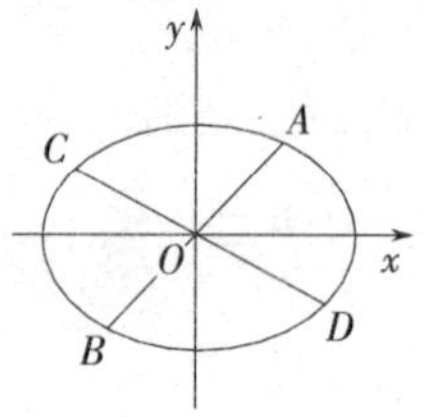

图 5.61

又可简化为$B(-a\cos\theta, -b\sin\theta)$，$C(-a\sin\theta, b\cos\theta)$，$D(a\sin\theta, -b\cos\theta)$.

则两共轭直径的平方和为

$$\begin{aligned}|AB|^2+|CD|^2=&(a\cos\theta+a\cos\theta)^2+(b\sin\theta+b\sin\theta)^2+\\&(-a\sin\theta-a\sin\theta)^2+(b\cos\theta+b\cos\theta)^2=\\&4a^2\cos^2\theta+4b^2\sin^2\theta+4a^2\sin^2\theta+4b^2\cos^2\theta=\\&4(a^2+b^2)\end{aligned}$$

为定值.

例9 求证：双曲线$\frac{x^2}{a^2}-\frac{y^2}{b^2}=1$的两焦点$F_1$，$F_2$到其任意一切线的距离之积为定值.

证法一 如图5.62，联结PF_1，PF_2，分别记两焦半径为r_1，r_2，则有$|r_1-r_2|=2a$，又据双曲线切线的光学性质，知$\angle F_1PT=\angle F_2PT$，故设此两角为$\theta$作参数.

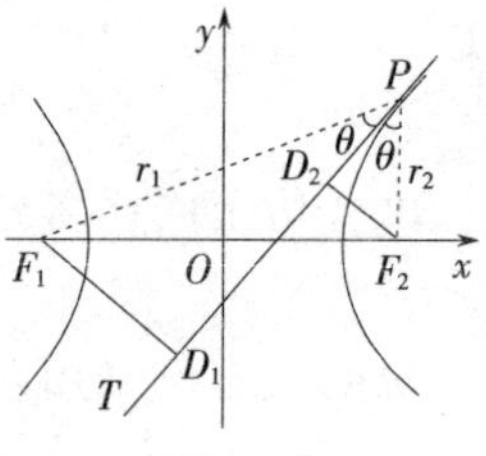

图 5.62

在$\mathrm{Rt}\triangle PF_1D_1$和$\mathrm{Rt}\triangle PF_2D_2$中，有

$$|F_1D_1|=r_1\sin\theta, |F_2D_2|=r_2\sin\theta$$

所以

$$|F_1D_1|\cdot|F_2D_2|=r_1r_2\sin^2\theta$$

又在$\triangle PF_1F_2$中，据余弦定理，有

$$|F_1F_2|^2=r_1{}^2+r_2{}^2-2r_1r_2\cos 2\theta=$$
$$r_1{}^2+r_2{}^2-2r_1r_2(1-2\sin^2\theta)=$$
$$(r_1-r_2)^2+4r_1r_2\sin^2\theta=(2c)^2 \quad ①$$

所以$4r_1r_2\sin^2\theta=4c^2-4a^2=4b^2$，即

$$r_1r_2\sin^2\theta=b^2$$

所以$|F_1D_1|\cdot|F_2D_2|=b^2$为定值.

证法二 因两距离$|F_1D_1|$，$|F_2D_2|$随切点P位置而变动，选点P坐标$(a\sec\varphi,b\tan\varphi)$为参数.

因为切线PT方程为

$$bx\sec\varphi-ay\tan\varphi-ab=0$$

所以

$$|F_1D_1|\cdot|F_2D_2|=\frac{|-bc\sec\varphi-ab|}{\sqrt{b^2\sec^2\varphi+a^2\tan^2\varphi}}\cdot\frac{|bc\sec\varphi-ab|}{\sqrt{b^2\sec^2\varphi+a^2\tan^2\varphi}}=$$
$$\frac{|-b^2c^2\sec^2 p+a^2b^2|}{b^2\sec^2\varphi+a^2(\sec^2\varphi-1)}=\frac{b^2(c^2\sec^2 p-a^2)}{(a^2+b^2)\sec^2\varphi-a^2}=$$
$$\frac{b^2(c^2\sec^2\varphi-a^2)}{c^2\sec^2\varphi-a^2}=b^2$$

为定值.

说明 椭圆也有相仿性质的命题，证法也类似.

例 10 过点$p(2p,0)$任作抛物线$y^2=2px(p>0)$的弦BC，求证：$\angle BOC$为定值.(O为原点)

思考 如图 5.63，因弦BC是过定点P的直线系，可选其斜率为参数，为探知定值，令$BC\perp x$轴，易知此时$\angle BOC=\frac{\pi}{2}$，故设法证$k_{OB}\cdot k_{OC}=-1$.

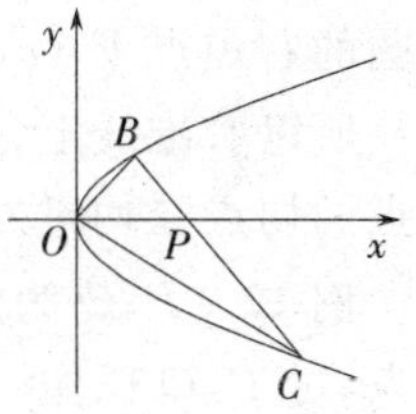

图 5.63

证明 设过定点$P(2p,0)$的动直线为$y=k(x-2p)$，代入抛物线方程，得

$$k^2x^2-2p(2k^2+1)x+4k^2p^2=0$$

设B,C两点坐标分别为(x_1,y_1)，(x_2,y_2)，则有

$$x_1+x_2=\frac{2p(2k^2+1)}{k^2},x_1x_2=\frac{4k^2p^2}{k^2}=4p^2$$

而

$$y_1y_2=k(x_1-2p)\cdot k(x_2-2p)=k^2[x_1x_2-2p(x_1+x_2)+4p^2]=$$
$$k^2\left[4p^2-2p\cdot\frac{2p(2k^2+1)}{k^2}+4p^2\right]+-4p^2$$

因

$$k_{OB}=\frac{y_1}{x_1},k_{OC}=\frac{y_2}{x_2}$$

所以

$$k_{OB}\cdot k_{OC}=\frac{y_1y_2}{x_1x_2}=\frac{-4p^2}{4p^2}=-1$$

知 $OB\perp OC$，即 $\angle BOC=90°$ 为定值.

例 11 求证：椭圆两准线上任意一点的切点弦各过一定点.

证明 如图 5.64，P 是右准线 l_2 上任意一点，过 P 引两条切线，切椭圆于 A,B，因 AB 随点 P 而动，故以点 P 坐标为参数，今设 P 坐标为 $\left(\frac{a^2}{c},y_0\right)$，$y_0$ 为参数，则切点弦 AB 的方程为

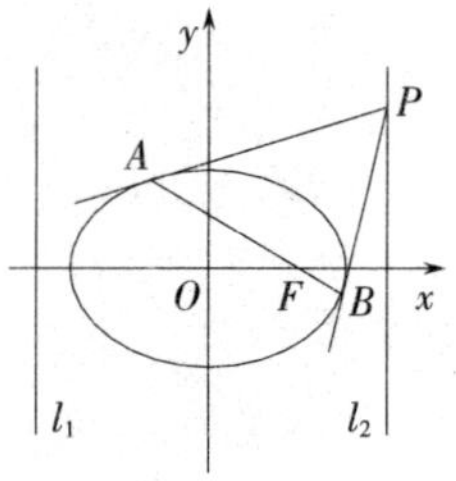

图 5.64

$$b^2\cdot\frac{a^2}{c}x+a^2y_0y=a^2b^2$$

或

$$b^2x+cy_0y-b^2c=0$$

将它看成是含参数 y_0 的直线系方程，可写成

$$(b^2x-b^2c)+y_0(cy)-0$$

即它是过两直线 $b^2(x-c)=0$ 与 $cy=0$ 交点的直线系，显然，这交点就是椭圆的右焦点 $F_2(c,0)$.

所以右准线上任一点的切点弦均过右焦点 $F_2(c,0)$，同样的，左准线上任一点的切点弦均过左焦点 $F_1(-c,0)$.

例 12 P,Q 为给定二次曲线 $Ax^2+Bxy+Cy^2+Dx+Ey+F=0$ 上两个定点，过 P,Q 任作一圆，设圆和这二次曲线交于另两定点 R,S，求证：直线 RS 有定向.

思考 先写出经过已知二次曲线和圆的四个交点的二次曲线系(含参数 λ)，再由一般二次曲线为圆的充分条件消去参数 λ，以此来确定直线 RS 的斜率 k.

证明 设直线 PQ,RS 的方程分别为 $y=kx+b,y=k_1x+m$. 这里，因 P,Q 为定点，k,b 可视为定值.

过 P,Q,R,S 四点的二次曲线系方程可写为

$$(Ax^2+Bxy+Cy^2+Dx+Ey+F)+\lambda(y-kx-b)(y-k_1x-m)=0$$

整理成：$(A+kk_1\lambda)x^2+(B-k\lambda-k_1\lambda)xy+(C+\lambda)y^2+(D+mk\lambda+bk_1\lambda)x+(E-b\lambda-m\lambda)y+(F+bm\lambda)=0$.

因方程表圆系，须$\begin{cases}A+k_1k\lambda=C+\lambda\\B-k\lambda-k_1\lambda=0\end{cases}$.

从中消去参数 λ，可解得 $k_1=\dfrac{Ak-Ck-B}{C-A-Bk}$为定值.

即直线 RS 的斜率 k_1 为定值，故直线 RS 有定向.

四、自含参数的问题

若已知的曲线方程中含有参变量，即构成一类曲线系. 当参数在它的取值范围内变化时，曲线系中各曲线上的特殊点的位置或有关量也随之变动并形成相应的最值、轨迹、定值或过定点、共点、共圆等问题，要解此类问题就须根据特定的条件求出相应的曲线方程或确定参数允许值范围. 只要把握曲线方程中自含参数的性质及其变化规律，这类问题是不难解决的.

例 13 设 P 是曲线$\dfrac{x^2}{1+\lambda}+\dfrac{y^2}{\lambda}=1(\lambda\neq 0,\lambda>-1)$上的点，以 P 为切点的切线的斜率是 1，求点 P 的轨迹方程.

思考 所给曲线方程中自含参数 λ，构成共焦点的有心二次曲线系，据点 P 条件，切线斜率为 1，可设法消去 λ 以获得 P 的轨迹方程.

解 设点 P 坐标为(x_0,y_0)，则有

$$\frac{x_0{}^2}{1+\lambda}+\frac{y_0{}^2}{\lambda}=1 \qquad ①$$

又过 P 的切线方程为

$$\frac{x_0x}{1+\lambda}+\frac{y_0y}{\lambda}=1$$

因切线斜率为 1，可得

$$-\frac{x_0}{1+\lambda}\cdot\frac{\lambda}{y_0}=1 \qquad ②$$

点 P 坐标满足①②两式，从中消去 λ，并以 x,y 代替 x_0,y_0，即得所求的点 P 的轨迹方程为双曲线 $x^2-y^2=1$.

例 14 已知 a 为非负实数，求双曲线$(y+a)^2-(x+2)^2=a^2$ 的渐近线与直线 $x+5y=4$ 所围成的三角形面积的最小值.

思考 a 是已知方程中自含的参数，构成中心在$(-2,-a)$、实轴为 $2a$ 且

平行于 y 轴的等轴双曲线系,可直接以 a 为自变量来建立三角形面积的目标函数.

解 双曲线的两条渐近线为 $y+a=\pm(x+2)$,易知两条渐近线互相垂直,其斜率分别为 ±1.

解方程组

$$\begin{cases}y=x+2-a\\x+5y=4\end{cases}$$

及

$$\begin{cases}y=-x-2-a\\x+5y=4\end{cases}$$

得直线 $x+5y=4$ 与两条渐近线的交点 A,B 的坐标分别为

$$A\left(\frac{5a}{6}-1,1-\frac{a}{6}\right),\left(-\frac{7}{2}-\frac{5}{4}a,\frac{3}{2}+\frac{a}{4}\right)$$

又两条渐近线的交点为 $O'(-2,-a)$,所以

$$|O'A|=\sqrt{\left(\frac{5}{6}a-1+2\right)^2+\left(1-\frac{a}{6}+a\right)^2}=\sqrt{2}\left(1+\frac{5}{6}a\right)$$

$$|O'B|=\sqrt{\left(-\frac{7}{2}-\frac{5}{4}a+2\right)^2+\left(\frac{3}{2}+\frac{a}{4}+a\right)^2}=\sqrt{2}\left(\frac{3}{2}+\frac{5}{4}a\right)$$

所以

$$S_{\triangle AO'B}=\frac{1}{2}|O'A|\cdot|O'B|=\frac{1}{24}(25a^2+60a+36)$$

因为 $a\geqslant0$,所以当 $a=0$ 时,有 $S_{\triangle AO'B}$ 的最小值 $=\frac{36}{24}=\frac{3}{2}$.

例 15 设有方程 $x^2\cos2\theta+2y^2\sin^2\theta=1$,试证:不论 θ 为何值、方程的曲线恒过四个定点.

思考 这里 θ 为方程中的自含参数,只要设法将它写成形如 $f_1(x,y)+\lambda f_2(x,y)=0$ 形式的曲线系方程,不难说明曲线系过曲线 $f_1(x,y)=0$ 与 $f_2(x,y)=0$ 相交的几个定点.

证明 方程可变形为 $x^2(1-2\sin^2\theta)+2y^2\sin^2\theta-1=0$,再写成

$$(x^2-1)+2\sin^2\theta(y^2-x^2)=0 \quad ①$$

将 $2\sin^2\theta$ 看成参数 λ,则曲线系过两条曲线

$$\begin{cases}x^2-1=0 & ②\\y^2-x^2=0 & ③\end{cases}$$

的交点.

由②$x=\pm1$代入③得 $y=\pm1$.

所以不论 θ 为何值,方程 $x^2\cos 2\theta+2y^2\sin^2\theta=1$ 的曲线恒通过$(1,1)$,$(1,-1)$,$(-1,1)$,$(-1,-1)$四个定点.

说明 本题也可以用赋予参数 θ 以特殊值的方法来求解.例如使 $\theta=0$,$\theta=\frac{\pi}{2}$,分别代入方程.解方程组也可发现此四个定点的坐标.

例 16 已知抛物线 C_1 的顶点为$(\sqrt{2}-1,1)$,焦点为$\left(\sqrt{2}-\frac{3}{4},1\right)$;另一抛物线 C_2:$y^2-ay+x+2b=0$,C_1 与 C_2 在一个交点处它们的切线互相垂直,试证:C_2 必过定点,并求该点坐标.

思考 C_2 的方程中含有两个参数 a 与 b,但据条件可获得 a,b 的一个制约关系,设法在 C_2 中用这个关系式消去一个参数,在 C_2 中仅留一个自含参数,要证明它过定点便十分容易了.

证明 设 C_1 的焦参数为 p,所以

$$\frac{p}{2}=\left(\sqrt{2}-\frac{3}{4}\right)-(\sqrt{2}-1)=\frac{1}{4}$$

所以 $p=\frac{1}{2}$,即抛物线 C_1 的方程为

$$(y-1)^2=x-(\sqrt{2}-1)$$

或

$$C_1: y^2-2y-x+\sqrt{2}=0$$

设 C_1 与 C_2 的交点为 $P(x_0,y_0)$,则 C_1 的过 P 的切线方程为

$$y_0y-(y+y_0)-\frac{1}{2}(x+x_0)+\sqrt{2}=0$$

C_2 的过 P 的切线方程为

$$y_0y-\frac{1}{2}a(y+y_0)+\frac{1}{2}(x+x_0)+2b=0$$

其斜率 $k_1=\frac{1}{2y_0-2}$,$k_2=\frac{1}{a-2y_0}$.

已知两切线互相垂直,得

$$k_1k_2=\frac{1}{2y_0-2}\cdot\frac{4}{a-2y_0}=-1$$

所以

$$4y_0{}^2-2(a+2)y_0+2a-1=0 \qquad ①$$

又 $P(x_0, y_0)$在两曲线上，有

$$y_0{}^2 - 2y_0 - x_0 + \sqrt{2} = 0$$
$$y_0{}^2 - ay_0 + x_0 + 2b = 0$$

两式相加消去 x_0，得

$$2y_0{}^2 - (2+a)y_0 + \sqrt{2} + 2b = 0 \qquad ②$$

①$-2\times$②，消去 y_0，即得

$$2a - 1 - 2\sqrt{2} - 4b = 0$$

所以 $2b = a - \sqrt{2} - \frac{1}{2}$，以此代入方程 C_2，消去 b，得

$$C_2: y^2 - ay + x + a - \sqrt{2} - \frac{1}{2} = 0$$

写成曲线系方程

$$\left(y^2 + x - \sqrt{2} - \frac{1}{2}\right) + a(1-y) = 0$$

则曲线系 C_2 恒过两曲线$\begin{cases} y^2 + x - \sqrt{2} - \frac{1}{2} = 0 \\ 1 - y = 0 \end{cases}$的交点.

可由此方程组解得交点为$\left(\frac{2\sqrt{2}-1}{2}, 1\right)$.

所以抛物线 C_2 恒过定点$\left(\frac{2\sqrt{2}-1}{2}, 1\right)$.

说明 本题是 1985 年上海市中学生数学竞赛复赛试题，在解题过程中充分运用了曲线系的思想方法，根据情况需要还引入了切点 P 的坐标参数 x_0，y_0，以此作媒介求出了 a，b 之间的制约关系.

五、参数方程的图形问题

曲线参数方程$\begin{cases} x = f(t) \\ y = g(t) \end{cases}$的作图要涉及以 t 为自变量的两个函数的值的计算，并需用描点法作出图形，是比较麻烦的. 因此对一般直线或二次曲线参数方程的作图，总是尽可能化为普通方程来进行，这样可根据曲线的特点方便地作出图形. 但要特别注意方程中参数的允许值范围，受此制约，其图形常常是所作出的直线或二次曲线的某一部分. 稍一疏忽便会出现错误.

例 17 已知参数方程$\begin{cases} x = \frac{1}{2}\sin 2t \\ y = \cos t + \sin t \end{cases}$（$t$ 为参数），试把这个参数方程化为

普通方程,并作出它的图形.

解 将第二个方程平方,得

$$y^2=\cos^2 t+2\cos t\sin t+\sin^2 t$$

或

$$y^2=1+\sin 2t$$

由 $\sin 2t=y^2-1$ 代入第一个方程,整理,即得

$$y^2=2x+1$$

但因 $-1\leqslant\sin 2t\leqslant1$ 及 $-\sqrt{2}\leqslant\cos t+\sin t\leqslant\sqrt{2}$,知其普通方程为

$$y^2=2\left(x+\frac{1}{2}\right)\quad\left(-\frac{1}{2}\leqslant x\leqslant\frac{1}{2},-\sqrt{2}\leqslant y\leqslant\sqrt{2}\right)$$

其图形如图 5.65 所示,为抛物线之一部分(实线所示).

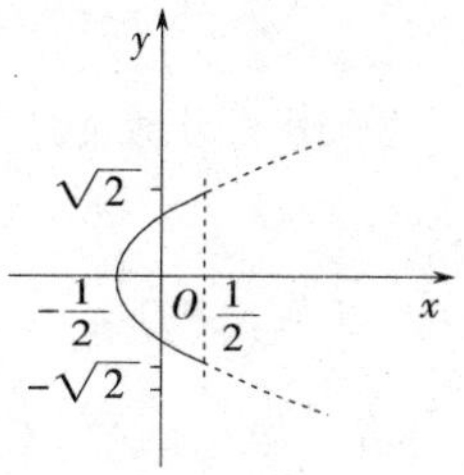

图 5.65

例 18 参数方程$\begin{cases}x=2-\sqrt{1-\sin^2\theta}\\ y=-\sin\theta\end{cases}$($\theta$ 为参数,$0\leqslant\theta\leqslant\pi$)表示的曲线是什么?

解 易消去参数 θ 得方程

$$(x-2)^2+y^2=1$$

但因为 $0\leqslant\theta\leqslant\pi$,知

$$-1\leqslant y\leqslant0$$

且 $x=2-|\cos\theta|$,所以

$$1\leqslant x\leqslant2$$

所以参数方程表示的曲线是四分之一圆周

$$(x-2)^2+y^2=1\quad(1\leqslant x\leqslant2,-1\leqslant y\leqslant0)$$

图形是图 5.66 中实线所示圆弧.

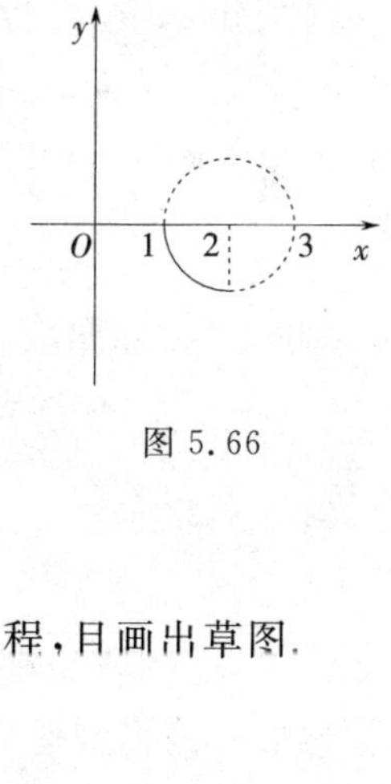

图 5.66

例 19 化参数方程$\begin{cases}x=t+\dfrac{1}{t}\\ y=t^2+\dfrac{1}{t^2}\end{cases}$($t$ 为参数)为普通方程,且画出草图.

解 第一个方程平方,得

$$x^2=t^2+2+\frac{1}{t^2}$$

再与第二个方程相减得

$$x^2=y-2$$

但由基本不等式知 $x\geqslant 2$ 或 $x\leqslant -2$，且 $y\geqslant 2$，故所求普通方程为

$$y=x^2-2\quad(|x|\geqslant 2,y\geqslant 2)$$

其图形如图 5.67 所示，为抛物线中实线所示两段弧.

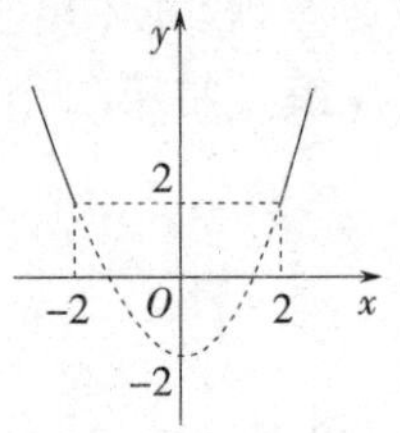

图 5.67

例 20 化参数方程 $\begin{cases}x=\dfrac{3t^2}{1+t^2}\\ y=\dfrac{5-t^2}{1+t}\end{cases}$ (t 为参数)为普通方程，并作出图形.

解 第二式可化为 $y=5+\dfrac{-6t^2}{1+t^2}$，将第一式代入其中可得

$$y=5-2x$$

但对第一式可整理为

$$(x-3)t^2+x=0$$

因 t 是实数，有

$$\Delta=-4(x-3)\geqslant 0\text{，得 }x\leqslant 3$$

且由式①知 $x\geqslant 0$，所以所求普通方程为

$$y=-2x+5\quad(0\leqslant x\leqslant 3)$$

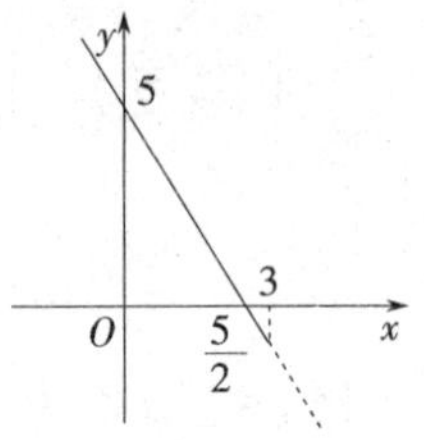

图 5.68

图形如图 5.68 中实线所示，是直线 $y=-2x+5$ 上的一条线段，在 $0\leqslant x\leqslant 3$ 间.

例 21 已知曲线 C_1 的参数方程为 $\begin{cases}x=\sqrt{t}\\ y=2\sqrt{t-1}\end{cases}$ (t 为参数)，曲线 C_2：$x^2+y^2=6$，求 C_1 与 C_2 的交点.

解 参数方程

$$\begin{cases}x=\sqrt{t}\\ y=2\sqrt{t-1}\end{cases}\quad(t\text{ 为参数})$$

消去参数 t，易得普通方程为

$$4x^2-y^2=4$$

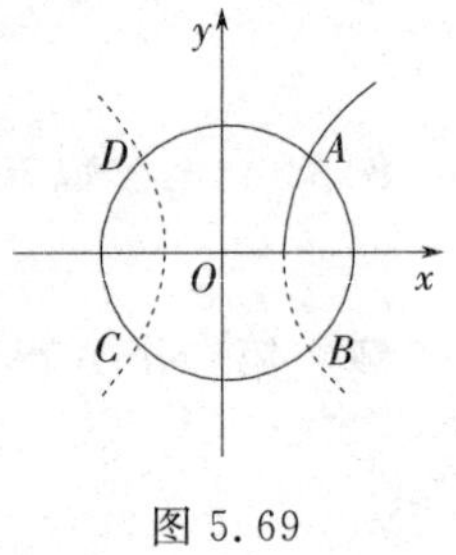

图 5.69

但 $t\geqslant 1$，得 $x\geqslant 1$，$y\geqslant 0$，故其图形为双曲线在第一象限内的半支，其方程与 C_2 联立为

$$\begin{cases}4x^2-y^2=4\\ x^2+y^2=6\end{cases}\quad(x\geqslant 1, y\geqslant 0)$$

可由此解得 C_1 与 C_2 的交点为 $A(\sqrt{2},2)$.

其图如图 5.69 所示，图中 B,C,D 三点不是交点.

有些曲线的方程，除了用参数式 $\begin{cases}x=f(t)\\ y=g(t)\end{cases}$ 表示外，很难用普通方程表示(例如圆的渐开线、摆线等). 它们的作图一般只能直接用参数方程讨论和求值描点法. 有些高次曲线，据其普通方程很难计算点的坐标，这时却可以倒过来考虑将其普通方程化为恰当的参数方程(前提是能比较容易地化参及计算)，再据参数方程作图.

例 22 作出方程 $x^3+y^3-3axy=0$ 的图像.

思考 直接据普通方程描点作图，要涉及解三次方程，非常不便，据方程特点，若设比值参数 t，使 $y=tx$，易获得相应的参数方程，然后再描点作图.

解 设 $y=tx$(t 为参数)，代入原方程，可得

$$x=\frac{3at}{1+t^3}$$

进而，得

$$y=\frac{3at^2}{1+t^3}$$

于是，得曲线的参数方程为

$$\begin{cases}x=\dfrac{3at}{1+t^3}\\ y=\dfrac{3at^2}{1+t^3}\end{cases}\quad(t\text{ 为参数})\qquad ①$$

且知(1)当 $t=0$ 时，$x=y=0$，即曲线过原点.

(2)以 $\frac{1}{t}$ 代 t，得

$$x=\frac{3a\,\frac{1}{t}}{1+\frac{1}{t^3}}=\frac{3at^2}{1+t^3}=y$$

$$y=\frac{3a\left(\frac{1}{t}\right)^2}{1+\left(\frac{1}{t}\right)^3}=\frac{3at}{1+t^3}=x$$

即曲线关于直线 $y=x$ 对称.

(3)当 $t=-1$ 时,$x,y\to\infty$,令 $y=mx+b$,将式①代入整理得

$$(t+1)[(1-t+t^2)b-3at]=0$$

再令 $t=-1$,则 $b=-a$,故曲线有斜渐近线

$$x+y+a=0$$

然后,由参数方程计算描点,作出 $-1<t<1$ 间一段曲线,利用对称性可作出整个曲线如图 5.70 所示.

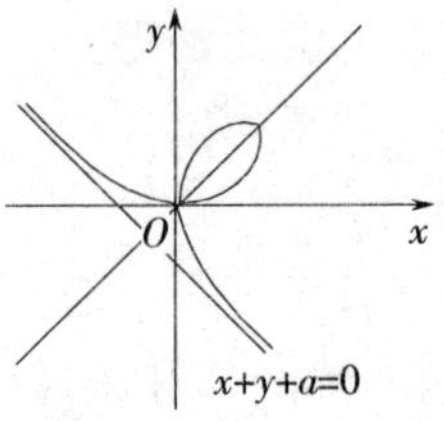

图 5.70

此外,诸如求两点间的距离,在已知圆锥曲线上求满足到已知直线的距离为某值的点的坐标,有关点、线的对称性问题,直线截圆锥曲线所得弦长,二次曲线的切线长,二次曲线的直径,图形的极限位置问题等的基本计算及证明,亦时常以参数解法见优,这里就不再一一赘述了.

练　习　五

1.已知直线 $l_1: x-y-2\sqrt{3}=0$,直线 l_2 过点 $P(1,-5)$,且倾斜角为 $\frac{\pi}{3}$,求点 P 到直线 l_1,l_2 的交点 Q 的距离.

2.求双曲线 $\frac{x^2}{a^2}-\frac{y^2}{b^2}=1$ 的右焦点的所有焦点半径的中点的轨迹方程.

3.若 P 是抛物线 $y^2=2px(p>0)$ 上的任一点,F 是焦点,$\angle PFx=\alpha$(α 表示 Fx 逆时针旋转到 FP 所成的角).

求证:抛物线的参数方程可为 $\begin{cases} x=\frac{p}{2}\cot^2\frac{\alpha}{2} \\ y=p\cot\frac{\alpha}{2} \end{cases}$.

4.求抛物线 $y^2=4x$ 与直线 $4x-3y=0$ 的交点坐标,并求两交点间的距离.

5.P 为双曲线 $\frac{x^2}{a^2}-\frac{y^2}{9}=1$ 在第一象限内的一点,过 P 作实轴的垂线,垂足为 $M(10,0)$,又过 M 作圆 $x^2+y^2=a^2$ 的切线,切点为 Q,若 $\angle MOQ=\arccos\frac{3}{5}$,求双曲线的方程和点 P 坐标.

6.求过点 $P(1,-1)$ 的关于圆 $C:(x-3)^2+(y-2)^2=4$ 的切线方程.

7.据 k 的变化情况,讨论方程 $\frac{x^2}{5-k}+\frac{y^2}{2-|k|}=1$ 所表示的圆锥曲线系,并

分别指示出曲线系的几何性质.

8. 给定两抛物线

$$C_1:2y^2-x-8y+1=0,C_2:x^2-2x-3y-14=0$$

(1)求证:这两条抛物线的四个交点共圆;

(2)求经过这两条抛物线的四个交点并且经过点 $M(2,0)$ 的圆锥曲线的方程.

9. 设圆 $x^2+y^2=a^2$ 和椭圆 $\frac{x^2}{a^2}+\frac{y^2}{b^2}=1$,在第一象限内的圆周上有一点 P,过 P 引 x 轴的垂线,垂足为 Q,交椭圆于 R(R 也在第一象限). 求 $\tan\angle POR$ 的最大值.

10. 给定抛物线 $y^2=2p(x-a)(a>0)$,如果过坐标原点的一条直线交抛物线于 A,B 两点,则这两点的横坐标的和与积的比为一定值.

11. 已知曲 $C:xy=2(x>0)$ 及定点 $A(2,2)$,动点 B 在曲线 C 上,求 $|AB|$ 的最小值及这时点 B 的坐标.

12. 从抛物线 $y^2=2px(p>0)$ 外一点 $A(-2,-4)$ 引倾角为 $\frac{\pi}{4}$ 的抛物线的割线,交抛物线于 P_1,P_2 两点,若 $|AP_1|,|P_1P_2|,|AP_2|$ 依次成等比数列,求抛物线的方程.

13. 一条直线与双曲线 $\frac{x^2}{a^2}-\frac{y^2}{b^2}=1$ 相交于 P,Q 两点,且与它的共轭双曲线 $-\frac{x^2}{a^2}+\frac{y^2}{b^2}=1$ 相交于 R,S 两点,求证:$|PR|=|QS|$.

14. 已知椭圆 $\frac{x^2}{a^2}+\frac{y^2}{b^2}=1$,求以它的短轴为底的椭圆的内接梯形面积的最大值,并求这时梯形另两个顶点的坐标.

15. 从双曲线 $\frac{x^2}{a^2}-\frac{y^2}{b^2}=1$ 的一个焦点 $F(c,0)$,作关于双曲线的任一切线的对称点 M,求点 M 的轨迹方程.

16. 过抛物线 $y^2=2px$ 的顶点 O 作互相垂直的两条弦 OA 与 OB,求 $\triangle AOB$ 面积的最小值,并求这时弦 OA,OB 所在直线的方程.

17. 设圆系 C 的方程为 $x^2+y^2-4\sqrt{3}x\cos\varphi-4y\sin\varphi=0$,$\varphi$ 为参数,且 $0\leqslant\varphi<2\pi$,求

(1)圆系中所有圆的圆心的轨迹方程;

(2)当面积达最大值或最小值时的圆的方程.

18.已知实轴在 x 轴的双曲线有两条渐近线 $y=\pm\frac{\sqrt{6}}{3}x$，直线 $y=2x+\frac{\sqrt{210}}{3}$ 与双曲线相交所截得的弦长为 4，求双曲线的方程.

19.已知双曲线 $x^2-y^2=4$ 的切线夹在两坐标轴之间的线段长为 $\sqrt{15}$，求此切线的方程.

20.$\triangle ABC$ 是等腰直角三角形，$\angle B=90°$，腰长为 m，两顶点 A,B 分别在 y,x 轴上滑动(A,B,C 以逆时针顺序)，求第三顶点 C 的轨迹方程.

21.求椭圆 $\frac{x^2}{16}+\frac{y^2}{9}=1$ 与双曲线 $\frac{x^2}{32}-\frac{y^2}{7}=1$ 的公切线方程.

22.已知抛物线 $y=-\frac{1}{2}x^2+4$，在 y 轴上求一点 P，使从点 P 向抛物线所作的两切线与 x 轴所围成的 $\triangle PAB$ 的面积为最小，并求出此最小值.(A,B 为两切线分别与 x 轴的交点)

23.已知点 A 在双曲线 $\frac{x^2}{a^2}-\frac{y^2}{b^2}=1$ 上，过点 A 的法线分别交 x,y 轴于 B,C 两点.求证：$|AC|:|AB|$ 为定值.

24.已知 P 是椭圆 $\frac{x^2}{a^2}+\frac{y^2}{b^2}=1$ 上一点，点 P 与两焦点 F_1,F_2 的连线互相垂直，且点 P 到两准线的距离分别为 $d_1=6,d_2=12$，求椭圆的方程.

25.已知直线 $l_1:2x+y-1=0$，$l_2:x+2y-2=0$，求倾斜角为 $\frac{\pi}{4}$ 的直线交两直线 l_1,l_2 的线段中点的轨迹方程.

26.P 为双曲线 $\frac{x^2}{a^2}-\frac{y^2}{b^2}=1$ 上的任意一点，F_1,F_2 为焦点，若 $\angle F_1PF_2=\varphi$，求证：$\triangle F_1PF_2$ 的面积 $S=b^2\cot\frac{\varphi}{2}$.

27.在长为 a 的线段 AB 上有一动点 P，在 AB 的上侧以 AP,BP 为边分别作正 $\triangle AMP$ 及 $\triangle BPN$，求线段 MN 中点的轨迹方程.

28.矩形 $ABCD$ 的两边 AB,AD 上各有一点 E,F，且 $BE:BA=AF:AD$，求直线 CE 和 BF 的交点的轨迹.

29.已知点 $P(x,y)$ 在曲线 $x^2+y^2=1$ 上运动，求使 $x^2+2\sqrt{3}xy-y^2$ 的值为最小的点.

30.求曲线 $|y|=1-x^2(-1\leqslant x\leqslant 1)$ 的外切菱形面积的最小值(菱形顶点

在坐标轴上).

31. 定弓形$\overset{\frown}{AB}$上一动点P,联结AP并延长到C,使$|AC|=2a$,联结BP并延长到D,使$|BD|=2b$.求线段CD中点的轨迹方程.

32. 一定长为a的线段,两端A,B分别在x,y轴上滑动,过点A,B分别作y轴,x轴的平行线相交于点Q,试求点Q在线段AB上的射影P的轨迹.

33. 设圆与抛物线$y^2=2px$有四个交点,证明:这四个交点的纵坐标之和为零.

34. 直线$y=a(x+1)$,$y=2a(x-1)$和$y=0(a>0)$围成一个三角形.

(1)当三角形的面积为10时,求a的值.

(2)当a的值在什么范围时,点$(2,2)$在这个三角形的内部.

35. 已知$f(2+\tan x)=3+2\sec^2 x$.求函数$f(x)$.

36. 在椭圆$\frac{x^2}{a^2}+\frac{y^2}{b^2}=1$上,以平行于$y$轴的弦为直径作一系列的圆,求这些圆所经区域的边界曲线的方程.

37. 化参数方程$\begin{cases}x=5t^2-1\\y=10t^2+4\end{cases}$($t$为参数)为普通方程,并作出其图像.

38. 复数$z=\cos^2\theta+\mathrm{i}\sin\theta,\theta\in\mathbf{R}$,i是虚数单位,在复平面上作出$z$的对应点所组成的图像.

39. 把普通方程$x^2+2xy+y^2+2x-2y=0$化为参数方程.

40. 画出方程$y^2(2-x)=x^3$的图形.

关于参数的几个问题

第六章

在参数的运用中，以恰当选择参数和合理地消去参数的技术要求为最高，此外，怎样避免参数应用中的常见差错和加深对参数的认识，便是本章要深入探讨的问题.

§1 关于选参中的几个问题

俗话说："万事起头难". 选参是运用参数法解题的第一关，要过好这一"关"，使整个解题过程有一个良好的开端，就必须注意下述几个方面.

一、重视所选设参数的范围

数式问题据其结构特征，常需引入必要的代数或三角参数；图形问题为便于量化表示或解析处理，亦常需引入相应的线段、角或其他参数. 但因各类问题中量的变化都有其特定的范围，这便要求引入的参数也只能在相应的范围内考虑. 不注意参数的取值范围，破坏了用参前后取值的统一性，将导致错误.

例 1 求函数 $y=\dfrac{\sqrt{3}x+1}{\sqrt{x^2+1}}+2$ 的极值.

解 据 $\sqrt{x^2+1}$ 的式子结构特点，启示我们使用三角参数 $x=\tan\theta$ 作代换，注意代换之初我们便限定

$$-\frac{\pi}{2}<\theta<\frac{\pi}{2}$$

于是

$$y=\frac{\sqrt{3}\tan\theta+1}{\sec\theta}+2=\sqrt{3}\sin\theta+\cos\theta+2=2\sin\left(\theta+\frac{\pi}{6}\right)+2$$

因为

$$-\frac{\pi}{2}+\frac{\pi}{6}<\theta+\frac{\pi}{6}<\frac{\pi}{2}+\frac{\pi}{6}$$

知当 $\theta=\frac{\pi}{3}$ 时，有 $y_{\max}=4$.

因 θ 不能达到 $-\frac{\pi}{2}$，故无最小值.

说明 若本题求解时不限定 $-\frac{\pi}{2}<\theta<\frac{\pi}{2}$，以保持参数 $\tan\theta$ 与自变量 x 间的一一对应，就可能从 $y=2\sin\left(\theta+\frac{\pi}{6}\right)+2$ 中轻易得出 $\sin\left(\theta+\frac{\pi}{6}\right)=-1$，从而得出 $y_{\min}=0$ 这一错误结论.

如果取值范围是开区间，使 $\theta=-\frac{\pi}{2}$，则得出错误结论 $y_{\min}=2-\sqrt{3}$.

例 2 在边长为 1 的正三角形中，有两个圆相外切，且它们分别与三角形的两边相切，求两圆面积的和 S 的最值.

解 如图 6.1，设 x，y 分别是圆 O_1 和 O_2 的半径，且 $x\leqslant y$. O_1O_2 与 BC 所成的角为 θ，则 $0°\leqslant\theta\leqslant 30°$.

因 $\angle O_1BM=\angle O_2CN=30°$，$BM=\sqrt{3}\,x$，$CN=\sqrt{3}\,y$，且 $MN=O_1D=\sqrt{(y+x)^2-(y-x)^2}=2\sqrt{xy}$，由题意可得

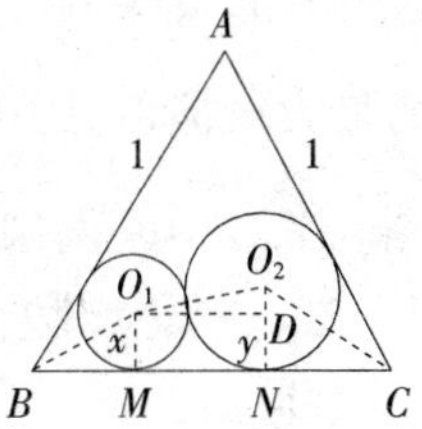

图 6.1

$$\begin{cases}S=\pi(x^2+y^2) & ①\\ \sqrt{3}(x+y)+2\sqrt{xt}=1 & ②\end{cases}$$

令 $x+y=t$ 作为参数，由②可得

$$2\sqrt{xy}=1-\sqrt{3}t$$

即 $xy=\frac{1}{4}(1-\sqrt{3}t)^2$，代入①可得

$$S=\pi(x^2+y^2)=\pi[(x+y)^2-2xy]=\pi\left[t^2-\frac{1}{2}(1-\sqrt{3}t)^2\right]=$$

$$\frac{\pi}{2}[-t^2+2\sqrt{3}t-1]=\frac{\pi}{2}[2-(t-\sqrt{3})^2] \quad ③$$

但因为 $0°\leqslant\theta\leqslant 30°$，所以

$$\frac{\sqrt{3}}{2}\leqslant\cos\theta\leqslant 1$$

因为 $\cos\theta=\frac{2\sqrt{xy}}{x+y}$,所以

$$\frac{\sqrt{3}}{2}\leqslant\frac{1-\sqrt{3}t}{t}\leqslant 1$$

因为 $t>0$,由上可解得

$$\frac{1}{2}(\sqrt{3}-1)\leqslant t\leqslant\frac{2}{9}\sqrt{3}$$

由于 S 在 $\left[\frac{1}{2}(\sqrt{3}-1),\frac{2}{9}\sqrt{3}\right]$上是增函数,所以

当 $t=\frac{1}{2}(\sqrt{3}-1)$时,$S$ 有最小值,$S_{\min}=\frac{1}{4}(2-\sqrt{3})\pi$;

当 $t=\frac{2}{9}\sqrt{3}$时,S 有最大值,$S_{\max}=\frac{5}{54}\pi$.

说明 如果忽视参数 θ 与 t 的取值范围,便容易从式③得出:当 $t=\sqrt{3}$时,$S_{\max}=\pi$ 的错误结论,事实上,若 $t=\sqrt{3}$,便有 $2\sqrt{xy}=1-\sqrt{3}t=-2$,显然矛盾,$t$ 的最大可能值只有$\frac{2}{9}\sqrt{3}$. 此时 O_2 成为正三角形的内切圆,S 达到最大值,反过来,当 O_1,O_2 两圆相等,$x=y$ 时,S 有最小值.

二、选设参数的个数

参数的选择,首先是经过充分的观察与思考确定其形式和个数. 前者,我们在上面各章已做了较详细的介绍,现对后者做一些探讨.

1. 一般的说,参数的个数越少,解题越方便

通常情况下,选用的参数越多,各种横向关系的干扰也越多,容易搅乱解题的思路并增加求参、消参和处理参数间关系式的困难,因此要学会精选参数,严格掌握参数的个数.

例 3 已知$\triangle AOB$ 是以抛物线 $x^2=2py(p>0)$的顶点 O 为直角顶点的内接直角三角形,求$\triangle AOB$ 的面积的最小值和相应的点 A,B 的坐标.

思考 若按常法设 A,B 的坐标分别为(x_1,y_1),(x_2,y_2),其中有 $x_1{}^2=2py_1$,$x_2{}^2=2py_2$ 及$\frac{y_1}{x_1}\cdot\frac{y_2}{x_2}=-1$,共涉及四个参数,据此建立$\triangle AOB$ 面积的目标函数,因元多头绪乱处理比较困难,若改用抛物线的参数方程形式表示 A,B 的坐标,立可减为 2 个,如再据 $OA\perp OB$,更可使参数个数减为一个,整个问题

求解便大为简化了.

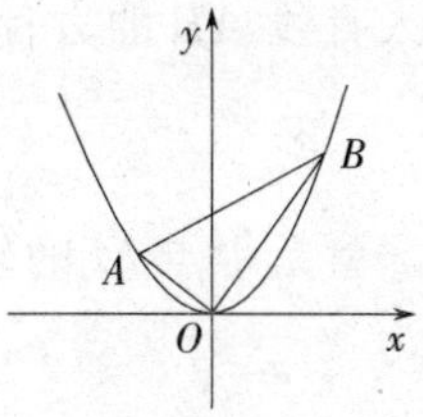

图 6.2

解 如图 6.2,因为 A,B 在抛物线 $x^2=2py$ 上,可设点 A 坐标为 $(2pt,2pt^2)$,t 为参数. 因为 $OA\perp OB$,故可得点 B 坐标为

$$\left(-\frac{2p}{t},\frac{2p}{t^2}\right)\quad (t\neq 0)$$

因为

$$S_{\triangle AOB}=\frac{1}{2}|OA|\cdot|OB|=\frac{1}{2}\sqrt{4p^2t^2+4p^2t^4}\cdot\sqrt{\frac{4p^2}{t^2}+\frac{4p^2}{t^4}}=$$

$$2p^2\sqrt{t^2+2+\frac{1}{t^2}}=2p^2\left|t+\frac{1}{t}\right|\geqslant 4p^2$$

即当 $t=\frac{1}{4}$ 或 $t=\pm 1$ 时,$S_{\triangle AOB}$ 有最小值 $4p^2$.

这时相应的点的坐标为

$$A(2p,2p),B(-2p,2p)$$

或

$$A(-2p,2p),B(2p,2p)$$

参数个数一多,思考的面就广,重要关系的遗漏可能性更大,中间变换过程更长,正确解题的可能性也就越低,这正是追求减少参数个数的本意,但事物也总有其两面性,不应否认有时参数个数少,会使列式、变形等增加技术性要求,上面例题中点 B 坐标的导出便有这个情况,在有的场合,倒不如多参数处理方便.

例 4 求椭圆 $\frac{x^2}{a^2}+\frac{y^2}{b^2}=1$ 中,斜率为 k 的平行弦的中点的轨迹方程.

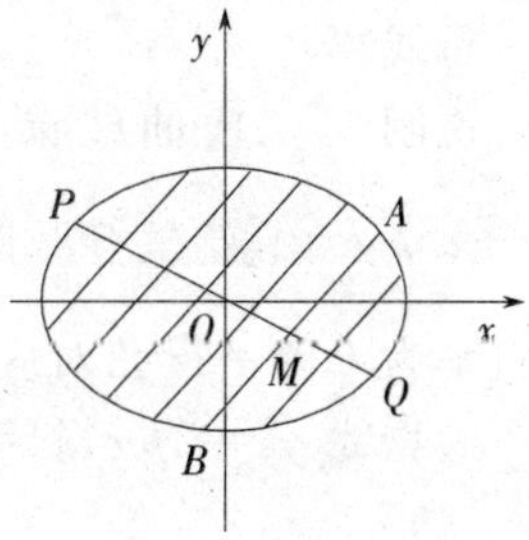

图 6.3

解法一 如图 6.3,设中点为 $M(x,y)$,对应的弦的方程为 $y=kx+m$,这里 m 为截距参数,代入椭圆方程,整理得

$$(a^2k^2+b^2)x^2+2a^2mkx+a^2m^2-a^2b^2=0$$

据韦达定理,有

$$x_1+x_2=-\frac{2a^2mk}{a^2k^2+b^2}$$

所以

$$x=\frac{1}{2}(x_1+x_2)=-\frac{a^2mk}{a^2k^2+b^2}\qquad ①$$

代入直线 AB 的方程，整理，得

$$y=\frac{b^2m}{a^2k^2+b^2} \quad ②$$

①②就是中点 M 的轨迹的参数方程，从中消去参数 m，即得中点 M 的轨迹方程为

$$b^2x+a^2ky=0$$

其轨迹是止于椭圆内的一条线段.

解法二 同上图，设中点为

$$M(x,y),A(x_1,y_1),B(x_2,y_2)$$

据题意，有

$$\begin{cases} b^2x_1{}^2+a^2y_1{}^2=a^2b^2 & ① \\ b^2x_2{}^2+a^2y_2{}^2=a^2b^2 & ② \\ x_1+x_2=2x & ③ \\ y_1+y_2=2y & ④ \\ \dfrac{y_1-y_2}{x_1-x_2}=k & ⑤ \end{cases}$$

由①－②，得

$$b^2(x_1{}^2-x_2{}^2)+a^2(y_1{}^2-y_2{}^2)=0$$

因为 $x_1\neq x_2$，可变形为

$$b^2(x_1+x_2)+a^2(y_1+y_2)\frac{y_1-y_2}{x_1-x_2}=0$$

将③④⑤代入上式，得

$$b^2\cdot 2x+a^2\cdot 2y\cdot k=0$$

即得所求轨迹方程为 $b^2x+a^2ky=0$.（当 $x_1=x_2$ 时也适合，轨迹是止于椭圆内的一条线段）

说明 二次曲线诸平行弦中点的轨迹，称为二次曲线的直径. 除上述 $b^2x+a^2ky=0$，就是椭圆的直径方程，用类似的方法，可求得双曲线$\frac{x^2}{a^2}-\frac{y^2}{b^2}=1$ 的斜率为 k 的平行弦对应的直径方程为 $b^2x-a^2ky=0$.

抛物线 $y^2=2px$，斜率为 k 的平行弦对应的直径方程为

$$y=\frac{p}{k}$$

此例的两个解法中，解法一仅用一个参数，解法二使用了四个参数，但我们可以看到，就计算量而言解法二反比解法一要少些，因此，关于减少参数的个数

的要求是相对的,我们应在实践中摸索并积累经验.只能一般的说,参数个数少能使解题变得方便.

当然,参数个数尽可能少选也有一个限度,下面介绍的基本量观点能较好地说明这一点.

2. 数式问题中的基本量与选参

数式问题的条件常以等式的形式(如 $f(x,y,z)=0$)出现,对一个包含 n 个独立变量等式,一般可以将其中任意一个变量用其他 $n-1$ 个变量表示(当然,这个显式表示式并不一定能找出来).这就是说,任何一个变量对其他 $n-1$ 个变量而言是"不独立"的,那么对这个等式,独立的变量有 $n-1$ 个,我们称它为存在 $n-1$ 个基本量.如果已知是 n 个变量的 m 个独立等式($m<n$),则其中 m 个变量可以由其他 $n-m$ 个变量表示,即其基本量的个数为 $n-m$ 个.特别的,若有含 n 个变量的 n 个独立等式,则其基本量的个数为零,这时的问题变成为确定求解型.

据此,要确定一个数式问题的基本量个数,只要将变量的总数减去独立方程的个数即可.

在处理一些代数、三角的条件等式,条件不等式,条件方程、方程组,条件极值,等等的计算、证明题或应用题时,用基本量的观点来帮助做选择或确定参数,是必要的,如有时候,题设中有 p 个基本量,可直接从中选择 p 个变量为参数并以解方程(组)形式来表示其他非基本量,再用于后续的计算或证明.

例 5 互不相等的正数 a,b,c 成等比数列,又 $\log_c a,\log_b c,\log_a b$ 成等差数列,求证:其公差 $d=\frac{3}{2}$.

思考 问题涉及 a,b,c 三个未知量,又据问题的条件显然可得两个方程,因此有一个基本量,据条件有 $b^2=ac$,其中 a,c 有对称关系,故考虑以 b 为基本量并作为参数,以此表示为 a,c 来将问题化简.

解 由已知条件可得

$$d=\log_b c-\log_c a=\log_a b-\log_b c \tag{①}$$

又

$$b^2=ac \tag{②}$$

式①换底成

$$d=\frac{\log_a c}{\log_a b}-\frac{1}{\log_a c}=\log_a b-\frac{\log_a c}{\log_a b} \tag{③}$$

由式②得 $b=\sqrt{ac}$,代入上式,有

$$\frac{4\log_a c}{1+\log_a c}=\frac{1}{\log_a c}+\frac{1}{2}(1+\log_a c)$$

设 $\log_a c=x$,上式整理成

$$x^3-6x^2+3x+2=0$$

解得 $x=1$(舍去),或

$$x=\frac{5\pm\sqrt{33}}{2}$$

将 $\log_a c=\frac{5\pm\sqrt{33}}{2}$ 代入式③,即得 $d=\frac{3}{2}$.

说明 上述解法中将 b 看作参数,然后着手从①②两式中消去参数,余下 a,c 两个变量,问题便已有所化简,故以 x 代 $\log_a c$ 后即得出三次方程使整个问题获解.

例 6 已知

$$a\cos\theta+b\sin\theta=c \quad ①$$
$$a\cos\varphi+b\sin\varphi=c \quad ②$$
$$(\theta+\varphi\neq k\pi,k\in\mathbf{Z})$$

求证

$$\frac{a}{\cos\frac{\theta+\varphi}{2}}=\frac{b}{\sin\frac{\theta+\varphi}{2}}=\frac{c}{\cos\frac{\theta-\varphi}{2}} \quad ③$$

思考 问题的条件及结论中共含 a,b,c,θ,φ 等五个变量,但仅有①②两个方程,共有 $5-2=3$(个)基本量,又①②两式中 a,b 较易由其他量表示,故视 c,φ,θ 为参量.

证明 解关于 a,b 的方程组①②,不难得

$$a=\frac{c(\sin\varphi-\sin\theta)}{\sin\varphi\cos\theta-\cos\varphi\sin\theta}=\frac{c\cdot 2\cos\frac{\theta+\varphi}{2}\sin\frac{\varphi-\theta}{2}}{2\sin\frac{\varphi-\theta}{2}\cos\frac{\varphi-\theta}{2}}=\frac{c\cdot\cos\frac{\theta+\varphi}{2}}{\cos\frac{\theta-\varphi}{2}}$$

$$b=\frac{c(\cos\theta-\cos\varphi)}{\sin\varphi\cos\theta-\cos\varphi\cos\theta}=\frac{c\left(-2\sin\frac{\theta+\varphi}{2}\sin\frac{\theta-\varphi}{2}\right)}{2\sin\frac{\varphi-\theta}{2}\cos\frac{\varphi-\theta}{2}}=\frac{c\sin\frac{\theta+\varphi}{2}}{\cos\frac{\theta-\varphi}{2}}$$

从上两式,不难获得

$$\frac{a}{\cos\frac{\theta+\varphi}{2}}=\frac{b}{\sin\frac{\theta+\varphi}{2}}=\frac{c}{\cos\frac{\theta-\varphi}{2}}$$

有时,题中有 P 个基本量,可据题型结构设置 P 个恰当的辅助参量,使问

题转向为研究辅助参量.

例 7 设 $x+y+z=a$,求 $u=x^2+y^2+z^2$ 的最小值.

思考 题中含 x,y,z 三个变量,但仅有一个已知等式,故有 $3-1=2$(个)基本量,据问题的特点设两个参数 t_1,t_2,使 $x=\frac{a}{3}-t_1$,$y=\frac{a}{3}-t_2$,则 $z=\frac{a}{3}+t_1+t_2$,这样较易运算(这里的参数代换可称为平均值参数代换).

解 承上

$$u=\left(\frac{a}{3}-t_1\right)^2+\left(\frac{a}{3}-t_2\right)^2+\left(\frac{a}{3}+t_1+t_2\right)^2=\frac{a^2}{3}+2{t_1}^2+2{t_2}^2+2t_1t_2=$$

$$\frac{a^2}{3}+(t_1+t_2)^2+{t_1}^2+{t_2}^2\geqslant\frac{a^2}{3}$$

当且仅当 $t_1=t_2=0$,即 $x=y=z$ 时,有 $u_{\min}=\frac{a^2}{3}$.

例 8 若 $\alpha\in(0,\pi)$,求证:$2\sin 2\alpha\leqslant\cot\frac{\alpha}{2}$.

思考 证式涉及 $\sin 2\alpha$,$\cot\frac{\alpha}{2}$ 两个量,但据万能公式可建立起 $\sin 2\alpha$ 与 $\cot\frac{\alpha}{2}$ 间的一个等量关系,故基本量为一个,据题型特征设一个参数 $t=\tan\frac{\alpha}{2}$.

证明 承上,证式可改写成

$$4\cdot\frac{2t}{1+t^2}\cdot\frac{1-t^2}{1+t^2}\leqslant\frac{1}{t} \qquad ①$$

用比较法,有

$$4\cdot\frac{2t}{1+t^2}\cdot\frac{1-t^2}{1+t^2}-\frac{1}{t}=\frac{-(1-3t^2)^2}{t(1+t^2)^2}\leqslant 0$$

所以式①成立,命题获证.

至于初看似缺少条件的方程应用题,我们在第一、二章已举多例,读者如用基本量的观点去分析,则对为何要设辅助参数,设几个辅助参数为好等就会有更清晰的认识.

也有时,为了解题的需要,在确定基本量个数为 P 的基础上,直接挑选问题中原有的 t 个变元($t<P$)作为自含参数,再另辅设 $P-t$ 个参数来诉诸解题.

例 9 已知 a,b,c 为三个互不相等的实数,且 $a+b+c=0$,求证

$$\left(\frac{b-c}{a}+\frac{c-a}{b}+\frac{a-b}{c}\right)\left(\frac{a}{b-c}+\frac{b}{c-a}+\frac{c}{a-b}\right)=9$$

思考 三个变量仅一个已知等式，故有两个基本量，若直接视 a,b,c 三量中的两个为基本量作参数去证似颇不便，考虑设其中一个如 a 为参数，再辅设一个参数 t，使 $b=at$，则由 $a+b+c=0$，得 $c=-(1+t)a$，这样，要证的等式便可转化为仅含 t 的等式.

证明 承上，因 a,b,c 互不相等，须 $t\neq 1,t\neq 2$，所以

$$左边=\left[(2t+1)-\frac{t+2}{t}+\frac{t-1}{t+1}\right]\cdot\left[\frac{1}{2t+1}-\frac{t}{t+2}+\frac{t+1}{t-1}\right]=$$

$$3-\left[\frac{t(2t+1)}{t+2}+\frac{t(t-1)}{(t+1)(t+2)}\right]+$$

$$\left[\frac{(t+1)(2t+1)}{t-1}-\frac{(t+1)(t+2)}{t(t-1)}\right]+$$

$$\left[\frac{t-1}{(t+1)(2t+1)}-\frac{t+2}{t(2t+1)}\right]=$$

$$3-\frac{2t^2}{t+1}+\frac{2(t+1)^2}{t}-\frac{2}{t(t+1)}=$$

$$3-2\left[\frac{t^3-(t+1)^3+1}{t(t+1)}\right]=3+2\times 3=9$$

说明 本例从另一方面说明了减少参数个数对证题过程的影响，用基本量观点去分析题目，则是减少参数的个数的一个可行途径.

用基本量观点去考察数式问题的求解过程，我们还可发现，通常的情况下，若是基本量个数为零的问题，在设参后对参数的后继处理多为“求参”(可与第一章中所归纳的“设参数，求参数”相对照)；若基本量的个数非零时，在设参后对参数的处理多呈现为“消参”或“求参数间的制约关系”. 如能通过对基本量的分析，预识到这一点，对于解题策略的制订，无疑有很大的益处.

3. 图形问题中的基本量与选参

我们知道在几何作图中，每一个简单图形或由几个简单图形组合而成的复杂图形所需的作图条件个数都是一定的. 从理论上讲，作图条件与计算条件是等价的，即一旦作图条件的个数齐备，不但可以构作出这个图形，而且也可以计算(或度量)出这个图形的各个元素，因此我们可以把作图条件称之为“确定”图形的条件.

确定各种常见图形所需的条件个数有如下表：

平面图形	立体图形	解析几何图形	条件个数
正三角形、等腰直角三角形、正方形、圆、正 n 边形（n 为已知数）.	正方体、球、等边圆柱、正四面体、等边圆锥.	标准位置的抛物线、标准位置的等轴双曲线、中心在原点的圆.	1
等腰三角形、直角三角形、矩形、菱形.	正 n 棱柱、圆柱、正 n 棱锥、圆锥.	直线、标准位置的椭圆、标准位置的双曲线.	2
任意三角形、平行四边形、等腰梯形、直角梯形、已知圆的内接、外切四边形.	正 n 棱台、圆台、长方体.	圆、对称轴平行于坐标轴的抛物线.	3
梯形、圆内接、外切四边形.	直平行六面体.	对称轴平行于坐标轴的椭圆或双曲线.	4
任意四边形.	平行六面体.	一般二次曲线.	5

说明

（1）表中所列平面图形与立体图形只考虑形状、大小的确定，不考虑位置的确定. 在直角坐标系中的解析几何图形，除形状、大小外还需确定其位置，故所需条件数较多（如平面图形中的圆的确定仅需一个条件定其大小，但在坐标系中还需确定圆心的坐标，加两个条件，共需三个条件）.

（2）确定图形的条件，必须是相互独立的，并且是不能互相排斥的.

（3）一般地讲，图形越特殊，确定图形的条件越少. 如等腰三角形有两边相等的条件，故再需 $3-1=2$（个）条件. 正三角形有三边相等这两个独立条件，故再需 $3-2=1$（个）条件. 其他图形情况均可类推.

确定图形的条件也可简称为“图形条件”. 由于每一个图形条件归根结底总是一个等量关系：其一是给定某元素的具体量值（如 $a=5$，$\angle A=60°$等）；其二是给定某些元素间的一个独立的等量关系（如三角形内两边之和为 12，或一角为另一角的两倍等）；其三是可化为等量关系的某种位置关系（如两圆相外切，则 $R_1+R_2=d$；两直线互相垂直，则其交角 $\alpha=90°$等）. 图形有关元素之间的不等量关系和不能化成等量关系的位置关系，不能算作一个图形条件.

如果要使问题所涉及的整个图形的形状和大小（有时包括位置）都确定下来需要 n 个条件，而问题中已有 $m(m<n)$ 个独立的已知等式，我们便说这个图形问题有 $(n-m)$ 个基本量. 特别的，需 n 个图形条件而恰有 n 个独立等式的图形问题，其基本量个数为零，这时问题即成为确定求解型. 需 n 个图形条件而有 $(n-1)$ 个独立等式的图形问题，其基本量个数为一个，即是我们通常称之为的

单参数图形.如上章中所提及的直线系、二次曲线系.

剖析日常所见的大量图形问题,多表现为:

(1)图形的形状、大小(或位置)确定,这时题设的独立条件个数与确定图形所需条件个数相吻合,基本量个数为零,在此情况下演化出的是图形全等性判别或证明;求解(或证明)图形中有关元素;在坐标系中求有关图形的方程;作图,等等问题.

(2)问题中所给出的独立条件个数比确定图形条件个数少一个,即基本量个数为一个,在此情况下的局部变化能引起整个图形随之变动,在图形的变化状态中便产生了图形的相似性证明;求某些角或三角函数的问题;图形变化到某特殊位置时图中某些元素的极值问题,及变化中某些特殊点的轨迹问题;变化图形中的某些定值、不变量的证明问题,等等.

这两类常见的图形问题,多涉及代数、三角综合知识,求解时往往颇有难度,但用基本量的观点帮我们认清问题的类别,确定选设参数的个数,常可化难为易.

对于基本量个数为零的确定型的图形问题,其各元素都确定可解,一般不须设辅助参数.对部分较为困难的问题,为列式及求解的方便,可引入"待定型"参数,其个数最多可与确定图形所需条件个数相同(当然,选参时应考虑能较方便地沟通条件与结论中的元素).在解题中对参数的处理,多表现为求参数,确定其值并用于结论.

例 10 一个圆锥的外接球的体积是 972π,且内切球的面积是圆锥侧面积和底面积的等差中项.求这个圆锥的体积.

思考 如图 6.4,作旋转体的轴截面,确定等腰$\triangle VAB$ 需要两个条件,当$\triangle VAB$ 确定后其内切圆与外接圆也随之确定,故本题整个图形确定的条件数为两个,与本题已知的图形条件个数相同,故属确定可解型.

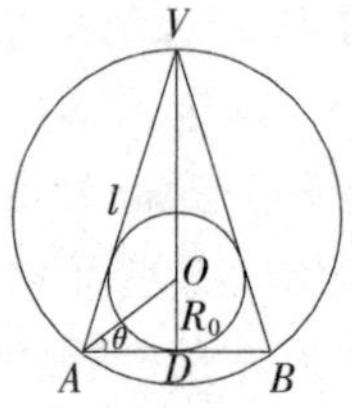

图 6.4

两已知条件涉及外接球半径 R、内切球半径 R_0、母线长 l 及底面半径 r 四个量,关系繁复,考虑选取两个参数列成二元方程组解之,因轴截面内的 R,R_0 均可用等腰三角形的边角表示,故设$\triangle VAB$ 的底边为 $2r$,底角为 2θ 作为参数即可.

解 承上,据正弦定理,有

$$R=\frac{AB}{2\sin\angle AVB}=\frac{2r}{2\sin(\pi-4\theta)}=\frac{r}{\sin 4\theta}$$

又在 $\mathrm{Rt}\triangle OAD$ 及 $\mathrm{Rt}\triangle VAD$ 中,分别有

$$R_0=r\tan\theta, l=\frac{r}{\cos 2\theta}$$

据两已知条件，得

$$\begin{cases}\frac{4}{3}\pi R^3=972\pi\\ 2\times 4\pi {R_0}^2=\pi rl+\pi r^2\end{cases}$$

将前三式代入上面方程组整理之，得

$$\begin{cases}\frac{r}{\sin 4\theta}=9 & ①\\ (2\tan^2\theta-1)^2=0 & ②\end{cases}$$

由②解之，得

$$\tan\theta=\frac{\sqrt{2}}{2}$$

因为 $0<\theta<\frac{\pi}{2}$，由上可求得

$$\tan 2\theta=2\sqrt{2}, \sin 2\theta=\frac{2\sqrt{2}}{3}, \cos 2\theta=\frac{1}{3}$$

代入①，得

$$r=9\times 2\sin 2\theta\cos 2\theta=4\sqrt{2}$$

因为在 $\mathrm{Rt}\triangle VAD$ 中，有

$$h=VD=r\cdot\tan 2\theta=4\sqrt{2}\times 2\sqrt{2}=16$$

所以

$$V_{锥}=\frac{1}{3}\pi r^2 h=\frac{512}{3}\pi$$

对于确定图形需 n 个条件但题设中仅给出 m 个（$m<n$）独立条件的图形问题，因其有（$n—m$）个基本量，解题时一般也宜辅设（$n—m$）个“变量型”参数，当然，参数的设置仍以能较方便地沟通各有关量的边、角等元素为好.

一旦参数设定，就凑足了使图形的形状、大小甚至位置得以确定的条件个数，从而使图形的变化状态暂时转为假想的“确定”状态，即能方便地展开计算或推理，但在解题中对参数的处理与确定型的不同，多表现为“消参”或“求参数间的制约关系”，以服务于求解目标.

例 11 设 P 为定圆 O 内的任意一点，AB 为直径，联结 AP，BP 并延长分别交圆于 C，D.

求证：$AP \cdot AC + BP \cdot BD$ 为定值.

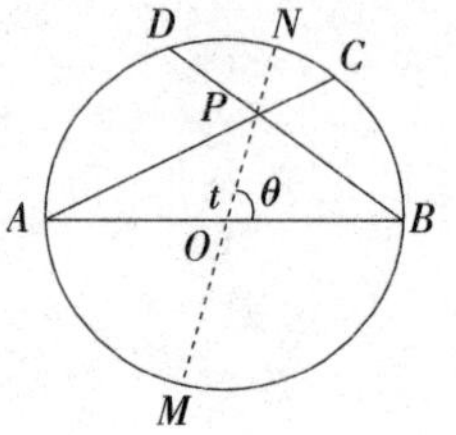

图 6.5

思考 如图 6.5，圆 O 及直径 AB 已定，但要确定点 P 尚少两个条件，即应有两个基本量，故考虑设两个参数，注意到圆心 O 位置的关键性，联结 PO 并两端延长成直径 MN，设 $\angle POB=\theta$，$PO=t$ 为参数.（犹如 θ，t 能使点 P 暂时"确定".）

解 记定圆的半径为 R，在 $\triangle AOP$ 内据余弦定理有

$$AP^2=R^2+t^2-2R\cdot t\cdot\cos(\pi-\theta)=R^2+t^2+2Rt\cos\theta$$

又据相交弦定理，有

$$AP\cdot PC=MP\cdot PN=(R+t)(R-t)=R^2-t^2$$

所以

$$AP\cdot AC=AP(AP+PC)=AP^2+AP\cdot PC=$$
$$R^2+t^2+2Rt\cos\theta+R^2-t^2=2R^2+2Rt\cos\theta \quad ①$$

同理

$$BP\cdot BD=2R^2-2Rt\cos\theta \quad ②$$

①+②，得 $AP\cdot AC+BP\cdot BD=4R^2$ 为定值.

例 12 扇形 OAB 的中心角为 $\frac{\pi}{4}$，半径为 R，矩形 $PQMN$ 内接于这个扇形.（图 6.6）

(1) 求矩形 $PQMN$ 的对角线 PM 长的最小值；

(2) 求矩形 $PQMN$ 的两对角线交点 T 的轨迹.

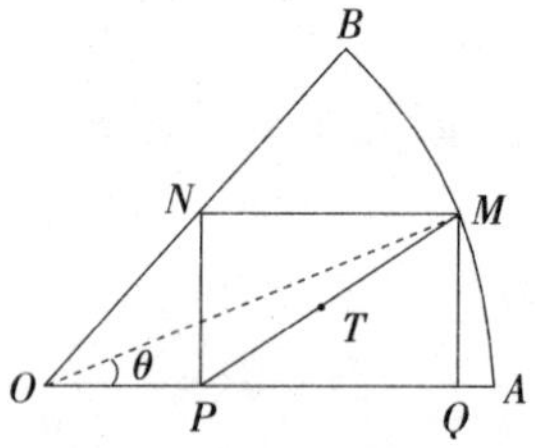

图 6.6

思考 矩形 $PQMN$ 内接于已知的扇形，但其形状、大小包括位置都可移动变化，（因此对角线 PM 能在演变中达到最小值，对角线交点 T 能描绘出轨迹.）要使矩形 $PQMN$ 确定尚需一个条件. 故宜选设一个参数，考虑到点 M 在 $\overset{\frown}{AB}$ 上移动，故设 $\angle MOA=\theta$ 为参数.

解 (1) 设

$$\angle MOA=\theta \quad \left(0<\theta<\frac{\pi}{4}\right)$$

矩形 $PQMN$ 的对角线长为 l，在 Rt$\triangle MOQ$ 中，有

$$QM=R\sin\theta, OQ=R\cos\theta$$

又在 Rt$\triangle NOP$ 中，$PN=QM=OP$，所以

$$OP=R\sin\theta$$

于是

$$PQ=OQ-OP=R(\cos\theta-\sin\theta)$$

所以

$$l=\sqrt{PQ^2+QM^2}=R\sqrt{(\cos\theta-\sin\theta)^2+\sin^2\theta}=$$
$$R\sqrt{1-\sin 2\theta+\frac{1-\cos 2\theta}{2}}=$$
$$R\sqrt{\frac{3}{2}-\frac{1}{2}(2\sin 2\theta+\cos 2\theta)}=$$
$$\frac{R}{2}\sqrt{6-2\sqrt{5}\sin(2\theta+\varphi)}$$

其中 $\varphi=\arctan\frac{1}{2}$.

所以当 $\theta=\frac{\pi}{4}-\frac{1}{2}\arctan\frac{1}{2}$ 时，有 $l_{\min}=\frac{\sqrt{5}-1}{2}R$.

(2)如图 6.7 建立直角坐标系，仍设 $\angle MOA=\theta$ $\left(0<\theta<\frac{\pi}{4}\right)$，则点 M 坐标为 $(R\cos\theta,R\sin\theta)$，点 P 坐标为 $(R\sin\theta,0)$，因 T 为 PM 的中点，所以点 T 轨迹的参数方程为

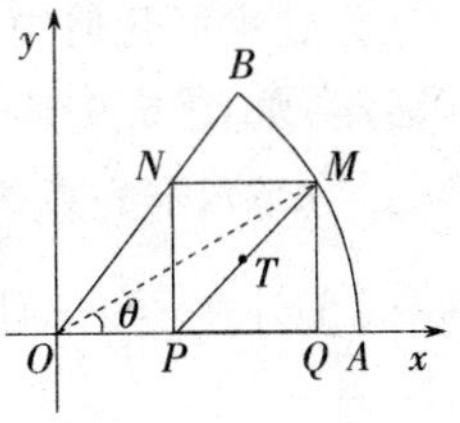

图 6.7

$$\begin{cases} x=\dfrac{R(\sin\theta+\cos\theta)}{2} \\ y=\dfrac{R}{2}\sin\theta \end{cases}$$

消去参数 θ，即得轨迹的普通方程是

$$x^2-2xy+2y^2-\frac{R^2}{4}=0 \quad \left(0<x<\frac{\sqrt{2}}{2}R,0<y<\frac{\sqrt{2}}{4}R\right)$$

轨迹是椭圆在已知扇形内的部分.

说明 如果本题选取 OP 或 ON 为线段参数，也可以不同的方法解得同样的结论.

例 13 已知在边长为 a 的正方形 $ABCD$ 中，有内接$\triangle AEF$，且$\angle EAF=45°$.

(1)求$\triangle AEF$ 的面积的极值；

(2)求$\triangle AEF$的垂心H的轨迹.

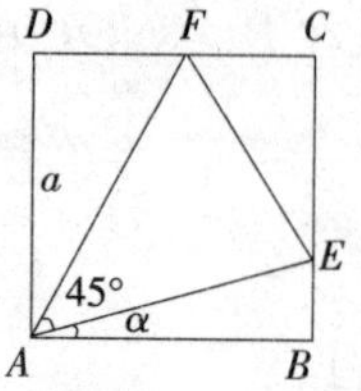

图 6.8

思考 如图 6.8,正方形的内接$\triangle AEF$已具备两个条件:其一是$\angle EAF=45°$;其二是顶点在A且内接于正方形$ABCD$,须再辅设一个参数,才能"凑足"确定三角形所需的条件个数,考虑到绕着点A旋转是$\triangle AEF$变化的主要因素,故选设$\angle BAE=\alpha$为参数.(自然也可以设BE或DF的长为线段参数来解.)

解 (1)设$\angle BAE=\alpha(0\leqslant\alpha\leqslant45°)$,在$Rt\triangle ABE$,$Rt\triangle ADF$中分别有

$$AE=\frac{a}{\cos\alpha},AF=\frac{a}{\cos(45°-\alpha)}$$

所以$\triangle AEF$的面积

$$S=\frac{1}{2}\cdot\frac{a}{\cos\alpha}\cdot\frac{a}{\cos(45°-\alpha)}\sin 45°=\frac{\sqrt{2}}{2}a^2\cdot\frac{1}{\cos(45°-2\alpha)+\cos 45°}$$

所以当$\alpha=22.5°$时,有$S_{\min}=(\sqrt{2}-1)a^2$;

当$\alpha=45°$或$\alpha=0°$时,有$S_{\max}=\frac{a^2}{2}$.

(2)在平面几何中可证得EF边上的高$AG=AB=a$.(证略)如图 6.9 建立直角坐标系,仍设$\angle BAE=\alpha$ $(0°\leqslant\alpha\leqslant45°)$,垂心点$H$的坐标为$(x,y)$,在$Rt\triangle ABE$中,有$|AE|=\frac{a}{\cos\alpha}$,且

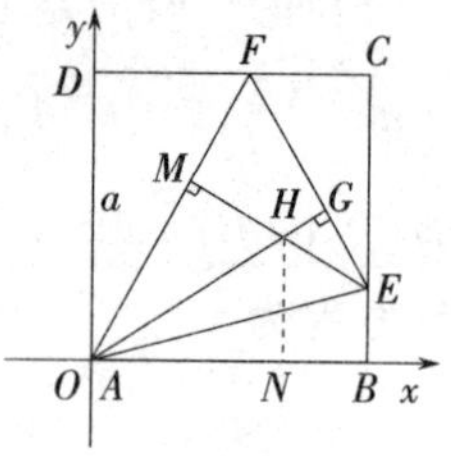

图 6.9

$$\angle EAG=\angle BAE=\alpha$$

又在$\triangle AHE$中,据正弦定理,有

$$\frac{|AH|}{\sin 45°}=\frac{|AE|}{\sin(135°-\alpha)}$$

所以

$$|AH|=\frac{\frac{a}{\cos\alpha}\cdot\frac{\sqrt{2}}{2}}{\frac{\sqrt{2}}{2}\cos\alpha-\left(-\frac{\sqrt{2}}{2}\right)\sin\alpha}=\frac{a}{\cos\alpha(\cos\alpha+\sin\alpha)}$$

再在$Rt\triangle AHN$中,有

$$x=|AN|=|AH|\cdot\cos 2\alpha=\frac{a(\cos^2\alpha-\sin^2\alpha)}{\cos\alpha(\cos\alpha+\sin\alpha)}=a(1-\tan\alpha) \quad ①$$

$$y=|NH|=|AH|\cdot\sin 2\alpha=\frac{a\cdot 2\sin\alpha\cos\alpha}{\cos\alpha(\cos\alpha+\sin\alpha)}=\frac{2a\tan\alpha}{1+\tan\alpha} \quad ②$$

从①②消去参数 α，即得垂心 H 的轨迹方程为

$$xy-2ax-2ay+2a^2=0 \quad (0\leqslant x\leqslant a, 0\leqslant y\leqslant a)$$

轨迹是双曲线在已知正方形内的一部分.

无论是数式问题还是图形问题，用基本量的观点去分析，有助于一开始就把全部已知条件无遗漏地用方程形式写出并作全盘考虑，这样做不但易于把握"该辅设几个参数"，还易明确"已有几个等式，还须寻找几个制约等式". 如果解题中认清了这两个"灯标"，那么"进港"也就不难了.

掌握了上面的方法，参数的选择便不难把握了. 因为每一个问题的基本量会告诉我们该选设几个参数？是"待定型"的还是"可变型"的？关于图形特征的研究又能启示我们选好恰当的参数. 现在我们再回过头来看一道利用三角函数证明的平面几何难题.

例 14 过一圆的弦 AB 的中点 M，引任意两弦 CD 和 EF，联结 CF 和 DE 分别交 AB 弦于 P，Q.（图 6.10）

求证：$PM=QM$.

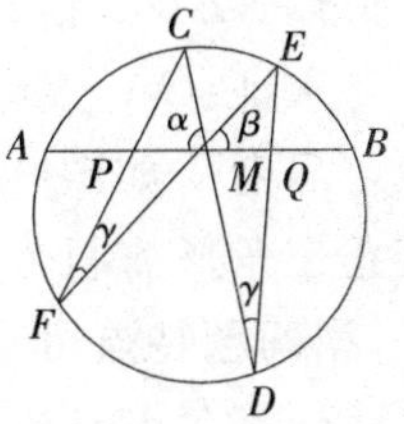

图 6.10

思考 此题来自有名的"蝴蝶定理"，可有很多证法，今用基本量观点做一分析.

定圆内 AB 弦到圆心的距离未定，CD，EF 两弦也是任意的，要确定便需三个条件，因此本题有三个基本量，可先考虑三个参数，如设 $MA=MB=a$，$\angle AMC=\alpha$，$\angle BME=\beta$ 为参数，这时整个图形便可在形式上"固定".

为便于计算及表示，再设 $MP=x$，$MQ=y$，$\angle PFM=\angle QDM=\gamma$，但这三个已都不是基本量.

证明 承上分析，因为 $AP=a-x$，$BP=a+x$，且在 $\triangle PFM$ 和 $\triangle PCM$ 中，据正弦定理可得

$$FP=\frac{x\sin\alpha}{\sin\gamma}, CP=\frac{x\sin\beta}{\sin(\alpha+\beta+\gamma)}$$

据相交弦定理有

$$AP\cdot PB=FP\cdot CP$$

所以

$$a^2-x^2=\frac{x^2\sin\alpha\sin\beta}{\sin\gamma\sin(\alpha+\beta+\gamma)}$$

可解得

$$x^2=\frac{a^2\sin\gamma\sin(\alpha+\beta+\gamma)}{\sin\alpha\sin\beta+\sin\gamma\sin(\alpha+\beta+\gamma)}$$

同法，得

$$y^2=\frac{a^2\sin\gamma\sin(\alpha+\beta+\gamma)}{\sin\alpha\sin\beta+\sin\gamma\sin(\alpha+\beta+\gamma)}$$

所以 $x=y$，即 $PM=QM$.

用解析法(或复数法)解几何题时，用基本量的观点来辅设参数有更强的规律性，其一般步骤是：(1)建立适当的坐标系(长度单位可以自由选取)；(2)分析图形条件，确定基本量的个数 P，并据图形特点选设适当的 P 个参数；(3)对于已知的点或曲线，分别写出它们的坐标或方程，然后进行计算以获得所需的结论.

例 15 在 Rt△ABC 中，分别以直角边 AB 和斜边 BC 为一边向两侧各作正方形 $ABDE$ 和 $BCFG$.

求证：$GA\perp DC$.

思考 如图 6.11 建立坐标系，因确定一个直角三角形需两个条件，故本题基本量个数为两个，据问题特点可设 $|BC|=a$，$\angle ABC=\theta$，然后据以计算各点坐标.

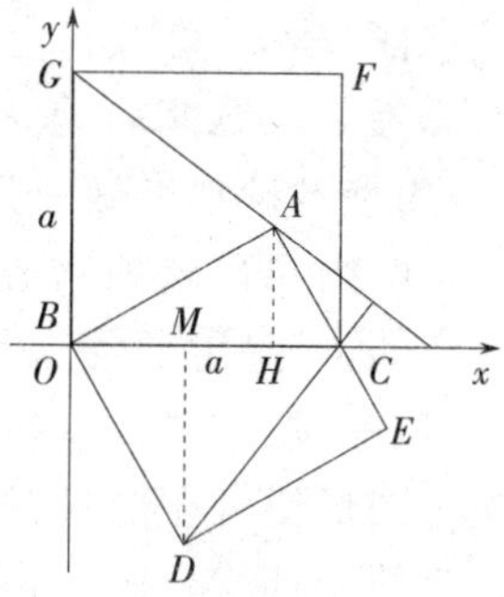

图 6.11

证明 承上分析，引 AH，DM 分别 $\perp BC$ 于 H，M，因为

$$|BC|=a,\angle ABC=\theta$$

在 Rt△ABC 中，有

$$|AB|=a\cos\theta$$

又在 Rt△ABH 中，有

$$|BH|=|AB|\cos\theta=a\cos^2\theta$$

$$|HA|=|AB|\sin\theta=a\cos\theta\sin\theta$$

且因

$$\text{Rt}\triangle BDM\cong\text{Rt}\triangle BAH$$

所以

$$|BM|=|HA|,|MD|=|BH|$$

于是，A，G，D，C 各点的坐标分别为

$$A(a\cos^2\theta,a\sin\theta\cos\theta),G(0,a),D(a\sin\theta\cos\theta,-a\cos^2\theta),C(a,0)$$

因为

$$斜率\ k_{GA}=\frac{a\sin\theta\cos\theta-a}{a\cos^2\theta}=\frac{\sin\theta\cos\theta-1}{\cos^2\theta}$$

$$斜率\ k_{DC}=\frac{-a\cos^2\theta}{a\sin\theta\cos\theta-a}=\frac{-\cos^2\theta}{\sin\theta\cos\theta-1}$$

显然，$k_{GA}\cdot k_{DC}=-1$，所以 $GA\perp DC$.

三、选择参数化普通方程为参数方程的一般方法

如果曲线的普通方程 $F(x,y)=0$ 比较复杂，或求满足方程的 x,y 的对应值比较困难，或问题的特征显示利用参数方程比较相宜，在这时引进适当的参数，把普通方程化为参数方程$\begin{cases}x=f(t)\\y=g(t)\end{cases}$，常常有利于问题的解决.

问题是应该选择怎样的参数 t，使 $x=f(t)$，并进而较方便地获得相应的 $y=g(t)$. 归纳起来通常有下面几种方法.

1. 将方程 $F(x,y)=0$ 作适当的变形，再设参数 t 作沟通

例 16 化直线方程 $y-y_0=k(x-x_0)$ 为参数方程.

解 设

$$k=\tan\alpha\quad\left(0\leqslant\alpha\leqslant\pi,\alpha\neq\frac{\pi}{2}\right)$$

由 $\tan\alpha=\frac{\sin\alpha}{\cos\alpha}$，原方程可变形为

$$\frac{y-y_0}{\sin\alpha}=\frac{x-x_0}{\cos\alpha}$$

再设比值为参数 t，即$\frac{y-y_0}{\sin\alpha}=\frac{x-x_0}{\cos\alpha}=t$，即得参数方程

$$\begin{cases}x=x_0+t\cos\alpha\\y=y_0+t\sin\alpha\end{cases}\quad(t\ 为参数)$$

2. 化隐函数为显函数，再选适当的参数

例 17 化椭圆方程 $17x^2-16xy+4y^2-34x+16y+13=0$ 为参数方程.

解 将原方程看成是有关 y 的一元二次方程，可解得

$$y=2(x-1)\pm\frac{1}{2}\sqrt{4-(x-1)^2}\qquad①$$

据数式结构，因为$(x-1)^2\leqslant4$，有

$$-1\leqslant\frac{x-1}{2}\leqslant1$$

设

$$\frac{x-1}{2}=\cos\theta \quad (0\leqslant\theta<\pi)$$

则有

$$x=1+2\cos\theta$$

代入式①，整理，得

$$y=4\cos\theta\pm\sin\theta$$

为保持函数 $y=g(\theta)$ 的单值性，只要把 θ 的变化范围 $[0,\pi)$ 扩充到 $[0,2\pi)$，即能获得所求的参数方程

$$\begin{cases}x=1+2\cos\theta\\ y=4\cos\theta+\sin\theta\end{cases} \quad (\theta \text{ 为参数}, 0\leqslant\theta<2\pi)$$

3. 利用平行直线系的截距为参数

方法是作适当的平行直线系与曲线 $F(x,y)=0$ 相交于动点，以所作直线系在坐标轴上的截距为参数，再把所给方程化为参数方程.

例 18 化方程 $3x+5y-16=0$ 为参数方程.

解 令 $y=x+8t$，即是作斜率为 1 的平行直线系，$8t$ 是平行线的纵截距，系数 8 来源于已知方程的 x，y 两项的系数和，是为了使参数方程形式较简.

代入所给方程(即与已知曲线交于一个动点)，得

$$3x+5(x+8t)-16=0$$

所以

$$x=2-5t$$

进而

$$y=x+8t=2+3t$$

所以得参数方程为

$$\begin{cases}x=2-5t\\ y=2+3t\end{cases} \quad (t \text{ 为参数})$$

4. 以过定点的直线系的斜率为参数

方法是过定点 A 作直线系与已知曲线 $F(x,y)=0$ 相交于动点，以所作直线系的斜率为参数，再将所给方程化为参数方程. 此法一般适用于圆、椭圆、双曲线和抛物线方程的参数化.

例 19 把抛物线方程 $x^2-4xy+4y^2+x-3y+1=0$ 化为参数方程.

解 在所给的抛物线上任取一定点例如 $A(2,1)$，过 A 作直线系 $y=t(x-2)+1$（这里 t 便是直线系的斜率参数），代入已知方程，整理，得

$$(x-2)[x(4t^2-4t+1)-(8t^2-5t+1)]=0$$

因为 $x-2$ 不恒等于零，所以

$$x(4t^2-4t+1)-(8t^2-5t+1)=0$$

得

$$x=\frac{8t^2-5t+1}{4t^2-4t+1}$$

将上式代回原方程，得

$$y=\frac{7t^2-5t+1}{4t^2-4t+1}$$

所以参数方程为

$$\begin{cases}x=\dfrac{8t^2-5t+1}{4t^2-4t+1}\\ y=\dfrac{7t^2-5t+1}{4t^2-4t+1}\end{cases}\quad(t\ \text{为参数})$$

5. 利用三角恒等式选择参数

例 20 化双曲线方程 $xy=a$ 为参数方程. $(a\neq 0)$

解 利用三角恒等式

$$\tan\theta\cdot\cot\theta=1\quad\left(\theta\neq\frac{k\pi}{2},k\in\mathbf{Z}\right)$$

设 $x=\tan\theta$，得参数方程

$$\begin{cases}x=\tan\theta\\ y=a\cot\theta\end{cases}\quad\left(\theta\ \text{为参数},-\frac{\pi}{2}<\theta<0\ \text{或}\ 0<\theta<\frac{\pi}{2}\right)$$

6. 利用几何图形选择恰当的参数

这是最常用的一种选参方法，如直线、圆、椭圆及双曲线方程要化为参数方程，就是在几何图形中选取了有向线段、旋转角或离心角作为参数，所得到的这些常见曲线的参数方程很便于应用.

此外，一些复杂的高次曲线或超越曲线，如圆的渐开线、摆线、蔓叶线、箕舌线、环索线等的参数方程的建立，亦均是利用有关的几何图形来挑选恰当的参数的.

例 21 化圆的方程 $(x-3)^2+y^2=9$ 为参数方程.

解法一 因圆 $(x-3)^2+y^2=9$ 的圆心为 $A(3,0)$，半径为 3，若以动半径 AP 的旋转角 θ 为参数(图 6.12)，则其参数方程为

$$\begin{cases}x=3+3\cos\theta\\ y=3\sin\theta\end{cases}\quad(\theta\ \text{为参数}\ 0\leqslant\theta\leqslant 2\pi)$$

解法二 仍如图 6.12，若以动弦 OP 与 x 轴正向所成的角 α 为参数，因

$$|OA|=|AP|,\angle APO=\angle POA=\alpha$$

所以

$$\angle PAD=2\alpha$$

仿解法一，可得参数方程为

$$\begin{cases}x=3+3\cos 2\alpha\\y=3\sin 2\alpha\end{cases}\quad\left(\alpha\text{ 为参数},-\frac{\pi}{2}\leqslant\alpha\leqslant\frac{\pi}{2}\right)$$

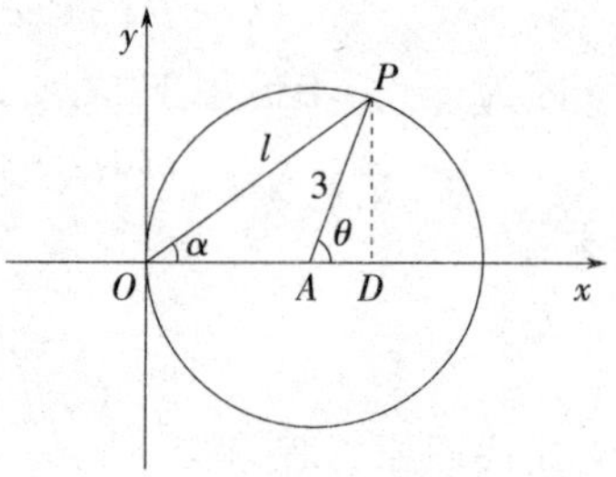

图 6.12

解法三 仍如图 6.12，若以动弦 OP 的长为参数，设 $|OP|=t$，引 $PD\perp x$ 轴于 D，并设 $P(x,y)$，在 $\mathrm{Rt}\triangle POD$ 中，有

$$x^2+y^2=t^2 \qquad ①$$

又在 $\mathrm{Rt}\triangle PAD$ 中，有

$$(x-3)^2+y^2=9 \qquad ②$$

解①与②，即得参数方程为

$$\begin{cases}x=\dfrac{1}{6}t^2\\y=\dfrac{t}{6}\sqrt{36-t^2}\end{cases}\text{和}\begin{cases}x=\dfrac{1}{6}t^2\\y=-\dfrac{t}{6}\sqrt{36-t^2}\end{cases}\quad(t\text{ 是参数},0\leqslant t\leqslant 6)$$

两个参数方程分别代表 x 轴上方及下方的两个半圆.

7. 利用特定的 x,y 与参数 t 的关系式来化高次曲线的普通方程为参数方程

某些特殊的高次曲线 $F(x,y)=0$，若以一般的参数式 $x=f(t)$ 代入，因涉及高次方程，在求 y 的对应参数式时将遇到困难，若以特定的关系式 $y=tx$ 代入，却常能收效.

例 22 化普通方程 $y^2(2a-x)=x^3$ 为参数方程.

解 令 $y=tx$，t 为参数，代入原方程，得

$$t^2x^2(2a-x)=x^3$$

因 x 不恒为零，方程化为

$$t^2(2a-x)=x$$

解之，得

$$x=\frac{2at^2}{1+t^2}$$

由此得参数方程为

$$\begin{cases} x=\dfrac{2at^2}{1+t^2} \\ y=\dfrac{2at^3}{1+t} \end{cases} \quad (t \text{ 为参数})$$

当 $x=0$ 时 $y=0$,也适合上述参数方程.

值得强调的是,选取参数 t 使 $F(x,y)=0$ 转化为参数方程 $\begin{cases} x=f(t) \\ y=g(t) \end{cases}$ 时,须保持其等价性,具体应注意:

(1)对于所给的普通方程 $F(x,y)=0$,如果选取 $x=f(t)$,则必须使函数 $f(t)$ 的取值范围与普通方程中 x 的允许值范围相一致,对解出的 $y=g(t)$ 有同样的要求.

(2)使所得的参数方程中的两个函数 $x=f(t)$,$y=g(t)$ 都是关于参数 t 的单值函数.

我们还可以看到,由于在函数式 $x=f(t)$ 或在图形中选取参数 t 都有一定的随意性,所以化普通方程为参数方程的问题总是具有多解性.

四、多种方法选参与一题多解

思维的灵活性、广阔性和创造性要求我们,在解题时能多角度地探求一题多题和优解.由于参数形式的多样化及运用、处理方法的不同,使得能用多种方法,以促成一题多解和优解的探求.

例 23 圆 $x^2+y^2=a^2$ 与 x 轴交于 $A(-a,0)$,$B(a,0)$ 两点,P 是圆上的任意一点,AP 与 y 轴交于点 C,过 C 引 x 轴的平行线交弦 BP 于 Q,求点 Q 的轨迹方程.

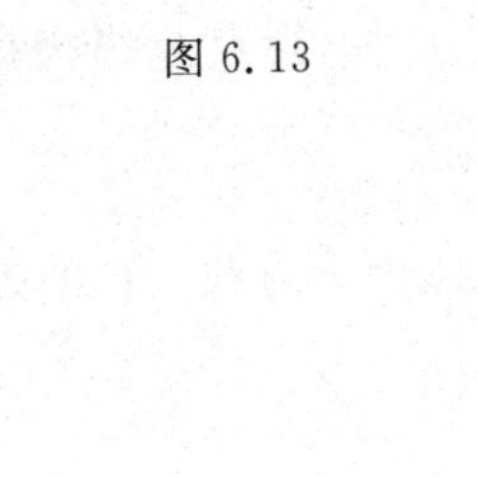

图 6.13

思考一 因点 Q 随点 P 在已知圆上移动而动,故设点 P 的坐标 (x_1,y_1) 为参数,再计算点 Q 的坐标 (x,y).

解法一 承上,如图 6.13,因为直线 AP 的方程为

$$\frac{y}{x+a}=\frac{y_1}{x_1+a} \qquad ①$$

直线 BP 的方程为

$$\frac{y}{x-a}=\frac{y_1}{x_1-a} \qquad ②$$

由式①,使 $x=0$,得点 C 的纵坐标 $y_C=\dfrac{ay_1}{x_1+a}$.

因为 $CQ/\!/x$ 轴,所以

$$y=y_C=\frac{ay_1}{x_1+a} \quad ③$$

代入式②,可求得点 Q 的横坐标

$$x=\frac{2ax_1}{x_1+a} \quad ④$$

又因为点 P 在圆上,有

$$x_1{}^2+y_1{}^2=a^2 \quad ⑤$$

据式④,得

$$x_1=\frac{ax}{2a-x}$$

代入式③,可求得

$$y_1=\frac{2ay}{2a-x}$$

两式都代入⑤,整理即得所求点 Q 的轨迹方程为

$$y^2=-a(x-a)$$

轨迹是图中虚线所示的抛物线.

思考二 上面的解法使用了两个参数,(但 x_1,y_1 受 $x_1{}^2+y_1{}^2=a^2$ 制约,基本量个数为 1)运算较繁,考虑到动半径的旋转角 θ 决定着点 P 的位置,可以 θ 为参数,将点 P 坐标表示为$(a\cos\theta, a\sin\theta)$,参数个数便减少到只有一个,运算较为简单.

解法二 承上,直线 AP 的方程是

$$\frac{y}{x+a}=\frac{a\sin\theta}{a\cos\theta+a} \quad ①$$

使 $x=0$,得点 C 纵坐标

$$y_C=\frac{a\sin\theta}{1+\cos\theta}$$

因为直线 BP 的方程是

$$\frac{y}{x-a}=\frac{a\sin\theta}{a\cos\theta-a} \quad ②$$

因为 $CQ/\!/x$ 轴,所以

$$y=y_C=\frac{a\sin\theta}{1+\cos\theta} \quad ③$$

代入式②,得点 Q 横坐标

$$x=\frac{2a\cos\theta}{1+\cos\theta} \qquad ④$$

于是得点 Q 轨迹的参数方程为

$$\begin{cases} x=\dfrac{2a\cos\theta}{1+\cos\theta} \\ y=\dfrac{a\sin\theta}{1+\cos\theta} \end{cases} \quad (\theta \text{ 为参数}, 0\leqslant\theta\leqslant 2\pi, \theta\neq\pi)$$

为消去参数 θ,也可以使②×③,得

$$\frac{y^2}{x-a}=\frac{a\sin^2\theta}{\cos^2\theta-1}$$

整理即得点 Q 轨迹的普通方程 $y^2=-a(x-a)$.

思考三 因 AB 是直径,$AP\perp BP$,这就启发我们也可以设 AP 的斜率 k 作参数来推求方程.

解法三 设 AF 的斜率为 k,则直线 AP 的方程为

$$y=k(x+a) \qquad ①$$

以 $x=0$ 代入,得点 C 纵坐标

$$y_C=ka$$

因为直线 BP 的方程为

$$y=-\frac{1}{k}(x-a) \qquad ②$$

且 $CQ/\!/x$ 轴,有

$$y=y_C=ka \qquad ③$$

③代入②,可求得

$$x=a-ak^2 \qquad ④$$

于是得点 Q 轨迹的参数方程为

$$\begin{cases} x=a-ak^2 \\ y=ka \end{cases} \quad (k \text{ 是参数})$$

为消去参数 k,也可以②×③,即得点 Q 轨迹为抛物线

$$y^2=-a(x-a)$$

思考四 仍如图 6.13,如果以 $\angle PAB=\alpha$ 作为参数,也可据此方便地求得点 Q 的坐标. 这里 $-\frac{\pi}{2}<\alpha<\frac{\pi}{2}$.

解法四 设 $\angle PAB=\alpha$,则在 $\text{Rt}\triangle AOC$ 内,有

$$OC=a\tan\alpha,|AC|=\frac{a}{\cos\alpha}$$

又在 Rt$\triangle ABP$ 内，$|AP|=2a\cos\alpha$，所以

$$CP=2a\cos\alpha-\frac{a}{\cos\alpha}$$

因为 Rt$\triangle CPQ$ 中，$\angle PCQ=\alpha$，所以

$$CQ=\frac{CP}{\cos\alpha}=2a-a\sec^2\alpha$$

于是，知点 Q 轨迹的参数方程为

$$\begin{cases}x=CQ=2a-a\sec^2\alpha\\y=OC=a\tan\alpha\end{cases}\quad(\alpha\text{ 为参数}，-\frac{\pi}{2}<\alpha<\frac{\pi}{2})$$

消去参数 α，易得点 Q 轨迹方程 $y^2=-a(x-a)$.

思考五 点 C 在 y 轴上的位置也能对整个图形起“确定”作用，故以点 C 的纵坐标为参数来展开运算.

解法五 仍如图 6.13，设

$$OC=b\quad(b\in\mathbf{R})$$

在 Rt$\triangle AOC$ 中，有

$$|AC|=\sqrt{a^2+b^2}$$

因为 Rt$\triangle ABP\backsim$Rt$\triangle ACO$，所以

$$\frac{|AP|}{|AB|}=\frac{|AO|}{|AC|}$$

可求得 $|AP|=\dfrac{2a^2}{\sqrt{a^2+b^2}}$，于是

$$CP=\frac{2a^2}{\sqrt{a^2+b^2}}-\sqrt{a^2+b^2}=\frac{a^2-b^2}{\sqrt{a^2+b^2}}$$

又 $AP\perp BP$，Rt$\triangle CPQ\backsim$Rt$\triangle APB$，有

$$\frac{CQ}{|AB|}=\frac{CP}{|AP|}$$

代入，可解得

$$CQ=\frac{2a\cdot\dfrac{a^2-b^2}{\sqrt{a^2+b^2}}}{\dfrac{2a^2}{\sqrt{a^2+b^2}}}=\frac{a^2-b^2}{a}$$

于是得点 Q 轨迹的参数方程为

$$\begin{cases}x=CQ=\dfrac{a^2-b^2}{a}\\ y=b\end{cases}\quad (b\text{ 是参数},b\in\mathbf{R})$$

消去参数 b，立即得点 Q 轨迹方程 $y^2=-a(x-a)$.

说明 本例我们分别以点的坐标、旋转角、斜率、倾角、纵截距为参数，给出了五种不同的解法.

从已给的五种解法鉴别，似以解法三（设直线 AP 的斜率 k 为参数）运算为最简单；其次，则是解法二，据圆的参数表示式辅设动点 P 的坐标为 $(a\cos\theta, a\sin\theta)$，这是最常用的方法；解法四、五较多应用几何、三角知识，亦有其特点；解法一运算最繁.（虽尚可改进，仍不足取.）

多种方法选参促成了一题多解，反过来通过各种解的比较鉴别，我们又可更深刻地认识各类参数的作用、范围和特点，从而积累灵活运用参数求解各类数学问题的经验.

§2 消参的基本方法

在第一章中我们曾论及，运用参数方法解题，有设参数、求参数；设参数、消参数；设参数、求参数间关系，等等几类. 除第二类需要消参数外，其他几类有时由于辅设多个参数，求解中除了保留（或确定）与目标有关的参数外，常需把其他参数消去. 因此，掌握消参的基本方法是用参数解题的基础，对此，以前各章没有系统归纳，现作一整理，大体上有以下几种主要的消参方法.

一、代入消参法

若由某一含有参数的等式中，能求得用其他量表示参数的关系式，代入其他含相同参数的等式，便能将参数消去. 这种方法称为代入消参法.

例 1 化参数方程 $\begin{cases}x=t^2-3t+1\\ y=t-1\end{cases}$ 为普通方程.（t 是参数）

解 据第二式，有

$$t=y+1$$

代入第一式，整理之，即得所求普通方程为

$$y^2-x-y-1=0$$

例 2 已知抛物线 $y^2=x+1$，定点 $A(3,1)$，B 为抛物线上任意一点，点 P 在线段 AB 上，且有 $BP:PA=1:2$，当点 B 在抛物线上变动时，求点 P 的轨迹方程，并指出这个轨迹为哪种曲线.

解 如图 6.14，设点 B 的坐标为(x_1, y_1)，点 P 坐标为(x, y)，因为 A 的坐标为$(3,1)$，且

$$BP : PA = 1 : 2$$

有
$$x = \frac{x_1 + \frac{1}{2}\times 3}{1+\frac{1}{2}} \quad ①$$

$$y = \frac{y_1 + \frac{1}{2}\times 1}{1+\frac{1}{2}} \quad ②$$

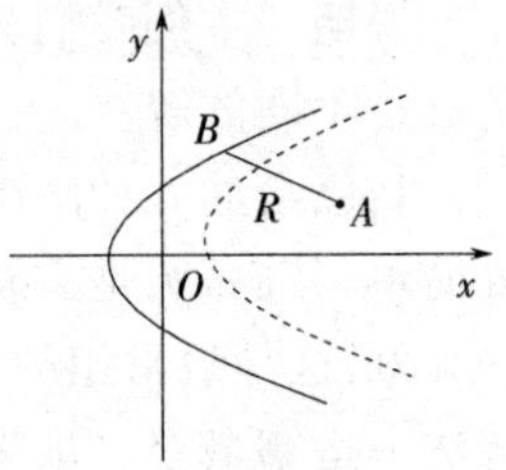

图 6.14

又，点 B 在已知抛物线上，得

$$y_1^{\,2} = x_1 + 1 \quad ③$$

为消去参数 x_1, y_1，可据①，得

$$x_1 = \frac{3x-3}{2}$$

据②，得

$$y_1 = \frac{3y-1}{2}$$

以所得两式代入③整理之，即得所求点 P 的轨迹方程

$$3y^2 - 2x - 2y + 1 = 0$$

轨迹是图中虚线所示的抛物线.

有时因解题的需要，引入两个或两个以上的参数，最终将这些参数一并消去，反比强求用一个参数来得方便. 这种多参数的消去法尽管技术要求略高于单参数的消去方法，但用代入法同样能够奏效.

例 3 P, Q 为抛物线 $y^2 = 2px$ 上的两个动点，O 为抛物线的顶点，$\angle POQ = \alpha$（定角），过 P, Q 两点的切线交于点 T，求点 T 的轨迹方程.

解 如图 6.15，取 P, Q 两点的纵坐标 y_1，y_2 为参数，因 P, Q 两点都在抛物线上，故 P, Q 两点的坐标分别为

$$P\left(\frac{y_1^{\,2}}{2p}, y_1\right), Q\left(\frac{y_2^{\,2}}{2p}, y_2\right)$$

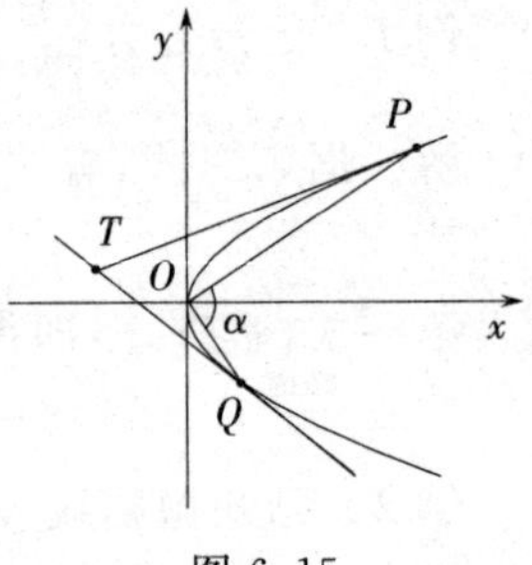

图 6.15

所以切线 PT, QT 的方程分别是

$$y_1 y=p\left(x+\frac{y_1{}^2}{2p}\right)$$

$$y_2 y=p\left(x+\frac{y_2{}^2}{2p}\right)$$

可求得点 T 的坐标为

$$\begin{cases} x=\dfrac{y_1 y_2}{2p} & ① \\ y=\dfrac{y_1+y_2}{2} & ② \end{cases}$$

若 $\alpha\neq\frac{\pi}{2}$，因为 PO,QO 的斜率分别是 $\frac{2p}{y_1},\frac{2p}{y_2}$，所以

$$\tan\alpha=\left|\frac{\dfrac{2p}{y_1}-\dfrac{2p}{y^2}}{1+\dfrac{2p}{y_1}\cdot\dfrac{2p}{y_2}}\right|=\left|\frac{2p(y_2-y_1)}{y_1y_2+4p^2}\right| \quad ③$$

据式①②，有

$$y_1y_2=2px \quad ④$$

$$y_1+y_2=2y \quad ⑤$$

且

$$|y_2-y_1|=\sqrt{(y_1+y_2)^2-4y_1y_2}=\sqrt{4y^2-8px} \quad ⑥$$

将⑤⑥代入③，得

$$\tan\alpha=\left|\frac{2p\sqrt{4y^2-8px}}{2px+4p^2}\right|$$

平方整理，即得点 T 的轨迹方程为双曲线

$$x^2\cdot\tan^2\alpha-4y^2+4px\cdot\tan^2\alpha+8px+4p^2\cdot\tan^2\alpha=0$$

若 $\alpha=\frac{\pi}{2}$，由 $\frac{2p}{y_1}\cdot\frac{2p}{y_2}=-1$，得

$$y_1y_2+4p^2=0$$

将式④代入，即得点 T 的轨迹方程 $x+2p=0$.

例 4 已知定圆 $(x-a)^2+y^2=a^2$，过原点作两动弦 OA,OB，当 $|OA|\cdot|OB|=m^2$（定值）时，求证：动直线 AB 为另一定圆的切线.

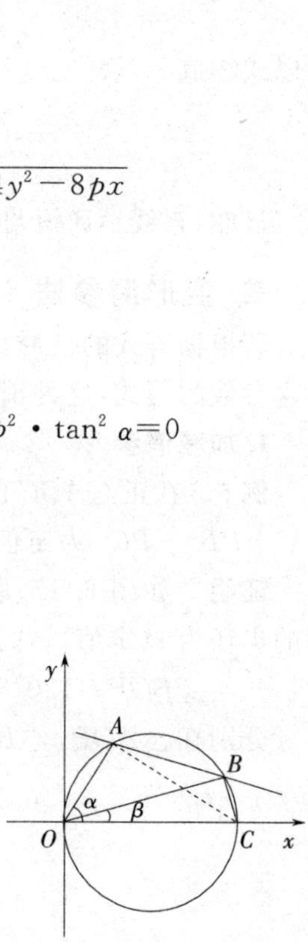

图 6.16

解 如图 6.16，设 OA,OB 与正轴正向的夹角分别为 $\alpha,\beta\left(\text{参数 }\alpha,\beta\text{ 均}\in\left(-\frac{\pi}{2},\frac{\pi}{2}\right)\right)$，则 A,B

两点的坐标分别是

$$A(2a\cos^2\alpha,2a\cos\alpha\sin\alpha),B(2a\cos^2\beta,2a\cos\beta\sin\beta)$$

建立直线 AB 的方程,并整理,得

$$\frac{1}{2}(\sin 2\alpha-\sin 2\beta)x+\frac{1}{2}(\cos 2\beta-\cos 2\alpha)y+2a\cos\alpha\cos\beta\sin(\beta-\alpha)=0 \quad ①$$

由 $|OA|\cdot|OB|=m^2$,得

$$2a\cos\alpha\cdot 2a\cos\beta=m^2$$

即

$$\cos\alpha\cos\beta=\frac{m^2}{4a^2}$$

代入①整理,得

$$\sin(\alpha-\beta)\cos(\alpha+\beta)x-\sin(\alpha+\beta)\sin(\beta-\alpha)y+\frac{m^2}{2a}\sin(\beta-\alpha)=0 \quad ②$$

因为 $\alpha\neq\beta$,且 α,β 均 $\in\left(-\frac{\pi}{2},\frac{\pi}{2}\right)$ 知

$$\sin(\alpha-\beta)\neq 0$$

所以式②成

$$\cos(\alpha+\beta)\cdot x+\sin(\alpha+\beta)\cdot y-\frac{m^2}{2a}=0$$

显然,直线 AB 恒与定圆 $x^2+y^2=\frac{m^4}{4a^2}$ 相切.

二、变形消参法

若根据等式的性质,对多个含参数的等式和、差、积、商等变换后,恰能获得不含参数的等式,这种消去参数的方法,称为变形消参法.按其变形步骤可分为

1. 加减消参

例 5 在正$\triangle ABC$的外接圆上任取一点 P,求证:$PA^2+PB^2+PC^2$ 为定值.

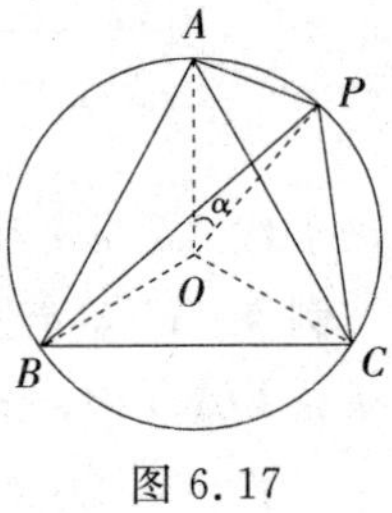

图 6.17

证明 如图 6.17,联结 OA,OB,OC,OP.设外接圆的半径为 r(定值),并设$\angle AOP=\alpha$ 为参数.则有

$$\angle BOP=120^\circ+\alpha,\angle COP=120^\circ-\alpha$$

分别在$\triangle AOP,\triangle BOP,\triangle COP$ 内,据余弦定理,有

$$PA^2=2r^2-2r^2\cos\alpha \quad ①$$

$$PB^2=2r^2-2r^2\cos(120^\circ+\alpha) \quad ②$$

$$PC^2=2r^2-2r^2\cos(120°-\alpha) \quad ③$$

因为

$$\cos\alpha+\cos(120°+\alpha)+\cos(120°-\alpha)=\cos\alpha+2\cdot\cos 120°\cdot\cos\alpha=0$$

将①②③三式相加，消去参数 α. 即得

$$PA^2+PB^2+PC^2=6r^2$$

为定值.

2. 乘除消参

例 6 求证：有公共焦点的椭圆和双曲线，在交点处的切线互相垂直.

思考 以交点的坐标为参数来表示两切线的斜率 k_1, k_2，再利用共焦点的条件来消去参数以获得 $k_1\cdot k_2=-1$.

证明 设椭圆方程为

$$\frac{x^2}{a_1{}^2}+\frac{y^2}{b_1{}^2}=1 \quad (a_1>b_1>0) \quad ①$$

双曲线方程为

$$\frac{x^2}{a_2{}^2}-\frac{y^2}{b_2{}^2}=1 \quad (a_2, b_2>0) \quad ②$$

再设 $M(x_1, y_1)$ 是椭圆①和双曲线②的交点，则过点 M 的椭圆的切线是

$$\frac{x_1x}{a_1{}^2}+\frac{y_1y}{b_1{}^2}=1，\text{其斜率 } k_1=-\frac{b_1{}^2x_1}{a_1{}^2y_1}$$

过点 M 的双曲线的切线是

$$\frac{x_1x}{a_2{}^2}-\frac{y_1y}{b_2{}^2}=1，\text{其斜率 } k_2=\frac{b_2{}^2x_1}{a_2{}^2y_1}$$

所以

$$k_1\cdot k_2=-\frac{b_1{}^2b_2{}^2}{a_1{}^2a_2{}^2}\cdot\frac{x_1{}^2}{y_1{}^2} \quad ③$$

又因点 M 坐标适合于方程①和②，将 (x_1, y_1) 分别代入两个方程后，将两式相减，得

$$\frac{x_1{}^2}{y_1{}^2}=\frac{a_1{}^2a_2{}^2(b_1{}^2+b_2{}^2)}{b_1{}^2b_2{}^2(a_1{}^2-a_2{}^2)} \quad ④$$

因椭圆①和双曲线②有公共焦点，所以

$$a_1{}^2-b_1{}^2=a_2{}^2+b_2{}^2$$

即

$$a_1{}^2-a_2{}^2=b_1{}^2+b_2{}^2 \quad ⑤$$

将④⑤代入③，即得

$$k_1 \cdot k_2 = -1$$

所以在交点处两切线互相垂直,命题获证.

说明 本例证法中的式③便是将含参数的两个斜率表达式两边分别相乘,再利用共焦点的条件达到消参的目的.

我们还注意到,上一节的例 23 的解法二、解法三,都可以通过将②③两式相乘达到消去参数的目的.

3. 混合消参

在参数方法的运用中,有时需要加减、乘除甚至乘方等四则运算混合使用,才能达到消参的目的,这种方法称为混合消参.

例 7 当 t 取实数值变化时,用 $x=\frac{7+5t^2}{1+t^2}$,$y=\frac{2t}{1+t^2}$ 表示的点(x,y),表示的曲线是(　).

A. 圆　　B. 不完整的圆　　C. 椭圆　　D. 不完整的椭圆

(1987 年上海市中学生数学竞赛试题)

解 由

$$\begin{cases} x=\dfrac{7+5t^2}{1+t^2} & ① \\ y=\dfrac{2t}{1+t^2} & ② \end{cases}$$

式①可变形为

$$x-6=\frac{1-t^2}{1+t^2} \quad ③$$

将③②两式分别平方再相加,得

$$(x-6)^2+y^2=1$$

但由 $x=\frac{7+5t^2}{1+t^2}=5+\frac{2}{1+t^2}>5$,点$(5,0)$不在圆上,知点$(x,y)$表示圆$(x-6)^2+y^2=1$ 的一部分. 故选答案为 B.

例 8 求椭圆$\frac{x^2}{a^2}+\frac{y^2}{b^2}=1$ 的相互垂直的两切线的交点的轨迹.

解 如图 6.18,设切线 PA,PB 分别切椭圆于 A,B,且 $PA\perp PB$,为减少参数个数,设 PA 的斜率为 k,则 PB 的斜率为 $-\frac{1}{k}$.

因为切线 PA 的方程为

$$y=kx\pm\sqrt{a^2k^2+b^2} \quad ①$$

且切线 PB 的方程为

$$y=-\frac{1}{k}x\pm\sqrt{a^2\left(-\frac{1}{k}\right)^2+b^2} \quad ②$$

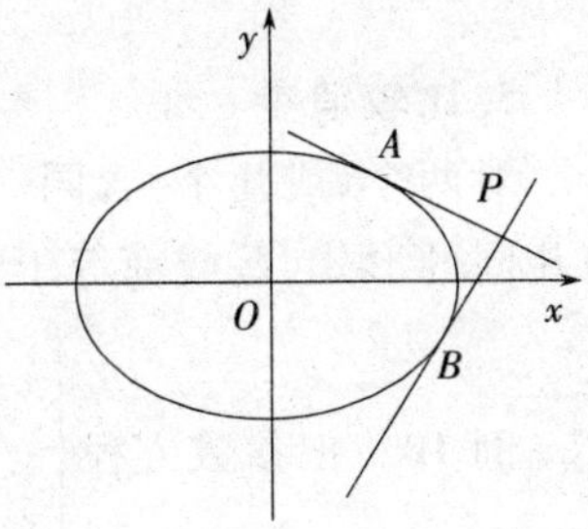

图 6.18

由①,得

$$y-kx=\pm\sqrt{a^2k^2+b^2} \quad ③$$

由②,得

$$ky+x=\pm\sqrt{a^2+b^2k^2} \quad ④$$

将③④两式分别平方再相加,得

$$k^2x^2+x^2+y^2+k^2y^2=a^2k^2+a^2+b^2+b^2k^2$$

或

$$(k^2+1)(x^2+y^2)=(a^2+b^2)(k^2+1)$$

因为 $k^2+1\neq0$,消去参数即得点 P 的轨迹方程为

$$x^2+y^2=a^2+b^2$$

轨迹是一个圆,称为椭圆的基准圆(也叫蒙日圆).

4. 分步消参

严格地讲,混合消参也是一种加减、乘除或乘方的分步消参,但这里主要是指,将几个参数式或参数方程经过几次变形,先得出参数的一次关系式,然后用代入法来消去参数.这种方法称为分步消参.

例 9 把参数方程 $\begin{cases}x=\dfrac{a(1-t^2)}{1+t^2}\\ y=\dfrac{at(1-t^2)}{1+t^2}\end{cases}$ (t 为参数)化为普通方程.

解 由

$$\begin{cases}x=\dfrac{a(1-t^2)}{1+t^2} & ①\\ y=\dfrac{at(1-t^2)}{1+t^2} & ②\end{cases}$$

①÷②,得

$$\frac{x}{y}=\frac{1}{t}$$

或

$$t=\frac{y}{x}$$

再代入①整理,得

$$x(x^2+y^2)=a(x^2-y^2) \quad (x\neq -a)$$

5. 比较消参

对两个(或几个)含同一参数的等式,若能通过变形使各自含参数的部分具有相同的形式(差或商等于常数),便可做比较(也就是相减或相除)消参.

例 10 把参数方程$\begin{cases} x=\dfrac{x_1+\lambda x_2}{1+\lambda} \\ y=\dfrac{y_1+\lambda y_2}{1+\lambda} \end{cases}$($\lambda$ 为参数)化为普通方程.

解 第一式的右端

$$\frac{x_1+\lambda x_2}{1+\lambda}=\frac{x_1+\lambda x_1-\lambda x_2+\lambda x_2}{1+\lambda}=x_1-\frac{\lambda(x_1-x_2)}{1+\lambda}$$

所以第一式可化成

$$\frac{x-x_1}{x_2-x_1}=\frac{\lambda}{1+\lambda} \qquad ①$$

同理,第二式可化成

$$\frac{y-y_1}{y_2-y_1}=\frac{\lambda}{1+\lambda} \qquad ②$$

比较两式,即得普通方程

$$\frac{x-x_1}{x_2-x_1}=\frac{y-y_1}{y_2-y_1}$$

这就是直线的两点式方程.

例 11 把参数方程$\begin{cases} x=\dfrac{t^2-3t-5}{t^2+3t+1} \\ y=\dfrac{5t^2+3t-7}{t^2+3t+1} \end{cases}$化为普通方程,其中参数 $t\neq\dfrac{-3\pm\sqrt{5}}{2}$.

解法一 先消去两式中右端分子所含的 t^2 项,有

$$x-1=\frac{t^2-3t-5}{t^2+3t+1}-1=\frac{-6(t+1)}{t^2+3t+1} \qquad ①$$

$$y-5=\frac{5t^2+3t-7}{t^2+3t+1}-5=\frac{-12(t+1)}{t^2+3t+1} \qquad ②$$

①÷②,得

$$\frac{x-1}{y-5}=\frac{1}{2}$$

即得普通方程 $2x-y+3=0$.

用判别式方法,由参数方程两式获知 x,y 可为任意实数值,故普通方程是

完整的直线 $2x-y+3=0$.

解法二 先消去两式中右端分子所含的常数项,有

$$x+5=\frac{t^2-3t-5}{t^2+3t+1}+5=\frac{6t(t+2)}{t^2+3t+1} \quad ①$$

$$y+7=\frac{5t^2+3t-7}{t^2+3t+1}+7=\frac{12t(t+2)}{t^2+3t+1} \quad ②$$

①÷②,得

$$\frac{x+5}{y+7}=\frac{1}{2}$$

即

$$2x-y+3=0$$

同解法一,知普通方程是完整的直线 $2x-y+3=0$.

三、三角消参法

如果所含参数具有三角形式,一般需用同角三角函数关系,和、差、倍、半角的关系及万能公式等作为消参手段.当然,可能同时代入、加减、乘除或乘方甚至分步、比较等代数消参方法,但三角变形是主要的,我们称之为三角消参法.

例 12 已知 a,b,θ 的值满足方程组

$$\begin{cases}\sin\theta+\cos\theta=a & ①\\ \sin\theta-\cos\theta=b & ②\\ \sin^2\theta-\cos^2\theta-\sin\theta=-b^2 & ③\end{cases}$$

求 a 与 b 的值.

解 要求 a,b 的值,可将 θ 看作参数设法消去.

①+②,得

$$\sin\theta=\frac{a+b}{2} \quad ④$$

①-②,得

$$\cos\theta=\frac{a-b}{2} \quad ⑤$$

④⑤平方相加,得

$$\left(\frac{a+b}{2}\right)^2+\left(\frac{a-b}{2}\right)^2=1 \quad ⑥$$

再将④⑤代入③,整理,得

$$(a+b)(1-2b)=0 \quad ⑦$$

由⑥⑦即可解得

$$\begin{cases}a=1\\b=-1\end{cases},\begin{cases}a=-1\\b=1\end{cases},\begin{cases}a=\dfrac{\sqrt{7}}{2}\\b=\dfrac{1}{2}\end{cases},\begin{cases}a=-\dfrac{\sqrt{7}}{2}\\b=\dfrac{1}{2}\end{cases}$$

例 13 化参数方程

$$\begin{cases}x=a\cos\theta+a\cos\left(\dfrac{2\pi}{3}-\theta\right) & ①\\ y=a\sin\left(\dfrac{2\pi}{3}-\theta\right) & ②\end{cases}$$

为普通方程.(θ 是参数)

解 由①,得

$$x=2a\cos\frac{\pi}{3}\cos\left(\frac{\pi}{3}-\theta\right)=a\cos\left(\frac{\pi}{3}-\theta\right) \quad ③$$

由②,得

$$y=a\sin\left[\frac{\pi}{3}+\left(\frac{\pi}{3}-\theta\right)\right]=a\left[\sin\frac{\pi}{3}\cos\left(\frac{\pi}{3}-\theta\right)+\cos\frac{\pi}{3}\sin\left(\frac{\pi}{3}-\theta\right)\right]=$$
$$\frac{a}{2}\left[\sqrt{3}\cos\left(\frac{\pi}{3}-\theta\right)+\sin\left(\frac{\pi}{3}-\theta\right)\right] \quad ④$$

③代入④整理,得

$$2y-\sqrt{3}x=a\sin\left(\frac{\pi}{3}-\theta\right) \quad ⑤$$

将③与⑤分别平方再相加,得普通方程

$$x^2+(2y-\sqrt{3}x)^2=a^2$$

或

$$4x^2-4\sqrt{3}xy+4y^2=a^2$$

例 14 从方程组

$$\begin{cases}a\sin^2x+b\cos^2x=m & ①\\ b\sin^2y+a\cos^2y=n & ②\\ a\tan x=b\tan y & ③\end{cases}$$

中消去 x,y.

思考 式③的结构启发我们从①②两式分别解得关于 $\tan x,\tan y$ 的表达式,然后用代入消去法.

解 据式①可得

$$a\sin^2x+b\cos^2x=m(\sin^2x+\cos^2x)$$

所以

$$\tan^2 x=\frac{m-b}{a-m} \tag{④}$$

同理，由②，得

$$\tan^2 y=\frac{n-a}{b-n} \tag{⑤}$$

式③平方，再将④⑤代入，得

$$\frac{a^2(m-b)}{a-m}=\frac{b^2(n-a)}{b-n}$$

化简可成$\frac{1}{a}+\frac{1}{b}=\frac{1}{m}+\frac{1}{n}$.

说明 对几个含有相异角的三角关系式的消参，常需先用和、差、倍、半与和积互化等公式对原式作适当变换，然后，用代入法或同角三角函数关系式.

例 15 已知圆 $x^2+y^2=1$ 与一定点 $A(2,0)$，点 B 为已知圆上的动点，以 AB 为一边作正方形 $ABCD$（A,B,C,D 按顺时针排列），求点 C 的轨迹方程.

解 如图 6.19，选点 B 的旋转角 θ 为参数，分别引 BE，CF 垂直 x 轴于 E，F，再引 BG 平行 x 轴交 CF 于 G，联结 OB，据图形的几何性质，易知

$$\text{Rt}\triangle BCG\cong\text{Rt}\triangle BAE$$

所以

$$EB=BG, EA=GC$$

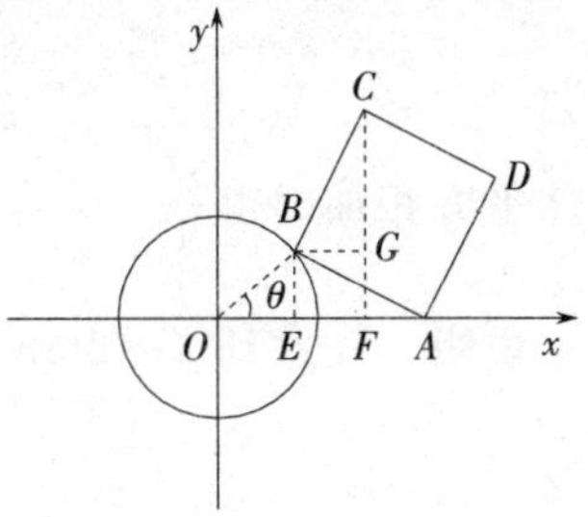

图 6.19

因为 $OE=\cos\theta$，$EB=\sin\theta$，若设点 C 坐标为 (x,y)，则

$$x=OE+EF=OE+BG=\cos\theta+\sin\theta \tag{①}$$

$$y=FG+GC=EB+EA=\sin\theta+2-\cos\theta \tag{②}$$

由②，得

$$y-2=\sin\theta-\cos\theta \tag{③}$$

①③两式平方相加，即得点 C 的轨迹方程是

$$x^2+(y-2)^2=2$$

轨迹是以 $(0,2)$ 为圆心，半径为 $\sqrt{2}$ 的圆.

四、换元消参法

对于某些有特殊结构的参数式，经过适当的代换，可以使消参变得更为方

便，但必须使得换元前后参数取值范围的一致性.

例 16 k 为参数，化参数方程 $\begin{cases} x=\dfrac{-8k}{4+k^2} \\ y=\dfrac{16-4k^2}{4+k^2} \end{cases}$ 为普通方程.

思考 直接消参不易，但看出式子与万能公式有相似之处，故设

$$k=2\tan\frac{\theta}{2}$$

则原方程可化为

$$\begin{cases} x=-2\sin\theta \\ y=4\cos\theta \end{cases}$$

消参已十分容易.

解 承上，得

$$\begin{cases} \dfrac{x}{2}=-\sin\theta & ① \\ \dfrac{y}{4}=\cos\theta & ② \end{cases}$$

①②平方相加即得 $\dfrac{x^2}{4}+\dfrac{y^2}{16}=1$，但点$(0,-4)$除外.

说明 注意到 $k=2\tan\dfrac{\theta}{2}$，当 $\dfrac{\theta}{2}=k\pi+\dfrac{\pi}{2}$ 时，k 不存在，故 $\theta\neq 2k\pi+\pi$. 即 $\dfrac{y}{4}\neq-1$，$y\neq-4$，故点$(0,-4)$除去. 否则，就扩大了 x,y 取值范围.

例 17 已知 $mx+ny=a$，$nx-my=b$，$m^2+n^2=1$.

求证：$x^2+y^2=a^2+b^2$.

思考 比较三个条件与结论，可发现 m,n 并未在结论中出现，故可将 m,n 看作参数，寻求消参方法便成了证题的途径，注意到 $m^2+n^2=1$，可作三角换元 $m=\cos\theta$，$n=\sin\theta$，要消去参数 θ 便甚容易.

证明 设 $m=\cos\theta$，$n=\sin\theta$，代入已知式，有

$$x\cos\theta+y\sin\theta=a \quad ①$$

$$x\sin\theta-y\cos\theta=b \quad ②$$

由①②，进而得

$$\sqrt{x^2+y^2}\sin(\theta+\alpha)=a \quad ③$$

$$\sqrt{x^2+y^2}\cos(\theta+\alpha)=-b \quad ④$$

其中 $\alpha = \arctan \dfrac{x}{y}$.

③④两式平方相加，即得

$$x^2 + y^2 = a^2 + b^2$$

命题获证.

五、分解消参法

分解消参是指通过因式分解方法，使原来含参数的几个等式变形后能分解成 $F(x,y) \cdot g(h,k) = 0$ 的形式，这样便能达到消参并获得普通方程 $F(x,y) = 0$ 的目的.

例 18 试由方程 $x^2 - 2kx - 8y + k^2 = 0$ 和 $k^2x^2 + 2kx - 8k^2y + 1 = 0$ 消去参数 k.

解 两已知方程经整理，化成

$$k^2 - 2kx + (x^2 - 8y) = 0$$

$$(x^2 - 8y)k^2 + 2kx + 1 = 0$$

两式相加，整理，得

$$(x^2 - 8y + 1)(k^2 + 1) = 0$$

因为

$$k^2 + 1 \neq 0$$

所以

$$x^2 - 8y + 1 = 0$$

例 19 已知 $\dfrac{a-b}{x} = \dfrac{b-c}{y} = \dfrac{c-a}{z}$，且 a,b,c 互不相等，求证：$x + y + z = 0$.

证明 设

$$\frac{a-b}{x} = \frac{b-c}{y} = \frac{c-a}{z} = k \quad (k \text{ 为非零参数})$$

则

$$a - b = kx, b - c = ky, c - a = kz$$

三式相加，得

$$k(x + y + z) = 0$$

因为

$$k \neq 0$$

所以

$$x+y+z=0$$

例 20 已知 $2^{6a}=3^{3b}=6^{2c}$，求证：$3ab-2ac-bc=0$.

证明 当 $a=0$ 时，b,c 显然亦为零，这时结论成立.

当 $a\neq 0$ 时，引入参数 t，使

$$2^{6a}=3^{3b}=6^{2c}=t$$

易得

$$a=\frac{\lg t}{6\lg 2},b=\frac{\lg t}{3\lg 3},c=\frac{\lg t}{2\lg 6}$$

于是，要证等式

$$\text{左边}=3\cdot\frac{\lg t}{6\lg 2}\cdot\frac{\lg t}{3\lg 3}-2\frac{\lg t}{6\lg 2}\cdot\frac{\lg t}{2\lg 6}-\frac{\lg t}{3\lg 3}\cdot\frac{\lg t}{2\lg 6}=$$
$$\frac{(\lg t)^2}{6\lg 2\lg 3\lg 6}(\lg 6-\lg 3-\lg 2)=\frac{(\lg t)^2}{6\lg 2\lg 3\lg 6}\cdot 0=0$$

所以命题获证.

说明 此例已反用了分解消参的过程，在数式变形后据部分因式为零来获取原证式成立（为零）的结论.

六、其他消参法

其他（的）消参法也可以说是消参杂法，凡较难纳入前面五类的消参方法便可归置于此. 下面所举的一些例子，主要是以重要的数学定理、公式、方法作为工具来达到消参的目的.

例 21 给定两直线

$$(x-a)\cos\alpha+y\sin\alpha-a=0 \quad ①$$
$$(x-a)\cos\beta+y\sin\beta-a=0 \quad ②$$

其中 $\tan\frac{\alpha}{2}-\tan\frac{\beta}{2}=2a$，求这两直线交点的轨迹方程.

思考 这是一道含有满足一个等式条件的双参数(α,β)的轨迹题，若能由①②两式变换出以 $\tan\frac{\alpha}{2}$，$\tan\frac{\beta}{2}$ 为根的一元二次方程，即可利用韦达定理消参.

解 据万能代换，并设

$$\tan\frac{\alpha}{2}=t_1,\tan\frac{\beta}{2}=t_2$$

则式①成

$$(x-a)\cdot\frac{1-t_1{}^2}{1+t_1{}^2}+y\cdot\frac{2t_1}{1+t_1{}^2}-a=0$$

或

$$x \cdot t_1{}^2-2yt_1+2a-x=0 \quad ③$$

同理,方程②可化为

$$x \cdot t_2{}^2-2yt_2+2a-x=0 \quad ④$$

由③④知 t_1 与 t_2 是方程 $xt^2-2yt+2a-x=0$ 的两个根,据韦达定理有

$$t_1+t_2=\frac{2y}{x}, t_1t_2=\frac{2a-x}{x}$$

因为

$$t_1-t_2=2a$$

所以

$$4a^2=(t_1-t_2)^2=(t_1+t_2)^2-4t_1t_2$$

即

$$4a^2=\left(\frac{2y}{x}\right)^2-4 \cdot \frac{2a-x}{x}$$

整理上式,即得所求轨迹方程

$$(1-a^2)x^2+y^2-2ax=0$$

说明 用韦达定理消参,关键是对题设方程作恰当的变换或据方程的根的定义构作一个相应的一元 n 次方程,其后便不难用根与系数的关系来担当起消参的任务.

韦达定理消参,在求解关于线段中点的问题时,应用颇多,上一章已有多例,这里不再枚举.

例 22 试对方程组

$$\begin{cases}17t^2+4ty+x^2=0 & ①\\ 4t^2+6tx-y^2=0 & ②\end{cases}$$

消去参数 t.

解 ①-②,得

$$13t^2+4ty-6tx+x^2+y^2=0$$

即为

$$(x-3t)^2+(y+2t)^2=0$$

要使上式成立,唯有

$$\begin{cases}x=3t\\ y=-2t\end{cases}$$

消去参数 t,即得普通方程 $2x+3y=0$.

说明 这里是以实数的性质(即任何实数的平方为非负的)作为消参依据.若参数方程中的几个等式变换后,能获得若干非负数之和为零,则各非负数均为零.

例 23 已知 $a=\log_{15}7, b=\log_{21}5, c=\log_{35}3$.

求证:$ab+bc+ca+2abc=1$.

思考 对数的底 15,21,35 均可由质因数 3,5,7 组成,而 3,5,7 又是各对数的真数.故用换底公式可求出关于 lg 3,lg 5,lg 7 的方程组,再视 lg 3,lg 5,lg 7为参数,据齐次线性方程组有非零解的充要条件是系数行列式为零,可以消参并获得结论.

证明 承上分析,三个条件式可化为齐次线性方程组

$$\begin{cases} a\lg 3+a\lg 5-\lg 7=0 \\ b\lg 3-\lg 5+b\lg 7=0 \\ \lg 3-c\lg 5-c\lg 7=0 \end{cases}$$

因 lg 3,lg 5,lg 7 都是非零实数,所以

$$\begin{vmatrix} a & a & -1 \\ b & -1 & b \\ 1 & -c & -c \end{vmatrix}=0$$

展开整理,得 $ab+bc+ac+2abc=1$.

例 24 设 $at^2+bt+c=0, pt^2+qt+r=0$.

求证:$(ar-cp)^2=(bp-aq)(cq-br)$.

思考 因 t 不在要证的等式中,故将 t 看作参数,设法从两条件式中消去参数可获得结论.

证明 将两已知式化为关于 t^2 及 t 的二元线性方程组

$$\begin{cases} at^2+bt=-c \\ pt^2+qt=-r \end{cases}$$

若 $D=\begin{vmatrix} a & b \\ p & q \end{vmatrix}=aq-bp=0$,即 $aq=bp$,由题设易得 $cq=br$ 及 $ar=cp$,这时结论成立.

若 $D\neq 0$,据克莱姆法则,知

$$t^2=\frac{\begin{vmatrix} -c & b \\ -r & q \end{vmatrix}}{D}=\frac{br-cq}{aq-bp} \quad ①$$

$$t=\frac{\begin{vmatrix} a & -c \\ p & -r \end{vmatrix}}{D}=\frac{cp-ar}{aq-bp} \quad ②$$

②代入①，得

$$\left(\frac{cp-ar}{aq-bp}\right)^2=\frac{br-cq}{aq-bp}$$

故有$(ar-cp)^2=(bp-aq)(cq-br)$.

综上，知结论成立.

说明 $D=0$时，方程组有解的条件是$D_1=\begin{vmatrix} -c & b \\ -r & q \end{vmatrix}=0$及$D_2=\begin{vmatrix} a & -c \\ p & -r \end{vmatrix}=0$，故有$cq=br$，$ar=pc$.

例23，例24都是利用行列式作为消参工具. 但前者是将已知等式化为关于某几个参数的线性方程组，再利用齐次线性方程组有非零解的充要条件；后者则利用克莱姆法则求解，再代入消参. 两者虽有区别，但以参数作为所列方程组的"元"却是其共同特点.

例 25 求证：等腰三角形底边上任一点到两腰的距离之和等于腰上的高.

证明 如图6.20，$\triangle ABC$中，CG是腰上的高，$AB=AC$，DE，DF分别垂直AC，AB于E，F，因有关线段都垂直于腰，故设$AB=AC=m$为参数，再联结AD，有面积

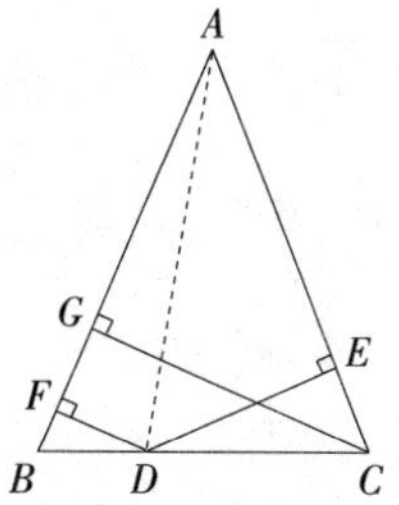

图 6.20

$$S_{\triangle ABC}=\frac{1}{2}m\cdot CG$$

$$S_{\triangle ADC}=\frac{1}{2}m\cdot DE$$

$$S_{\triangle ADB}=\frac{1}{2}m\cdot DF$$

为消去参数m，利用面积关系，因为

$$S_{\triangle ADC}+S_{\triangle ADB}=S_{\triangle ABC}$$

将上面三式代入，有

$$\frac{1}{2}m\cdot DE+\frac{1}{2}m\cdot DF=\frac{1}{2}m\cdot CG$$

所以$DE+DF=CG$. 命题获证.

例 26 H是$\triangle ABC$的垂心，$AH=x$，$BH=y$，$CH=z$，三边的长是a，b，c，求证：$\frac{a}{x}+\frac{b}{y}+\frac{c}{z}=\frac{abc}{xyz}$.

思考 要证的等式$\frac{a}{x}+\frac{b}{y}+\frac{c}{z}=\frac{a}{x}\cdot\frac{b}{y}\cdot\frac{c}{z}$颇似三角形内的正切关系式$\tan A+\tan B+\tan C=\tan A\cdot\tan B\cdot\tan C$，为此以三个角 A,B,C 为参数，要求得$\frac{a}{x}=\tan A$，又再设$\angle ABH=\angle ACH=\alpha$ 为参数.

证明 如图 6.21，设$\angle ABH=\angle ACH=\alpha$，则

$$\angle A=90^\circ-\alpha$$

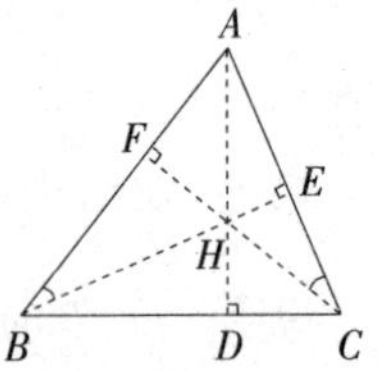

图 6.21

因为

$$\angle AHB=\angle DHE=180^\circ-C$$

在$\triangle AHB$ 中，据正弦定理，有

$$\frac{x}{\sin\alpha}=\frac{c}{\sin\angle AHB}$$

所以

$$x=\frac{c\sin(90^\circ-A)}{\sin(180^\circ-C)}=\frac{c\cos A}{\sin C}$$

又在$\triangle ABC$ 内，有$\frac{c}{\sin C}=\frac{a}{\sin A}$，代入上式，得

$$x=\frac{a\cos A}{\sin A}$$

于是，$\frac{a}{x}=\tan A$.

同理，得

$$\frac{b}{y}=\tan B,\frac{c}{z}=\tan C$$

所以

$$\frac{a}{x}+\frac{b}{y}+\frac{c}{z}=\tan A+\tan B+\tan C=\tan A\cdot\tan B\cdot\tan C=\frac{abc}{xyz}$$

命题得证.

例 27 已知两同心圆，内圆的弦 AB 与外圆的弦 PQ 垂直于点 B，求证：$AP^2+AQ^2+PQ^2$ 是定值.

思考 如图 6.22，设大小两同心圆的半径分别为 R，r，为便于列式表示，再记 $PQ=a,AQ=b,AP=c$，显然，按本题求证目标应设法将 $a^2+b^2+c^2$ 以 R,r 表示为此，又引 PQ,AB 两弦的弦心距 OM,ON 作为参数来沟通联系.

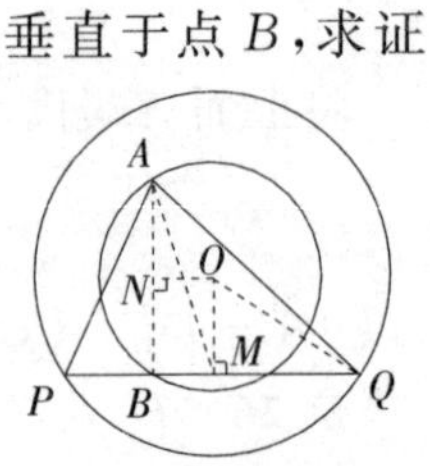

图 6.22

证明 承上分析，并设 $OM=m$，$ON=n$，联结 OQ，AM，因

$$AB\perp PQ, AB=2BN=2m, BM=ON=n$$

据勾股定理有

$$m^2+n^2=r^2 \quad ①$$

$$m^2=R^2-\left(\frac{a}{2}\right)^2 \quad ②$$

$$AM^2=(2m)^2+n^2 \quad ③$$

因为 AM 是 $\triangle APQ$ 的中线，据三角形中线长公式有

$$b^2+c^2=2\left[AM^2+\left(\frac{a}{2}^2\right)\right] \quad ④$$

为消去参数 m，n，可用代入法，②代入①，得

$$n^2=r^2-R^2+\frac{a^2}{4} \quad ⑤$$

②⑤代入③，得

$$AM^2=3R^2+r^2-\frac{3}{4}a^2 \quad ⑥$$

⑥代入④，整理，得 $a^2+b^2+c^2=6R^2+2r^2$ 为定值.

所以命题获证.

例 28 设 a，b 是两个实数，$A=\{(x,y)\mid x=n, y=na+b, n$ 是整数$\}$，$B=\{(x,y)\mid x=m, y=3m^2+15, m$ 是整数$\}$，$C=\{(x,y)\mid x^2+y^2\leqslant 144\}$是平面 xOy 内的点集合，讨论是否存在 a 和 b，使得(1)$A\cap B\neq\varphi$；(2)$(a,b)\in C$ 同时成立.

思考 视 a，b 为参数，假设存在实数 a，b，使(1)(2)同时成立，则存在整数 n，能使

$$3n^2+15=an+b \quad ①$$

且 a，b 满足 $a^2+b^2\leqslant 144$.

为在式①中消去 a，b，构作图形并利用托勒密定理试之.

解 承上，如图 6.23，以 $MN=1$ 为直径作圆，从 M 作两弦 MP，MQ，使

$$MP=\frac{|a|}{\sqrt{a^2+b^2}}$$

$$MQ=\frac{1}{\sqrt{n^2+1}}$$

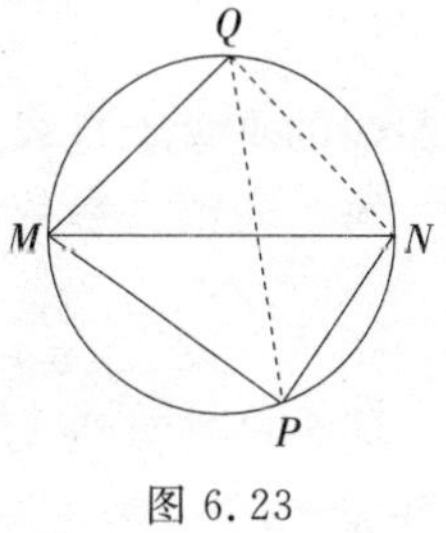

图 6.23

则

$$PN=\frac{|b|}{\sqrt{a^2+b^2}}, NQ=\frac{n}{\sqrt{n^2+1}}$$

因为 $PQ\leqslant 1$，据托勒密定理，知

$$MP\cdot NQ+MQ\cdot PN=MN\cdot PQ\leqslant 1$$

所以

$$|an|+|b|\leqslant\sqrt{a^2+b^2}\cdot\sqrt{n^2+1}\leqslant 12\sqrt{n^2+1}$$

因为

$$3n^2+15=|an+b|\leqslant|an|+|b|\leqslant 12\sqrt{n^2+1}$$

所以

$$(\sqrt{n^2-1}-2)^2\leqslant 0$$

这样唯有 $n=\pm\sqrt{3}$ 为可能，但此与假设条件相矛盾.

故知不存在使(1)和(2)同时成立的实数 a,b.

说明 例 25，26，27，28 是在设参、列式的基础上，分别利用面积关系、三角形题、中线长公式及平面几何定理来达到消参目的. 根据图形的几何性质或数式的结构特征充分联想有关的定理、公式，常能为参数法解题开辟途径.

应予强调的是，如同方程的非同解变形若可能会引起增失根一样，消参前后若破坏了等价性同样要产生谬误. 本章第一节的开首，我们强调了“设参”前后变量与参数取值范围必须一致，对于“消参”，当然也有同样要求.

解析几何中把曲线的参数方程通过消参化为普通方程，是一项必须掌握的基本技能. 这种消参的转化过程若不注意其前后的等价性常会导致解题中出现严重差错，实际上这里正是一个“多发病区”，需要我们密切注意，在解析几何一章的最后讨论参数方程图形时，我们已曾举过多例强调了这一点，现在再看一些例题.

例 29 设曲线方程为

$$\begin{cases}x=\dfrac{t}{1+t}\\ y=\dfrac{1+t}{t}\end{cases}\quad(t\text{ 是参数})$$

求曲线的垂直于直线 $y-x=1$ 的切线方程.

解 先消去参数 t，易得曲线方程为

$$y=\frac{1}{x}\qquad ①$$

因为已知直线 $y-x=1$ 的斜率为 1，其垂线斜率应是 -1，故可设所求切线方程为

$$y=-x+m\qquad ②$$

联立①②整理，得

$$x^2-mx+1=0$$

因直线与双曲线相切,故

$$\Delta=m^2-4=0$$

解得

$$m=\pm 2$$

故所求两切线方程为 $x+y-2=0$ 及 $x+y+2=0$.

说明 上面的解是错解.但这很难发觉,若将 $x=\frac{t}{1+t}$ 变形为 $t=\frac{x}{1-x}$,可知 $x\neq 1$,即由原参数方程消参而得的双曲线 $y=\frac{1}{x}$,应排除点(1,1)以保证两者的等价性.这样,双曲线 $y=\frac{1}{x}$ 在点(1,1)的切线 $x+y-2=0$ 却不是曲线 $\begin{cases}x=\frac{t}{1+t}\\ y=\frac{1+t}{t}\end{cases}$ 的切线,应除去.

原题只有一解

$$x+y+2=0$$

由此可见保持消参前后的等价性是何等重要.

为保证消参后所得曲线的纯粹性和完备性,应重视下列一些步骤.

1. 宜用映射观点,通过确定参数的取值范围来导出 x,y 的允许值范围.

例 30 化参数方程 $\begin{cases}x=\frac{2t+3}{t-1}\\ y=\frac{t-5}{3t-2}\end{cases}$ (t 为参数)为普通方程.

解 用代入法消参,由第一式得

$$t=\frac{x+3}{x-2}$$

代入第二式整理,得

$$xy+4x+13y-13=0$$

因为 $t=\frac{x+3}{x-2}$,当 $x=2$ 时,分式无意义,故所求普通方程应是双曲线 $xy+4x+13y-13=0$ 除去点 $\left(2,\frac{1}{3}\right)$ 的部分.

2. 注意参数方程中的以参数为自变量的函数的值域,与普通方程中相应的变化区域保持一致.

例 31 化参数方程$\begin{cases}x=\sin\theta\\y=\cos 2\theta+1\end{cases}$($\theta$为参数)为普通方程.

解 $y=\cos 2\theta+1$可变形为

$$y=2-2\sin^2\theta$$

将$x=\sin\theta$代入上式,得

$$y=2-2x^2$$

注意到$|\sin\theta|\leqslant 1$,故以参数θ为自变量的函数x的值域是$-1\leqslant x\leqslant 1$.

因此,所求普通方程为$y=2-2x^2(-1\leqslant x\leqslant 1)$.

3. 对参数方程进行同解变形时,在可能使方程同解性遭到破坏之处宜做必要的讨论,并由此确定普通方程中相应变量的取值范围.

例 32 已知参数方程

$$\begin{cases}x=\dfrac{e^t+e^{-t}}{2}\cos\theta & ①\\[2ex] y=\dfrac{e^t-e^{-t}}{2}\sin\theta & ②\end{cases}$$

若t为常数,θ为参数,将它化为普通方程,并判别为何种曲线.

不少书刊中流传着这样一种解法:

解 由①,得

$$\frac{x}{\dfrac{e^t+e^{-t}}{2}}\cos\theta \qquad ③$$

由②,得

$$\frac{y}{\dfrac{e^t-e^{-t}}{2}}=\sin\theta \qquad ④$$

③④平方相加,得

$$\frac{x^2}{\left(\dfrac{e^t+e^{-t}}{2}\right)^2}+\frac{y^2}{\left(\dfrac{e^t-e^{-t}}{2}\right)^2}=1 \qquad ⑤$$

实际上该解答是不严谨的. 这是因为由②变为④时,e^t-e^{-t}必须不等于零,否则方程的同解性就遭到了破坏.

为此,应补以必要的讨论. 来得出如下的正确答案:

(1)当$t\neq 0$时,$e^t-e^{-t}\neq 0$,这时原参数方程消参后得式⑤所表示的普通方程,轨迹是椭圆.

(2)当 $t=0$ 时，$e^{t}-e^{-t}=0$，这时原参数方程为

$$\begin{cases}x=\cos\theta\\ y=0\end{cases}$$

因为

$$|\cos\theta|\leqslant 1$$

所以原参数方程化为普通方程 $y=0(-1\leqslant x\leqslant 1)$. 图形是以$(-1,0)$,$(1,0)$为端点的一条线段.

还要强调的是，在求解某些动点轨迹或最值等问题时，常需考虑参数方程中的参数要受实际问题的意义的限制，忽视了这种隐蔽条件，消参中势必亦可能导致不等价性. 对此必须引以为戒.

把曲线的普通方程化为参数方程时，同样存在保持转化等价性的问题. 对它的认识只要逆本节介绍的观点、方法而上，自能悟出真谛.

§3 对单参数图形问题的再认识

在本章的第一节中曾经提到："需要 n 个图形条件才能确定的图形问题，若仅有$(n-1)$个独立条件，其基本量个数为 1，通常便将这样的图形称之为单参数图形."在前几章我们所介绍的大量图形问题，若以基本量个数为标准加以剖析，可发现它们多为单参数图形问题. 为此有必要做进一步的探讨.

一、两类不同的单参数图形

无论是简单还是复杂(指由若干个简单图形组合而成的图形)的图形问题，都是因其所给的图形条件个数少 1 个而形成的. 由于图形条件的缺少，使图形不能确定，并在平面或空间中变化.(若为复杂图形，则因其中某一局部图形的变化也引起整个图形的变化.)但又因其图形条件仅缺少 1 个，图形在变化中便呈现出某种规律性.(若缺少的条件数超过 1 个，即基本量个数$\geqslant 2$，其图形在运动变化中自由度过大，变动图形的规律性就不明显. 对这类问题研究较少.)对这种单参数图形共性的研究就导致形形色色的综合性几何问题. 如：

例 1 求与 y 轴相切，且与已知圆 A:$(x-3)^2+y^2=4$ 相外切的圆的方程.

思考 在坐标平面内确定圆，需要三个条件，(这与平面几何中的所谓"定位"作图的要求是一致的.)题设仅给出两个条件，因此圆不能确定并呈现为如图 6.24 所示的符合这两个条件的圆系. 因其基本量个数为 1，要写出这些圆的统一方程便需选设一个参数，据问题的特点，不妨设圆的半径 r 为参数.

解 承上分析，任选一个合于条件的圆 P，设半径为 r，圆心为 $P(x_0, y_0)$，则据题意，有

$$x_0=r \quad (r>0)$$

因为

$$|PA|=2+r$$

所以

$$(x_0-3)^2+(y_0-0)^2=(2+r)^2$$

以 $x_0=r$ 代入上式，可求得

$$y_0=\pm\sqrt{10r-5}$$

因此，所求的圆的方程为

$$(x-r)^2+(y\pm\sqrt{10r-5})^2=r^2$$

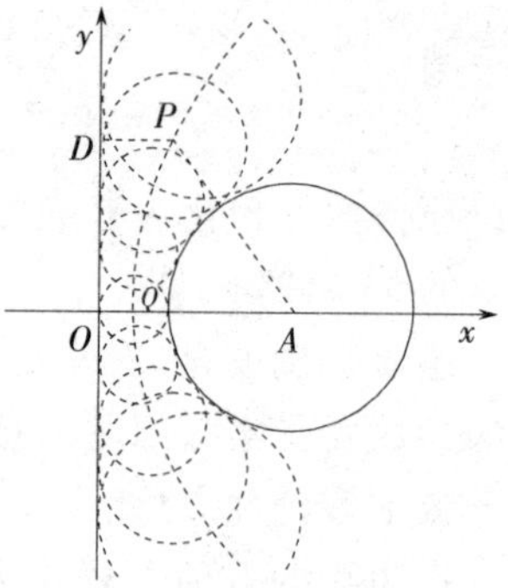

图 6.24

即含有一个参数的圆系方程，它表示一种单参数圆形. 单参数图形常常是构作一系列有关数学问题的基础. 如上述圆系只要加一个要求即可演变出：

问题 1 求与 y 轴相切，且与已知圆 A：$(x-3)^2+y^2=4$ 相外切的圆面积的最小值.

思考 这是一道常见的最值题. 在原先两条件所形成的单参数图形中追加了一个条件——面积最小，这便使图形具备了确定性. 可以设法找出这个圆，也可以求出这个最小面积来.（某些问题不存在最值，如本题中面积最大的圆就不存在，但这种“无解”情况，同样代表着一种特殊的“确定”状态.）由于圆的面积与其半径直接联系，故考虑从圆系方程来探求半径 r 的最小值.

解 承上，因圆的方程为

$$(x-r)^2+(y\pm\sqrt{10r-5})^2=r^2$$

可见 $10r-5\geqslant 0$，即 $r\geqslant\frac{1}{2}$.

故当 $r=\frac{1}{2}$ 时，圆的面积可有最小值 $S_{\min}=\frac{\pi}{4}$.

这时，圆如图 6.24 所示，圆心在 $Q\left(\frac{1}{2},0\right)$，半径为 $\frac{1}{2}$.

如果变更要求，又可将演变成轨迹问题，如：

问题 2 求与 y 轴相切，且与已知圆 A：$(x-3)^2+y^2=4$ 相外切的圆圆心的轨迹.

思考 单参数图形在运动变化中因其形状大小或位置的不断变动而形成

各种最值.在其同时,单参数图形中的某些特殊点的集合则成轨迹.

考虑到圆系方程中以 r 为参数,本题可先寻求圆心轨迹的参数方程.

解 承上,因圆的方程为

$$(x-r)^2+(y\pm\sqrt{10r-5})^2=r^2$$

设圆心坐标为(x,y).则有

$$\begin{cases}x=r & ①\\ y=\pm\sqrt{10r-5} & ②\end{cases}\quad (r\text{ 为参数},r\geqslant\frac{1}{2})$$

式②平方,再以①代入消去参数 r,即得圆心轨迹方程是

$$y^2=10\left(x-\frac{1}{2}\right)$$

轨迹是如图 6.24 中虚线所示的抛物线.

如果在圆系方程的基础上追加一个图形条件,基本量个数为零,问题便转化为确定求解型.如:

问题 3 求与 y 轴相切,且与已知圆 A:$(x-3)^2+y^2=4$ 相外切,并过点 $M(3,8)$的圆的方程.

思考 问题已成为三条件确定一圆的求解题,据已得的圆系方程,可由第三条件来确定参数 r,方程便容易获得.

解 承上,已知圆系方程为

$$(x-r)^2+(y\pm\sqrt{10r-5})^2=r^2$$

因为点 $M(3,8)$在圆上,坐标代入方程得

$$(3-r)^2+(8\pm\sqrt{10r-5})^2=r^2$$

可整理成关于 r 的一元二次方程

$$r^2-126r+369=0$$

解之,得 $r_1=3$,$r_2=123$.又知圆心在第一象限,因此,所求圆的方程为

$$(x-3)^2+(y-5)^2=9$$

和

$$(x-123)^2+(y-35)^2=15\,129$$

从已给的单参数图形分别加一些要求,我们已演变出问题 1~3 几种不同类型的解析几何题,如果我们将视野进一步放宽,对形成单参数图形问题的条件做一些变更,将可获得更多的图形问题.如:

问题 4 求与 y 轴相切,且与已知圆 A:$(x-3)^2+y^2=4$ 相内切的圆的面积的最小值.

问题 5　求与 x 轴相切，且与已知圆 $A:(x-3)^2+y^2=4$ 相内切的圆的面积的最大值.

问题 6　求与 x 轴相切，且与已知圆 $A:(x-3)^2+y^2=4$ 相外切的圆圆心的轨迹.

问题 7　求与单位圆及已知圆 $A:(x-3)^2+y^2=4$ 都相外切的圆圆心的轨迹.

问题 8　求与单位圆及已知圆 $A:(x-3)^2+y^2=4$ 都相外切，且过点 $(0,1)$ 的圆的方程.

对以上这些问题，仅给出图形及答案. 建议读者利用参数方法自行求解验证，如能仿上变更部分条件构作出一些其他问题，其得益将会更大.

问题 4 答案：如图 6.25(a) 所示圆 P，$S_{\min}=\frac{25}{4}\pi$.

问题 5 答案：如图 6.25(b) 所示圆 P 及 Q，$S_{\max}=\pi$.

问题 6 答案：如图 6.25(c) 所示，轨迹是两抛物线的一部分，其方程为

$$y=\pm\frac{1}{4}(x^2-6x+5)\quad(x<1\text{ 或 }x>5)$$

问题 7 答案：如图 6.25(d) 所示，轨迹是双曲线的左支，其方程为

$$8x^2-y^2-24x+16=0\quad(x\leqslant 1)$$

问题 8 答案：如图 6.25(e) 所示圆 P，圆的方程为

$$x^2+(y-4)^2=9$$

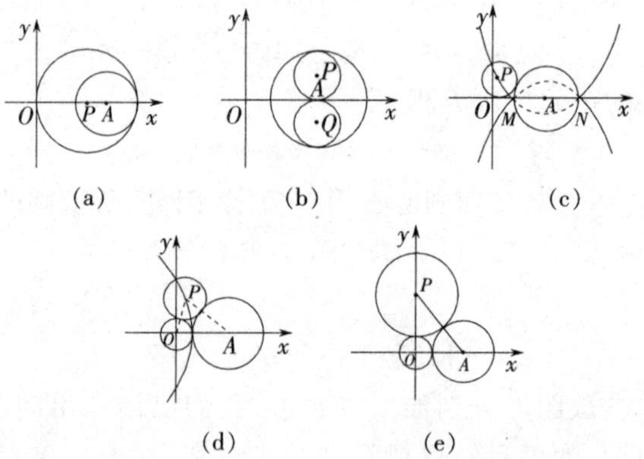

图 6.25

例 2　已知半圆 O 的半径为 1，AB 是直径，延长 OB 到 C，使 $BC=1$，若 D 为半圆周上的任一点，以 DC 为一边向外侧作正△DCE(△DCE 按逆时针序)，

问$\angle COD$为何值时，四边形 $CODE$ 的面积最大？

思考 如图6.26，四边形 $CODE$ 可看作是由两个简单图形$\triangle COD$和正$\triangle DCE$所组成的复合图形，$\triangle COD$中，$OC=2$，$OD=1$，尚缺少一个条件，正$\triangle DCE$的大小随 DC 的长而定，因此整个图形由点 D 在半圆上的位置来确定，基本量个数为1，属单参数图形问题，可据题意设$\angle COD=\theta$为参数来建立四边形面积的目标函数，然后求其最值.

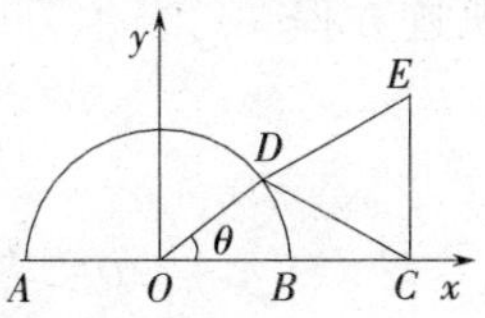

图6.26

解 承上分析，设

$$\angle COD=\theta \quad (0<\theta<\pi)$$

因为

$$CD^2=2^2+1^2-2\times2\times1\times\cos\theta=5-4\cos\theta$$

所以

$$S_{CODE}=\frac{1}{2}\times2\times1\times\sin\theta+\frac{\sqrt{3}}{4}(5-4\cos\theta)=\frac{5}{4}\sqrt{3}+(\sin\theta-\sqrt{3}\cos\theta)=$$
$$\frac{5}{4}\sqrt{3}+2\sin\left(\theta-\frac{\pi}{3}\right)$$

所以当$\theta=\frac{5}{6}\pi$时，四边形 $CODE$ 有最大面积 $2+\frac{5}{4}\sqrt{3}$.

当点 D 在半圆上运动时，可获得一系列的四边形 $CODE$，这些四边形组成了以 θ 为参数的单参数图形（当然也可以其他元素为参数），图形中特殊点的集合形成轨迹，若追加条件又可变问题为“确定求解型”. 如

问题1 在本题中，以 AB 所在直线为 x 轴，O 为原点建立坐标系（仍如图6.26），求点 E 的轨迹方程.

问题2 在本题中，若四边形 $CODE$ 的面积为$\frac{5}{4}\sqrt{3}$，求$\angle COD$的值.

如果我们将单参数图形的构成条件作部分的变更，还可获得本质相同而形式不同的更多的问题，例如

问题3 在本题中，如图6.27(a)所示，将正$\triangle DCE$改成以 DC 为斜边的等腰 Rt$\triangle DCE$，求四边形 $CODE$ 的最大面积.

问题4 在本题中，如图6.27(b)所示，将正$\triangle DCE$改成以 DC 为一边向外侧作正方形 $CDEF$，求点 F 的轨迹方程.

问题5 在本题中，如图6.27(c)所示，将半圆 O 改成以 AB 为长轴而短轴

为 1 的半椭圆，并将正$\triangle DCE$改成以 D 为直角顶点的等腰 $Rt\triangle CDE$，求点 E 轨迹方程.

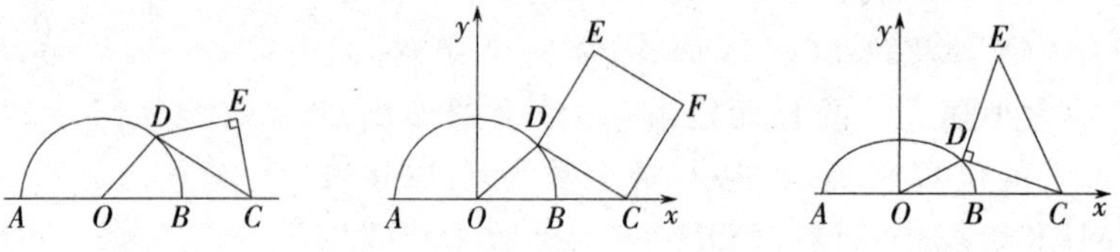

(a)　　(b)　　(c)

图 6.27

这些问题仍请读者利用参数方法自行求解，下面列出各题答案供检验.

问题 1 答案：轨迹方程是半圆

$$(x-1)^2+(y-\sqrt{3})^2=1 \quad \left(\frac{1}{2}\leqslant x\leqslant 2,\frac{\sqrt{3}}{2}\leqslant y\leqslant 1+\sqrt{3}\right)$$

问题 2 答案：$\angle COD=\frac{\pi}{3}$.

问题 3 答案：$\theta=\frac{3}{4}\pi$ 时，$S_{\max}=\frac{5}{4}+\sqrt{2}$.

问题 4 答案：轨迹方程是半圆

$$(x-2)^2+(y-2)^2=1 \quad (2\leqslant x\leqslant 3)$$

问题 5 答案：轨迹是椭圆 $5x^2+6xy+5y^2-12x-20y+16=0$ 的在长轴上方的部分.（也是半个椭圆）

例 3　$Rt\triangle ABC$ 中，CD 是斜边 AB 上的高，已知$\triangle ACD$，$\triangle CBD$，$\triangle ABC$ 的面积成等比数列，求证：$\angle B$ 为定值.

思考　确定直角三角形需两个图形条件，但题设仅给出一个等量条件，其基本量个数为 1，故本题直角三角形为单参数图形，由于已知等式最终可化为线段的齐次关系式，无法确定某一线段的长度，因此这些直角三角形构成形状不变而其大小随参数变化的单参数图形. 唯其形状不变，使图形具有某种“保角性”，可以证某角为定值 .

证明　如图 6.28，不妨选设高 $CD=h$ 为参数.

图 6.28

因为

$$\angle ACD=\angle ABC=B$$

所以

$$AD=h\tan B,BD=h\cot B,BC=\frac{h}{\sin B},AC=\frac{h}{\cos B}$$

因为$\triangle ACD$,$\triangle CBD$,$\triangle ABC$的面积成等比数列,所以

$$\left(\frac{1}{2}h^2\cot B\right)^2=\frac{1}{2}h^2\tan B\cdot\frac{1}{2}\frac{h^2}{\sin B\cos B}$$

上式可整理成

$$\cos^4 B=\sin^2 B$$

或

$$\cos^4 B+\cos^2 B-1=0$$

解得$\cos^2 B=\frac{\sqrt{5}-1}{2}$$\left(\cos^2 B=\frac{-1-\sqrt{5}}{2}\text{舍去}\right)$.

因为B为锐角,取

$$\cos B=\sqrt{\frac{\sqrt{5}-1}{2}}$$

所以$\angle B=\arccos\sqrt{\frac{\sqrt{5}-1}{2}}$为定值.

我们将形状、大小都变动的单参数图形称为第一类单参数图形. 如例 2 中的四边形 $CODE$ 即属此类.

我们又将形状不变、仅大小或位置在变动的单参数图形称为第二类单参数图形. 如例 1 中的圆和例 3 中的直角三角形便属此类.

第二类单参数图形的形状不变性是构成求三角函数值问题,证定值、证线段间的齐次关系、比例关系等问题的基本因素. 这类图形在坐标系中的大小或位置变动,同样构成轨迹、最值等诸多问题. 因此第二类单参数图形问题是比较特殊、比较常见、比较重要的图形问题. 我们再来看一道高考副题.

例 4 如图 6.29,已知正四棱锥的侧棱与底面所成的角等于α,相邻两侧面所成的二面角等于β.

求证:$\cos\beta=\frac{\cos^2\alpha}{\cos^2\alpha-2}$.

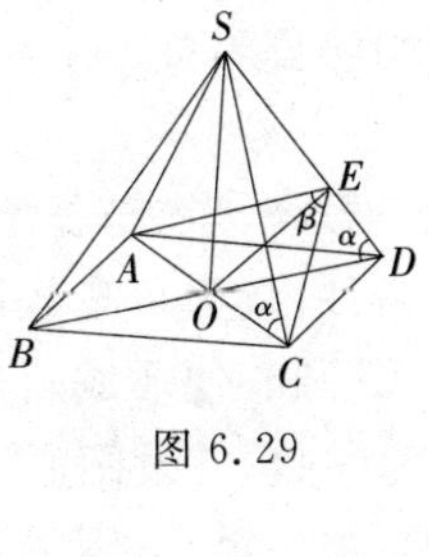

图 6.29

思考 确定正四棱锥需要两个独立的图形条件,表面上看题设中已有两个条件,但它们并不相互独立的,实质上,已知α,四棱锥的形状已可确定,仅大小可变,相邻两侧面所成的二面角可以由α求出来,因此本题的正四棱锥就是第二类单参数图形. 需证的结论正是α,β的互推关系式. 根据这样的分析,我们还可以在图形中推求其他的角与角,或线段与线段之间的关系式,并选择其中一些适当的关系式编制成一道道好题.

本题的证法很多，为沟通 α 与 β 的联系，今选择 $OC=OD=a$ 为参数，并由线段 OE 为中介来建立关系式.

证明 承上，在 $\mathrm{Rt}\triangle ODE$ 及 $\mathrm{Rt}\triangle OCE$ 中，分别有

$$OE=a\sin\alpha$$

$$OE=a\cot\frac{\beta}{2}$$

所以

$$\sin\alpha=\cot\frac{\beta}{2}$$

平方，并代换成

$$1-\cos^2\alpha=\frac{1+\cos\beta}{1-\cos\beta}$$

整理之，即得 $\cos\beta=\dfrac{\cos^2\alpha}{\cos^2\alpha-2}$.

综上可见，熟悉单参数图形的特性，对我们认识有关问题的实质，进而掌握其解一般规律，是很有益处的.

二、坐标系中的单参数图形

坐标系中的单参数图形问题，就其方程而言，一般为含单参数的直线系或曲线系. 因此随着参数的连续变化，图形也在连续变化着，我们可以对两类不同的单参数图形，考察其形状、大小或位置的变化趋势，从而更深刻地认识问题的本质并探索其解法规律.

例 5 如图 6.30，已知两条直线 $l_1: 2x-3y+2=0$，$l_2: 3x-2y+3=0$，有一动圆（圆心和半径都在变动）与 l_1，l_2 相交，并且 l_1，l_2 被截在圆内的两条线段的长度分别是定值 26，24. 求圆心 P 的轨迹方程，并说出轨迹名称.

（1984 年高考文科试题）

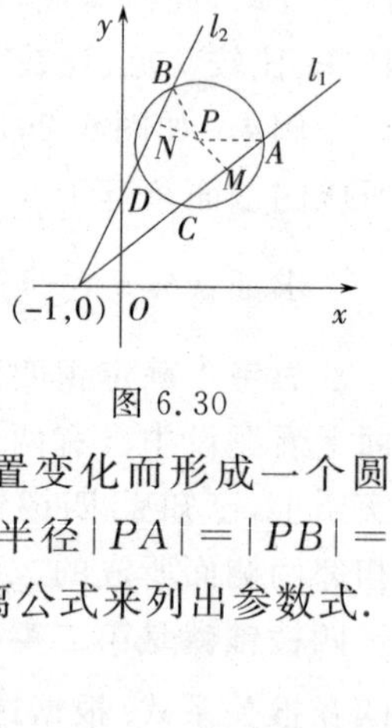

图 6.30

思考 在坐标系中确定圆需三个条件，已知两个条件，故为单参数图形，圆的形状不变，但其大小及位置变化而形成一个圆系. 其圆心便形成轨迹. 为求此轨迹，利用参数方法，可设半径 $|PA|=|PB|=R$ 为参数，并设圆心 P 的坐标为 (x,y)，据点到直线的距离公式来列出参数式.

解 承上，因为 $|BN|=12$，在 $\mathrm{Rt}\triangle PBN$ 中有

$$\left(\frac{|3x-2y+3|}{\sqrt{13}}\right)^2+12^2=R^2 \qquad ①$$

又因为$|AM|=13$，在$Rt\triangle PAM$中，有

$$\left(\frac{|2x-3y+2|}{\sqrt{13}}\right)^2+13^2=R^2 \qquad ②$$

从①②两式中消去参数R得

$$\frac{(3x-2y+3)^2}{13}+12^2-\frac{(2x-3y+2)^2}{13}-13^2=0$$

整理，即得圆心点P的轨迹方程为

$$x^2-y^2+2x-64=0$$

轨迹是双曲线.

例 6 求经过定点$M(1,2)$，以y轴为准线，离心率为$\frac{1}{2}$的椭圆的左顶点的轨迹方程.

(1984年高考理科试题)

思考 我们知道，中心在(h,k)，长、短轴分别平行于x，y轴的椭圆方程为$\frac{(x-h)^2}{a^2}+\frac{(y-k)^2}{b^2}=1$，它含四个任意常数，为了确定它的形状、大小及位置需要四个独立条件，现题设有三个条件，基本量数为1，故其图形是依赖一个参数而运动变化的单参数椭圆系. 在变化中左顶点随之运动而形成轨迹.

为求轨迹，可选择易于利用条件性质的有关量作参数，如图6.31，设左顶点为$A_1(x,y)$，中心是$O'(h,k)$，据题意有$e=\frac{c}{a}=\frac{1}{2}$，得$a=2c$，所以$b^2=a^2-c^2=3c^2$，又左准线为$y$轴，所以$h=\frac{a^2}{c}=\frac{4c^2}{c}=4c$.

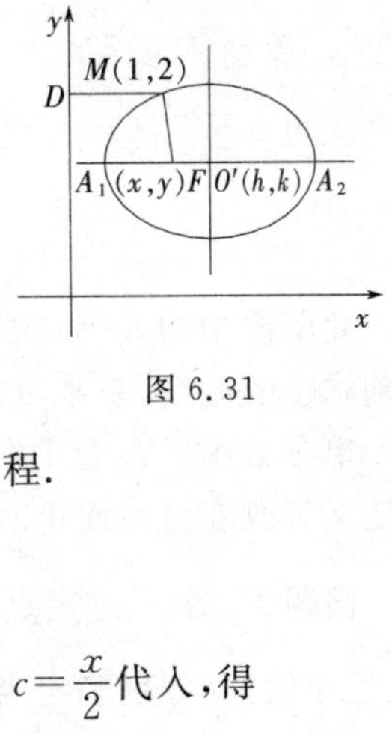

图 6.31

故选择关键元素c为参数来联系各量建立轨迹方程.

解 承上，因为$h=4c$，$a=2c$，所以

$$x=h-a=2c$$

若设左焦点为$F_1(x_1,y_1)$，因为$x_1=h-c=3c$，以$c=\frac{x}{2}$代入，得

$$x_1=\frac{3}{2}x$$

又$y_1=y$. 故焦点F_1坐标可为$\left(\frac{3}{2}x,y\right)$.

据圆锥曲线的统一定义，记点 M 到 y 轴(准线)距离为 $|MD|$，则有 $\frac{|MF_1|}{|MD|}=e$，各条件代入，便得

$$\frac{\sqrt{\left(1-\frac{3}{2}x\right)^2+(2-y)^2}}{1}=\frac{1}{2}$$

整理之，得所求轨迹方程为椭圆

$$9\left(x-\frac{2}{3}\right)^2+4(y-2)^2=1$$

说明 上面的解法是以 c 为参数，将焦点 F_1 的坐标以欲求其轨迹的点 A_1 的坐标 x,y 表示，然后据圆锥曲线的统一定义来列式. 如果我们多用一个参数，由 $a=2c,b^2=3c^2,h=4c$，可将椭圆方程表达为

$$\frac{(x-4c)^2}{4c^2}+\frac{(y-k)^2}{3c^2}=1 \quad ①$$

因为 $M(1,2)$ 在此椭圆上，坐标代入，得

$$\frac{(1-4c)^2}{4c^2}+\frac{(2-k)^2}{3c^2}=1 \quad ②$$

因为左顶点 A_1 的坐标 x,y 与参数 c,k 有关系式

$$x=h-a=2c \quad ③$$

$$y=k \quad ④$$

据③④得 $c=\frac{x}{2},k=y$，代入②消去参数 c,k，整理之亦得所求轨迹方程为椭圆

$$9\left(x-\frac{2}{3}\right)^2+4(y-2)^2=1.$$

此解法中的式①是椭圆系的方程，方程中虽含 c,k 两个参数，但此二参数受到式②的制约，基本量数仍为 1，故本质上仍是单参数椭圆系的方程.

单参数图形在变化中有关元素的大小常可达到最值，为此使本题保持条件不变又可改变目标而得.

问题 1 求经过定点 $M(1,2)$，以 y 轴为准线，离心率为 $\frac{1}{2}$ 的椭圆长轴的最大、最小值，并分别确定当长轴达到最大、最小值时的椭圆方程.

解 仍如例 6 解法、知长轴 $|A_1A_2|=4c$，且有

$$\frac{(4c-1)^2}{4c^2}+\frac{(k-2)^2}{3c^2}=1 \quad ①$$

据式①得

$$3(4c-1)^2+4(k-2)^2=12c^2$$

所以

$$-36c^2+24c-3=4(k-2)^2\geqslant 0 \qquad ②$$

据式②，解得

$$\frac{1}{6}\leqslant c\leqslant\frac{1}{2}$$

所以当 $c=\frac{1}{2}$ 时，长轴 $|A_1A_2|=2$，达到最大值.

当 $c=\frac{1}{6}$ 时，长轴 $|A_1A_2|=\frac{2}{3}$，达到最小值.

因其时 k 都等于 2，故可求得相对应的椭圆方程为

$$(x-2)^2+\frac{(y-2)^2}{\frac{3}{4}}=1$$

及

$$\frac{\left(x-\frac{2}{3}\right)^2}{\frac{1}{9}}+\frac{(y-2)^2}{\frac{1}{12}}=1$$

我们来看看本题的单参数椭圆系的图形由图 6.32可见，它是在第一象限内的一系列形状相同（离心率都是 $\frac{1}{2}$），大小不同的椭圆，都以 y 轴为左准线，都经过点 $M(1,2)$，其中最大的一个以点 M 为左顶点，长轴为 2，最小的一个以点 M 为右顶点，长轴为 $\frac{2}{3}$，所有这些椭圆左顶点的集合，构成图中实线所示的椭圆，即是例 6 所求的左顶点轨迹，M 是轨迹短轴的右顶点.

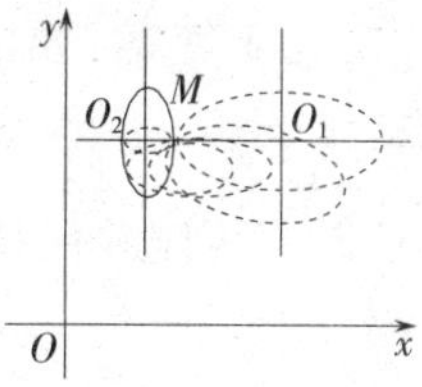

图 6.32

如果将例 6 的单参数椭圆系原有的三个条件作一些适当的改变，例如利用适当的条件来替换其中一两个条件，图形将仍保持单参数特性，但能演变出求轨迹求最值等的诸多新问题. 如：

问题 2 椭圆的长轴为 4，以 y 轴为准线，离心率为 $\frac{1}{2}$，求椭圆的左顶点的轨迹方程.

问题 3 椭圆经过定点 $M(1,2)$，平行于 x 轴的长轴的长为 4，离心率为 $\frac{1}{2}$，

求椭圆的左顶点的轨迹方程.

问题 4 椭圆的长轴长为 4 且平行于 x 轴,与直线 $y=\frac{1}{2}x$ 相切,离心率为 $\frac{1}{2}$,求椭圆的左顶点的轨迹方程.

问题 5 求长轴长为 4,以 y 轴为准线,中心在抛物线 $y^2=x-3$ 上的椭圆的左顶点的轨迹方程.

上述问题请读者自行求解,如能对这些问题进一步演变,改成求解题,最值题,或再更换部分条件获得新的轨迹问题,将会经此尝试而取得更大收获.

下面列出问题 2～5 的答案及相关的图形,供读者检验参考.

问题 2 答案:如图 6.33(a)所示,左顶点轨迹是直线 $x=2$.单参数椭圆系是一系列形状、大小相同的椭圆,以 y 轴为左准线上下平行滑动,中心恒在直线 $x=4$上.

问题 3 答案:如图 6.33(b)所示,所求左顶点轨迹方程为

$$\frac{(x+1)^2}{4}+\frac{(y-2)^2}{3}=1$$

单参数椭圆系是一系列形状、大小相同的椭圆,两轴分别平行 x,y 轴,并且都过定点 $M(1,2)$.其中的一个就是轨迹椭圆(实线所示).

问题 4 答案:如图 6.33(c)所示,左顶点轨迹是两直线 l_1:$x-2y-2=0$,l_2:$x-2y+6=0$.单参数椭圆系是一系列形状、大小相同的两组椭圆,分在直线 $y=\frac{1}{2}x$ 的两侧并保持与它相切而平行滑动.

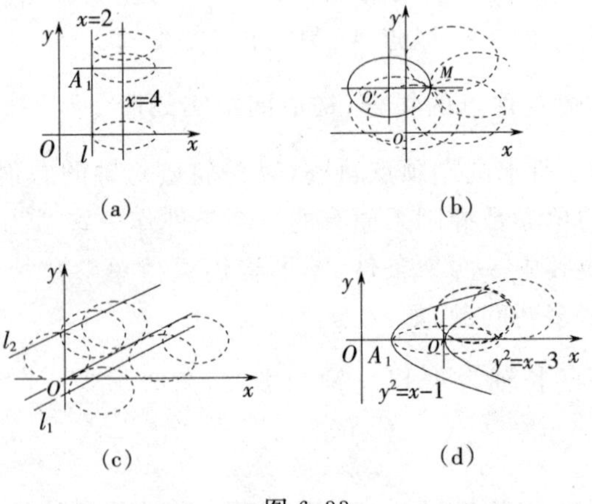

图 6.33

问题 5 答案：如图 6.33(d)所示，左顶点轨迹是抛物线 $y^2=x-1$. 单参数椭圆系是一系列中心位于抛物线 $y^2=x-3$ 上，长轴都是 4 但形状在变化（离心率在变），都以 y 轴为准线的椭圆，当中心在(3,0)时，椭圆最扁平，（此时离心率最大，为 $\frac{2}{3}$）中心沿抛物线移远，椭圆越接近于圆.

综上可见，研究坐标系中单参数图形的系列变化情况，对我们认识形成题目的规律，掌握解题的基本方法，乃至改造、变换、构作新题目，都是十分有益的.

三、单参数图形问题的多参数处理

尽管在理论上单参数图形问题只需引入一个参数就能获解，但有时为了列式、表示或沟通联系上的方便，也可以引入多个参数. 必须注意，单参数图形问题一旦引入 $t(t>1)$ 个参数，则首要的是应设法找出这 t 个参数之间的 $(t-1)$ 个制约条件，一般即是关于这 t 个参数间的 $(t-1)$ 个独立等式，并将这些条件用于消参. 上面在例 6 的说明中就提到过用双参数方法来求解此单参数椭圆系问题. 又如

例 7 在等腰梯形 $ABCD$ 中，对角线 AC, BD 互相垂直，若 $\angle B=\arctan\frac{17}{7}$，求 $AD:BC:AB$.

思考 本题在图形中已知两对角线 $AC\perp BD$ 以及 $\angle B$ 大小共两个条件，比确定等腰梯形所需条件数尚少一个. 基本量个数为 1，其形状已定、大小可变，为第二类单参数图形，故可求其各边之比值. 今设双参数：令 $AD=x$, $BC=y$，先求 x, y 之间的制约关系，再用 x, y 表示 AB，即可求解.

解 承上分析，如图 6.34，过 A 及对角线交点 E 分别引梯形的高 AF, MN，易知

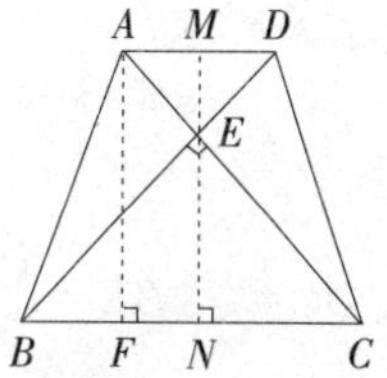

图 6.34

$$ME=\frac{1}{2}AD=\frac{x}{2}$$

$$EN=\frac{1}{2}BC=\frac{y}{2}$$

所以

$$AF=MN=\frac{1}{2}(x+y)$$

因为

$$BF=\frac{1}{2}(y-x)$$

由 $\tan B=\frac{17}{7}$，知$\frac{AF}{BF}=\frac{17}{7}$，所以

$$\frac{\frac{1}{2}(x+y)}{\frac{1}{2}(y-x)}=\frac{17}{7}$$

得 $y=\frac{12}{5}x$.

又在 Rt△ABF 中，有

$$AB=\sqrt{BF^2+AF^2}=\sqrt{\frac{1}{2}(x^2+y^2)}=\frac{13}{10}\sqrt{2}x$$

所以

$$AD:BC:AB=1:\frac{12}{5}:\frac{13}{10}\sqrt{2}=10:24:13\sqrt{2}$$

说明 上面解法中设双参数，主要是为了列式的方便，由于本题只有一个基本量，若设一个参数亦可求解如下：

设 $AE=k$，则

$$AD=\sqrt{2}k$$

在 Rt△ABE 中，有

$$\angle ABE=\arctan\frac{17}{4}-\frac{\pi}{4}$$

所以

$$BE=AE\cdot\cot\angle ABE=\frac{12}{5}k$$

因为

$$AB=\sqrt{AE^2+BE^2}=\frac{13}{5}k$$

又 $BC=\sqrt{2}BE=\frac{12}{5}\sqrt{2}k$，所以

$$AD:BC:AB=\sqrt{2}:\frac{12}{5}\sqrt{2}:\frac{13}{5}=10:24:13\sqrt{2}$$

但后一解法需利用 Rt△ABE，显然在思考及列式上反不如双参数解法方便.

例 8 正方形 $ABCD$ 在直角坐标平面内，已知其一边 AB 在直线 $y=x+4$ 上，C,D 在抛物线 $x=y^2$ 上，求正方形 $ABCD$ 的面积.

（1987 年全国文史类高考题）

思考 如图 6.35,因 C,D 两点在抛物线 $y^2=x$ 上,可利用这两点的坐标 $C(s^2,s),D(t^2,t)$ 为双参数,至于 A,B 两点的坐标,可根据图形性质用参数 s,t 表示出来,正方形面积便容易求得.

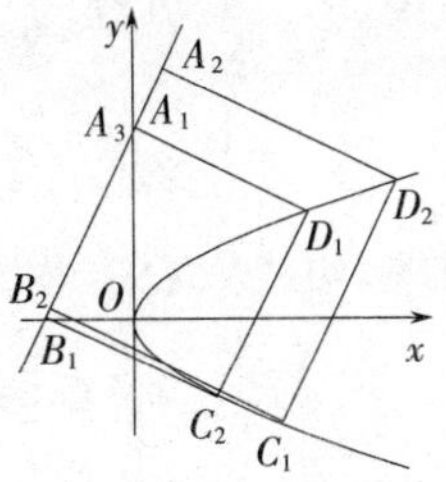

图 6.35

解 承上分析,因 A,B 在直线 $y=x+4$ 上,知 AB 与 x 轴成 $45°$ 角,再由对角线 BD 与边 AB 也成 $45°$ 角,所以 $BD/\!/x$ 轴.

同理 $AC/\!/y$ 轴.

因为 A,B 两点与 C,D 两点分别有相同的横坐标和纵坐标,可设

$$A(s^2,s^2+4),B(t-4,t)$$

因为 $AB/\!/CD$,且对角线 AC,BD 互相垂直平分,所以

$$\begin{cases}\dfrac{t-s}{t^2-s^2}=1 & ①\\ \dfrac{(s^2+4)+s}{2}=\dfrac{t+t}{2} & ②\end{cases}$$

解得 $\begin{cases}s_1=-1\\t_1=2\end{cases}$,$\begin{cases}s_2=-2\\t_2=3\end{cases}$.

所以正方形 $ABCD$ 的面积

$$S_1=|C_1D_1|^2=[(-1)^2-2^2]^2+[(-1)-2]^2=18$$

$$S_2=|C_2D_2|^2=[(-2)^2-3^2]^2+[(-2)-3]^2=50$$

即这样的正方形有两个,其面积分别为 18,50.

说明 多参数的设置,应以列式方便、运算简单为原则,在此基础上可充分利用图形性质设法减少参数的个数,这样就能相应减少关系式的个数和求参、消参时的运算量.本题利用抛物线的参数形式表示点 C,D 的坐标,使点的坐标参数由 4 个减为 2 个,又据正方形的性质,在 A,B 两点的坐标表示中没有引进新的参数,运算解题都较方便.

例 9 已知抛物线 $y=x^2+1$,设 x 轴上有一动点 M,过点 M 引抛物线的切线 MP,MQ,P,Q 为切点,求切点弦 PQ 的中点 R 的轨迹方程.

思考 如图 6.36,点 R 的位置受 P,Q 两点制约,而 P,Q 又受制于点 M,现选择 M,P,Q 的坐标:$P(x_1,y_1),Q(x_2,y_2),M(x_0,0)$ 共五个参数解之.

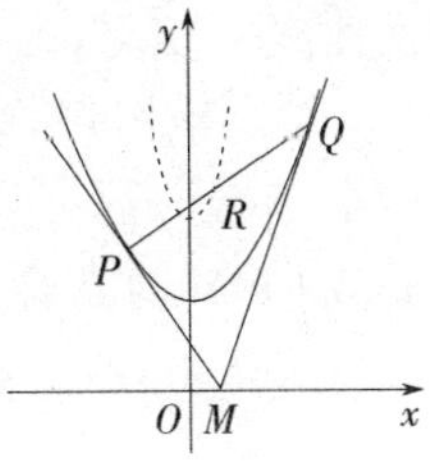

图 6.36

解 承上分析,因为 MP 为抛物线 $y=x^2+1$ 的

切线，所以其方程为

$$\frac{y+y_1}{2}=x_1x+1$$

同理，切线 MQ 方程为$\frac{y+y_2}{2}=x_2x+1$.

又 $M(x_0,0)$在两切线上，坐标分别代入，有

$$\frac{y_1}{2}=x_1x_0+1,\frac{y_2}{2}=x_2x_0+1$$

可见(x_1,y_1)，(x_2,y_2)都满足直线方程

$$\frac{y}{2}=x_0x+1$$

所以直线 PQ 的方程为

$$y=2x_0x+2 \quad ①$$

将式①代入抛物线方程，得

$$x^2-2x_0x-1=0$$

设 PQ 的中点为 $R(x,y)$，所以

$$x=\frac{x_1+x_2}{2}=\frac{2x_0}{2}=x_0$$

因中点 R 在切点弦 PQ 上，将 $x_0=x$ 代入式①，即得点 R 的轨迹为抛物线

$$y=2x^2+2$$

说明 本解法虽选用了 5 个参数，但由于用上了二次曲线切点弦求法规律及韦达定理，运算仍显得很简捷.

例 10 已知直线 l：$y=kx+b(b\neq0)$与二次曲线 c：$Ax^2+2Bxy+Cy^2+2Dx+2Ey+F=0$ 相交于 M，N 两点，O 是坐标原点，试求直线 OM，ON 垂直的充要条件.

（1982 年上海市数学竞赛题）

思考 如图 6.37，将问题看成是动直线 l 与定二次曲线 c 相交，动直线 l 有一个条件 $OM\perp ON$，故 l 为单参数图形，为便于列式求解，选 M，N 两点的四个坐标(x_1,y_1)，(x_2,y_2)为参数，再通过消参求 $OM\perp ON$ 的充要条件.

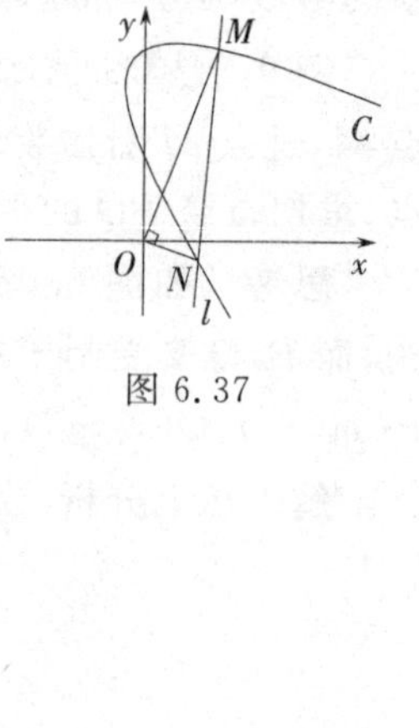

图 6.37

解 承上，联立直线 l 与二次曲线 c 的方程，可得

$$(A+2Bk+Ck^2)x^2+(2Bb+2Ek+2Ckb+2D)x+2Eb+Cb^2+F=0$$

据韦达定理，有

$$x_1+x_2=-\frac{2Bb+2Ek+2Ckb+2D}{A+2Bk+Ck^2} \quad ①$$

$$x_1x_2=\frac{2Eb+Cb^2+F}{A+2Bk+Ck^2} \quad ②$$

又

$$y_1=kx_1+b, y_2=kx_2+b$$

两式相乘得

$$y_1y_2=k^2x_1x_2+kb(x_1+x_2)+b^2 \quad ③$$

因为 $OM\perp ON$，有 $\frac{y_1y_2}{x_1x_2}=-1$，即

$$y_1y_2+x_1x_2=0$$

代入式③，得

$$(k^2+1)x_1x_2+kb(x_1+x_2)+b^2=0 \quad ④$$

再将①②代入式④消去参数 x_1,x_2，整理之可得

$$Ab^2-2Dkb+Fk^2+Cb^2+2Eb+F=0$$

这就是所求的充要条件.

§4 含参数问题的分类讨论

前面各章我们已经说过，由于参数的制约作用，对自含参数的数式或图形应做必要的分类讨论.本节我们将对此做进一步的研究.

一、什么情况下需要分类讨论

每个数学结论，都有其成立的条件.每种数学方法的使用，往往也都有其范围.对于自含参数的问题，由于所含参数取值的不同，会导致式的结构、图形的位置形状和问题结论的不同，用的方法也发生变化，那么就需对参数的不同取值做必要的分类讨论.

例1 解关于 x 的不等式：$ax^2-2(a+1)x+4>0$.

思考 不等式中含参数 a，当 $a=0$ 时为一次不等式，当 $a\neq 0$ 时为二次不等式，解法也不同，故需分类讨论.

解 (1)当 $a=0$ 时，原不等式成

$$-2x+4>0$$

所以不等式的解为 $x<2$.

(2)当 $a\neq 0$ 时,原不等式可化成

$$a(x-2)\left(x-\frac{2}{a}\right)>0$$

由于 $a>0$,$a<0$ 及 $2\geqslant\frac{2}{a}$,$2<\frac{2}{a}$ 的不同情况下,使不等式的解的表达形式不同,故需做二次分类讨论,不难解得:

(i)当 $a<0$ 时,不等式的解为 $\frac{2}{a}<x<2$.

(ii)当 $0<a<1$ 时,不等式的解为 $x<2$ 或 $x>\frac{2}{a}$.

(iii)当 $a\geqslant 1$ 时,不等式的解为 $x<\frac{2}{a}$ 或 $x>2$.

例 2 已知圆 O 的方程为 $x^2+y^2=1$,直线 l 的方程为 $x=4$,自动点 P 作圆 O 的切线 PA(A 为切点),并作 l 的垂线 PB(B 为垂足),当 $\frac{|PA|}{|PB|}=m(m>0)$ 时,求点 P 的轨迹方程,并指出它是何种曲线.

解 如图 6.38,设动点 P 的坐标为(x, y),则

$$|PA|=\sqrt{x^2+y^2-1},\ |PB|=|x-4|$$

据题意,得

$$\frac{\sqrt{x^2+y^2-1}}{|x-4|}=m$$

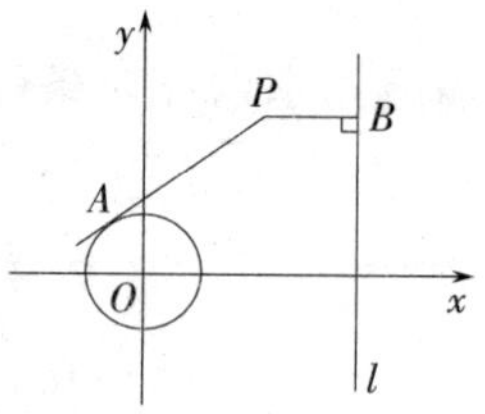

图 6.38

整理之,即得点 P 的轨迹方程为

$$(1-m^2)x^2+y^2+8m^2x-1-16m^2=0 \quad ①$$

但因 m 取值的不同会导致曲线性质的不同,故需对自含参数 m 做分类讨论:

(1)当 $0<m<1$ 时,式①表示点 P 轨迹是椭圆.

(2)当 $m=1$ 时,式①成 $y^2=-8\left(x-\frac{17}{8}\right)$,轨迹是抛物线.

(3)当 $m>1$ 时,式①表示点 P 的轨迹是双曲线.

二、分类讨论的规则

"分类"是指将全集合按一定的标准分成若干非空子集,使其中任何两个不同子集的交集是空集合,这些子集就称为此全集的一个分类.

可见分类讨论须具备三要素,即讨论的全集,子集和讨论的根据. 除了这三要素外,分类还须遵循如下的四条规则.

1. 分类中的各子集是互相排斥的

这一原则是说分类后任一个元素不能既属于子集 A_1，又属于子集 A_2，违反这一原则，往往会犯重复讨论或概念混乱的逻辑错误.

2. 分类中所有子集的并集应等于全集

分类讨论中若违反这一原则，就会犯遗漏的逻辑错误.

3. 每次分类必须坚持同一标准

讨论的标准即讨论的根据. 由于问题所给条件的不同，或对同一问题由于解题思维方法的不同，讨论的标准也可以不同. 但确定了某一分类标准后，在分类讨论中就要始终使用这个标准. 违反这一规则，往往导致概念混乱，层次不清的后果.

4. 分类讨论应当逐级进行，不能越级

这就是说在讨论时，全集与子集之间应具有邻近的属种关系，违反这一规则，就会犯越级讨论的逻辑错误.

上述四条规则告诉我们，讨论时，首先要弄清研究对象即分类讨论就在这个的特定范围，其次是确定出分类的标准，按照这个标准恰当分类、逐一探讨、归纳结论.

下面，举例说明怎样根据这四条规则对自含参数的问题进行分类讨论.

例 3 已知二次函数 $y=(m-2)x^2-4mx+2m-6$ 的图像与 x 轴的两个交点中至少有一个在 x 轴的负半轴上，求 m 的范围.

解 先据二次函数图像与 x 轴有两个交点，确定参数 m 的范围，由 $m\neq 2$ 及判别式 $\Delta>0$，易得

$$m\in(-\infty,-6)\cup(1,2)\cup(2,\infty) \qquad ①$$

今据第 3 条规则对二次方程 $(m-2)x^2-4mx+2m-6=0$ 的根的情况进行分类，两个根中至少有一根为负共有三种可能情况：两个根皆负，一正一负或一负一为零(若遗漏第三种情况，就将与第 2 条规则相悖，且这三个子集是互相排斥的，符合规则 1). 现讨论如下：

(1)若两个根皆负，须

$$\begin{cases}\dfrac{4m}{m-2}<0\\[2mm]\dfrac{2m-6}{m-2}>0\end{cases}$$

再结合式①，得 $1<m<2$.

(2)若两个根一正一负，须

$$\frac{2m-6}{m-2}<0$$

再结合式①，得 $2<m<3$.

(3)若两个根为一负一零，须

$$\begin{cases}2m-6=0\\ \dfrac{4m}{m-2}<0\end{cases}$$

但此两式矛盾，知为不可能.

综上知，当 $m\in(1,2)\cup(2,3)$ 时，图像与 x 轴的两个交点中至少有一个在 x 轴的负半轴上.

在上述讨论中，既考虑参数的取值范围，又要考虑"至少一根为负"的各种情况在两种讨论内容配合时，就要防止产生矛盾，违背分类原则.

在自含参数的分类讨论中，有时要多次划分(例如所分的子集还可再分解为子子集)，因此也需有多层次的讨论. 但每次讨论同样应满足上面所提的四条规则. 上面的例1与例3中的讨论就有这种情况.

三、自含参数问题分类讨论的几种辅助方法

上面我们知道，对自含参数问题的分类讨论，基本上是根据参数的取值范围和结论形式的可能变化情况，进行分析配合. 从而列出讨论的细目，然后再逐个讨论. 有时为了简化讨论的过程，可采用如下的一些辅助方法.

1. 以形辅数，帮助观察与讨论

例4 解不等式 $\sqrt{3+2x-x^2}\geqslant a-x$.

解 令 $y=\sqrt{3+2x-x^2}$，易知 $(x-1)^2+y^2=4$，且 $y\geqslant0$.

此方程的图像如图6.39所示，是以(1,0)为圆心，2为半径的圆的上半部分，再令 $y=a-x$，它的图像是斜率为 -1，在 y 轴上的截距为 a 的直线.

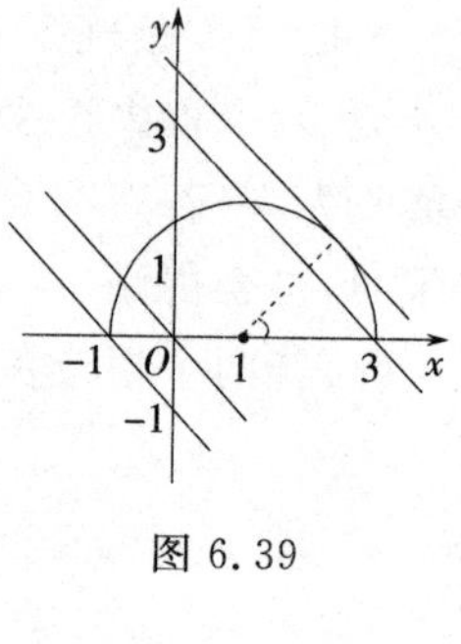

图 6.39

不难由图看出，当 $a\leqslant-1$ 时，不等式的解为

$$-1\leqslant x\leqslant3$$

$a>2\sqrt{2}+1$ 时，不等式无解；

$a=2\sqrt{2}+1$ 时，不等式的解为 $x=\sqrt{2}+1$.

为了讨论 $-1<a<2\sqrt{2}+1$ 的情况，先解方程 $(x-1)^2+(a-x)^2=4$(即求交点)，得

$$x=\frac{1+a\pm\sqrt{-a^2+2a+7}}{2}$$

则由图 6.39,知

当 $-1<a\leqslant 3$ 时,$\frac{1+a-\sqrt{-a^2+2a+7}}{2}\leqslant x\leqslant 3$;

当 $3<a<2\sqrt{2}+1$ 时,$\frac{1+a-\sqrt{-a^2+2a+7}}{2}\leqslant x\leqslant\frac{1+a+\sqrt{-a^2+2a+7}}{2}$.

2. 另设辅助参数,促使问题简化

当所含参数的结构较复杂,或有多个参数使讨论发生困难时,可据其特点以新的辅助参数作代换,使问题简化.

例 5 已知 $m\neq 0,n\neq 0$. 求方程 $m^{2x}-\left[\left(\frac{m}{n}\right)^{1\,987}+\left(\frac{n}{m}\right)^{1\,987}\right]m^x n^x+n^{2x}=0$ 的有理根.

思考 本方程含 m,n 两个参数,直接处理颇有难度,引入比值参数 $k=\frac{m}{n}$,设法将原方程转化成只含 k^x 的方程,讨论就较为方便了.

解 承上,原方程可化为

$$n^{2x}k^{2x}-\left[k^{1\,987}+\frac{1}{k^{1\,987}}\right]n^{2x}k^{2x}+n^{2x}=0$$

因为 $n^{2x}\neq 0$(已知 $n\neq 0$),所以

$$(k^x)^2-\left(k^{1\,987}+\frac{1}{k^{1\,987}}\right)k^x+1=0$$

得$(k^x-k^{1\,987})\left(k^x-\frac{1}{k^{1\,987}}\right)=0$,所以

$$k^x=k^{1\,987},k^x=\frac{1}{k^{1\,987}}$$

可知

当 $k=1$,即 $m=n$ 时,x 可为一切有理数;

当 $k=-1$,即 $m=-n$ 时,$x=\frac{2p+1}{2q+1}$形的有理数;(p,q 均为整数)

当 $k\neq\pm 1$ 时,即 $m\neq\pm n$ 时,$x=1\,987$,或 $x=-1\,987$.

3. 多参数的逐层讨论

遇到双参数或多个参数的讨论问题,可以把讨论分解为若干个子过程,在每一个子过程中只讨论一个参数逐层进行.

例 6 解不等式:$6+m^2(x^2+1)>n^2+2(m^2x+3)$.(其中 m,n 均为参数)

思考 式中含有双参数，可以先固定 n，即就 m 的不同数值讨论不等式的解的情况，再在此基础上考察 n 的变化情况对解的影响.

解 (1)当 $m=0$ 时，不等式显然无解.

(2)当 $m\neq 0$ 时，原不等式可化为

$$m^2x^2-2m^2x+m^2-n^2>0 \quad ①$$

式①左端的判别式 $\Delta=(-2m^2)^2-4m^2(m^2-n^2)=4m^2n^2\geqslant 0$，且两个根为

$$x_1=\frac{m-n}{m},x_2=\frac{m+n}{m}$$

以下，就 m,n 的符号讨论 x_1 和 x_2 的大小，进而确定其解：

(i)当 $n=0$ 时，$x_1=x_2=1$，不等式①可化为 $(x-1)^2>0$，所以其解为

$$x\neq 1$$

(ii)当 $mn>0$ 时，$x_2>x_1$，不等式①的解为

$$x<\frac{m-n}{m}\text{或}x>\frac{m+n}{m}$$

(iii)当 $mn<0$ 时，$x_2<x_1$，不等式①的解为

$$x>\frac{m-n}{m}\text{或}x<\frac{m+n}{m}$$

说明 从本题解答过程可见，这类不等式的求解，通常是依据它解的概念和有解条件，先恰当地确定参数的临界值，再据此临界值分情况加以讨论. 这是对含参数不等式的一种常见解法.

§5 参数运用中的常见差错

参数的特殊功效，常给解题者带来曙光和欢乐，无怪中学数学的各个角落都出现参数的踪迹. 但是要驾驭好活跃异常的参数却并非易事. 特别是某些差错的隐蔽性和多发性，给参数的运用造成了困难. 下面对教学中常见的差错分类剖析如下.

一、忽视自含参数的允许值范围

许多含参数的问题，因参数受问题条件的限制，往往对允许值有所限制，但因其隐蔽，常被忽视. 而影响解题的完备性. 甚至酿成大错.

例 1 a 为什么值时，方程 $y=(a^2-3a+2)x^{a^2-5a+5}$ 所表示的曲线是双曲线.

错解 因 $y=kx^{-1}$ 所表示的曲线为双曲线，所以

$$a^2-5a+5=-1$$

解得 $a=2$,或 $a=3$.

辨正 方程 $y=kx^{-1}$ 表示双曲线,必须 $k\neq0$,但当 $a=2$ 时,$a^2-3a+2=0$,原方程表示直线 $y=0$,故应予舍去,所以仅当 $a=3$ 时,方程表示双曲线.

例 2 方程 $x^2+(m-3)x+m=0$ 的两个根都是正数,求 m 的范围.

错解 设方程的两个根为 α,β,据韦达定理

$$\alpha+\beta=-(m-3)=3-m,\alpha\beta=m$$

因两个根都是正数,须

$$\begin{cases}3-m>0\\m>0\end{cases}$$

解得 $0<m<3$.

辨正 方程的两个根都是正根,首先必须是实根,这就对参数 m 另有限制,上述解法忽视了这一点.

因两个根都是实数,须判别式 $\Delta\geqslant0$,故应补上

$$\Delta=(m-3)^2-4m=m^2-10m+9\geqslant0$$

所以 $m\geqslant9$,或 $m\leqslant1$.

结合 $0<m<3$,知本题 m 的范围是 $0<m\leqslant1$.

例 3 已知 $\cos\theta=\sqrt{|\cos t|}$,$\sin\theta=\sqrt{|\sin t|}$,且 $0\leqslant\theta\leqslant\frac{\pi}{2}$,问实参数 t 取何值时,能使 $\theta\in\left[0,\frac{\pi}{4}\right]$.

错解一 因为 $0\leqslant\theta\leqslant\frac{\pi}{2}$,因要求 $0\leqslant\theta\leqslant\frac{\pi}{4}$,知

$$0\leqslant\tan\theta\leqslant1$$

又

$$\tan\theta=\frac{\sin\theta}{\cos\theta}=\sqrt{|\tan t|}$$

所以 $0\leqslant\sqrt{|\tan t|}\leqslant1$,得

$$-1\leqslant\tan t\leqslant1$$

所以

$$t\in\left[k\pi-\frac{\pi}{4},k\pi+\frac{\pi}{4}\right]\quad(k\in\mathbf{Z})$$

错解二 由已知条件及要求,可得

$$\begin{cases}0\leqslant\sin\theta\leqslant\dfrac{\sqrt{2}}{2}\\ \dfrac{\sqrt{2}}{2}\leqslant\cos\theta\leqslant1\\ 0\leqslant\theta\leqslant\dfrac{\pi}{2}\end{cases}$$

即

$$\begin{cases}0\leqslant|\sin t|\leqslant\dfrac{1}{2}\\ \dfrac{1}{2}\leqslant|\cos t|\leqslant1\end{cases}$$

解之得

$$t\in\left[k\pi-\frac{\pi}{6},k\pi+\frac{\pi}{6}\right]\quad(k\in\mathbf{Z})$$

辨正 上述两种错解都忽视了对参数本身的隐蔽要求，所得的 t 的解不一定能适合 $\sin^2\theta+\cos^2\theta=1$. 因此这些解集是被扩大了.

事实上，因 $\sin^2\theta+\cos^2\theta=1$，可得

$$|\sin t|+|\cos t|=1$$

两边平方，整理，得

$$\sin 2t=0$$

所以

$$t=\frac{k\pi}{2}\quad(k\in\mathbf{Z})$$

又因为 $0\leqslant\theta\leqslant\frac{\pi}{4}$，所以

$$0\leqslant|\sin t|\leqslant\frac{1}{2}$$

故 k 为奇数时，不合题意.

所以所求的 t 值只有

$$t=n\pi\quad(n\in\mathbf{Z})$$

二、忽视对参数做必要的分类讨论

有的自含参数的问题，参数值不同，结论也不同，若不进行讨论，就会犯以偏概全的错误.

例 4 已知关于 x 的方程 $(a-2)x^2-(2a-1)x+a=0$ 有实数根，求实数 a 的值.

错解 由题设二次方程知，应有

$$a-2\neq 0$$

且有实根，故

$$\Delta=[-(2a-1)]^2-4(a-2)\cdot a\geqslant 0$$

得

$$\begin{cases}a\neq 2\\ a\geqslant -\dfrac{1}{4}\end{cases}$$

所以当$-\dfrac{1}{4}\leqslant a<2$ 或 $a>2$ 时，方程有实数根.

辨正 因为题设中并没有限定及方程的次数和根的个数. 因此需对参数 a 做讨论：

(1)当 $a=2$ 时，方程化为

$$-3x+2=0$$

可得实根 $x=\dfrac{2}{3}$.

(2)当 $a\neq 2$ 时，须判别式 $\Delta\geqslant 0$，再由上得

$$-\frac{1}{4}\leqslant a<2 \text{ 或 } a>2$$

有的辅设参数的问题，因所设参数取值的不同，可有不同的变化趋势和结果，对它若不做分类讨论，同样也会造成漏解或以偏概全的差错.

三、设参后导致允许值范围的扩大或缩小

选择恰当的辅助参数，是参数法的基础. 但引入的参数允许值范围须与题设要求一致，仅是设参、用参，而忽视对参数的允许值范围的考察，这是参数法解题中最为常见，发病率最高的一类毛病. 本章第一节已经举过一些例子. 现在再看几例.

例 5 求函数 $y=x+\sqrt{5-x^2}+4$ 的极值.

错解 因为$|x^2|\leqslant 5$，可设

$$x=\sqrt{5}\sin\varphi \quad (\varphi \text{ 为参数})$$

则

$$y=x+\sqrt{5-x^2}+4=\sqrt{5}\sin\varphi+\sqrt{5}\cos\varphi+4=\sqrt{10}\sin\left(\frac{\pi}{4}+\varphi\right)+4$$

因为

$$|\sin\left(\frac{\pi}{4}+\varphi\right)|\leqslant 1$$

所以 $4-\sqrt{10}\leqslant y\leqslant 4+\sqrt{10}$.

知当$\frac{\pi}{4}+\varphi=\frac{\pi}{2}$,即 $\varphi=\frac{\pi}{4}$时,有 $y_{\max}=4+\sqrt{10}$;

当$\frac{\pi}{4}+\varphi=-\frac{\pi}{2}$,即 $\varphi=-\frac{3}{4}\pi$ 时,有 $y_{\min}=4-\sqrt{10}$.

辨正 错在设参时忽视了参数的允许值范围,这是因 $\sqrt{5-x^2}$ 是非负数,限制了 φ 的范围,但求解中未考虑这一点,使范围扩大了,极值也就失偏.应该是:

设

$$x=\sqrt{5}\sin\varphi \quad \left(-\frac{\pi}{2}\leqslant\varphi\leqslant\frac{\pi}{2}\right)$$

则有

$$y=4+\sqrt{10}\sin\left(\varphi+\frac{\pi}{4}\right)$$

因为

$$-\frac{\pi}{4}\leqslant\varphi+\frac{\pi}{4}\leqslant\frac{3}{4}\pi$$

所以当且仅当 $\varphi=\frac{\pi}{4}$时,即 $x=\frac{\sqrt{10}}{2}$时,$y_{\max}=4+\sqrt{10}$.

在 $\varphi=-\frac{\pi}{2}$,即 $x=-\sqrt{5}$时,$y_{\min}=4-\sqrt{5}$.

例 6 试求函数 $y=\frac{4\sin^2 x-10\sin x+7}{3-2\sin x}$的最值.

错解 $y=\frac{(3-2\sin x)^2-(3-2\sin x)+1}{3-2\sin x}=3-2\sin x+\frac{1}{3-2\sin x}-1$,设

$$t=3-2\sin x>0 \quad (t\text{ 为参数})$$

则

$$y=t+\frac{1}{t}-1\geqslant 2-1=1$$

所以当 $t=\frac{1}{t}$,即 $3-2\sin x=\frac{1}{3-2\sin x}$或 $x=2k\pi+\frac{\pi}{2}(k\in\mathbf{Z})$时,有 $y_{\min}=1$.

辨正 此解不全,因忽视了参数 t 的变化范围,而连续函数有可能是在闭区间的端点上达到最大值.故正确的解还应补充如下:

易知,当 $t\geqslant 1$ 时,函数 $y=t+\frac{1}{t}-1$ 为增函数.

因此，当 $t=5$，即 $3-2\sin x=5$，$x=2k\pi-\frac{\pi}{2}(k\in\mathbf{Z})$ 时，另有最大值 $y_{\max}=4\frac{1}{5}$.

例 7 由原点作动直线 l，交抛物线 $y=x^2-2x+2$ 于 P_1 和 P_2 两点，求 P_1P_2 的中点 M 的轨迹方程.

错解 设直线 l 的方程为

$$y=kx \quad (k \text{ 为参数})$$

代入抛物线方程，整理成

$$x^2-(2+k)x+2=0 \qquad ①$$

设 P_1，P_2 坐标分别为 (x_1,y_1)，(x_2,y_2)，及 $M(x,y)$，则

$$\begin{cases} x_M=\dfrac{x_1+x_2}{2}=\dfrac{k+2}{2} \\ y_M=\dfrac{y_1+y_2}{2}=\dfrac{k(k+2)}{2} \end{cases}$$

消去参数 k，得点 M 的轨迹方程为 $y=2x^2-2x$.

辨正 直线 l：$y=kx$ 和抛物线交于两点的充要条件是方程①的判别式 $\Delta>0$，即须有

$$(2+k)^2-8>0$$

所以 $k>2\sqrt{2}-2$，或 $k<-2\sqrt{2}-2$.

即知 x_M 的取值范围是

$$x_M>\sqrt{2} \text{ 或 } x_M<-\sqrt{2}$$

所以点 M 的轨迹方程应是

$$y=2x^2-2x \quad (x\in(-\infty,-\sqrt{2})\cup(\sqrt{2},+\infty))$$

上面几个例子发生错解都是由于忽视允许值范围的扩大导致，而另一方面，设参时带来的一些特殊情况，或允许值范围的缩小而产生漏解，也是颇难察觉.

例 8 一直线经过点 $A(1,-2)$，与圆 $x^2+y^2=4$ 相交截得的弦长为 $2\sqrt{3}$，求这弦所在直线的方程.

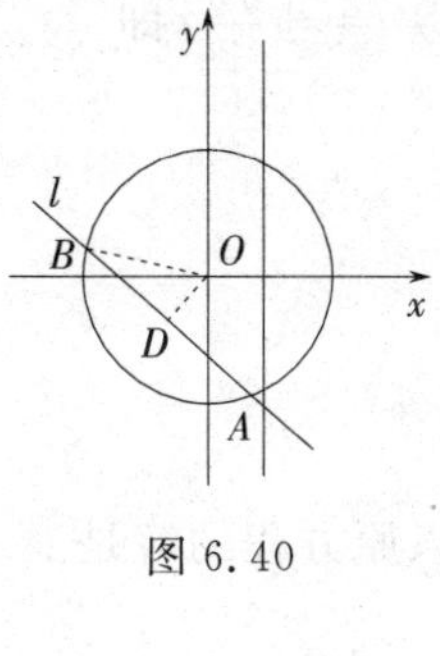

图 6.40

错解 如图 6.40，设所求直线 l 与圆交于点 B，联结 OB，作 $OD\perp l$ 于 D，因为

$$|OB|=2,|BD|=\frac{1}{2}\times 2\sqrt{3}=\sqrt{3}$$

所以$|OD|=\sqrt{2^2-(\sqrt{3})^2}=1$.

直线 l 过点 $A(1,-2)$，可设 l 的方程为

$$y+2=k(x-1)\quad (k\text{ 为参数})$$

即 $kx-y-(k+2)=0$，则点 O 与直线 l 的距离

$$d=\frac{|k+2|}{\sqrt{k^2+1}}=1$$

由此解得

$$k=-\frac{3}{4}$$

所以直线 l 的方程为 $y+2=-\frac{3}{4}(x-1)$，或 $3x+4y+5=0$.

辨正 设直线 l 的方程为 $y+2=k(x-1)$ 是以直线的斜率 k 为参数，但当直线 l 垂直于 x 轴时，斜率 k 不存在，这就将直线 l 垂直于 x 轴的情况排除在外(可见是设参数的局限性所致)，因此需检查补正：

当直线 $l\perp x$ 轴时，$x=1$，代入 $x^2+y^2=4$，得

$$y=\pm\sqrt{3}$$

故截得的弦长也是 $2\sqrt{3}$，所以本题尚有另一解，直线 l 的方程为 $x=1$.

例 9 解方程 $\cot^2\frac{\theta}{2}-\sec\theta=1$.

错解 设 $\tan\frac{\theta}{2}=t$(t 是参数)，则原方程化为

$$\frac{1}{t^2}-\frac{1+t^2}{1-t^2}=1$$

或

$$3t^2=1$$

所以 $t=\pm\frac{\sqrt{3}}{3}$，即

$$\tan\frac{\theta}{2}=\pm\frac{\sqrt{3}}{3}$$

得

$$\frac{\theta}{2}=k\pi\pm\frac{\pi}{6}\quad (k\in\mathbf{Z})$$

所以原方程的解是

$$\theta=2k\pi\pm\frac{\pi}{3}\quad(k\in\mathbf{Z})$$

辨正 上面的答案不完整.因用万能公式所作的参数代换,易造成失解.事实上使 $\tan\frac{\theta}{2}$ 无意义的角 $\frac{\theta}{2}=k\pi+\frac{\pi}{2}$,即 $\theta=2k\pi+\pi(k\in\mathbf{Z})$ 也是原方程的解.

所以本例应补正为:原方程的解是

$$\theta=2k\pi\pm\frac{\pi}{3},\theta=2k\pi+\pi\quad(k\in\mathbf{Z})$$

四、对参数的几何意义认识不清

许多参数,特别是解析几何中的参数,在特定情况下常有明显的几何意义,这给解题带来了方便.但若不辨别所设参数是否符合特定的要求,对参数几何意义认识不清而盲目挪用,也常导致错误.

例 10 已知直线 $\begin{cases}x=4+t\\y=-3-2t\end{cases}$ (t 为参数)被圆 $x^2+y^2=R^2$ 截得的弦长为 $2\sqrt{5}$,求此圆的半径.

错解 把 $x=4+t,y=-3-2t$ 代入圆的方程,整理之,得

$$5t^2+20t+25-R^2=0$$

由韦达定理,有

$$(2\sqrt{5})^2=(t_1-t_2)^2=(t_1+t_2)^2-4t_1t_2=(-4)^2-4\times\left(\frac{25-R^2}{5}\right)$$

可求得 $R=\sqrt{30}$.

辨正 这里主要是混淆了两种直线参数方程中参数 t 的意义.即(1) $\begin{cases}x=x_0+t_1\cos\alpha\\y=y_0+t_1\sin\alpha\end{cases}$ (t_1 为参数)其中 t 的几何意义是代表由定点 (x_0,y_0) 到动点 (x,y) 的有向线段的数量,而(2) $\begin{cases}x=x_0+at_2\\y=y_0+bt_2\end{cases}$ (t_2 为参数)中的参数 t_2 却没有上述几何意义.

因此,要获得正解可以把已知直线方程 $\begin{cases}x=4+t\\y=-3-2t\end{cases}$ 改写成

$$\begin{cases}x=4-\dfrac{1}{\sqrt{5}}t'\\y=-3+\dfrac{2}{\sqrt{5}}t'\end{cases}\quad(\text{这里 } t'=-\sqrt{5}t)$$

然后再用同样的解法,可得 $R=\sqrt{10}$.

例 11 求过抛物线 $y^2=4x$ 的对称轴上一点 $M(1,0)$,倾斜角为 $\frac{\pi}{3}$ 的直线截抛物线所得的弦 AB 的长.

错解 直线 AB 的参数方程为

$$\begin{cases} x=1+\frac{1}{2}t \\ y=\frac{\sqrt{3}}{2}t \end{cases} \quad (t\text{ 为参数})$$

代入抛物线方程,整理后得

$$3t^2-8t-16=0$$

设此方程两个根为 t_1,t_2,则 t_1,t_2 分别为 $|MA|$ 和 $|MB|$,由韦达定理知

$$|AB|=|MA|+|MB|=t_1+t_2=\frac{8}{3}$$

辨正 直线参数方程中参数 t 的几何意义表示直线上定点 $M(1,0)$ 到直线上动点的有向线段的数量,当动点位于定点上方时,t 为正值;当动点在已知定点的下方时,t 为负值.因此上述解答将 t_1 和 t_2 都看成为正值是错误的.事实上无论两点 A,B 相对于定点 M 的位置如何,恒有

$$|AB|=|t_1-t_2|$$

故正确的解应如下

$$|AB|=|t_1-t_2|=\sqrt{(t_1+t_2)^2-4t_1t_2}=\sqrt{\left(\frac{8}{3}\right)^2-4\left(-\frac{16}{3}\right)}=\frac{16}{3}$$

例 12 已知圆的方程为 $x^2+y^2=\frac{1}{2}$,椭圆的方程 $\frac{x^2}{25}+\frac{y^2}{16}=1$,过原点的射线交圆于 A,交椭圆于 B,(图 6.41)过 A,B 分别作 x 轴和 y 轴的平行线,求所作两条直线交点 M 的轨迹方程.

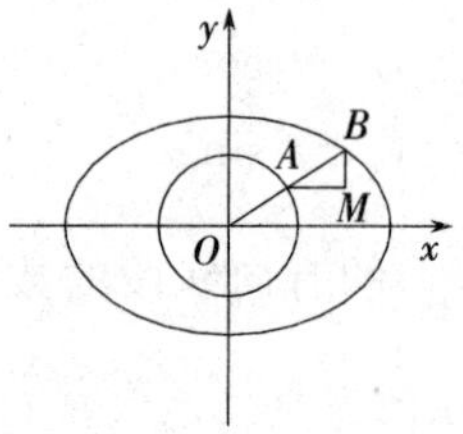

图 6.41

错解 设 $\angle BOx=\varphi$ 为参数,则圆的方程为

$$\begin{cases} x=\frac{\sqrt{2}}{2}\cos\varphi \\ y=\frac{\sqrt{2}}{2}\sin\varphi \end{cases}$$

椭圆方程为

$$\begin{cases}x=5\cos\varphi\\y=4\sin\varphi\end{cases}$$

设点 M 坐标为(x,y)，易知点 M 轨迹的参数方程为

$$\begin{cases}x=5\cos\varphi\\y=\dfrac{\sqrt{2}}{2}\sin\varphi\end{cases}$$

消去参数 φ，得点 M 轨迹的普通方程为椭圆

$$\frac{x^2}{25}+\frac{y^2}{\frac{1}{2}}=1$$

辨正 错在对椭圆离心角概念不清所致，实际上椭圆的点 B 所对应的离心角应是如图 6.42 中 $\angle NOx$，故正解应如下：

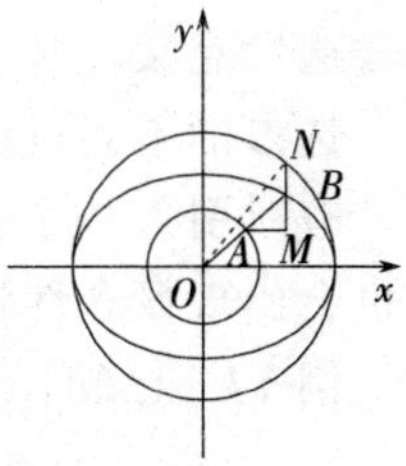

图 6.42

设点 A 坐标为

$$\left(\frac{\sqrt{2}}{2}\cos\varphi,\frac{\sqrt{2}}{2}\sin\varphi\right)$$

点 B 坐标为

$$(5\cos\theta,4\sin\theta)$$

则所求点 $M(x,y)$的轨迹参数方程为

$$\begin{cases}x=5\cos\theta & ①\\y=\dfrac{\sqrt{2}}{2}\sin\varphi & ②\end{cases}$$

由 O,A,B 三点共线，知斜率 $k_{OA}=k_{OB}$，从而得双参数 θ 和 φ 的一个约束条件为

$$\tan\varphi=\frac{4}{5}\tan\theta \quad ③$$

由式①，得

$$\tan^2\theta=\frac{25-x^2}{x^2} \quad ④$$

由式②，得

$$\tan^2\varphi=\frac{2y^2}{1-2y^2} \quad ⑤$$

将式③平方，并将式④⑤代入之，得点 M 轨迹方程为

$$8x^2+9x^2y^2+400y^2-200=0$$

五、参数辅设不当

例 13 若设 $x+y+z=1$，求证：$x^2+y^2+z^2\geqslant\frac{1}{3}$.

错证 设 $x=\frac{1}{3}-t,y=\frac{1}{3}-2t,z=\frac{1}{3}+3t$（$t$ 为实参数）. 则

$$x^2+y^2+z^2=\left(\frac{1}{3}-t\right)^2+\left(\frac{1}{3}-2t\right)^2+\left(\frac{1}{3}+3t\right)^2=\frac{1}{3}+14t^2\geqslant\frac{1}{3}$$

辨正 初看上述证法似无问题，但实质上由于选设参数的不当，使证法并不具有一般性. 如取 $x=\frac{1}{3},y=\frac{1}{9},z=\frac{5}{9}$，这时满足已知条件 $x+y+z=1$，但并不能由所设参数表示，由此可见该证明仅仅是对特殊的 x,y,z 而证的，不具有普遍性意义.

选参的不当可能导致以特殊代替一般，“以偏概全”的错误.

有时引入一个参数表示不同的量，但未考虑这不同的量是否彼此相关，这样也会出现概念性错误.

例 14 已知 $|a|\leqslant1,|b|\leqslant1$，求证

$$\left|ab+\sqrt{(1-a^2)(1-b^2)}\right|\leqslant1$$

错证 设 $a=\sin\theta,b=\cos\theta$（$\theta$ 为参数）. 则

$$\left|ab+\sqrt{(1-a^2)(1-b^2)}\right|=|\sin\theta\cos\theta\pm\cos\theta\sin\theta|=$$

$$\frac{1}{2}|\sin2\theta\pm\sin2\theta|\leqslant\frac{1}{2}\times2=1$$

辨正 这同样是参数选择的不当形成差错，因 a,b 可能相关，也可能不相关. 若设 $a=\sin\theta,b=\cos\theta$ 后，就非得相关不可，但像 $\sin^2\theta+\sin^2\theta=1$，即 $a^2+b^2=1$ 是原题设中所没有的. 故上面的证明也失去了一般性. 正解应是：

设 $a=\sin\theta,b=\cos\varphi$（$\theta,\varphi$ 是参数），则

$$\left|ab+\sqrt{(1-a^2)(1-b^2)}\right|=|\sin\theta\cos\varphi\pm\cos\theta\sin\varphi|=|\sin(\theta\pm\varphi)|\leqslant1$$

六、消参变形不合理

例 15 设 t 在 $(0,2)$ 范围内变动，求抛物线 $y=x^2-2(t+1)x+t^2+2t+\sqrt{4-t^2}$ 的顶点描绘出的曲线长度.

错解 把已知抛物线方程与抛物线 $y=ax^2+bx+c$ 做比较，得

$$a=1,b=-2(t+1),c=t^2+2t+\sqrt{4-t^2}$$

利用抛物线顶点坐标公式，得

$$x=-\frac{b}{2a}=-\frac{-2(t+1)}{2}$$

$$y=\frac{4ac-b^2}{4a}=\frac{1}{4}[4(t^2+2t+\sqrt{4-t^2})-4(t+1)^2]$$

化简，得

$$\begin{cases}x=t+1 & ①\\ y=\sqrt{4-t^2}-1 & ②\end{cases}\quad(0\leqslant t\leqslant 2)$$

消去参数 t，得抛物线顶点轨迹的普通方程为

$$(x-1)^2+(y+1)^2=4$$

所以顶点轨迹是一个以点 $(1,-1)$ 为圆心，半径为 2 的圆，其周长为 $2\pi\times 2=4\pi$.

辨正　错误出在参数方程与消参后所得的普通方程并不等价，而上述解法把它们视为等价的了.

因为 $0\leqslant t\leqslant 2$，所以由①得 $1\leqslant x\leqslant 3$，由②得 $-1\leqslant y\leqslant 1$.

故所确定的轨迹应只有如图 6.43 所示的圆的四分之一. 即图中实线部分.

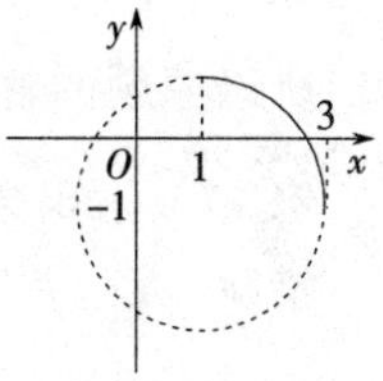

图 6.43

其长度为$\frac{1}{4}\times 4\pi=\pi$.

例 16　已知方程 $x^2-3x+m=0$ 和方程 $4x^2-2x+m=0$ 有一个相同的根，求 m 的值.

错解　设 $x^2-3x+m=0$ 的两个根为 α,β，$4x^2-2x+m=0$ 的两个根 α,γ，则有

$$\begin{cases}\alpha\cdot\beta=m & ①\\ \alpha\cdot\gamma=\frac{m}{4} & ②\end{cases}$$

两式相除，得

$$\frac{\gamma}{\beta}=\frac{1}{4}\text{或 }\gamma=\frac{1}{4}\beta$$

又

$$\begin{cases}\alpha+\beta=3\\ \alpha+\gamma=\alpha+\frac{\beta}{4}=\frac{1}{2}\end{cases}$$

由上解得 $\alpha=-\frac{1}{3},\beta=\frac{10}{3}$.

所以 $m=\alpha\cdot\beta=\left(-\frac{1}{3}\right)\times\frac{10}{3}=-\frac{10}{9}$.

辨正 上述解中①②两式相除需有 $m\neq0$(或 $\alpha\neq0$),这样就失去了 $\alpha=0$ 的可能,因而丢掉了 m 的另一个值,使解答不全面. 正解应补充:

由

$$\begin{cases}\alpha\cdot\beta=m\\ \alpha\cdot\gamma=\dfrac{m}{4}\end{cases}$$

有 $\alpha\cdot\beta=4\alpha\cdot\gamma$,即 $\alpha(\beta-4\gamma)=0$.

若 $\alpha=0$,可得 $m=0$;

若 $\beta=4\gamma$,同原解可得 $m=-\dfrac{10}{9}$.

所以原题的解应是 $m=0$ 或 $m=-\dfrac{10}{9}$.

例 17 求函数 $y=\arcsin(2x^2-x)$ 的值域.

错解 设 $t=2x^2-x$,易知 $-1\leqslant t\leqslant1$,即

$$-1\leqslant2x^2-x\leqslant1$$

解得 $-\dfrac{1}{2}\leqslant x\leqslant1$.

因为函数 $y=\arcsin t$ 是增函数,所以函数的值域是 $\left[\arcsin\left(-\dfrac{1}{2}\right),\arcsin1\right]$,即 $\left[-\dfrac{\pi}{6},\dfrac{\pi}{2}\right]$.

辨正 本题是求复合函数的值域,在上述解法中设参数 t 后,错把 x 的范围 $\left[-\dfrac{1}{2},1\right]$ 偷换成是参数 t 的范围,因而致错. 正解应是:

由 $-1\leqslant2x^2-x\leqslant1$,解得

$$-\frac{1}{2}\leqslant x\leqslant1$$

而 $t=2x^2-x=2\left(x-\dfrac{1}{4}\right)^2-\dfrac{1}{8}$.

所以当 $x=\dfrac{1}{4}$ 时,有 $t_{\min}=-\dfrac{1}{8}$.

当 $x=1$ 或 $-\dfrac{1}{2}$ 时,都有 $t_{\max}=1$.

因为 $y=\arcsin t$ 是增函数,所以 $y=\arcsin(2x^2-x)$ 的值域为 $\left[\arcsin\left(-\dfrac{1}{8}\right),\dfrac{\pi}{2}\right]$.

上述各种差错皆是参数运用中的常见病、多发病.教学中要有意识地从正面、反面或侧面揭示病状,分析病因,增强学生的免疫力,这就能从根本上保证他们灵活地运用参数去解决各类问题而不误入歧途.

§6 对参数教学的两点看法

在中学数学教学中参数观点的形成与发展,参数方法的运用和巩固,是一个较大的系统工程.可以说整个中学数学教学过程中都伴随着参数概念与方法的逐步充实、完善.因此,逐步提高学生对参数的认识、理解和应用能力,是中学数学教学的一个至关重要的任务,同时也是一个不易妥善处理的棘手任务.

这是因为参数只是横向地散见于中学数学各分科、各章节之中,在教学过程中不易引起师生的注意.常在学生学完中学数学全部内容以后,仍只是孤立地、静止地了解到参数某些情况,难以形成较系统完整的参数思想.而这种思想对学生将来参加生产或科研,都是至关重要的.那么在教学中如何让学生有层次有重点地形成参数观点,逐步学会驾驭参数工具呢?

一、把握参数教学的贯穿脉络与渗透途径

考察中学数学教学的全过程可知,在初中代数教学的初期,就已渗透性地出现了参数的观点及运用,只是没有明确提出"参数"的名称,以后随着教学过程连绵延伸,直到解析几何参数方程一章,才完成对参数全貌的展示.

为此像参数的化繁为简的代换作用、设参与求参的待定系数方法、简单的自含参数的制约讨论等应在初中代数教学中渐渐展开.这时可停留在简单的选参、识参阶段,也无必要提出"参数"概念和名称,但要让学生尝到参数给解题带来方便的甜头.

在初三、高一学习三角时,在三角式的变形、三角函数的研究、三角方程、不等式的求解及解斜三角形中,因前有代数中参数的初步印象,后有几何中运用参数之需,宜引出形象的参数概念,并归纳整理代数参数、三角参数的主要种类和个别的用途及适用范围等(这些在第二、三章中有详细介绍),至此,我们就完成了第一阶段的参数教学——引入数式问题中的参数.

平面几何、立体几何的教学有图形研究的另一条主线,尤其是平面几何中有多重推理及辅助线的添作使学生常视为畏途.面对这种困难,我们逐步地引入用参数量化表示图形元素的数式处理方法,确能引起学生将数与形密切结合解题的极大兴趣,到一定阶段,同样梳理图形问题中的参数形式与方法,便可完

成第二阶段的参数教学.

解析几何教学将参数推向高潮.这时学生对数式参数和确定图形的边角元素的参数已有较为清晰的认识,因此可把目标转向参数的运动、变化的观点.为了逐步加深认识过程,解析几何教学中同样应尽早渗透参数观点.如在直线一章中,由点的运动构成直线可引入点参数的概念,含一个约束条件的直线系则是一种单参数图形,等等,并在解题时力求加强这方面的训练.有时为了促进学生的思维定式,甚至可以在限定"设参、求参"的前提下,定向地让学生解答有关问题,尽早形成动态的参数观点,形成"设参、求参"的基本思想方法(指求确定型问题).

在圆锥曲线一章的教学中,出现了一类轨迹题:求已知曲线的随动曲线.利用双参数求解这类问题,为这一阶段的参数教学提供了新的题材.

到了参数方程一章,因已具备了对参数概念精确化的条件,故对动态的参数可作严格的描述,(必要时,可对数式与图形确定问题中的静态参数,结合一起作全面整理.)在此基础上立足于发挥参数的积极作用,参数的几何意义、物理意义,以及怎样灵活恰当地设参、消参.进而结合参数方程与普通方程的互化的等价性要求,作纠误、防病的训练.

在随后的教学及解析几何总复习阶段,直线及圆锥曲线参数方程的应用更需反复的强调,将圆锥曲线上的点的坐标利用参数式表示,在计算、证明、轨迹和极值等问题的处理上都十分方便,能使学生更深地体会到参数方法的优越性.

至此,我们就完成了第三阶段的参数教学.

如果在三个阶段的参数教学中能做到重点明确,前后呼应,层次分明.则通过整个中学教学过程,不难使学生扎实地建立起参数观点,并牢固掌握参数运用的技能和技巧.

参数教学的关键就在把握好"分阶段、分层次的纵向认识提高"和"每一阶段、每一层次内的横向联系".使教学过程既能编织出纵横脉络,又适合学生的认知发展规律,从而达到应有的教学目标.

二、因材施教、把握好参数教学的跨度和节奏

参数观点和方法的形成与掌握,既然是一个系统工程,当然需循序渐进、逐层提高.使学生的认识有一个从初级到高级、从模糊到清晰、从勉强到自觉、从生疏到熟练的转化过程.但尤为重要的是,参数教学颇具难度,必须掌握好高低分寸,关键在从学生的实际水准及教学要求出发来确定跨度节奏,切忌随意回避参数教学或拔高教学要求两种极端情况.

据一般学生的实际水平，宜以大纲要求为限，有计划有步骤地使学生系统理解基本的参数思想方法，不宜拔高参数运用的技能、技巧.

对学有余力的学生(尤其是参加数学竞赛的学生)，则应区别对待.在参数思想方法的灵活应用和系统归纳上可逐层提高要求，以启迪他们的思维，开拓他们的视野.

但无论如何，参数教学的跨度与轻重节奏，均需掌握分寸.总体上说，初中应以形象地体现参数的积极作用为主.在高中逐步完善参数概念并逐步加以综合应用.

如对自含参数的讨论是数学教学中的一个难点.它涉及对自含参数的认识，逻辑划分的方法，和分类以后的数式或图形的变换能力，难度较高.特别是处于由形象思维向逻辑思维转化的初级阶段的初中学生，其分析概括的能力还不高，知识的迁移能力也尚薄弱，一时较难适应由具体的数向字母表示数的转化过程.对他们，想在短时间内把自含参数的分类讨论讲清讲透就不切实际.即使在高中陆续遇到自含参数的各类方程、函数或图形问题，对参数的讨论要求也应逐步提高，不能跨度太大.否则会超越学生的能力发展阶段，不但效果不佳，而且学生会因畏难而止步不前、束缚了思维的发展，甚至钻牛角尖，影响基础知识和基本方法的学习掌握.但若要求过低因噎废食，不去做必要的分类讨论的训练，则不能与后续层次衔接，会造成脱节，给后面的学习带来困难.

因此，把握好初中阶段的自含参数讨论问题，是至关重要的，从解决文字系数的一元一次方程→去掉绝对值符号的讨论→文字系数的分式方程、一元二次方程、根式方程的讨论，可说是第一个层次.自含参数的不等式与函数问题的讨论是第二个层次，其余层次在高中阶段逐步展开.在上述有关教案的设计中，如能有一个总体的、适合学生实际、又前后呼应的处理“参数讨论”教学的规划，该难点一定能得到妥善的解决.

再如初中在列方程解应用题的教学中，常会接触一些貌似缺少条件(即需引入辅助参数)的问题.它是一个显著的难点.此时需量力而行.先选择题意明确、简单易懂的应用题初做尝试，从示范介绍设参，到提示启发找参，再对利用参数列式解应用题做规律性的归纳小结.当阶段或学期复习时再作做一步的整理，这样安排就较合理.

应该强调的是，学生的基础不同，这类问题接触的迟早、难易亦须区别对待.

总之，在参数教学中，坚持从全局和长远的观点去考虑、坚持从学生实际和教学要求去设计、坚持从观点方法的纵横联系去建立适宜的教学规划和具体方案，参数教学的预期目标是不难达到的.

练 习 六

1. 已知 $|z|=1$，问 z 为何值时，$|z^2-z+1|$ 取得最大、最小值？且求此最大、最小值.

2. 已知 $f(x)=x^{\frac{1}{2}}+(1-x)^{\frac{1}{2}}(x\in[0,1])$.

(1)写出函数的递增区间；

(2)求证：$1\leqslant f(x)\leqslant\sqrt{2}$.

3. 作出参数方程 $\begin{cases}x=\dfrac{3}{2}+\cos\theta\\ y=-\dfrac{3}{4}+\sin^2\theta\end{cases}$ 的图像. 其中 θ 是参数.

4. 若 $x=\cos\theta-\sin\theta, y=\sin 2\theta(0\leqslant\theta<2\pi)$，试写出 y 关于 x 的函数解析式，并画出图像.

5. 已知两点 $A(6,1), B(6,-1)$. C 是曲线 $\begin{cases}x=3\sqrt{2}a\cos\theta\\ y=3b\sqrt{\cos 2\theta}\end{cases}$ 上的任一点 $(a>0, b>0, \theta$ 是参数). 求 $\triangle ABC$ 的重心的轨迹.

6. 错在哪里？

参数方程 $\begin{cases}x=\dfrac{3t^2}{1+t^2}\\ y=\dfrac{5-t^2}{1+t^2}\end{cases}$ (t 为参数)所表示的曲线是什么？

解 消去参数 t，得

$$y=-2x+5$$

由题得 $(x-3)t^2+x=0$，因为 $t\in\mathbf{R}$，须 $\Delta\geqslant 0$，故

$$-4x(x-3)\geqslant 0，得 0\leqslant x\leqslant 3$$

所以参数方程的曲线是在 $[0,3]$ 上的一条线段.

7. 已知圆 $(x-3)^2+(y-2)^2=1$，M 是圆上任一点，O 为坐标原点，延长 MO 到 P，使 $|MO|\cdot|PO|=6$，求点 P 的轨迹方程.

8. 已知 $f(x)=x^2-2mx+3$.

(1)求抛物线顶点的轨迹方程.

(2)判定曲线 $C_1: f(x)+f(y)-2f(m)=1$ 及曲线 $C_2: y=f(x)-f(x-1)$ 的形状.

(3)当 C_1 和 C_2 相切时，m 的值是多少？

9. 在$\triangle ABC$中，$\angle C=60°$，$AB=2$，试用解析法求出 AB 中点 M 到$\triangle ABC$ 内心 I 是最小距离.

10. 已知两圆 C_1：$(x-2)^2+y^2=100$，C_2：$(x-2)^2+y^2=4$.

求出与这两个圆都相切的圆的圆系方程. 再试将本题演变成轨迹题、求值题或极值题.

11. O 为复平面的原点，Z_1 和 Z_2 为复平面内的两个动点，并且满足

(1)Z_1 和 Z_2 所对应的复数的幅角分别为定值 θ 和 $-\theta\left(0<\theta<\frac{\pi}{2}\right)$.

(2)$\triangle OZ_1Z_2$ 的面积为定值 S.

求$\triangle OZ_1Z_2$ 的重心 Z 所对应的复数的模的最小值. 再试将本题演变成单参数图形的其他问题.

12. 若方程 $\lg(x^2-2ax)-\lg(8x+6a-3)=0$ 有唯一实数解. 试求 a 的范围.

13. 若$(x^{\frac{1}{2}}+x^{-\frac{1}{3}})^n$ 展开式中有理项共有 4 项，试求 n 的取值范围.

习题答案或提示

练　习　一

1.可设$\sqrt[3]{1+\frac{2}{3}\sqrt{\frac{7}{3}}}+\sqrt[3]{1-\frac{2}{3}\sqrt{\frac{7}{3}}}=x$,立方并整理后再作一次代换,便可得一个三次方程,由此求得 $x=1$.

2.将 x,y 看作参数,消去参数即可获证.

3.分别设 $u=\sqrt{3x^2-5x-12}$,$v=\sqrt{2x^2-11x+15}$,因为

$$u-v=x-3$$

又可获 $u+v=\frac{u^2+v^2}{u-v}=x+9$.

最后解得原方程有三个根:$3,7,-\frac{3}{2}$.

4.对方程①可设比值参数 t,解得

$$x=\frac{1}{b+c-a},y=\frac{1}{a+c-b},z=\frac{1}{a+b-c}$$

5.设 $a=54\ 321$,另三数也可据此表示,最后得 $A<B$.

6.设 $3n+1=s^2$,用 $3t,3t\pm1$ 代替 s 做讨论($s,t\in\mathbf{N}$)可得 $n+1=t^2+t^2+(t\pm1)^2$.

7.乙绕城一周需 6 小时.

8.设患癌症者中吸烟的为 a 人,不吸烟的为 b 人,不患癌症者中的吸烟者为 c 人,不吸烟者为 d 人.则有

$$\frac{a}{a+b}>\frac{c}{c+d}\quad(a,b,c,d\text{ 均为正整数})$$

可得 $ad>bc$.

因为

$$\frac{a}{a+c}-\frac{b}{b+d}=\frac{ad-bc}{(a+c)(b+d)}>0$$

所以结论是正确的.

9.利用面积关系为参数,可求得两等圆的半径 $r=5$.

练　习　二

1. 提示：设 $a+b=x,ab=y$.

2. 提示：设 $x^2+xy=t$.

3. 令 $y=\sqrt{x}+\sqrt{x+2}$，则

$$y^2=2(x+1+\sqrt{x(x+2)})$$

方程可化为 $y^2+2y-8=0$. 最后解得 $x=\frac{1}{4}$.

4. 令 $u=\sqrt{x-\frac{1}{x}},v=\sqrt{1-\frac{1}{x}}$，则有

$$\begin{cases}u+v=x\\u^2-v^2=x-1\end{cases}$$

最后解得 $x=\frac{1+\sqrt{5}}{2}$.

5. 据 $x+y=6,xy=z^2+9$，知 x,y 是关于 t 的二次方程 $t^2-6t+z^2+9=0$ 的两个实根.

因为 $\Delta=36-4(z^2+9)\geqslant 0$，知 $z=0$，进而得 $x=y$.

6. 取对数并设其等于 k，得 $x\lg 3=y\lg 4=z\lg 6=k$. 于是

$$p=\frac{2x}{y}=4\log_3 2$$

7. 令 $t=2^x+2^{-x}$，则

$$4^x+4^{-x}=t^2-2$$

据此可求得当 $x=0$ 时，y 的最小值为 -14.

8. 由 $x+y=xy$，知 $\frac{1}{x}+\frac{1}{y}=1$，且 x,y 为正数，故可设

$$x=\frac{1}{\sin^2\alpha},y=\frac{1}{\cos^2\alpha}\quad\left(0<\alpha<\frac{\pi}{2}\right)$$

则 $x+y=\frac{4}{\sin^2 2\alpha}\geqslant 4$，所以 $x+y$ 有最小值 4.

9. 设 $1\ 985=a$，则 $A=a^2+a+1,B=a^2+a+1$，所以 $A=B$.

10. ②代入①，消去 a，得 $y^2-xy+3x^2-15=0$，若 y 有正整数解，它的判别式 $\Delta=x^2-4(3x^2-15)=60-11x^2$ 必是正整数的平方，可知 x 唯有为 1 或 2，相应的 y 是 4 或 3，分别代入②，得 $a=\frac{1}{2}$ 或 $a=\frac{1}{6}$.

11. 可设 $x^3+3ax^2+3bx+c=(x^2+ax+b)(x+m)$，$m$ 是参数.

因为

$$x^3+3ax^2+3bx+c=x^3+(2a+m)x^2+(2am+b)x+bm$$

所以

$$3a=2a+m, 3b=2am+b, c=bm$$

解得

$$a=m, b=m^2, c=m^3$$

代回后，得前式 $=(x+m)^3$，后式 $=(x+m)^2$.

12. $k=2$，此时 $x_1=4, x_2=6$.

13. 设公共根为 a，代入三个方程并相加，得

$$(a+3)(a^2+a+1)=0$$

如果 $a^2+a+1=0$，将与 a 为实数矛盾，故唯有 $a+3=0$. 反之，$a=-3$，得 $x=1$ 为三个方程的公共根，故所求充要条件是 $a=-3$.

14. 所求 k 的值是 $-4, -8$ 或 $-\frac{7}{2}$.

15. 当 $a\neq\pm b$ 时，$x=\pm1$；当 $a=\pm b$ 时，x 为任意实数.

16. 由 $\frac{3x^2+2x+2}{x^2+x+1}>k$，因分母恒为正，整理，得

$$(3-k)x^2+(2-k)x+(2-k)>0$$

要恒成立，须

$$\begin{cases}3-k>0\\ \Delta=(2-k)^2-4(3-k)(2-k)<0\end{cases}$$

解得 $k<2$，因 k 为正整数，所以 $k=1$.

17. 设 $y=2^x-1$，原方程可化为

$$y^4+6y^2-16=0$$

解得 $x=\log_2(1+\sqrt{2})$.

18. 设 $yzt+y+t=m$ 为参数，原方程可化为

$$17(zt+1)=(54-17x)m$$

因为 $54-17x\geqslant0$，所以 $x=1,2,3$，一一试之唯 $x=3$ 为可能.

当 $x=3$ 时原方程成

$$17(zt+1)=3y(zt+1)+3t$$

即

$$(zt+1)(17-3y)=3t$$

由 $17-3y\geqslant 0$ 知 $y=1,2,3,4,5$，仍试之知唯有 $y=5,t=2,z=1$，故原方程的正整数解是

$$x=3,y=5,z=1,t=2$$

19.设 $\frac{a}{b}=x(x>0)$，可求得 $x=1+\sqrt{10}$，且 $x^2=2x+9$，再代入，得

$$\lg(a^2+ab-6b^2)-\lg(a^2+4ab+15b^2)\lg\frac{x^2+x-6}{x^2+4x+15}=$$

$$\lg\frac{(2x+9)+x-6}{(2x+9)+4x+15}=\lg\frac{x+1}{2(x+4)}=\lg\frac{2+\sqrt{10}}{2(5+\sqrt{10})}=$$

$$\lg\frac{\sqrt{10}}{10}=-\frac{1}{2}$$

20.设比值参数 $\frac{y+z}{b-c}=\frac{z+x}{c-a}=\frac{x+y}{a-b}=k$，则

$$y+z=(b-c)k,z+x=(c-a)k,x+y=(a-b)k$$

相加，得

$$x+y+z=0$$

由

$$k^2=\frac{(y+z)^2+(z+x)^2+(x+y)^2}{(b-c)^2+(c-a)^2+(a-b)^2}=\frac{(-x)^2+(-y)^2+(-z)^2}{(b-c)^2+(c-a)^2+(a-b)^2}$$

所以 $k=\sqrt{\frac{x^2+y^2+z^2}{(b-c)^2+(c-a)^2+(a-b)^2}}$.

命题成立.

21.设 $y=2\sqrt[5]{x+1}-2$，原方程化为

$$(y+1)^4+(y-1)^4=16$$

可解得 $x_1=-\frac{31}{32},x_2=\frac{211}{32}$.

22.设 1 986$=a$，则

原式$=(a+1)(10\,000a+a)-a[10\,000(a+1)+(a+1)]=0$

23.设 $\sqrt{x^2+\sqrt[3]{x^4y^2}}=A,\sqrt{y^2+\sqrt[3]{y^4x^2}}=B$，则有

$$x^{\frac{4}{3}}(x^{\frac{2}{3}}+y^{\frac{2}{3}})=A^2,y^{\frac{4}{3}}(x^{\frac{2}{3}}+y^{\frac{2}{3}})=B^2$$

所以 $A+B=x^{\frac{2}{3}}(x^{\frac{2}{3}}+y^{\frac{2}{3}})^{\frac{1}{2}}+y^{\frac{2}{3}}(x^{\frac{2}{3}}+y^{\frac{2}{3}})^{\frac{1}{2}}=(x^{\frac{2}{3}}+y^{\frac{2}{3}})^{\frac{3}{2}}=a$.

即得 $x^{\frac{2}{3}}+y^{\frac{2}{3}}=a^{\frac{2}{3}}$.

24.引入参数 $u=x-1,v=x-y+2$，则有

$$uv=8$$

再引入参数

$$k=u+v$$

因为

$$2x-y+1=(x-1)+(x-y+2)=u+v=k$$

可得到以 u,v 为两实根的二次方程

$$T^2-kT+8=0$$

其判别式 $\Delta=(-k)^2-32\geqslant 0$，所以 $k\geqslant 4\sqrt{2}$.

即知 $2x-y+1$ 的最小值是 $4\sqrt{2}$，相应的 $x=1+2\sqrt{2}$，$y=3$.

25. 因为 $x\in[-1,1]$，所以可令 $x=\cos\theta(0\leqslant\theta\leqslant\pi)$，则

$$y=\cos^2\theta+1+2\cos\theta\sin\theta=\frac{3}{2}+\sin 2\theta+\frac{1}{2}\cos 2\theta=$$

$$\frac{3}{2}+\frac{\sqrt{5}}{2}\sin(2\theta+\phi)\quad\left(\phi=\arcsin\frac{\sqrt{5}}{5}\right)$$

所以当 $x=\sqrt{\frac{5\pm\sqrt{5}}{10}}$ 时，分别有 $y_{\max}=\frac{3+\sqrt{5}}{2}$，$y_{\min}=\frac{3-\sqrt{5}}{2}$.

26. 据条件可设 $x=2\cos\theta$，$y=\sin\theta$，求得 $\theta=\frac{\pi}{4}$ 时，即当 $x=\sqrt{2}$，$y=\frac{\sqrt{2}}{2}$ 时，有最大值 $6+2\sqrt{2}$.

27. 设 $a-\frac{b}{2}=t\sin\alpha$，$\frac{\sqrt{3}}{2}b=t\cos\alpha$，则

$$a+b=t(\sin\alpha+\sqrt{3}\cos\alpha)=2t\sin\left(\alpha+\frac{\pi}{3}\right)$$

因为

$$a^3+b^3=(a+b)(a^2-ab+b^2)=$$

$$(a+b)\left[\left(a-\frac{1}{2}b\right)^2+\left(\frac{\sqrt{3}}{2}b\right)^2\right]=$$

$$2t\sin\left(\alpha+\frac{\pi}{3}\right)[(t\sin\alpha)^2+(t\cos\alpha)^2]=$$

$$2t^3\sin\left(\alpha+\frac{\pi}{3}\right)=2$$

所以

$$|t|=\frac{1}{\sqrt[3]{\sin\left(\alpha+\frac{\pi}{3}\right)}}\geqslant 1$$

于是 $a^2-ab+b^2=t^2\geqslant 1$，知 $a+b\leqslant 2$.

28. 复参数代换，设

$$z_1=a+b\mathrm{i},z_2=-(a-1)+b\mathrm{i}$$
$$z_3=a-(b-1)\mathrm{i},z_4=-(a-1)-(b-1)\mathrm{i}$$

据 $|z_1|+|z_2|+|z_3|+|z_4|\geqslant|z_1+z_2+z_3+z_4|$，即可获得证式.

29. 可设 $b+c-a=x,c+a-b=y,a+b-c=z$，则有

$$x+y+z=a+b+c,\text{且 } y+z=2a,z+x=2b,x+y=2c$$

据此可求得

$$\text{原式}=4abc$$

30. 令 $\sqrt[n]{x+a}=y,\sqrt[n]{x}=z$，方程化为

$$y^3+2z^3-3yz^2=0$$

即

$$(y-z)^2(y+2z)=0 \quad ①$$

若 $y=z$，则 $a=0$，此时原方程变为 $3\sqrt[n]{x^3}=3\sqrt[n]{x^3}$.

当 n 为偶数时，方程的解为 $x\geqslant 0$；

当 n 为奇数时，方程的解为一切实数.

若 $y\neq z$，则 $a\neq 0$，式①同解于 $y=-2z$，即

$$\sqrt[n]{x+a}=-2\sqrt[n]{x}$$

此时，当 n 为偶数时，方程无解；

当 n 为奇数时，因为 $x+a=-2^nx$，所以 $x=-\dfrac{a}{2^n+1}$.

31. 由第一个方程代入第二个方程，整理，得

$$4x^2-2\sqrt{n}x+n-6=0$$

因为方程组有相异两组正数解，所以

$$\begin{cases}\Delta=4n-16(n-6)>0\\ n-6>0\end{cases}$$

得 $6<n<8$，因为 $n\in\mathbf{N}$，所以 $n=7$，于是，得解

$$\begin{cases}x=\dfrac{\sqrt{7}\pm\sqrt{3}}{4}\\ y=\dfrac{\sqrt{21}\mp 1}{4}\end{cases}$$

32. 设 $u=x+y,v=\sqrt{xy}$. 原方程组成

$$\begin{cases} u+v+\dfrac{1}{v}=a & ① \\ u^2-v^2-\dfrac{1}{v^2}-2=b & ② \end{cases}$$

由式②分解，得

$$\left(u+v+\frac{1}{v}\right)\left(u-v-\frac{1}{v}\right)=b \qquad ③$$

将式①代入，得

$$u-v-\frac{1}{v}=\frac{b}{a} \quad (a\neq 0) \qquad ④$$

①+④，有

$$u=\frac{1}{2}\left(a+\frac{b}{a}\right)$$

即 $x_0+y_0=u=\dfrac{1}{2}\left(a+\dfrac{b}{a}\right)$为有理数.

33. 设小王在静水中游泳速度为 y m/s，水流速度为 z m/s，小王返身游 x s 后追及，则据题意有

$$10z+10(y-z)+zx=x(y+z)$$

可求得 $x=10$ s.

34. 设每隔 x min 从电车的起点站开出一辆电车，并设电车、人的速度分别为 u m/min，v m/min. 则据题意，有

$$\begin{cases} \dfrac{xu}{u-v}=6 \\ \dfrac{xu}{u+v}=2 \end{cases}$$

可解得 $x=3$ min.

35. 设从 A 地到河口的路程为 s km，从河口沿湖到达 B 地的路程为 s_1 km，拖轮不拖带速度为 v km/h，水流速度为 v_1 km/h，需要求的是 x h，则

$$x=\frac{s_1}{\frac{v}{2}}=\frac{2s_1}{v}$$

且据题意有

$$\begin{cases}\dfrac{s}{v+v_1}+\dfrac{s_1}{v}=61\\ \dfrac{s}{v-v_1}+\dfrac{s_1}{v}=79\\ \dfrac{s}{v_1}+\dfrac{s_1}{\dfrac{v}{2}}=411\end{cases},即\begin{cases}\dfrac{s}{v+v_1}+\dfrac{x}{2}=61\\ \dfrac{s}{v-v_1}+\dfrac{x}{2}=79\\ \dfrac{s}{v_1}+x=411\end{cases}$$

消去参数 s,v_1,v,得

$$x^2-244x+4\,480=0$$

可求得

$$x=20\quad (x=224\ 舍去)$$

36. 设 $x=\sqrt[n]{a}-1$,因为 $a>1$,所以 $x>0$,则 $a=(1+x)^n$,原不等式等价于

$$x\leqslant\frac{(1+x)^n-1}{n}$$

或 $1+nx\leqslant(1+x)^n$,这不难由二项式定理获证.

37. 因为 $x+y+z=1$,可设

$$x+y=\frac{2}{3}+t,z=\frac{1}{3}-t\quad \left(0\leqslant t\leqslant\frac{1}{3}\right)$$

所以

$$\begin{aligned}yz+zx+xy-2xyz=&z(x+y)+xy(1-2z)=\\ &\left(\frac{1}{3}-t\right)\left(\frac{2}{3}+t\right)+xy\left[1-2\left(\frac{1}{3}-t\right)\right]=\\ &\left(\frac{1}{3}-t\right)\left(\frac{2}{3}+t\right)+xy\left(\frac{1}{3}+2t\right)\leqslant\\ &\left(\frac{1}{3}-t\right)\left(\frac{2}{3}+t\right)+\left(\frac{x+y}{2}\right)^2\left(\frac{1}{3}+2\right)=\\ &\left(\frac{1}{3}-t\right)\left(\frac{2}{3}+t\right)+\left(\frac{1}{3}+\frac{1}{2}t\right)^2\left(\frac{1}{3}+2t\right)=\\ &\frac{7}{27}-\frac{1}{4}t^2+\frac{1}{2}t^3=\frac{7}{27}-\frac{1}{2}t^2\left(\frac{1}{2}-t\right)\leqslant\frac{7}{27}\end{aligned}$$

38. 设所求二次函数为

$$f(x)=a(x^2-x+1)+dx+e$$

据题设可知

$$f(\alpha)=a(\alpha^2-\alpha+1)+d\alpha+e=\beta$$

即 $d\alpha+e=\beta$,同理 $d\beta+e=\alpha$,又 $f(1)=a+d+e=1$.

由三式可解，得

$$d=-1, e=1, a=1$$

所以 $f(x)=x^2-2x+2$.

39. 设 $x^2+4x+2=t$ 为参数，y 可化为 t 的二次函数

$$y=(t+3)t+2t-3=t^2+5t-3=\left(t+\frac{5}{2}\right)^2-\frac{37}{4}$$

因为

$$t=(x+2)^2-2\geqslant-2, t+\frac{5}{2}\geqslant\frac{1}{2}$$

所以当 $t+\frac{5}{2}=\frac{1}{2}$，即 $t=-2, x=-2$ 时，有 $y_{\min}=-9$.

40. (1)因为

$$f(x)=\left(x-\frac{a}{2}\right)^2+\frac{a}{2}-\frac{a^2}{4} \quad (0\leqslant x\leqslant 1)$$

所以当 $0<\frac{a}{2}\leqslant 1$，即 $0<a\leqslant 2$ 时，最小值 $m=\frac{a}{2}-\frac{a^2}{4}$.

当 $a>2$ 时，最小值 $m=f(1)=1-\frac{a}{2}$.

(2)因为 $a=2$ 时，$1-\frac{a}{2}=\frac{a}{2}-\frac{a^2}{4}=0$，故当 $a\geqslant 2$ 时，$m=1-\frac{a}{2}$ 是关于 a 的减函数，当 $a=2$ 时，m 有最大值 0，当 $0<a\leqslant 2$ 时，有

$$m=\frac{a}{2}-\frac{a^2}{4}=-\frac{1}{4}(a-1)^2+\frac{1}{4}$$

所以 $a=1$ 时，m 有最大值 $\frac{1}{4}$.

综合以上两种情况，知最小值 m 的最大值是 $\frac{1}{4}$，此时，$a=1$.

41. $a_n=7\cdot 2^{n-1}-5$.

42. $a_n=9\cdot 2^{n-1}-3n-5$.

43. $a_n=2\cdot 3^n-n\cdot 3^n$.

44. $a_n=\frac{3\cdot 2^{n-1}+1}{3\cdot 2^{n-1}-1}$.

45. 因为 $a_1=\sqrt{2}$，有 $0<a_n<2$，令

$$a_n=2\cos\theta_n \quad \left(0<\theta<\frac{\pi}{2}\right)$$

则

$$2\cos\theta_{n+1}=\sqrt{2+2\cos\theta_n}=2\cos\frac{\theta_n}{2}$$

所以 $\theta_{n+1}=\frac{1}{2}\theta_n$，知$\{\theta_n\}$是以$\frac{1}{2}$为公比的等比数列，故

$$\theta_n=\theta_1\cdot\left(\frac{1}{2}\right)^{n-1}$$

因为

$$a_1=\sqrt{2},\cos\theta_1=\frac{\sqrt{2}}{2},\theta_1=\frac{\pi}{4}$$

所以

$$\theta_n=\frac{\pi}{4}\cdot\left(\frac{1}{2}\right)^{n-1}=\pi\cdot\left(\frac{1}{2}\right)^{n+1}$$

即 $a_n=2\cos\frac{\pi}{2^{n+1}}$.

46. 据递归方程有 $2\lg a_{n+1}=2+\lg a_n$，且 $a_n>0$，令 $b_n=\lg a_n$，则

$$b_{n+1}=\frac{1}{2}b_n+1,b_{n+2}=\frac{1}{2}b_{n+1}+1$$

两式相减，得

$$b_{n+2}-b_{n+1}=\frac{1}{2}(b_{n+1}-b_n)$$

所以 $b_{n+1}-b_n$ 是以$\frac{1}{2}$为公比，首项是 $\lg a_2-\lg a_1$ 的等比数列，因为

$$\lg a_2-\lg a_1=\lg\frac{10\sqrt{a}}{a}=1-\lg a$$

所以 $\lg a_{n+1}-\lg a_n=(1-\lg a)\cdot\frac{1}{2^{n-1}}$. a_n 也可求.

47. 设 $a_{\frac{n+1}{2}}=x$，则由 $a_{\frac{n+1}{2}}=a_1+\left(\frac{n+1}{2}-1\right)\times 1$，得

$$a_1=x-\left(\frac{n+1}{2}-1\right)=x-\frac{n-1}{2}$$

于是，前$\frac{n+1}{2}$项为 $x-\frac{n-1}{2},x-\frac{n-3}{2},\cdots,x-1,x$.

据题意，有

$$\left(x-\frac{n-1}{2}\right)^2+\left(x-\frac{n-3}{2}\right)^2+\cdots+(x-1)^2+x^2=$$

$$(x+1)^2+(x+2)^2+\cdots+\left(x+\frac{n-1}{2}\right)^2$$

移项整理，得

$$x^2=4x+8x+12x+\cdots+4\cdot\frac{n-3}{2}x+4\cdot\frac{n-1}{2}x=$$

$$4x\left(1+2+3+\cdots+\frac{n-3}{2}+\frac{n-1}{2}\right)=\frac{n^2-1}{2}x$$

因为 $x\neq 0$，所以 $x=\frac{n^2-1}{2}$，于是

$$a_1=\frac{n^2-1}{2}-\frac{n-1}{2}=\frac{n(n-1)}{2}$$

即所求 n 个连续自然数是

$$\frac{n(n-1)}{2},\frac{n(n-1)}{2}+1,\cdots,\frac{n(n-1)}{2}+n-1$$

48. 凡不等于 3 的质数必可写成 $3k\pm 1$ 形式，$k\in\mathbf{N}$.

若 $p=3k+1$，则 $p+14=3k+15=3(k+5)$ 为合数；

若 $p=3k-1$，则 $p+10=3k+9=3(k+3)$ 也为合数；

仅当 $p=3$ 时，$p+10=13$，$p+14=17$ 都是质数.

故符合条件的质数 p 只有是 3.

49. 令 $x=k$ 为参数，$y=1$，则

$$f(k+1)=f(k)+f(1)+k$$

即

$$f(k+1)-f(k)=k+1\quad(k\in\mathbf{N})$$

所以

$$f(x)=f(1)+\sum_{k=1}^{x}[f(k+1)-f(k)]=1+\sum_{k=1}^{x}(1+k)=$$

$$1+(x-1)+\frac{[1+(x-1)](x-1)}{2}=\frac{1}{2}(x^2+x)$$

50. $\dfrac{3}{\frac{3}{2}-\frac{\sqrt{3}}{2}\mathrm{i}}=\frac{3}{2}+\frac{\sqrt{3}}{2}\mathrm{i}=-\sqrt{3}\mathrm{i}\left(-\frac{1}{2}+\frac{\sqrt{3}}{2}\mathrm{i}\right)=-\sqrt{3}\mathrm{i}\cdot w$，所以

$$原式=(-\sqrt{3}\mathrm{i}\cdot w)^n=(-\sqrt{3}\mathrm{i})^n\cdot w^n$$

据题意要求，须 w^n 为实数，且 i^n 仍为纯虚数，所以

$$n=3(2k-1)\quad(k\in\mathbf{N})$$

显然，最小的自然数 $n=3$，这时，原式 $=3\sqrt{3}\mathrm{i}$.

练　习　三

1. 设 $\sin x=t(-1\leqslant t\leqslant 1)$，则

$$y=-\left(t+\frac{a}{2}\right)^2+\frac{a^2}{4}+b+1$$

或 $0<a\leqslant 2$，当 $t=-1$ 时，即 $x=\frac{3}{2}\pi$ 时，有

$$y_{\max}=\frac{a^2}{4}+b+1=0$$

当 $t=1$，即 $x=\frac{\pi}{2}$ 时，有

$$y_{\min}=-a+b=-4$$

可求得 $a=2,b=-2$. 若 $a>2$，则无解.

2. 设 $x-y=\alpha,y-z=\beta,z-x=\gamma$，则有 $\alpha+\beta+\gamma=0$，再利用 $\tan(\alpha+\beta)=-\tan\gamma$ 展开.

3. 作代换 $\alpha=\frac{\pi}{2^{n+1}+1}$，即可将原题化为熟知的成题

$$\cos\alpha\cdot\cos 2\alpha\cdot\cos 2^2\alpha\cdot\cdots\cdot\cos 2^n\alpha=\frac{\sin 2^{n+1}\alpha}{2^{n+1}\sin\alpha}$$

4. 设 $\frac{\cos x}{a}=\frac{\cos 3x}{b}=\frac{1}{k}$，则 $a=k\cos x,b=k\cos 3x$，代入证式右端即可获证.

5. 设已知式 $=k$ 为参数，代入化简即可.

6. 将已知式变形再设参数，得 $\frac{a}{\sin(\alpha+\gamma)}=\frac{b}{\sin(\alpha+\beta)}=k$.

7. 设 $\arcsin\frac{x}{\sqrt{1+x^2}}=\alpha,\alpha\in\left[-\frac{\pi}{2},\frac{\pi}{2}\right]$，则

$$\sin\alpha=\frac{x}{\sqrt{1+x^2}},\cos\alpha=\frac{1}{\sqrt{1+x^2}}$$

可得 $\tan\alpha=x$，所以 $\arctan x=\alpha$.

8. 因为 $\sin 2A=\frac{2\tan A}{1+\tan^2 A}=\frac{4}{5}$，得

$$\sin\left(\frac{3\pi}{2}-2A\right)=\frac{3}{5}$$

$$\sin\left(2A+\frac{\pi}{3}\right)=\frac{4-3\sqrt{3}}{10}.$$

9. 设 $t=\sin x+\cos x$，则

$$\sin x=\frac{t^2-1}{2}$$

原方程可化为 $t^2+2t-3=0$，得

$$x=2k\pi, x=2k\pi+\frac{\pi}{2}\quad(k\in\mathbf{Z})$$

本题也可设 $\sin x=a$，$\cos x=b$，转化为代数方程组

$$\begin{cases}a+b+ab=1\\a^2+b^2=1\end{cases}$$

再解之.

也可利用万能代换来求解.

10. 设 $t=\sin x$，原方程可化为

$$4t^3-7t+3=0$$

或

$$(t-1)(4t^2+4t-3)=0$$

得

$$x=2k\pi+\frac{\pi}{2}, x=k\pi+(-1)^k\cdot\frac{\pi}{6}\quad(k\in\mathbf{Z})$$

11. 设 $t=\tan\frac{x}{2}$，作万能代换，得

$$\frac{\dfrac{2t}{1+t^2}+\dfrac{1-t^2}{1+t^2}-1}{\dfrac{2t}{1+t^2}-\dfrac{1-t^2}{1+t^2}+1}>0$$

解得 $-1<t<1$，进而有 $0\leqslant x<\frac{\pi}{2}$ 或 $\frac{3\pi}{2}<x<2\pi$.

12. 可作复参数代换：据已知，α,β 分别是复数 $7+\mathrm{i}$ 与 $3+\mathrm{i}$ 的辐角，故 $\alpha+2\beta$ 是 $(7+\mathrm{i})(3+\mathrm{i})^2$ 的一个辐角.

因为

$$(7+\mathrm{i})(3+\mathrm{i})^2=50+50\mathrm{i}=50\sqrt{2}\left(\cos\frac{\pi}{4}+\mathrm{i}\sin\frac{\pi}{4}\right)$$

且 $0<\alpha<\frac{\pi}{6}$，$0<\beta<\frac{\pi}{6}$，所以 $0<\alpha+2\beta<\frac{\pi}{2}$，即知 $\alpha+2\beta=\frac{\pi}{4}$.

13. 引入辅助函数，设 $t=\sin^2 x$，并设

$$f(t)=\frac{1}{8}t^4-\frac{1}{8}(1-t)^4-\frac{1}{3}t^3+\frac{1}{6}(1-t)^3+\frac{1}{4}t^2-\frac{1}{24}$$

易知 $\frac{1}{8}t^4-\frac{1}{8}(1-t)^4$ 展开后 t^4 的系数为 0，故知 $f(t)=0$ 至多只是关于 t 的三次方程，不难验证

$$f(0)=f(1)=f\left(\frac{1}{2}\right)=f(2)=0$$

据一元三次方程只能有三个根的结论，知

$$f(t)\equiv 0$$

所以命题获证.

14. (1) 左边 $=2R\sin B\cos B+2R\sin C\cos C=$

$R(\sin 2B+\sin 2C)=2R\sin A\cos(B-C)=$

$a\cos(B-C)$.

(2) 左边 $=\dfrac{a-c\cdot\dfrac{a^2+c^2-b^2}{2ac}}{b-c\cdot\dfrac{b^2+c^2-a^2}{2bc}}=\dfrac{b}{a}$.

15. 左边 $=2R(\sin A-\sin B+\sin C)=2R[(\sin 3C+\sin C)-\sin 2C]=4R\cos C(\sin 2C-\sin C)=2(b-c)\cos C$.

16. 如图 3.16，设 $\angle ABP=\theta$，由 $0<\theta<\frac{\pi}{2}$，且

$$\frac{PS}{PQ}-\frac{b}{a}=\frac{(a^2-b^2)\sin\theta}{a(a\cos\theta+b\sin\theta)}>0$$

$$\frac{PS}{PQ}-\frac{a}{b}=\frac{(b^2-a^2)\cos\theta}{b(a\cos\theta+b\sin\theta)}<0$$

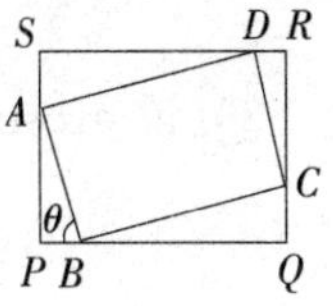

图 3.16

即知结论.

17. 如图 3.17，设 $PC=x$，$PB=y$，并记 $AC=b$，$BC=a$，因为 $AB=1$，有

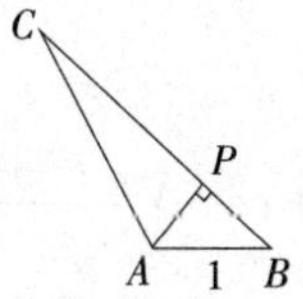

图 3.17

$$\begin{cases}x+y=a\\ \dfrac{x}{y}=1+b\\ a^2=b^2+1+b\\ b^2-x^2=1-y^2\end{cases}$$

可由此解得 $AC=b=1+\sqrt{3}$，$BC=a=\frac{\sqrt{6}}{2}(1+\sqrt{3})$.

本题也可设 $\angle C=\alpha$，则 $\angle B=60^\circ-\alpha$，据正弦定理有

$$\frac{1}{\sin\alpha}=\frac{AC}{\sin(60^\circ-\alpha)}$$

代入

$$\frac{CP}{BP}=1+AC$$

可解得 $\alpha=15^\circ$，再分别求 AC，BC.

18. 设 $A=\arctan x$，$B=\arctan y$，$C=\arctan z$，因为

$$A+B+C=0$$

可证得

$$\tan A+\tan B+\tan C=\tan A\tan B\tan C$$

即 $x+y+z=x\cdot y\cdot z$.

19. 设 $y=\log_{\cos x}\sin x$，则 $y+\frac{1}{y}=2$，得

$$\log_{\cos x}\sin x=1$$

所以

$$x=2k\pi+\frac{\pi}{4}\quad(k\in\mathbf{Z})$$

20. 设 $\arcsin\frac{3x}{5}=\alpha$，$\arcsin\frac{4x}{5}=\beta$，原方程可化为

$$\frac{3}{5}x\cdot\frac{\sqrt{25-16x^2}}{5}+\frac{4x}{5}\cdot\frac{\sqrt{25-9x^2}}{5}=x$$

解得 $x_1=0$，$x_2=1$，$x_3=-1$.

21. 因为 $\sin A:\sin B:\sin C=a:b:c=2:\sqrt{6}:(\sqrt{3}+1)$，可设

$$a=2t,b=\sqrt{6}t,c=(\sqrt{3}+1)t$$

由 $\cos A=\frac{b^2+c^2-a^2}{2bc}=\frac{\sqrt{2}}{2}$，得 $A=45^\circ$.

22. 先消去 x，得

$$2\sin^2y+\frac{2}{3}\cos^2y=1$$

所以 $\sin y=\pm\frac{1}{2}$，$\sin x=\pm\frac{\sqrt{2}}{2}$，所以

$$\begin{cases}x=2k\pi\pm\frac{\pi}{4}\\y=2k\pi\pm\frac{\pi}{6}\end{cases},\begin{cases}x=2k\pi\pm\frac{3}{4}\pi\\y=2k\pi\pm\frac{5}{6}\pi\end{cases}\quad(k\in\mathbf{Z})$$

23. 右边 $=\frac{2c\sin A\cdot c\sin B}{c^2}=2\sin A\sin B=\cos A\cos B+\sin A\sin B=\cos(A-B)$.

24. 因为 $m^2+n^2=p^2$，可构作 Rt$\triangle ABC$，使两直角边为 m,n,p 为斜边，则 $m=p\cos A,n=p\sin A$，所以

$$\frac{m+n}{p}=\cos A+\sin A=\sqrt{2}\cos(45°-A)$$

当 $A=45°$ 时，$\frac{m+n}{p}$ 有极大值 $\sqrt{2}$.

25. 当 a,b 同时为零时，原方程无意义.

当 a,b 中有且仅有一个为零时，有

$$x=k\pi+\frac{\pi}{4}\quad(k\in\mathbf{Z})$$

当 a,b 都不为零时，原方程可化为

$$(\sin x-\cos x)[ab(\sin x+\cos x)+a^2+b^2]=0$$

因为后一因式不等于 0，故得 $\sin x=\cos x$，仍有

$$x=k\pi+\frac{\pi}{4}\quad(k\in\mathbf{Z})$$

但 $\frac{a}{b}=\frac{\sqrt{2}}{2}$ 时，k 不能为奇数，所以

$$x=2n\pi+\frac{\pi}{4}\quad(n\in\mathbf{Z})$$

当 $\frac{a}{b}=-\frac{\sqrt{2}}{2}$ 时，k 不能为偶数，所以

$$x=(2n+1)\pi+\frac{\pi}{4}\quad(n\in\mathbf{Z})$$

当 $\frac{a}{b}\neq\pm\frac{\sqrt{2}}{2}$ 时，有

$$x=k\pi+\frac{\pi}{4}\quad(k\in\mathbf{Z})$$

26. 将两已知式看作是关于 a 及 b 的二元方程组，可解得

$$a=\frac{c\sin(\beta-\gamma)}{\sin(\alpha-\beta)},b=\frac{c\sin(\gamma-\alpha)}{\sin(\alpha-\beta)}$$

即可获得证式.

27.设 $\arccos\frac{a}{b}=\theta$,则 $\cos\theta=\frac{a}{b}$,易知$\frac{a}{b}\neq-1$时,有

$$0\leqslant\frac{1}{2}\arccos\frac{a}{b}<\frac{\pi}{2}$$

所以

$$\tan\frac{\theta}{2}=\sqrt{\frac{1-\cos\theta}{1+\cos\theta}}=\frac{\sqrt{b^2-a^2}}{b+a}$$

所以

$$\text{原式}=\frac{1+\tan\frac{\theta}{2}}{1-\tan\frac{\theta}{2}}+\frac{1-\tan\frac{\theta}{2}}{1+\tan\frac{\theta}{2}}=\cdots=\frac{2b}{a}$$

28.设 $\arcsin x=\alpha,\arcsin y=\beta$. $\alpha\in\left[-\frac{\pi}{2},\frac{\pi}{2}\right],\beta\in\left[-\frac{\pi}{2},\frac{\pi}{2}\right]$. 则

$$\sin\alpha=x,\cos\alpha=\sqrt{1-x^2},\sin\beta=y,\cos\beta=\sqrt{1-y^2}$$

将 $\sin(\alpha+\beta)$ 展开代入即可得证式.

29.设四个根为 $a,a+d,a+2d,a+3d$,据韦达定理有

$$a+(a+d)+(a+2d)+(a+3d)=0$$

所以 $d=-\frac{2}{3}a$,即四个根为

$$a,\frac{a}{3},-\frac{a}{3},-a$$

又 $a\cdot\frac{a}{3}\cdot\left(-\frac{a}{3}\right)\cdot(-a)=\frac{1}{100}\cos\frac{\pi}{3}$,得

$$a=\pm\frac{\sqrt{15}}{10}$$

所以四个根为$\pm\frac{\sqrt{15}}{10},\pm\frac{\sqrt{15}}{30},\mp\frac{\sqrt{15}}{30},\mp\frac{\sqrt{15}}{10}$.

再据

$$\frac{a^2}{3}-\frac{a^2}{3}-a^2-\frac{a^2}{9}-\frac{a^2}{3}+\frac{a^2}{3}=\frac{1}{3}\sin\alpha$$

得 $\sin\alpha=-\frac{1}{2}$,所以 $\alpha=\frac{7}{6}\pi$ 或$\frac{11}{6}\pi$.

30. 方程组变形为

$$\begin{cases}a+b\tan y=x\\c+d\tan y=x\tan y\end{cases}$$

消去 $\tan y$,得

$$\frac{x-a}{b}=\frac{c}{x-d}$$

或

$$x^2-(a+d)x+(ad-bc)=0$$

所以 x 即是此方程的根;

又

$$\Delta=[-(a+d)]^2-4(ad-bc)=(a-d)^2+4bc>0$$

所以方程有相异两实根.

31. 据 $x^2+3y^2-6=0$,可设

$$x=\sqrt{6}\cos\phi,y=\sqrt{2}\sin\phi$$

再与另一方程联立解之,可得

$$\left\{2k\pi-\frac{\pi}{4}\leqslant\alpha\leqslant2k\pi+\frac{\pi}{4}\right\}\cup\left\{2k\pi+\frac{3\pi}{4}\leqslant\alpha\leqslant2k\pi+\frac{5\pi}{4}\right\}\quad(k\in\mathbf{Z})$$

32. $2\times$前式$+2\sqrt{2}\times$后式,得

$$(x+\sqrt{2}y)^2+(x+\sqrt{2}z)^2=2(9\tan^2 10^\circ+2\tan 10^\circ\tan 20^\circ+4\tan 10^\circ\tan 40^\circ)$$

据恒等式 $\tan\alpha=\cot\alpha-2\cot 2\alpha$,得

$$\begin{aligned}&2(9\tan^2 10^\circ+2\tan 10^\circ\tan 20^\circ+4\tan 10^\circ\tan 40^\circ)=\\&2\tan 10^\circ(8\tan 10^\circ+\tan 10^\circ+2\tan 20^\circ+4\tan 40^\circ)=\\&2\tan 10^\circ[8\tan 10^\circ+(\cot 10^\circ-2\cot 20^\circ)+\\&(2\cot 20^\circ-4\cot 40^\circ)+(4\cot 40^\circ-8\cot 80^\circ)]=\\&2\tan 10^\circ\cot 10^\circ=2\end{aligned}$$

可设

$$x+\sqrt{2}y=\sqrt{2}\sin\theta,x+\sqrt{2}z=\sqrt{2}\cos\theta$$

两式相减,得$\sqrt{2}(y-z)=\sqrt{2}(\sin\theta-\cos\theta)=2\sin\left(\theta-\frac{\pi}{4}\right)\leqslant2$.

33. 引入线段参数,设图 3.18 中,$PO=x,AO=OB=a$,且设$\angle POB=\theta$,易得

$$PA^2=a^2+x^2+2ax\cos\theta$$
$$PB^2=a^2+x^2-2ax\cos\theta$$

问题即化为求函数 $y=\dfrac{a^2+x^2+2ax\cos\theta}{a^2+x^2-2ax\cos\theta}$的最值.

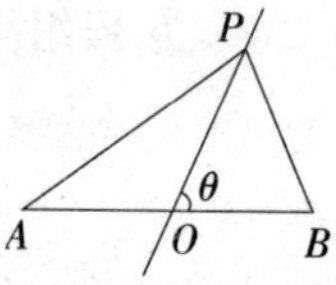

图 3.18

用判别式法可求得

$$\frac{1-\cos\theta}{1+\cos\theta}\leqslant y\leqslant\frac{1+\cos\theta}{1-\cos\theta}$$

即得 $\tan^2\dfrac{\theta}{2}\leqslant y\leqslant\cot^2\dfrac{\theta}{2}$.

34.由

$$\frac{\sin A}{\sin C}=\frac{\sin A\cos B-\cos A\sin B}{\sin B\cos C-\cos B\sin C}$$

可整理得 $2\sin A\sin C\cdot\cos B=\sin^2 B$,即

$$2\cdot\frac{a}{2R}\cdot\frac{c}{2R}\cdot\frac{a^2+c^2-b^2}{2ac}=\left(\frac{b}{2R}\right)^2$$

可得 $2b^2=a^2+c^2$.

35.如图 3.19,设 $BE=BF=x$,$AE=AG=y$,再设 $\angle CBO=\theta$,Rt$\triangle ABC$ 的周长为 P,则

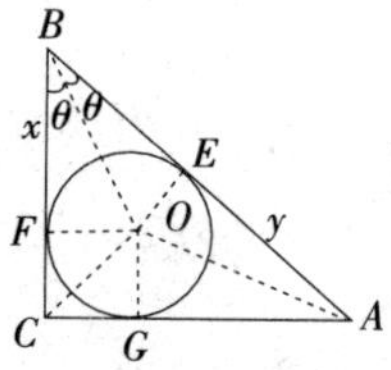

图 3.19

$$x=r\cot\theta$$

$$y=r\cot\left(\frac{90^\circ-2\theta}{2}\right)$$

于是

$$p=2r+2x+2y=\cdots=2r\left[1+\frac{\sqrt{2}}{\cos(2\theta-45^\circ)-\dfrac{\sqrt{2}}{2}}\right]$$

所以 $\theta=22.5^\circ$时,p 有最小值.

36.如图 3.20,连 CG 延长过 AB 中点 M.在 Rt$\triangle ABG$ 中,设 $AM=BM=GM=x$,则 $AB=2x$,$MC=3x$,记 $BC=a$,$AC=b$,由三角形的中线公式,有

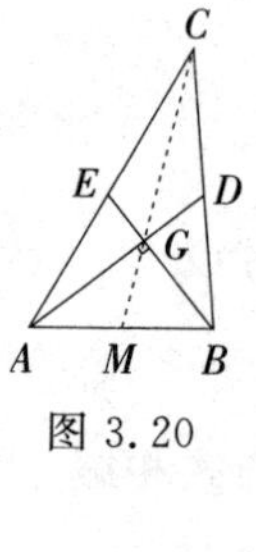

图 3.20

$$AC^2+BC^2=2(AM^2+CM^2)$$

所以 $a^2+b^2=2(x^2+9x^2)$,解得

$$AB^2=4x^2=\frac{a^2+b^2}{5}$$

又 $AB^2=a^2+b^2-2ab\cdot\dfrac{4}{5}$,代入得

$$4(a-b)^2=0$$

所以 $a=b$,$\triangle ABC$ 应是等腰三角形.

37. 如图 3.21 添线，再设 $AN=MN=CM=b$，$BF=FG=GC=a$，在 Rt$\triangle CDF$，Rt$\triangle CEG$ 中，有

$$(2a)^2+b^2=\sin^2 x, a^2+(2b)^2=\cos^2 x$$

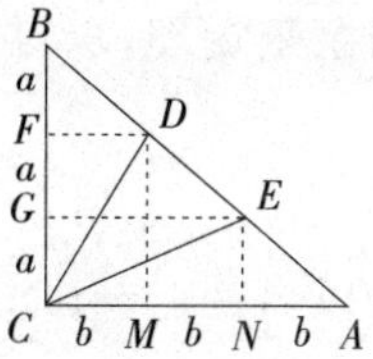

图 3.21

两式相加，得

$$5(a^2+b^2)=1$$

所以斜边 $AB=\sqrt{(3a)^2+(3b)^2}=\frac{3}{5}\sqrt{3}$.

38. 如图 3.22，设高 $BF=x$，则 $AF=x$，由

$$BF^2+DF^2=6^2 \quad ①$$

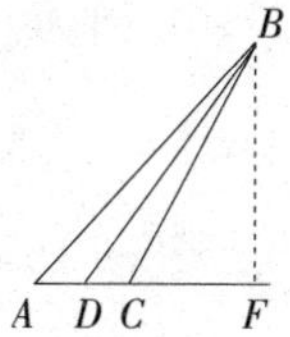

图 3.22

且 $AC=AF-CF=x-\frac{\sqrt{3}}{3}x$.

$DF=AF-\frac{AC}{2}=\frac{(3+\sqrt{3})x}{6}$，代入①，得 $x^2=\frac{6^3}{8+\sqrt{3}}$，所以 $S=\frac{AC\cdot BF}{2}=\frac{36(27-11\sqrt{3})}{61}$.

39. 如图 3.23，设 $BE=x$，$AE=y$.

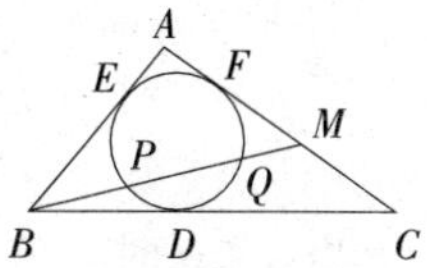

图 3.23

因为

$$BE^2=BP\cdot BQ=MQ\cdot MP=MF^2$$

所以

$$MF=x$$

又 $AM=MC$，所以

$$AC=2AM=2(x+y)$$

因为

$$CD=CF=AC-AF=2x+y$$
$$BC=BD+DC=3x+y$$

另 $BE^2=BP\cdot BQ=2PQ^2$，所以

$$PQ=\frac{x}{\sqrt{2}}, BM=\frac{3x}{\sqrt{2}}$$

据中线长公式有 $2(AM^2+BM^2)=AB^2+BC^2$，得

$$2(x+y)^2+2\left(\frac{3x}{\sqrt{2}}\right)^2=(x+y)^2+(3x+y)^2$$

化简，得 $x^2=4xy$，所以 $x=4y$.

故$\triangle ABC$ 三边可表示成

$$AB=5y, AC=10y, BC=13y$$

据余弦定理，求得

$$\cos A=-\frac{11}{25}$$

所以 $A=\pi-\arccos\frac{11}{25}$.

同理，$B=\arccos\frac{47}{65}$，$C=\arccos\frac{41}{65}$.

40. 因为 $y=\frac{1}{2}[2\sin x\cos x+1+2a(\sin x+\cos x)+2a^2-1]=\frac{1}{2}[(\sin x+\cos x+a)^2+(a^2-1)]$.

当 $-\sqrt{2}\leqslant a\leqslant\sqrt{2}$ 时，$y_{\min}=\frac{1}{2}(a^2-1)$；

当 $a>\sqrt{2}$ 时，$y_{\min}=\left(a-\frac{\sqrt{2}}{2}\right)^2$；

当 $a<-\sqrt{2}$ 时，$y_{\min}=\left(a+\frac{\sqrt{2}}{2}\right)^2$；

当 $a>0$ 时，$y_{\max}=\left(a+\frac{\sqrt{2}}{2}\right)^2$；

当 $a<0$ 时，$y_{\max}=\left(a-\frac{\sqrt{2}}{2}\right)^2$.

练　习　四

1. 如图 4.72，设 $AB=c$，$BC=a$，$AC=b$，$BE=CD=m$，则

$$AE=c-m, AD=b-m$$

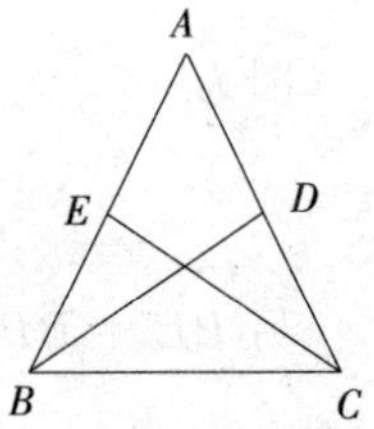

图 4.72

据角平分线的性质，知

$$\frac{c}{a}=\frac{b-m}{m}, \frac{b}{a}=\frac{c-m}{m}$$

两式相除，即得 $\frac{c}{b}=\frac{b-m}{c-m}$，整理为

$$(b-c)(b+c-m)=0$$

因为

$$b+c-m\neq0$$

所以

$$b=c$$

2. 如图 4.73，可设 $BM=x$，$CM=y$，再设 $BD=CE=a$，则据割线定理有

$$(x-a)x=MP\cdot MA=(y-a)y$$

上式整理为

$$(x-y)(x+y-a)=0$$

得 $x=y$.

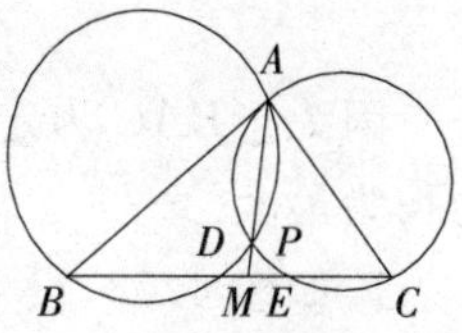

图 4.73

3. 如图 4.74，设 $\frac{MP}{PN}=\lambda$，在梯形 MM_1N_1N 中，有

$$PP_1=\frac{MM_1+\lambda NN_1}{1+\lambda}$$

同理，$PP_2=\frac{MM_2+\lambda NN_2}{1+\lambda}$，$PP_3=\frac{MM_3+\lambda NN_3}{1+\lambda}$.

相加，得 $PP_1+PP_2+PP_3=m$.

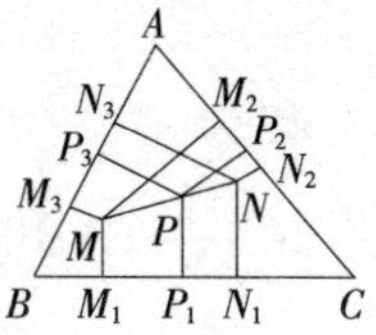

图 4.74

4. 如图 4.75，设 $\angle PAD=\alpha$，$\angle PDA=\beta$，则 $\frac{PA}{PD}=\frac{\sin\beta}{\sin\alpha}$.

因为 AB 所对任一圆周角都等于 α，所以

$$AB=2r_1\sin\alpha$$

同理

$$CD=2r_2\sin\beta$$

即 $\frac{\sin\beta}{\sin\alpha}=\frac{r_1}{r_2}$，所以 $\frac{PA}{PD}=\frac{r_1}{r_2}$.

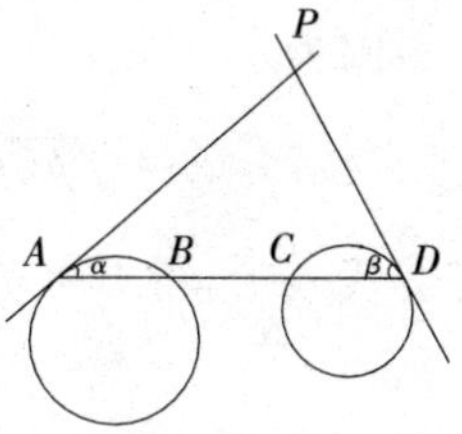

图 4.75

5. 如图 4.76，引入角参数 $2\alpha=\angle AO_1B$，$2\beta=\angle CO_2D$，记两圆半径分别为 R，r. OO_1 为 d. 则

$$AB=2R\sin\alpha=2R\,\frac{O_2P}{O_1O_2}=\frac{2Rr}{d}$$

同理，$CD=\frac{2Rr}{d}$，所以 $AB=CD$.

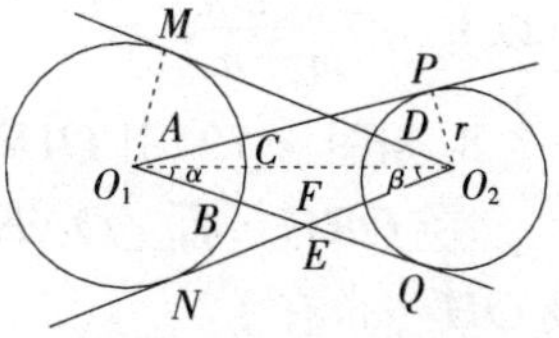

图 4.76

6. 如图 4.77，因 A，K，M，N 四点共圆，且 AM 是圆的直径，故有

$$\frac{NK}{\sin A}=AM$$

即

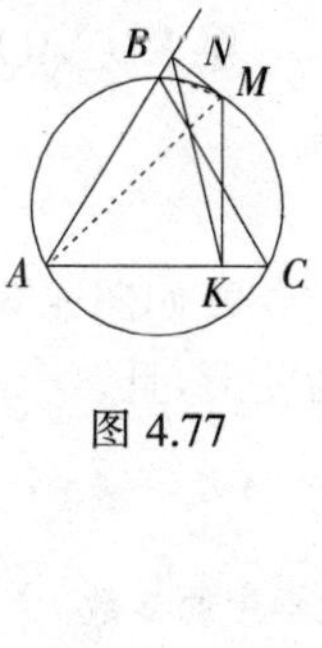

图 4.77

$$NK=AM\cdot\sin A$$

因为$\angle BAC$为定角，故AM最大即AM是已知外接圆的直径时，线段NK的长为最大.

7. 如图 4.78，设

$$OE=OF=r$$

因为$\angle A=60°$，所以

$$AE=AF=\sqrt{3}r$$

因为

$$S=\frac{1}{2}r(AB+BC+AC)=r(m+n+\sqrt{3}r)$$

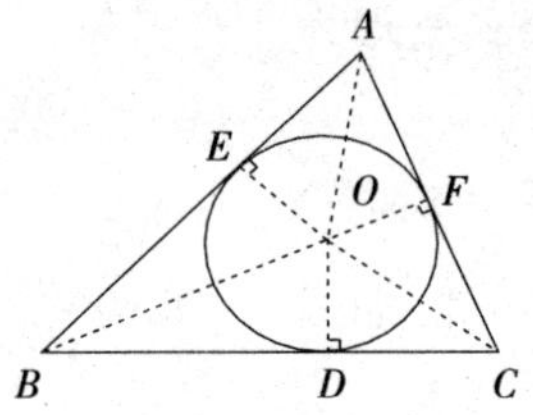

图 4.78

所以

$$m+n++\sqrt{3}r=\frac{S}{r} \qquad ①$$

因为

$$S=\sqrt{p(p-a)(p-b)(p-c)}=\sqrt{(m+n+\sqrt{3}r)\sqrt{3}rmn} \qquad ②$$

将②代入①，得$S=\sqrt{\sqrt{3}mnS}$，所以

$$S=\sqrt{3}mn$$

进而，有

$$\frac{1}{2}(m+n)h_a=\sqrt{3}mn$$

所以$h_a=\dfrac{2\sqrt{3}mn}{m+n}$.

8. 如图 4.79，引$OH\perp\beta$，$OE\perp l$，连EH，AH，CH，则

$$\angle OEH=\theta,\angle OAH=a_1,\angle OCH=\varphi_2$$

设$OH=a$，有

$$AO=\frac{a}{\sin\varphi_1},OE=\frac{a}{\sin\theta},OC=\frac{a}{\sin\varphi_2}$$

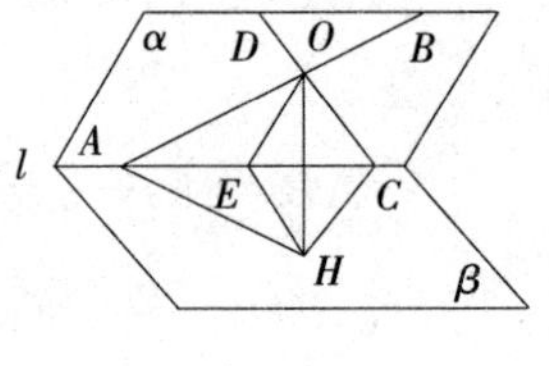

图 4.79

在 Rt$\triangle AOC$中，据$AO\cdot OC=OE\cdot AC$，即推得

$$\sin^2\theta=\sin^2\varphi_1+\sin^2\varphi_2$$

9. 如图 4.80，将三棱锥$D-ABC$补成三棱柱$ABC-DB_1C_1$，因侧面BCC_1B_1为菱形，且

$$DB_1=DC=15,DB=DC_1=14$$

所以 D 在面 BB_1C_1C 内的射影是中心点 O,设

$$OC=x,OB=y,OD=z$$

则有

$$\begin{cases}x^2+y^2=13^2\\y^2+z^2=14^2\\z^2+x^2=15^2\end{cases}$$

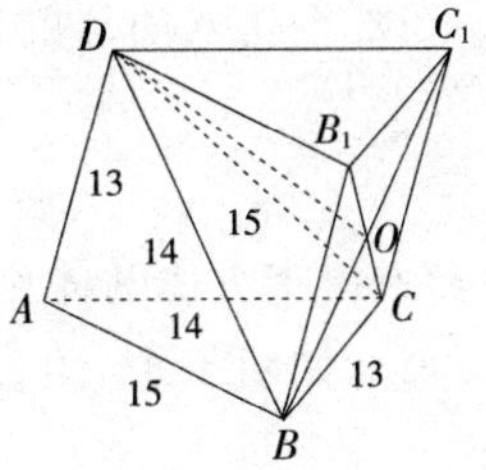

图 4.80

得

$$x^2=99,y^2=70,z^2=126$$

所以

$$V_{D-BCC_1B_1}=\frac{2}{3}(OC\cdot OB)\cdot OD=\frac{2}{3}xyz$$

$$V_{D-ABCD}=\frac{1}{2}V_{D-BCC_1B_1}=\frac{1}{3}xyz=42\sqrt{55}\,(\mathrm{cm}^3)$$

10. 如图 4.81,设

$$D_1B=l,DD_1=CC_1=l\sin\alpha$$

又 $CD_1=l\cos\beta$,所以

$$l^2\cos^2\beta-l^2\sin^2\alpha=b^2$$

即

$$l^2=\frac{b^2}{\cos^2\beta-\sin^2\alpha} \qquad ①$$

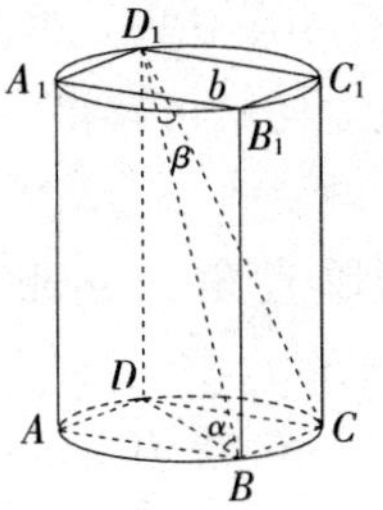

图 4.81

因为

$$S_{圆柱侧}=\pi\cdot DB\cdot DD_1=\pi l^2\cos\alpha\sin\alpha$$

以①代入,整理,得

$$S_{圆柱侧}=\frac{\pi b^2\sin 2\alpha}{2\cos(\alpha+\beta)\cos(\alpha-\beta)}$$

11. 如图 4.82,引 $PO\perp$ 底面于 O,再引 $OD\perp AB$,连 PD,则

$$\angle PDO=\alpha$$

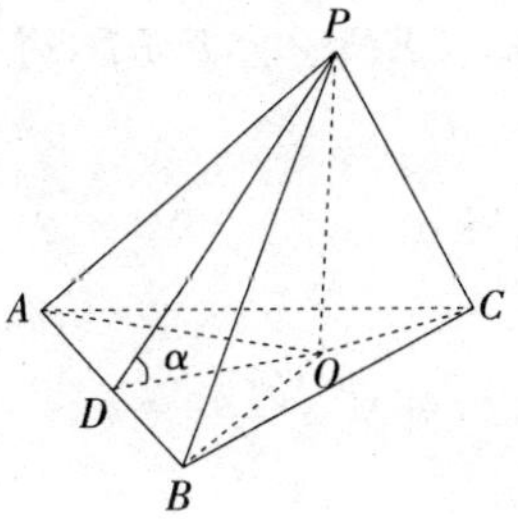

图 4.82

所以

$$S_{\triangle OAB}=S_{\triangle PAB}\cdot\cos\alpha$$

同理

$$S_{\triangle OBC}=S_{\triangle PBC}\cdot\cos\beta,S_{\triangle OAC}=S_{\triangle PAC}\cdot\cos\gamma$$

上三式相加,得

$$S_{\triangle ABC}=S_{\triangle PAB}\cdot\cos\alpha+S_{\triangle PBC}\cdot\cos\beta+S_{\triangle PAC}\cdot\cos\gamma$$

因为$\triangle ABC\cong\triangle PAB\cong\triangle PBC\cong\triangle PAC$,据上式,得

$$\cos\alpha+\cos\beta+\cos\gamma=1$$

12. 设正八面体的棱长为 a,可求得三个球的半径分别为

$$\frac{\sqrt{6}}{6}a,\frac{a}{2},\frac{\sqrt{2}}{2}a$$

进而求得正方体的体积为 $2\sqrt{2}$.

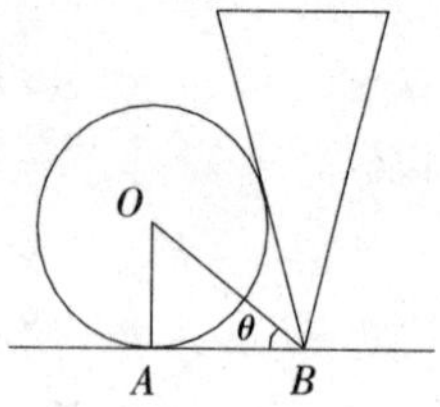

图 4.83

13. 如图 4.83,设$\angle OBA=\theta$,可求得

$$\cos 2\theta=\frac{1}{7}$$

所以 $2\theta=\arccos\frac{1}{7}$.

14. 如图 4.84,设

$$AD=3x,BD=2x,CE=CF=y$$

则有

$$10x+2y=36,(3x+y)^2+(2x+y)^2=(5x)^2$$

联立两式可解得

$$x=3$$

所以直角三角形三边之长分别为 9 cm,12 cm,15 cm.

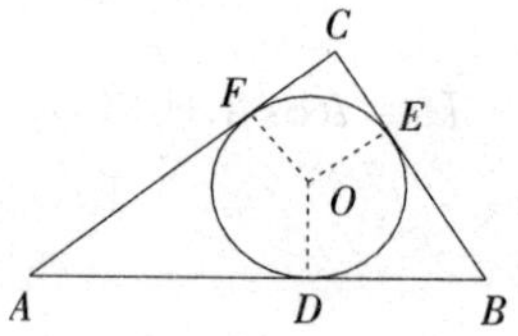

图 4.84

15. 设 $BE=x$,则 $DE=12-x$,在$\triangle BED$ 中用勾股定理解之,得

$$BE=\frac{10}{3}$$

16. 如图 4.85,设 $EP_1=x$,则

$$P_1F=7-x$$

由$\triangle CEP_1\backsim\triangle P_1FB$,得

$$x^2-7x+6=0$$

所以

$$x_1=1,x_2=6$$

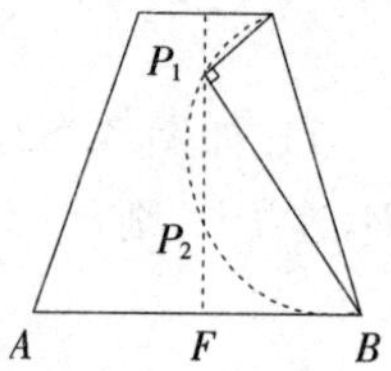

图 4.85

当 $h^2-\frac{1}{4}\times 8\times 3=0$,即 $h=\sqrt{6}$时,有唯一的一点 P.

当 $h<\sqrt{6}$时,不存在这样的点 P.

17. 如图 4.86,引入面积参数,分别设$\triangle COD,\triangle AOB,\triangle AOD,\triangle BOC$ 的面积

为 x,y,m,n. 据题意有

$$\begin{cases}x+m=y+n\\x+n=y+m\end{cases}$$

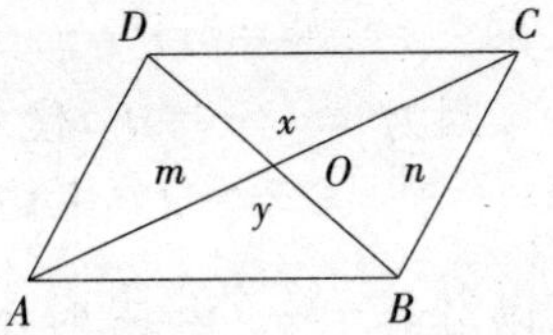

图 4.86

消去 m,n,得 $x=y$. 同理 $m=n$.

由此 $OC\cdot OD=OA\cdot OB$,同理 $OA\cdot OD=OB\cdot OC$.

可由此推得

$$OA=OC,OB=OD$$

所以 $ABCD$ 是平行四边形.

18. 如图 4.87,据对称性质,分别用 x,y,z 表示图中曲边形的面积,可有

$$\begin{cases}x+3y+3z=\sqrt{3}a^2\\x+2y+z=\dfrac{\pi a^2}{3}\end{cases}$$

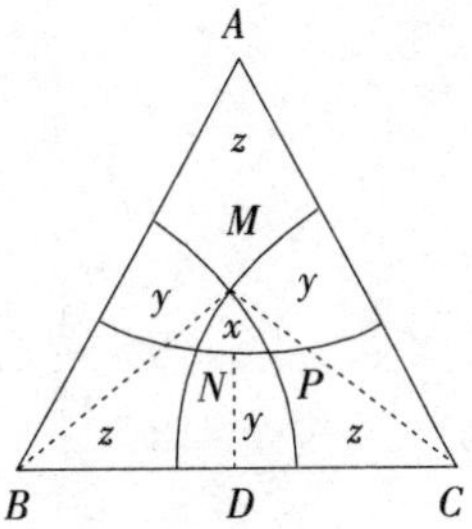

图 4.87

再由 $\angle BMC=90°$,知

$$x+y=2(S_{含45°扇形}-S_{\triangle BMD})=\left(\frac{\pi}{2}-1\right)a^2$$

联立三式解之,得

$$x=\frac{(\pi+2\sqrt{3}-6)a^2}{2}$$

19. 如图 4.88,设正方形边长为 a,$BF=x$,因为

$$AF=EF$$

所以

$$(a+x)^2=a^2+\left(x+\frac{a}{2}\right)^2$$

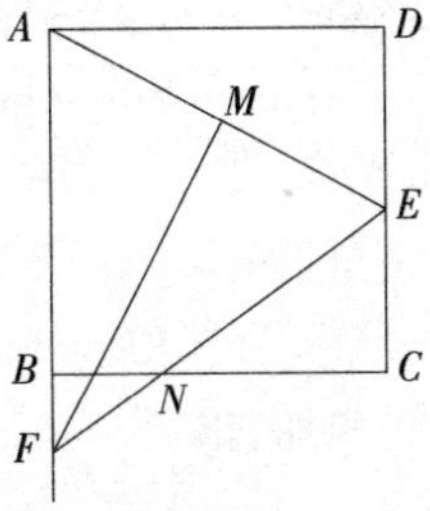

图 4.88

解得

$$x=\frac{a}{4}$$

又 $\dfrac{BN}{NC}=\dfrac{x}{\frac{a}{2}}$,代入得 $\dfrac{BN}{NC}=\dfrac{1}{2}$.

20. 如图 4.89 添线,设 $OM=x$,$ON=y$,则

$$S_{ABCD}=2\cdot\sqrt{r^2-x^2}\cdot\sqrt{r^2-y^2}$$

两边平方,得

$$S^2=4[r^4-(x^2+y^2)r^2+x^2y^2]$$

因为 $x^2+y^2=d^2$,代入上式,有

$$S^2=-4x^4+4d^2x^2+4r^4-4d^2r^2$$

所以当 $x^2=-\frac{b}{2a}=\frac{d^2}{2}$时,$S^2$ 有最大值,这时

$$x=\frac{\sqrt{2}}{2}d\quad(负舍去)$$

所以 OP 与 BD 成 $45°$.

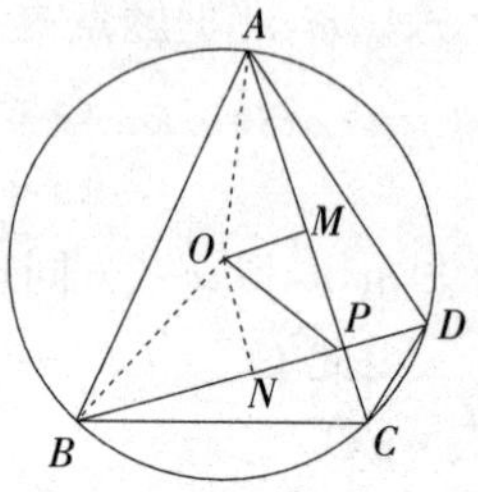

图 4.89

21.如图 4.90,引入弧度参数,记

$$\overset{\frown}{PaA}\overset{\circ}{=}a,\overset{\frown}{PbA}\overset{\circ}{=}b.\overset{\frown}{CpQ}\overset{\circ}{=}p,\overset{\frown}{BqR}\overset{\circ}{=}q$$

则有

$$\angle C\overset{\circ}{=}\frac{1}{2}(q-a)=\frac{b}{2}$$

$$\angle B\overset{\circ}{=}\frac{1}{2}(p-b)=\frac{a}{2}$$

即

$$\begin{cases}q-a=b\\p-b=a\end{cases}$$

消去 a,b,得

$$p=q$$

所以$\angle BPR=\angle CPQ$,从而知,PA 平分$\angle QPR$.

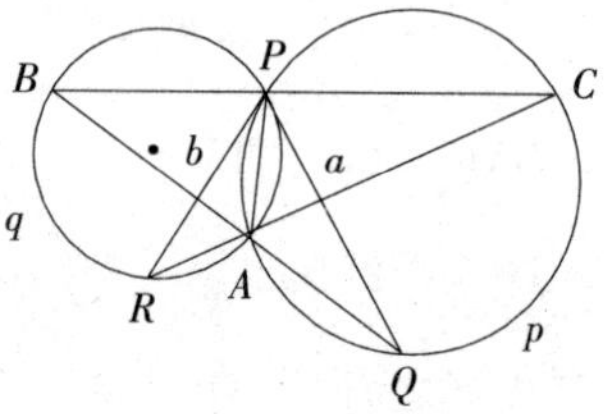

图 4.90

22.如图 4.91,设 $AF=x,DE=y,AB=1,AD=\sqrt{2},AE=\sqrt{2}-y,DF=\sqrt{2}-x,EF=\sqrt{2}-x-y$.据相似三角形有

$$FR=x\cdot PR,ER=y\cdot PR$$

两式相加,得

$$\sqrt{2}-x-y=(x+y)\cdot PR$$

所以

$$PR=\frac{\sqrt{2}-x-y}{x+y}$$

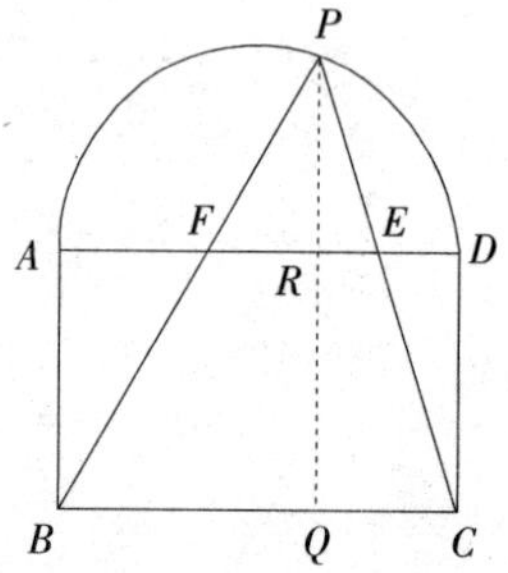

图 4.91

因为

$$AR=AF+FR=x(1+PR)=\frac{\sqrt{2}x}{x+y}$$

$$DR=\frac{\sqrt{2}y}{x+y}$$

据 $PR^2=AR\cdot RD$,得

$$[\sqrt{2}-(x+y)]^2=2xy$$

即

$$x^2+y^2-2\sqrt{2}(x+y)+2=0$$

所以

$$AE^2+DF^2=(\sqrt{2}-x)^2+(\sqrt{2}-y)^2=$$
$$x^2+y^2-2\sqrt{2}(x+y)+4=2=AD^2$$

23. 如图 4.92,设$\triangle AFE$,$\triangle BEF$,$\triangle DEB$ 的面积分别为 S_1,S_2,S_3,则有

$$S_{\triangle AEC}=S_{\triangle AEB}=S_1+S_2$$

因为

$$\frac{AF}{FB}=\frac{S_1}{S_2}\text{,且}\frac{AF}{FB}=\frac{S_{\triangle AFC}}{S_{\triangle BFC}}=\frac{2S_1+S_2}{2S_3+S_2}$$

所以$\frac{S_1}{S_2}=\frac{2S_1+S_2}{2S_3+S_2}$,得

$$S_2{}^2+S_1S_2=2S_1S_3$$

或 $S_2(S_1+S_2)=2S_1S_3$,即$\frac{S_1+S_2}{S_3}=\frac{2S_1}{S_2}$.

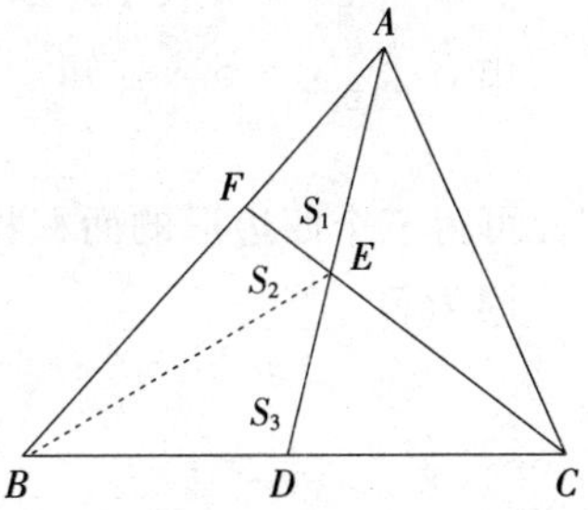

图 4.92

故

$$\frac{2AF}{FB}=\frac{2S_1}{S_2}=\frac{S_1+S_2}{S_3}=\frac{S_{\triangle AEC}}{S_{\triangle DEC}}=\frac{AE}{ED}$$

(本题也可利用解析法或利用梅涅劳斯定理来证明.)

24. 连 AC_1,DB_1,因 $S_{\triangle ADC_1}=S_{\triangle AB_1C_1}$,可知

$$AC_1\parallel B_1D$$

所以

$$\frac{AA_1}{A_1B_1}=\frac{AC_1}{DB_1}=\frac{BC_1}{BB_1}=\frac{B_1C_1}{BB_1}+1$$

令

$$\frac{AA_1}{A_1B_1}=a,\frac{BB_1}{B_1C_1}=b,\frac{CC_1}{C_1A_1}=c$$

则 $a=1+\frac{1}{b}$,同理,有

$$b=1+\frac{1}{c},c=1+\frac{1}{a}$$

由上,得

$$a^2-a-1=0 \text{ 及 } a=b=c=\frac{\sqrt{5}+1}{2}$$

即

$$\frac{C_1A_1}{A_1D}=\frac{AA_1}{A_1B_1}=\frac{\sqrt{5}+1}{2}$$

所以

$$\frac{A_1D+A_1C_1}{CC_1}=\frac{\frac{\sqrt{5}+1}{2}A_1C_1}{CC_1}=1$$

这就是 $DC_1=C_1C$,即 BC_1 是 ΔBCD 的中线.

由 $S_{\triangle A_1B_2C_1}=S_{\triangle B_1BE}$ 知

$$S_{A_1DBB_1}=S_{B_1ECC_1}$$

据此可得三个四边形的面积相等.

因为

$$\frac{BD}{DA}=\frac{DB_1}{B_1C_1}=\frac{\sqrt{5}+1}{2}$$

所以

$$S_{\triangle BDC}=\frac{\sqrt{5}+1}{2}S_{\triangle ADC}$$

设四边形面积为 x,有

$$\frac{\sqrt{5}+1}{2}(x+2)=2x+2$$

解之,得 $x=\sqrt{5}+1$.

25. 如图 4.93,引 $AD/\!/A_1C_1$,$AE/\!/A_1B_1$,再引

$$CF/\!/B_1C_1$$

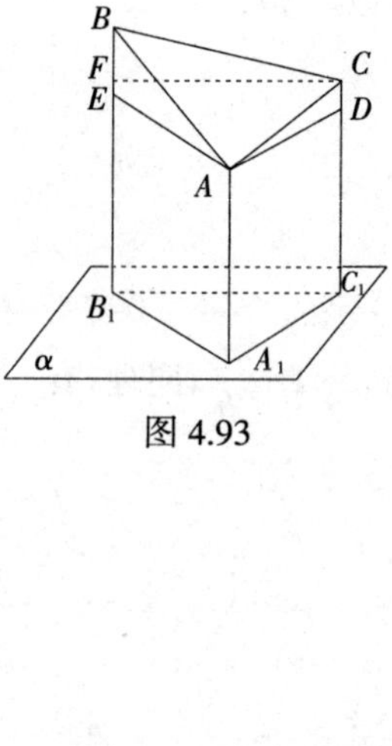

图 4.93

设正 $\Delta A_1B_1C_1$ 边长为 m,则

$$AC^2=AD^2+CD^2=m^2+(c-a)^2$$

$$BC^2=m^2+(b-c)^2$$

$$AB^2=m^2+(b-a)^2$$

从三式中消去 m^2,并由

$$AB^2=AC^2+BC^2$$

可得

$$AB^2=(a-b)^2-2(c-a)(c-b)$$

26. 如图 4.94，因为

$$\frac{S_{A_1ABB_1}}{S_{A_1ACC_1}}=\frac{DE}{DF}=\frac{5}{8}$$

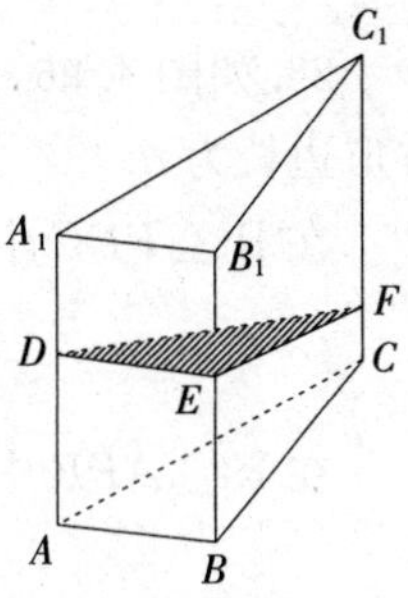

图 4.94

设侧棱长为 y，$DE=5x$，$DF=8x$，由于

$$\angle EDF=60°$$

可得

$$EF=7x$$

所以

$$S_{\triangle DEF}=\frac{1}{2}5x\cdot 8x\sin 60°=10\sqrt{3}x^2$$

由题设知

$$\begin{cases}(5x+8x+7x)\cdot y=60\\ 10\sqrt{3}x^2\cdot y=15\sqrt{3}\end{cases}$$

可解得 $y=6(\text{cm})$.

27. 如图 4.95，过 M,N,P 作一平面，设平面与球面的截线是一个单位圆，与复平面 α 的截线是直线 OZ_2Z_1，设

$$z_1=r_1(\cos\theta+\mathrm{i}\sin\theta)$$
$$z_2=r_2(\cos\theta+\mathrm{i}\sin\theta)$$

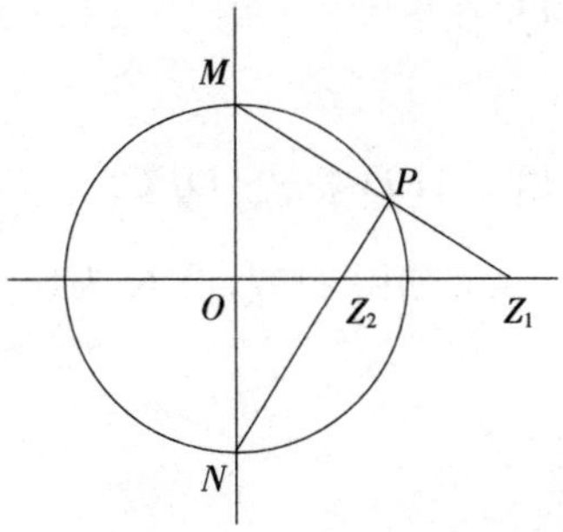

图 4.95

因为

$$\triangle ONZ_2\backsim\triangle OMZ_1$$

所以 $\frac{R}{|OZ_1|}=\frac{|OZ_2|}{R}$，而

$$|OZ_1|=|z_1|=r_1$$
$$|OZ_2|=|z_2|=r_2$$

故 $|z_1|\cdot|z_2|=r_1\cdot r_2=R^2=1$.

又因为

$$\overline{z_1}=r_1(\cos\theta-\mathrm{i}\sin\theta)$$

所以

$$\frac{1}{z_1}=\frac{1}{r_1(\cos\theta\cdot\mathrm{i}\sin\theta)}=\frac{1}{r_1}(\cos\theta+\mathrm{i}\sin\theta)=$$

$$\frac{r_2}{r_1r_2}(\cos\theta+\mathrm{i}\sin\theta)=r_2(\cos\theta+\mathrm{i}\sin\theta)=z_2$$

28. 如图 4.96，设$\angle APD=\alpha$，$\angle DPC=\beta$，正方形边长为 a.

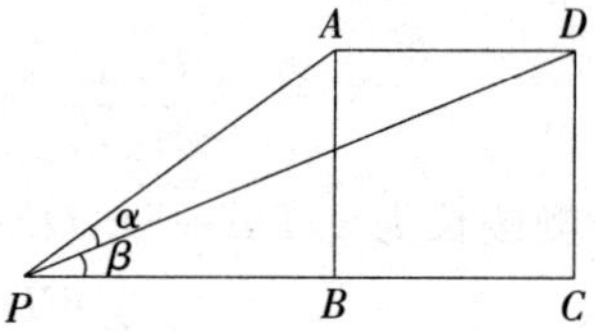

图 4.96

在 Rt$\triangle PDC$ 中，有

$$\tan\beta=\frac{1}{3}$$

在 Rt$\triangle APB$ 中，有

$$\tan(\alpha+\beta)=\frac{1}{2}$$

从中求得

$$\tan\alpha=\frac{1}{7}$$

因为

$$\tan 2\alpha=\frac{2\tan\alpha}{1-\tan^2\alpha}=\frac{7}{24}$$

所以

$$\tan 2\alpha<\tan\beta$$

所以$\angle APD<\frac{1}{2}\angle DPC$.

29. 如图 4.97，设 K 为切点，圆 I 半径为 r，在 Rt$\triangle AIK$ 中，有

$$\frac{1}{IA^2}=\frac{\sin^2\frac{A}{2}}{r^2}$$

同理

$$\frac{1}{IC_2}=\frac{\sin^2\frac{C}{2}}{r^2}$$

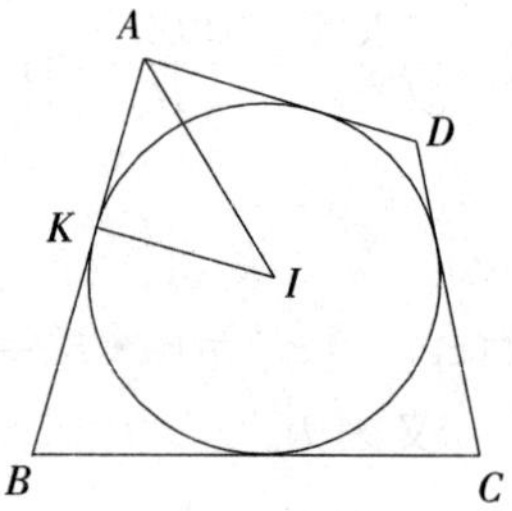

图 4.97

又知 $ABCD$ 是圆内接四边形，所以

$$\angle A+\angle C=180^\circ$$

即 $\sin^2\frac{A}{2}+\sin^2\frac{C}{2}=1$.

由上三式可得$\frac{1}{IA^2}+\frac{1}{IC^2}=\frac{1}{r^2}$，同理

$$\frac{1}{IB^2}+\frac{1}{ID^2}=\frac{1}{r^2}$$

所以$\frac{1}{IA^2}+\frac{1}{IC^2}=\frac{1}{IB^2}+\frac{1}{ID^2}=\frac{1}{r^2}$为定值.

30. 如图 4.98,设$\angle EMC=\theta$,则有

$$\frac{BD}{\sin\theta}=\frac{DM}{\sin B},\frac{EC}{\sin\theta}=\frac{ME}{\sin C}$$

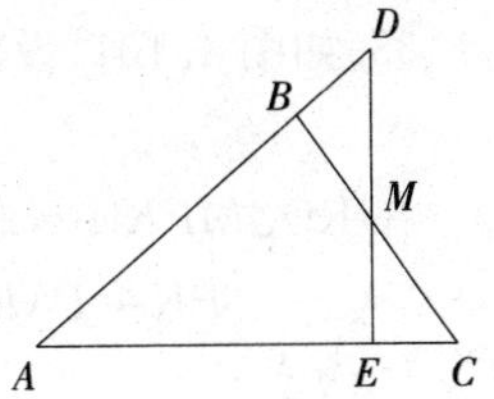

图 4.98

因为

$$BD=EC$$

所以$\frac{DM}{ME}=\frac{\sin B}{\sin C}=\frac{AC}{AB}$.

31. 如图 4.99,设$\angle APE=\alpha$,$\angle BPE=\beta$,则

$$\frac{S_{\triangle PAE}}{S_{\triangle\Delta PBE}}=\frac{AE}{BE}=\frac{PE\cdot PA\cdot\sin\alpha}{PE\cdot PB\cdot\sin\beta}$$

所以

$$\frac{AE}{BE}=\frac{PA\cdot\sin\alpha}{PB\cdot\sin\beta}\qquad ①$$

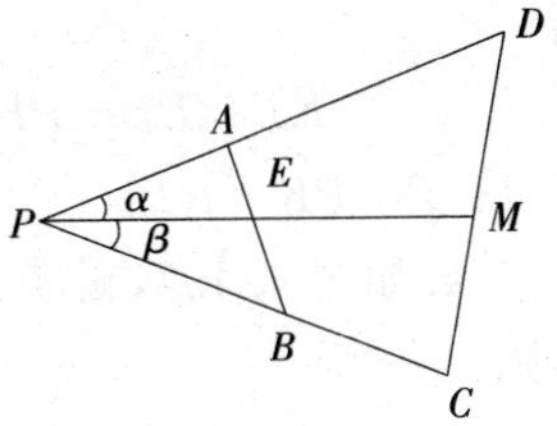

图 4.99

又$\triangle PAB\backsim\triangle PCD$,有

$$\frac{PA}{PB}=\frac{PC}{PD}\qquad ②$$

且

$$\frac{CM}{MD}=\frac{S_{\triangle PCM}}{S_{\triangle PDM}}=\frac{PM\cdot PC\cdot\sin\beta}{PM\cdot PD\cdot\sin\alpha}=1$$

即

$$\frac{PC}{PD}=\frac{\sin\alpha}{\sin\beta}\qquad ③$$

由①②③,得$\frac{AE}{BE}=\frac{PA^2}{PB^2}$.

32. 如图 4.100,因M,P,C,Q,及M,R,D,Q各四点共圆,有对角互补,据正弦定理,有

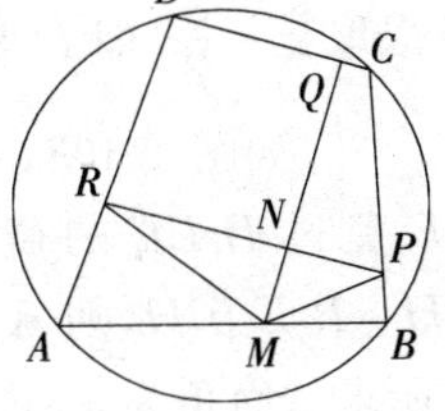

图 4.100

$$\frac{PN}{NR}=\frac{\dfrac{PM\cdot\sin\angle PMN}{\sin\angle PNM}}{\dfrac{MR\sin\angle RMN}{\sin\angle RNM}}=\frac{PM\sin C}{MR\sin D}$$

又

$$PM=BM\sin B, MR=MA\sin A$$

所以

$$\frac{PN}{NR}=\frac{BM\sin B\sin C}{MA\sin A\sin D}=\frac{BM}{MA}$$

33. 如图 4.101，设圆 O 半径为 R，$\angle POM=2\alpha$，$\angle BOM=\angle AOM=2\beta$，则

$$\angle MPB=\beta, \angle AOP=2\beta-2\alpha$$

在 $\mathrm{Rt}\triangle MPK$ 中，有

$$PK=PM\cos\beta=2R\sin\alpha\cos\beta$$

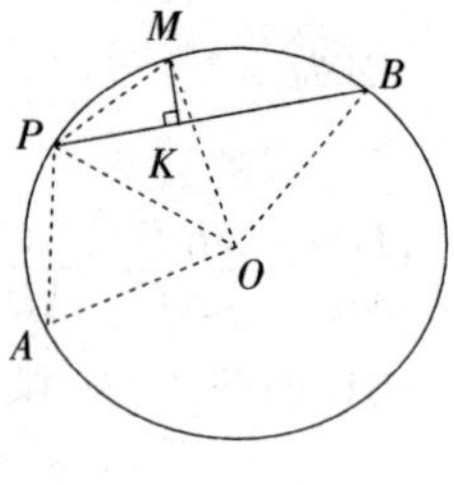

图 4.101

又

$$PB=2R\sin(\beta+\alpha), AP=2R\sin(\beta-\alpha)$$

所以

$$AP+PK=2R\sin(\beta-\alpha)+2R\sin\alpha\cos\beta=$$
$$2R(\sin\beta\cos\alpha-\cos\beta\sin\alpha+\sin\alpha\cos\beta)=$$
$$2R\sin\beta\cos\alpha$$

而

$$KB=PB-PK=2R\sin(\beta+\alpha)-2R\sin\alpha\cos\beta=2R\sin\beta\cos\alpha$$

所以 $AP+PK=KB$.

34. 如图 4.102，设正$\triangle ABC$ 边长为 a，$AD=x$，则

$$BD=a-x, \angle ADE=60°, \angle BDE=120°$$

因为 $A-DE-B$ 是直二面角，所以

$$\cos\angle ADB=\cos 60°\cdot\cos 120°=-\frac{1}{4}$$

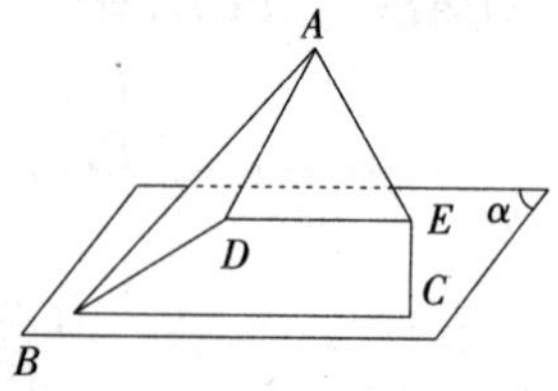

图 4.102

于是

$$AB^2=x^2+(a-x)^2-2x(a-x)\left(-\frac{1}{4}\right)=\frac{3}{2}\left(x-\frac{a}{2}\right)^2+\frac{15}{24}a^2$$

所以取 $x=\frac{a}{2}$，即 D 是 AB 的中点时，有 $AB_{\min}=\frac{1}{4}\sqrt{10}a$.

35. 如图 4.103，不妨设正方体的棱长为 6，引 $FG /\!/ B_1E$ 交 AD 于 G，连 EG，BF. 则过 B_1EF 的截面是梯形 B_1EGF，再引 EE_1，GG_1 垂直底面于 E_1，G_1，作 $GH\perp B_1E$ 于 H，则 $A_1B_1E_1G_1$ 是截面在底面 $A_1B_1C_1D_1$ 内的射影. 又设$\angle B_1EG=\theta$. 所求二面角为 α. 不难求得

$$B_1E_1=3, A_1G_1=2, A_1B_1=6$$

所以

$$S_{A_1B_1E_1G_1}=15$$

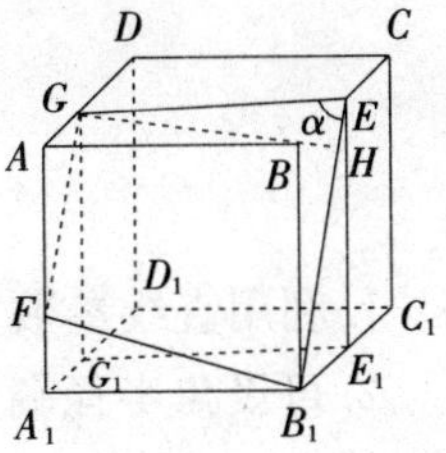

图 4.103

再求得

$$B_1E=\sqrt{45}, FG=\sqrt{20}, GE=\sqrt{37}$$

所以 B_1-BE-G 是直二面角，且

$$\cos\angle BEB_1=\frac{1}{\sqrt{5}}$$

$$\cos\angle BEG=\frac{1}{\sqrt{37}}$$

所以

$$\cos\theta=\cos\angle BEB_1\cdot\cos\angle BEG=\frac{1}{\sqrt{5}}\times\frac{1}{\sqrt{37}}$$

得

$$\sin\theta=\frac{\sqrt{184}}{\sqrt{5}\sqrt{37}}$$

据此求得截面梯形的高

$$GH=\sqrt{\frac{184}{5}}$$

所以

$$S_{BEGF}=\frac{5}{2}\sqrt{184}=5\sqrt{46}$$

由射影面积公式，得

$$S_{A_1B_1E_1G_1}=S_{BEGF}\cdot\cos\alpha$$

所以

$$15=5\sqrt{46}\cos\alpha$$

即

$$\cos\alpha=\frac{3}{\sqrt{46}}$$

所以平面 B_1EF 与底面 $A_1B_1C_1D_1$ 所成的角为 $\arccos\frac{3}{\sqrt{46}}$.

练　习　五

1. 利用直线参数方程，可得 $|PQ|=|t|=4\sqrt{3}$.

2. 可设焦半径端点为 $P(a\sec\theta, b\tan\theta)$，则中点 M 坐标为

$$\begin{cases} x=\dfrac{a\sec\theta+c}{2} \\ y=\dfrac{b\tan\theta}{2} \end{cases} \quad (c=\sqrt{a^2+b^2})$$

消去参数 θ，即得所求轨迹方程为双曲线

$$\frac{\left(x-\dfrac{c}{2}\right)^2}{\left(\dfrac{a}{2}\right)^2}-\frac{y^2}{\left(\dfrac{b}{2}\right)^2}=1$$

3. 如图 5.71，设 $P(x,y)$，据定义有

$$|PF|=|PN|=p+|PF|\cos\alpha$$

所以

$$|PF|=\frac{p}{1-\cos\alpha}$$

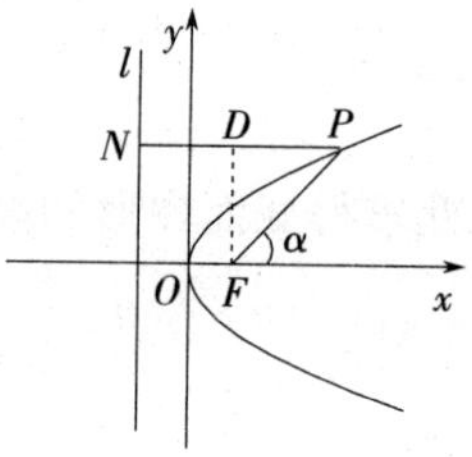

图 5.71

于是

$$x=\frac{p}{2}+|PF|\cos\alpha=\frac{p}{2}+\frac{p\cos\alpha}{1-\cos\alpha}=\frac{p}{2}\cot^2\frac{\alpha}{2}$$

$$y=|PF|\sin\alpha=\frac{p\sin\alpha}{1-\cos\alpha}=p\cot\frac{\alpha}{2}$$

命题获证.

4. 可据直线参数方程求得两点间距离为 $|t|=\dfrac{15}{4}$，两交点分别为 $(0,0)$ 及 $\left(\dfrac{9}{4},3\right)$.

也可设直线与抛物线的另一交点为 $(4t^2,4t)$，易得 $t=\dfrac{3}{4}$，从而另一交点为 $\left(\dfrac{9}{4},3\right)$，距离为 $\dfrac{15}{4}$.

5. 如图 5.72，设 $P(a\sec\varphi, 3\tan\varphi)$，则据双曲线参数方程中 φ 的几何意义，得

$$\angle MOQ=\varphi$$

所以 $\sec\varphi=\frac{5}{3}$，$\tan\varphi=\frac{4}{3}$，再据 $a\sec\varphi=10$，得 $a=6$.

所以所求双曲线方程为 $\frac{x^2}{36}-\frac{y^2}{9}=1$，点 P 坐标为 $(10,4)$.

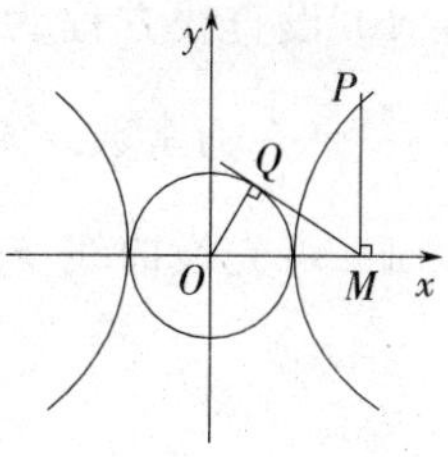

图 5.72

6. 可设切线方程为 $\begin{cases}x=1+t\cos\alpha\\ y=-1+t\sin\alpha\end{cases}$ 与圆 C 方程联立，得

$$t^2-(4\cos\alpha+6\sin\alpha)\cdot t+9=0$$

据 $\Delta=0$，可得

$$5\cos^2\alpha-12\sin\alpha\cos\alpha=0$$

当 $\cos\alpha=0$ 时，$\alpha=\frac{\pi}{2}$，得切线方程为 $x=1$.

当 $\tan\alpha=\frac{5}{12}$ 时，得另一切线方程为 $5x-12y-17=0$.

7. 当 $0\leqslant k<2$ 或 $2<k<5$ 时，方程分别表示有共同焦点 $(-\sqrt{3},0)$，$(\sqrt{3},0)$ 的椭圆系或双曲线系；又当 $-2<k<0$ 时，方程表示长轴与短轴端点间距离为定长 $\sqrt{7}$ 的椭圆系.

8. (1) 设过交点的圆锥曲线系方程为

$$2y^2-x-8y+1+\lambda(x^2-2x-3y-14)=0$$

即 $\lambda x^2+2y^2-(2\lambda+1)x-(3\lambda+8)y-14\lambda+1=0$.

当 $\lambda=2$ 时，方程为 $2x^2+2y^2-5x-14y-27=0$，表示一个圆，故四点共圆.

(2) 以 $(2,0)$ 坐标代入方程，得 $\lambda=-\frac{1}{14}$，于是得所求圆锥曲线方程为 $x^2-28y^2+12x+109y-28=0$.

9. 如图 5.73，可设 $\angle POQ=\theta$，则有

$$R(a\cos\theta,b\sin\theta)$$

图 5.73

所以

$$\tan\angle ROQ=\frac{b}{a}\tan\theta$$

又 $\tan\angle POR=\tan(\theta-\angle ROQ)=\frac{(a-b)\tan\theta}{a+b\tan^2\theta}\leqslant\frac{a-b}{2\sqrt{ab}}$.

所以 $\tan\angle POR$ 的最大值为 $\frac{a-b}{2\sqrt{ab}}$.

10. 设直线方程为 $y=kx$，再与 $y^2=2p(x-a)$ 联立，利用韦达定理可证得 $\frac{x_1+x_2}{x_1x_2}=\frac{1}{a}$ 为常数.

11. 可先设曲线 $xy=2(x>0)$ 上的动点坐标为

$$B(\sqrt{2}\cot\varphi,\sqrt{2}\tan\varphi)\quad\left(0<\varphi<\frac{\pi}{2}\right)$$

因为

$$|AB|=\sqrt{(\sqrt{2}\cot\varphi-2)^2+(\sqrt{2}\tan\varphi-2)^2}=$$
$$\sqrt{2}\,|(\cot\varphi+\tan\varphi)-\sqrt{2}\,|\geqslant\sqrt{2}(2-\sqrt{2})$$

所以 $|AB|$ 的最小值为 $2\sqrt{2}-2$，此时点 B 坐标为 $(\sqrt{2},\sqrt{2})$.

12. 如图 5.74，由 $|P_1P_2|^2=|AP_1|\cdot|AP_2|$，及

$$|P_1P_2|=|AP_2|-|AP_1|$$

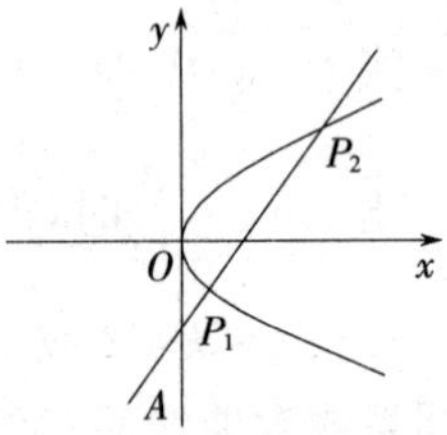

图 5.74

可得

$$|AP_1|=\frac{3-\sqrt{5}}{2}|AP_2|$$

再设割线方程为 $\begin{cases}x=-2+\frac{\sqrt{2}}{2}t\\ y=-4+\frac{\sqrt{2}}{2}t\end{cases}$ 与 $y^2=2px$ 联立，得

$$\frac{1}{2}t^2-(4\sqrt{2}+\sqrt{2}p)t+16+4p=0$$

知

$$t_1=AP_1,t_2=AP_2$$

又

$$t_1+t_2=8\sqrt{2}+2\sqrt{2}p,t_1t_2=32+8p$$

因为

$$t_1=\frac{3-\sqrt{5}}{2}t_2$$

从三式消去 t_1,t_2，可得 $p=1$，故所求抛物线方程为

$$y^2=2x$$

13. 如图 5.75，在直线上取一点 $P(x_0,y_0)$ 并设 PQ,RS 的中点分别为 M,M'，令直线方程为

$$\begin{cases} x=x_0+mt \\ y=y_0+nt \end{cases} \quad (\text{有 } m^2+n^2=1)$$

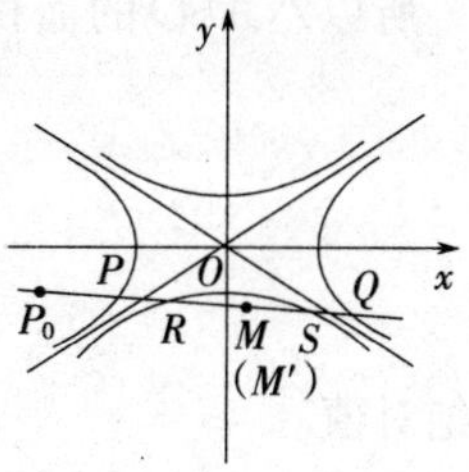

图 5.75

代入$\frac{x^2}{a^2}-\frac{y^2}{b^2}=k(k=\pm 1)$整理，得

$$(b^2m^2-a^2n^2)t^2+2(b^2x_0m-a^2y_0n)t+$$
$$b^2x_0{}^2-a^2y_0{}^2-ka^2b^2=0$$

由于 M, M' 所对应的 $t=\frac{t_1+t_2}{2}=\frac{-(b^2x_0m-a^2y_0n)}{b^2m^2-a^2n^2}$，$t$ 与 k 无关，故 M 与 M'重合.

所以$|PR|=|QS|$.

14. 如图 5.76，设点 C 坐标为$(a\cos\theta, b\sin\theta)$，则有

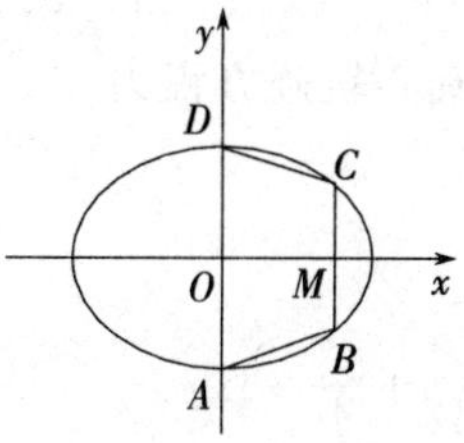

图 5.76

$$S=2S_{ODCM}=2\cdot\frac{1}{2}(b+b\sin\theta)\cdot a\cos\theta=$$
$$ab(1+\sin\theta)\cos\theta$$

因为

$$S^2=a^2b^2(1+\sin\theta)^2\cos^2\theta=$$
$$27a^2b^2(1-\sin\theta)\frac{1+\sin\theta}{3}\cdot\frac{1+\sin\theta}{3}\cdot\frac{1+\sin\theta}{3}\leqslant$$
$$27a^2b^2\cdot\left(\frac{1-\sin\theta+1+\sin\theta}{4}\right)^2=\frac{27}{16}a^2b^2$$

所以梯形最大面积为$\frac{3\sqrt{3}}{4}ab$.

这时可得 $\cos\theta=\frac{\sqrt{3}}{2}$，所以梯形另两点坐标为

$$\left(\frac{\sqrt{3}}{2}a,\frac{b}{2}\right),\left(\frac{\sqrt{3}}{2}a,-\frac{b}{2}\right)$$

15. 可设切点坐标为$(a\sec\varphi, b\tan\varphi)$，据此写出切线方程，再求 $F(C,0)$关于切线的对称点 M 的坐标，即得点 M 轨迹的参数方程，消去 φ，得$(x+c)^2+y^2=4a^2$.

16. 设 $A(2pt^2,2pt)$，因为 $k_{OA}=\frac{1}{t}$，所以

$$k_{OB}=-t$$

得点 B 坐标为$\left(\frac{2p}{t^2},-\frac{2p}{t}\right)$.

所以$\triangle ABO$的面积S为

$$\frac{1}{2}\begin{vmatrix} 2pt^2 & 2p^2 & 1 \\ \frac{2p}{t^2} & -\frac{2p}{t} & 1 \\ 0 & 0 & 1 \end{vmatrix}$$

的绝对值.

化简,得$S=2p^2\left|t+\frac{1}{t}\right|\geqslant 4p^2$.

故当$t=1$时,$\triangle ABO$面积有最小值$4p^2$.

17. 圆系方程经配方,得

$$(x-2\sqrt{3}\cos\varphi)^2+(y-2\sin\varphi)^2=12\cos^2\varphi+4\sin^2\varphi$$

得圆心轨迹方程为

$$\begin{cases} x=2\sqrt{3}\cos\varphi \\ y=2\sin\varphi \end{cases}$$

即$\frac{x^2}{12}+\frac{y^2}{4}=1$.

又$S=\pi r^2=\pi(12\cos^2\varphi+4\sin^2\varphi)=\pi(8\cos^2\varphi+4)$.

所以当$\cos^2\varphi=0$时,圆面积有最小值4π,此时方程为

$$x^2+(y-2)^2=4 \text{ 或 } x^2+(y+2)^2=4$$

又当$\cos^2\varphi=1$时,圆面积有最大值12π,此时方程为

$$(x-2\sqrt{3})^2+y^2=12 \text{ 或} (x+2\sqrt{3})^2+y^2=12$$

18. 可设双曲线方程为$\frac{x^2}{3}-\frac{y^2}{2}=m$. 据条件可求得$m=1$,故所求双曲线方程为$\frac{x^2}{3}-\frac{y^2}{2}=1$.

19. 可设切点坐标为$P(2\sec\varphi,2\tan\varphi)$,则切线方程为

$$x\sec\varphi-y\tan\varphi=2$$

与两坐标轴交点为$(2\cos\varphi,0)$,$(0,-2\cot\varphi)$.

所以

$$\sqrt{(2\cos\varphi)^2+(-2\cot\varphi)^2}=\sqrt{15}$$

解得$\sin\varphi=\pm\frac{1}{2}$,$\varphi$可取$\frac{\pi}{6}$,$\frac{5}{6}\pi$,$\frac{7}{6}\pi$,$\frac{11}{6}\pi$.

所以所求切线方程为

$$2x-y\mp2\sqrt{3}=0,2x+y\pm2\sqrt{3}=0$$

本题也可设切线方程为 $y=kx\pm\sqrt{2k^2-1}$ 来解,可求得 $k=\pm2$.

20.如图 5.77,可设 $OB=t$,或设 $\angle ABO=\theta$,均求得点 C 轨迹的参数方程.消参后得轨迹方程为

$$x^2-2xy+2y^2-m^2=0$$

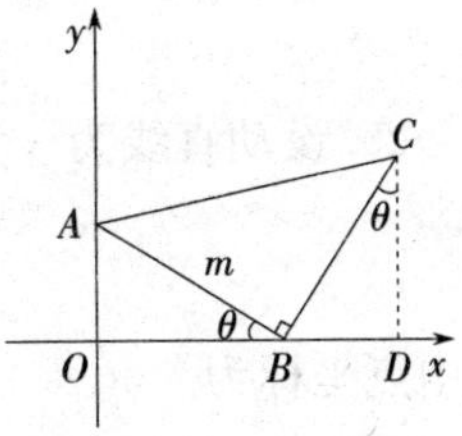

图 5.77

21.设公切线斜率为 k,则椭圆与双曲线的切线方程可分别写为

$$y=kx\pm\sqrt{16k^2+9} \text{ 与 } y=kx\pm\sqrt{32k^2-7}$$

对照两切线方程的系数,得

$$\sqrt{16k^2+9}=\sqrt{32k^2-7}$$

解得 $k=\pm1$,所以所求切线方程为

$$x+y\pm5=0,x-y\pm5=0$$

22.设点 P 坐标为$(0,b)$,可解得 $S_{\triangle PAB}=\dfrac{b^2}{\sqrt{2b-8}}$.

当 $b=\dfrac{16}{3}$时,有 $S_{\min}=\dfrac{64\sqrt{6}}{9}$.

23.设 $A(x_1,y_1)$,则过 A 的法线为

$$a^2y_1x+b^2x_1y=(a^2+b^2)x_1y_1$$

可求得交点

$$B\left(\frac{a^2+b^2}{a^2}x_1,0\right),C\left(0,\frac{a^2+b^2}{b^2}y_1\right)$$

设$\dfrac{|AC|}{|AB|}=\lambda$,因为

$$x_1=\frac{0+\lambda\dfrac{a^2+b^2}{a^2}x_1}{1+\lambda}$$

可解得 $\lambda=\dfrac{a^2}{b^2}$,所以$|AC|:|AB|=a^2:b^2$ 为定值.

24.设$|PF_1|=m$,$|PF_2|-n$,因为

$$d_1+d_2=2\cdot\frac{a^2}{c}=18 \qquad ①$$

$$d_1\cdot d_2=\frac{m}{e}\cdot\frac{n}{e}=72 \qquad ②$$

$$m^2+n^2=4c^2 \qquad ③$$

$$m+n=2a \quad ④$$

由①②③④可解得 $a^2=45, c^2=25$，故所求椭圆方程为

$$\frac{x^2}{45}+\frac{y^2}{20}=1$$

25. 设动直线为 $y=x+m$，解得与 l_1, l_2 的两交点分别为

$$\left(\frac{1-m}{3},\frac{1+2m}{3}\right),\left(\frac{2-2m}{3},\frac{2+m}{3}\right)$$

得中点坐标为

$$\begin{cases} x=\frac{1}{2}(1-b) \\ y=\frac{1}{2}(1+b) \end{cases}$$

消参后即得轨迹方程为直线 $x+y=1$.

26. 设 $|PF_1|=m, |PF_2|=n$，则有 $|m-n|=2a, |F_1F_2|=2c$，在 $\triangle PF_1F_2$ 内，据余弦定理，有

$$4c^2=m^2+n^2-2mn\cos\varphi=(m-n)^2+2mn(1-\cos\varphi)$$

所以

$$mn=\frac{4c^2-4a^2}{2(1-\cos\varphi)}=\frac{b^2}{\sin^2\frac{\varphi}{2}}$$

所以

$$\triangle F_1PF_2 \text{ 面积 } S=\frac{1}{2}mn\sin\varphi=\frac{1}{2}\frac{b^2}{\sin^2\frac{\varphi}{2}}\cdot 2\sin\frac{\varphi}{2}\cos\frac{\varphi}{2}=b^2\cot\frac{\varphi}{2}$$

27. 选线段 $|AP|=t$ 为参数，可求得 $M\left(\frac{t}{2},\frac{\sqrt{3}}{2}t\right), N\left(\frac{a+t}{2},\frac{\sqrt{3}}{2}(a-t)\right)$. 得中点轨迹的参数方程为

$$\begin{cases} x=\frac{a+2t}{4} \\ y=\frac{\sqrt{3}}{4}a \end{cases}$$

所以中点轨迹为线段 $y=\frac{\sqrt{3}}{4}a\left(\frac{a}{4}\leqslant x\leqslant\frac{3a}{4}\right)$.

28. 如图 5.78. 设 $|BC|=a, |BA|=b$，再设 $\frac{BE}{BA}=\frac{AF}{AD}=m$，可得 CE, BF 方程分

别为

$$y=-\frac{b}{a}m(x-a),y=\frac{b}{am}x$$

从两式消去参数 m，得点 P 轨迹为椭圆

$$\frac{\left(x-\frac{a}{2}\right)^2}{\left(\frac{a}{2}\right)^2}+\frac{y^2}{\left(\frac{b}{2}\right)^2}=1 \quad \left(0\leqslant x\leqslant\frac{a}{2},0\leqslant y\leqslant\frac{b}{2}\right)$$

的一部分.

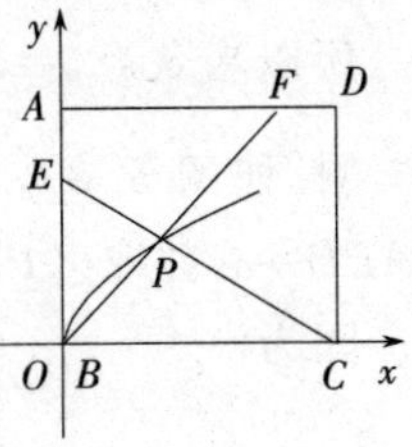

图 5.78

29. 令 $y=mx$，由 $x^2+y^2=1$，可得

$$x^2=\frac{1}{1+m^2},y^2=\frac{m^2}{1+m^2}$$

设 $p=x^2+2\sqrt{3}xy-y^2$，代入整理，得

$$(p+1)m^2-2\sqrt{3}m+(p-1)=0$$

因为 m 为实数，有

$$\Delta=(2\sqrt{3})^2-4(p^2-1)\geqslant0$$

即 $p^2\leqslant4$，所以 $-2\leqslant p\leqslant2$，即 $p_{\min}=-2$.

所求点是 $\left(\frac{1}{2},-\frac{\sqrt{3}}{2}\right)$，$\left(-\frac{1}{2},\frac{\sqrt{3}}{2}\right)$.

30. 如图 5.79，可设第一象限内的切点为 $P(t,1-t^2)$，得切线方程为

$$y=-2tx+t^2+1$$

它与两轴交点为 $\left(\frac{t^2+1}{2t},0\right)$，$(0,t^2+1)$.

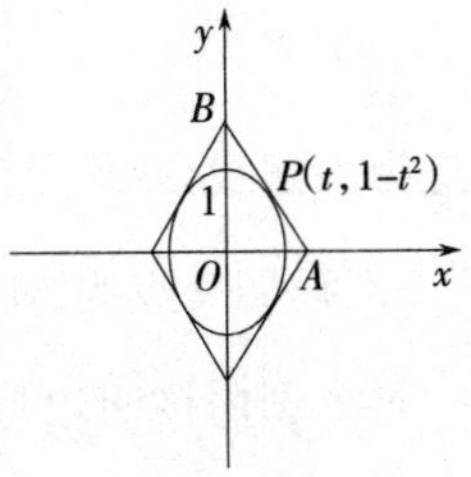

图 5.79

所以

$$S=4\cdot\frac{1}{2}|OA|\cdot|OB|=\frac{(t^2+1)^2}{t}$$

令 $t=\tan\theta$，则

$$S=\frac{1}{\cos^3\theta\sin\theta}$$

因为

$$\cos^3\theta\sin\theta=\sqrt{\cos^6\theta\sin^2\theta}\leqslant\sqrt{\frac{1}{3}\left(\frac{\cos^2\theta+\cos^2\theta+\cos^2\theta+3\sin^2\theta}{4}\right)^4}=$$

$$\sqrt{\frac{1}{3}\left(\frac{3}{4}\right)^4}=\frac{9}{16\sqrt{3}}$$

所以当 $\cos^2\theta=3\sin^2\theta$，即 $\tan\theta=\frac{\sqrt{3}}{3}$ 时，有 $S_{\min}=\frac{16\sqrt{3}}{9}$.

31. 如图 5.80，设 $A(-c,0)$，$B(c,0)$，$Q(x,y)$，$\angle APB=\alpha$，并取 $\angle PAB=\theta$ 为参数.

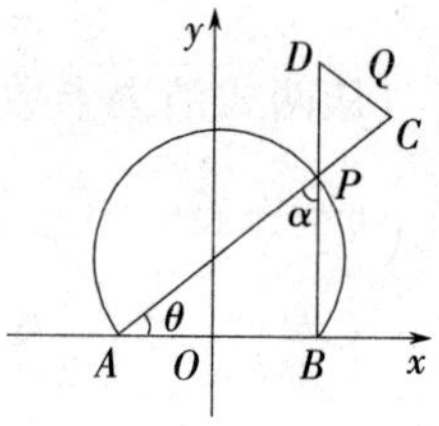

图 5.80

因为

$$x_C=2a\cos\theta-c$$
$$y_C=2a\sin\theta$$
$$x_D=2b\cos(\theta+\alpha)+c$$
$$y_D=2b\sin(\theta+\alpha)$$

所以

$$\begin{cases}x=a\cos\theta+b\cos(\theta+\alpha)\\y=a\sin\theta+b\sin(\theta+\alpha)\end{cases}$$

消去参数 θ，得中点 Q 的轨迹方程是圆弧

$$x^2+y^2=a^2+b^2+2ab\cos\alpha\quad(y\geqslant0)$$

32. 如图 5.81，设 $P(x,y)$，取 $\angle ABQ=\varphi$ 为参数，则有

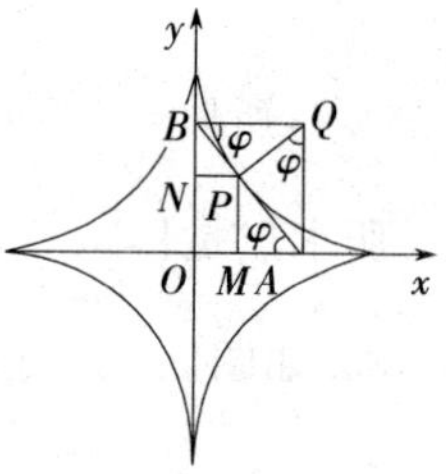

图 5.81

$$x=OM=NP=BP\cos\varphi=BQ\cos^2\varphi=a\cos^3\varphi$$
$$y=MP=AP\sin\varphi=AQ\sin^2\varphi=a\sin^3\varphi$$

故轨迹参数方程为

$$\begin{cases}x=a\cos^3\varphi\\y=a\sin^3\varphi\end{cases}$$

轨迹为内摆线，或称星形线.

33. 设四交点为 $M_i\left(\frac{y_i^2}{2p},y_i\right)(i=1,2,3,4)$.

再令圆内接四边形 $M_1M_2M_3M_4$ 对角线交点为 $N(a,b)$，则直线 M_1M_3 方程可写为 $\begin{cases}x=a+t\cos\alpha\\y=b+i\sin\alpha\end{cases}$ 代入 $y^2=2px$. 得

$$t^2\sin^2\alpha+2(b\sin\alpha-p\cos\alpha)t+b^2-2ap=0$$

由 t 的几何意义，知

$$|NM_1|\cdot|NM_3|=\frac{|b^2-2ap|}{\sin^2\alpha}$$

同理，若 M_2M_4 倾角为 β，则

$$|NM_2|\cdot|NM_4|=\frac{|b^2-2ap|}{\sin^2\beta}$$

由相交弦定理,有

$$|NM_1|\cdot|NM_3|=|NM_2|\cdot|NM_4|$$

所以

$$\sin^2\alpha=\sin^2\beta,\alpha=\pi-\beta\neq\frac{\pi}{2}\quad(\text{舍去 }\alpha=\pm\beta,\alpha=\pi+\beta)$$

所以

$$\frac{y_3-y_1}{\frac{y_3{}^2}{2P}-\frac{y_1{}^2}{2P}}=\tan\alpha=-\tan\beta=-\frac{y_4-y_2}{\frac{y_4{}^2}{2P}-\frac{y_2{}^2}{2P}}$$

由此推得 $y_1+y_2+y_3+y_4=0$.

34.(1)解得三角形三交点分别为$(-1,0)$,$(1,0)$,$(3,4a)$.

由$\frac{1}{2}\times2\times4a=10$,得 $a=\frac{5}{2}$.

(2)点$(2,2)$在三角形内部,所以$\begin{cases}2<a(2+1)\\2>2a(2-1)\\2>0\end{cases}$,得$\frac{2}{3}<a<1$.

35.作所求函数的参数方程

$$\begin{cases}x=2+\tan x\\y=3+2\sec^2 x\end{cases}$$

即

$$\tan^2 x=(x-2)^2 \qquad ①$$

$$\sec^2 x=\frac{y-3}{2} \qquad ②$$

②—①,得

$$\frac{y-3}{2}=(x-2)^2+1 \text{ 或 } y=2x^2-8x+13$$

所以 $f(x)=2x^2-8x+13$.

36.设已知椭圆上一点为

$$(a\cos\theta,b\sin\theta)\quad(0\leqslant\theta<2\pi)$$

则得圆系方程

$$(x-a\cos\theta)^2+y^2=b^2\sin^2\theta \qquad ①$$

即

$$(a^2+b^2)\cos^2\theta-2ax\cos\theta+x^2+y^2-b^2=0 \qquad ②$$

因为 $\cos t$ 为实数,有

$$\Delta=(-2ax)^2-4(a^2+b^2)(x^2+y^2-b^2)\geqslant 0$$

即$\dfrac{x^2}{a^2+b^2}+\dfrac{y^2}{b^2}\leqslant 1$.

可见圆系①所经区域$G=\left\{(x,y)\mid \dfrac{x^2}{a^2+b^2}+\dfrac{y^2}{b^2}\leqslant 1\right\}$.

且区域 G 的边界曲线方程就是椭圆$\dfrac{x^2}{a^2+b^2}+\dfrac{y^2}{b^2}=1$.

(但它仅由那些满足$|\tan\theta|\geqslant\dfrac{b}{a}$的圆所确定)

37. 化为普通方程是射线 $y=2x+6(x\geqslant -1,y\geqslant 4)$,图像如图 5.82(a)所示.

38. 设 $z=x+y\mathrm{i}$,则有

$$\begin{cases}x=\cos^2\theta\\ y=\sin\theta\end{cases}$$

消去参数得 z 对应点轨迹方程为

$$y^2=-x+1\quad(x\geqslant 0,-1\leqslant y\leqslant 1)$$

图像如图 5.82(b)所示.

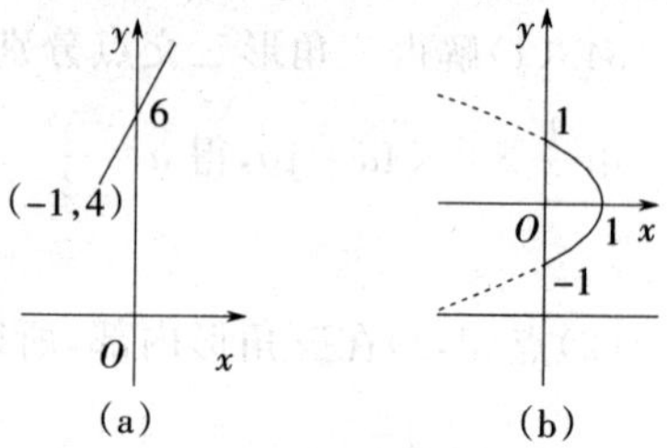

图 5.82

39. 原方程整理为

$$y^2+2(x-1)y+x^2+2x=0$$

所以

$$y=-(x-1)\pm\sqrt{1-4x}$$

令 $x=t-t^2$,则

$$y=t^2-t+1\pm(2t-1)$$

即参数方程为

$$\begin{cases}x=t-t^2\\ y=t+t^2\end{cases}\text{或}\begin{cases}x=t-t^2\\ y=t^2-3t+2\end{cases}$$

也可利用三角参数,如令 $x=\dfrac{1}{4}\cos^2\theta$,再求 y 表达式.

40. 可令 $y=tx$,将普通方程 $y^2(2-x)=x^3$,化为参数方程

$$\begin{cases}x=\dfrac{2t^2}{1+t^2}\\ y=\dfrac{2t^3}{1+t^2}\end{cases}$$

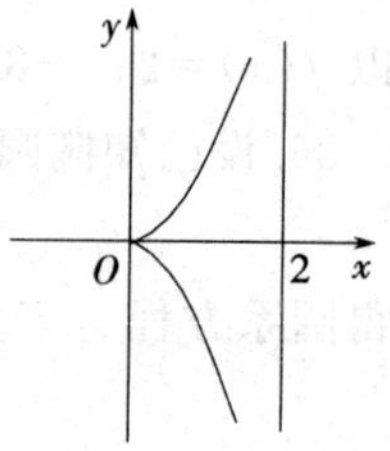

图 5.83

再列表描点作图,如图 5.83 所示.图形称蔓叶线.

练 习 六

1. 设 $z=\cos\theta+\mathrm{i}\sin\theta$ 代入，即可.

$z=-1$ 时，有最大值 3；

$z=\frac{1}{2}\pm\frac{\sqrt{3}}{2}\mathrm{i}$ 时，有最小值 0.

2. 可设 $x=\sin^2\theta$，且 $0\leqslant\theta\leqslant\frac{\pi}{2}$. 得

$$f(x)=\sqrt{2}\sin\left(\theta+\frac{\pi}{4}\right)$$

所以有

$$1\leqslant f(x)\leqslant\sqrt{2}\quad\left(\text{因为}\frac{\pi}{4}\leqslant\theta+\frac{\pi}{4}\leqslant\frac{3}{4}\pi\right)$$

θ 在 $0-\frac{\pi}{4}$ 时，即 $0\leqslant x\leqslant\frac{1}{2}$ 时函数递增.

3. 消参后，得 $\left(x-\frac{3}{2}\right)^2=-\left(y-\frac{1}{4}\right)$，且 $\frac{1}{2}\leqslant x\leqslant\frac{5}{2}$，$-\frac{3}{4}\leqslant y\leqslant\frac{1}{4}$. 图像是以 $\left(\frac{3}{2},\frac{1}{4}\right)$ 为顶点、开口向下的抛物线的一部分.

4. 消去参数 θ，得 $y=-x^2+1$，但 $x\in[-\sqrt{2},\sqrt{2}]$，图像为抛物线在 $x\in[-\sqrt{2},\sqrt{2}]$ 间的一段弧.

5. 顶点在双曲线 $\frac{x^2}{(3a)^2}-\frac{y^2}{(3b)^2}=1$ 上移动，但必须注意 x，y 的取值范围对轨迹的影响.

6. 错在 $x\neq3$，故取值范围须 $0\leqslant x<3$.

7. 利用极坐标方法，设 $M(\rho_1,\theta_1)$，$P(\rho,\theta)$ 列式，再消去参数 (ρ_1,θ_1)，注意到"延长 MO 到 P"故轨迹仅有一解，是圆 $x^2+y^2+3x+2y+3=0$.

8. (1) 顶点轨迹为 $y=3-x^2$.

(2) $C_1:(x-m)^2+(y-m)^2=1$，是圆心在 (m,m)，半径为 1 的圆系，$C_2:y=2x-2m-1$ 是斜率为 2、截距为 $-2m-1$ 的直线系.

(3) $m=\pm\sqrt{5}-1$.

9. $\angle AIB=120^\circ$，得点 I 轨迹为圆弧 $x^2+\left(y+\frac{1}{\sqrt{3}}\right)^2=\left(\frac{2}{\sqrt{3}}\right)^2(y>0)$，进而得

$|IM|_{\min}=\frac{\sqrt{3}}{3}$.

10. 利用图形的几何性质及椭圆的定义做处理. 应注意圆的内、外切两种情况.

11. $|z|_{最小值}=\frac{2}{3}\sqrt{s\cot\theta}$.

12. $a=-1$ 时原方程可得唯一解 $x=3$.

另 $\frac{3}{22}\leqslant a\leqslant\frac{1}{2}$ 时,原方程也有唯一解

$$x=a+4-\sqrt{a^2+14a+13}$$

13. n 是偶数时,取 $n=18,20,22$.

n 是奇数时,取 $n=21,23,25$.

参 考 文 献

[1] 明知白.高中数学教学八十讲[M].北京:北京师范大学出版社,1982.

[2] 方昌武,汪祖亨.中学数学常用解题方法与技巧[M].长春:吉林教育出版社,1996.

[3] 吴深德.中学数学解题方法研究[M].南昌:江西人民出版社,1984.

[4] 谢力之,王继成,刘中兴.数列递推式[M].北京:电子工业出版社,1987.

[5] 时承权,李荣生.高中数学错解分析[M].哈尔滨:黑龙江教育出版社,1985.

[6] 人民教育出版社,课程教材研究所,中学数学课程教材研究开发中心.初、高中数学统编教材及教学参考书:各册[M].北京:人民教育出版社,2012.

[7] 陈新昌.浅谈参数在列方程解应用题中的作用[J].中学数学教学,1986(3):40-41.

[8] 任子朝.探索命题规律,不断发展完善[J].数学通报,1994(1):3-5.

[9] 周继军.参数方程与普通方程互化的等价性问题[J].数学教学,1985(4):31-36.

[10] 汪祖亨,张载羽,竺志平.单参数椭圆族问题的构成、求解和演变[J].数学通报,1986(2):22-25.

[11] 侯文超.基本量方法[J].数学通报,1981(5):7-10.

[12] 王德明,俞建种.关于含参数的集合题的解法[J].数学通讯,1997(2):15-16.

哈尔滨工业大学出版社刘培杰数学工作室已出版(即将出版)图书目录

书　　名	出版时间	定　价	编号
新编中学数学解题方法全书(高中版)上卷	2007－09	38.00	7
新编中学数学解题方法全书(高中版)中卷	2007－09	48.00	8
新编中学数学解题方法全书(高中版)下卷(一)	2007－09	42.00	17
新编中学数学解题方法全书(高中版)下卷(二)	2007－09	38.00	18
新编中学数学解题方法全书(高中版)下卷(三)	2010－06	58.00	73
新编中学数学解题方法全书(初中版)上卷	2008－01	28.00	29
新编中学数学解题方法全书(初中版)中卷	2010－07	38.00	75
新编中学数学解题方法全书(高考复习卷)	2010－01	48.00	67
新编中学数学解题方法全书(高考真题卷)	2010－01	38.00	62
新编中学数学解题方法全书(高考精华卷)	2011－03	68.00	118
新编平面解析几何解题方法全书(专题讲座卷)	2010－01	18.00	61
新编中学数学解题方法全书(自主招生卷)	2013－08	88.00	261
数学眼光透视	2008－01	38.00	24
数学思想领悟	2008－01	38.00	25
数学应用展观	2008－01	38.00	26
数学建模导引	2008－01	28.00	23
数学方法溯源	2008－01	38.00	27
数学史话览胜	2008－01	28.00	28
数学思维技术	2013－09	38.00	260
从毕达哥拉斯到怀尔斯	2007－10	48.00	9
从迪利克雷到维斯卡尔迪	2008－01	48.00	21
从哥德巴赫到陈景润	2008－05	98.00	35
从庞加莱到佩雷尔曼	2011－08	138.00	136
数学奥林匹克与数学文化(第一辑)	2006－05	48.00	4
数学奥林匹克与数学文化(第二辑)(竞赛卷)	2008－01	48.00	19
数学奥林匹克与数学文化(第二辑)(文化卷)	2008－07	58.00	36′
数学奥林匹克与数学文化(第三辑)(竞赛卷)	2010－01	48.00	59
数学奥林匹克与数学文化(第四辑)(竞赛卷)	2011－08	58.00	87
数学奥林匹克与数学文化(第五辑)	2015－06	98.00	370

哈尔滨工业大学出版社刘培杰数学工作室已出版(即将出版)图书目录

书名	出版时间	定价	编号
世界著名平面几何经典著作钩沉——几何作图专题卷(上)	2009－06	48.00	49
世界著名平面几何经典著作钩沉——几何作图专题卷(下)	2011－01	88.00	80
世界著名平面几何经典著作钩沉(民国平面几何老课本)	2011－03	38.00	113
世界著名平面几何经典著作钩沉(建国初期平面三角老课本)	2015－08	38.00	507
世界著名解析几何经典著作钩沉——平面解析几何卷	2014－01	38.00	264
世界著名数论经典著作钩沉(算术卷)	2012－01	28.00	125
世界著名数学经典著作钩沉——立体几何卷	2011－02	28.00	88
世界著名三角学经典著作钩沉(平面三角卷Ⅰ)	2010－06	28.00	69
世界著名三角学经典著作钩沉(平面三角卷Ⅱ)	2011－01	38.00	78
世界著名初等数论经典著作钩沉(理论和实用算术卷)	2011－07	38.00	126

发展空间想象力	2010－01	38.00	57
走向国际数学奥林匹克的平面几何试题诠释(上、下)(第1版)	2007－01	68.00	11,12
走向国际数学奥林匹克的平面几何试题诠释(上、下)(第2版)	2010－02	98.00	63,64
平面几何证明方法全书	2007－08	35.00	1
平面几何证明方法全书习题解答(第1版)	2005－10	18.00	2
平面几何证明方法全书习题解答(第2版)	2006－12	18.00	10
平面几何天天练上卷·基础篇(直线型)	2013－01	58.00	208
平面几何天天练中卷·基础篇(涉及圆)	2013－01	28.00	234
平面几何天天练下卷·提高篇	2013－01	58.00	237
平面几何专题研究	2013－07	98.00	258
最新世界各国数学奥林匹克中的平面几何试题	2007－09	38.00	14
数学竞赛平面几何典型题及新颖解	2010－07	48.00	74
初等数学复习及研究(平面几何)	2008－09	58.00	38
初等数学复习及研究(立体几何)	2010－06	38.00	71
初等数学复习及研究(平面几何)习题解答	2009－01	48.00	42
几何学教程(平面几何卷)	2011－03	68.00	90
几何学教程(立体几何卷)	2011－07	68.00	130
几何变换与几何证题	2010－06	88.00	70
计算方法与几何证题	2011－06	28.00	129
立体几何技巧与方法	2014－04	88.00	293
几何瑰宝——平面几何500名题暨1000条定理(上、下)	2010－07	138.00	76,77
三角形的解法与应用	2012－07	18.00	183
近代的三角形几何学	2012－07	48.00	184
一般折线几何学	2015－08	48.00	203
三角形的五心	2009－06	28.00	51
三角形的六心及其应用	2015－10	68.00	542
三角形趣谈	2012－08	28.00	212
解三角形	2014－01	28.00	265
三角学专门教程	2014－09	28.00	387

哈尔滨工业大学出版社刘培杰数学工作室
已出版(即将出版)图书目录

书　　名	出版时间	定　价	编号
距离几何分析导引	2015－02	68.00	446
圆锥曲线习题集(上册)	2013－06	68.00	255
圆锥曲线习题集(中册)	2015－01	78.00	434
圆锥曲线习题集(下册)	即将出版		
论九点圆	2015－05	88.00	645
近代欧氏几何学	2012－03	48.00	162
罗巴切夫斯基几何学及几何基础概要	2012－07	28.00	188
罗巴切夫斯基几何学初步	2015－06	28.00	474
用三角、解析几何、复数、向量计算解数学竞赛几何题	2015－03	48.00	455
美国中学几何教程	2015－04	88.00	458
三线坐标与三角形特征点	2015－04	98.00	460
平面解析几何方法与研究(第1卷)	2015－05	18.00	471
平面解析几何方法与研究(第2卷)	2015－06	18.00	472
平面解析几何方法与研究(第3卷)	2015－07	18.00	473
解析几何研究	2015－01	38.00	425
解析几何学教程.上	2016－01	38.00	574
解析几何学教程.下	2016－01	38.00	575
几何学基础	2016－01	58.00	581
初等几何研究	2015－02	58.00	444
俄罗斯平面几何问题集	2009－08	88.00	55
俄罗斯立体几何问题集	2014－03	58.00	283
俄罗斯几何大师——沙雷金论数学及其他	2014－01	48.00	271
来自俄罗斯的5000道几何习题及解答	2011－03	58.00	89
俄罗斯初等数学问题集	2012－05	38.00	177
俄罗斯函数问题集	2011－03	38.00	103
俄罗斯组合分析问题集	2011－01	48.00	79
俄罗斯初等数学万题选——三角卷	2012－11	38.00	222
俄罗斯初等数学万题选——代数卷	2013－08	68.00	225
俄罗斯初等数学万题选——几何卷	2014－01	68.00	226
463个俄罗斯几何老问题	2012－01	28.00	152
超越吉米多维奇.数列的极限	2009－11	48.00	58
超越普里瓦洛夫.留数卷	2015－01	28.00	437
超越普里瓦洛夫.无穷乘积与它对解析函数的应用卷	2015－05	28.00	477
超越普里瓦洛夫.积分卷	2015－06	18.00	481
超越普里瓦洛夫.基础知识卷	2015－06	28.00	482
超越普里瓦洛夫.数项级数卷	2015－07	38.00	489
初等数论难题集(第一卷)	2009－05	68.00	44
初等数论难题集(第二卷)(上、下)	2011－02	128.00	82,83
数论概貌	2011－03	18.00	93
代数数论(第二版)	2013－08	58.00	94
代数多项式	2014－06	38.00	289
初等数论的知识与问题	2011－02	28.00	95
超越数论基础	2011－03	28.00	96
数论初等教程	2011－03	28.00	97
数论基础	2011－03	18.00	98
数论基础与维诺格拉多夫	2014－03	18.00	292

哈尔滨工业大学出版社刘培杰数学工作室已出版(即将出版)图书目录

书　　名	出版时间	定　价	编号
解析数论基础	2012－08	28.00	216
解析数论基础(第二版)	2014－01	48.00	287
解析数论问题集(第二版)(原版引进)	2014－05	88.00	343
解析数论问题集(第二版)(中译本)	2016－04	88.00	607
解析数论基础(潘承洞,潘承彪著)	2016－07	98.00	673
解析数论导引	2016－07	58.00	674
数论入门	2011－03	38.00	99
代数数论入门	2015－03	38.00	448
数论开篇	2012－07	28.00	194
解析数论引论	2011－03	48.00	100
Barban Davenport Halberstam 均值和	2009－01	40.00	33
基础数论	2011－03	28.00	101
初等数论 100 例	2011－05	18.00	122
初等数论经典例题	2012－07	18.00	204
最新世界各国数学奥林匹克中的初等数论试题(上、下)	2012－01	138.00	144,145
初等数论(Ⅰ)	2012－01	18.00	156
初等数论(Ⅱ)	2012－01	18.00	157
初等数论(Ⅲ)	2012－01	28.00	158
平面几何与数论中未解决的新老问题	2013－01	68.00	229
代数数论简史	2014－11	28.00	408
代数数论	2015－09	88.00	532
数论导引提要及习题解答	2016－01	48.00	559

谈谈素数	2011－03	18.00	91
平方和	2011－03	18.00	92
复变函数引论	2013－10	68.00	269
伸缩变换与抛物旋转	2015－01	38.00	449
无穷分析引论(上)	2013－04	88.00	247
无穷分析引论(下)	2013－04	98.00	245
数学分析	2014－04	28.00	338
数学分析中的一个新方法及其应用	2013－01	38.00	231
数学分析例选:通过范例学技巧	2013－01	88.00	243
高等代数例选:通过范例学技巧	2015－06	88.00	475
三角级数论(上册)(陈建功)	2013－01	38.00	232
三角级数论(下册)(陈建功)	2013－01	48.00	233
三角级数论(哈代)	2013－06	48.00	254
三角级数	2015－07	28.00	263
超越数	2011－03	18.00	109
三角和方法	2011－03	18.00	112
整数论	2011－05	38.00	120
从整数谈起	2015－10	28.00	538
随机过程(Ⅰ)	2014－01	78.00	224
随机过程(Ⅱ)	2014－01	68.00	235
算术探索	2011－12	158.00	148
组合数学	2012－04	28.00	178
组合数学浅谈	2012－03	28.00	159
丢番图方程引论	2012－03	48.00	172
拉普拉斯变换及其应用	2015－02	38.00	447
高等代数.上	2016－01	38.00	548
高等代数.下	2016－01	38.00	549
高等代数教程	2016－01	58.00	579

哈尔滨工业大学出版社刘培杰数学工作室已出版(即将出版)图书目录

书　　名	出版时间	定　价	编号
数学解析教程.上卷.1	2016－01	58.00	546
数学解析教程.上卷.2	2016－01	38.00	553
函数构造论.上	2016－01	38.00	554
函数构造论.下	即将出版		555
数与多项式	2016－01	38.00	558
概周期函数	2016－01	48.00	572
变叙的项的极限分布律	2016－01	18.00	573
整函数	2012－08	18.00	161
近代拓扑学研究	2013－04	38.00	239
多项式和无理数	2008－01	68.00	22
模糊数据统计学	2008－03	48.00	31
模糊分析学与特殊泛函空间	2013－01	68.00	241
谈谈不定方程	2011－05	28.00	119
常微分方程	2016－01	58.00	586
平稳随机函数导论	2016－03	48.00	587
量子力学原理・上	2016－01	38.00	588
图与矩阵	2014－08	40.00	644
受控理论与解析不等式	2012－05	78.00	165
解析不等式新论	2009－06	68.00	48
建立不等式的方法	2011－03	98.00	104
数学奥林匹克不等式研究	2009－08	68.00	56
不等式研究(第二辑)	2012－02	68.00	153
不等式的秘密(第一卷)	2012－02	28.00	154
不等式的秘密(第一卷)(第2版)	2014－02	38.00	286
不等式的秘密(第二卷)	2014－01	38.00	268
初等不等式的证明方法	2010－06	38.00	123
初等不等式的证明方法(第二版)	2014－11	38.00	407
不等式・理论・方法(基础卷)	2015－07	38.00	496
不等式・理论・方法(经典不等式卷)	2015－07	38.00	497
不等式・理论・方法(特殊类型不等式卷)	2015－07	48.00	498
不等式的分拆降维降幂方法与可读证明	2016－01	68.00	591
不等式探究	2016－03	38.00	582
同余理论	2012－05	38.00	163
[x]与{x}	2015－04	48.00	476
极值与最值.上卷	2015－06	28.00	486
极值与最值.中卷	2015－06	38.00	487
极值与最值.下卷	2015－06	28.00	488
整数的性质	2012－11	38.00	192
完全平方数及其应用	2015－08	78.00	506
多项式理论	2015－10	88.00	541
历届美国中学生数学竞赛试题及解答(第一卷)1950－1954	2014－07	18.00	277
历届美国中学生数学竞赛试题及解答(第二卷)1955－1959	2014－04	18.00	278
历届美国中学生数学竞赛试题及解答(第三卷)1960－1964	2014－06	18.00	279
历届美国中学生数学竞赛试题及解答(第四卷)1965－1969	2014－04	28.00	280
历届美国中学生数学竞赛试题及解答(第五卷)1970－1972	2014－06	18.00	281
历届美国中学生数学竞赛试题及解答(第七卷)1981－1986	2015－01	18.00	424

哈尔滨工业大学出版社刘培杰数学工作室
已出版(即将出版)图书目录

书　名	出版时间	定　价	编号
历届 IMO 试题集(1959—2005)	2006—05	58.00	5
历届 CMO 试题集	2008—09	28.00	40
历届中国数学奥林匹克试题集	2014—10	38.00	394
历届加拿大数学奥林匹克试题集	2012—08	38.00	215
历届美国数学奥林匹克试题集:多解推广加强	2012—08	38.00	209
历届美国数学奥林匹克试题集:多解推广加强(第 2 版)	2016—03	48.00	592
历届波兰数学竞赛试题集.第 1 卷,1949～1963	2015—03	18.00	453
历届波兰数学竞赛试题集.第 2 卷,1964～1976	2015—03	18.00	454
历届巴尔干数学奥林匹克试题集	2015—05	38.00	466
保加利亚数学奥林匹克	2014—10	38.00	393
圣彼得堡数学奥林匹克试题集	2015—01	38.00	429
匈牙利奥林匹克数学竞赛题解.第 1 卷	2016—05	28.00	593
匈牙利奥林匹克数学竞赛题解.第 2 卷	2016—05	28.00	594
历届国际大学生数学竞赛试题集(1994—2010)	2012—01	28.00	143
全国大学生数学夏令营数学竞赛试题及解答	2007—03	28.00	15
全国大学生数学竞赛辅导教程	2012—07	28.00	189
全国大学生数学竞赛复习全书	2014—04	48.00	340
历届美国大学生数学竞赛试题集	2009—03	88.00	43
前苏联大学生数学奥林匹克竞赛题解(上编)	2012—04	28.00	169
前苏联大学生数学奥林匹克竞赛题解(下编)	2012—04	38.00	170
历届美国数学邀请赛试题集	2014—01	48.00	270
全国高中数学竞赛试题及解答.第 1 卷	2014—07	38.00	331
大学生数学竞赛讲义	2014—09	28.00	371
普林斯顿大学数学竞赛	2016—06	38.00	669
亚太地区数学奥林匹克竞赛题	2015—07	18.00	492
日本历届(初级)广中杯数学竞赛试题及解答.第 1 卷(2000～2007)	2016—05	28.00	641
日本历届(初级)广中杯数学竞赛试题及解答.第 2 卷(2008～2015)	2016—05	38.00	642
哈尔滨市早期中学数学竞赛试题汇编	2016—07	28.00	672
全国高中数学联赛试题及解答:1981—2015	2016—08	98.00	676
高考数学临门一脚(含密押三套卷)(理科版)	2015—01	24.80	421
高考数学临门一脚(含密押三套卷)(文科版)	2015—01	24.80	422
新课标高考数学题型全归纳(文科版)	2015—05	72.00	467
新课标高考数学题型全归纳(理科版)	2015—05	82.00	468
洞穿高考数学解答题核心考点(理科版)	2015—11	49.80	550
洞穿高考数学解答题核心考点(文科版)	2015—11	46.80	551
高考数学题型全归纳:文科版.上	2016—05	53.00	663
高考数学题型全归纳:文科版.下	2016—05	53.00	664
高考数学题型全归纳:理科版.上	2016—05	58.00	665
高考数学题型全归纳:理科版.下	2016—05	58.00	666
王连笑教你怎样学数学:高考选择题解题策略与客观题实用训练	2014—01	48.00	262
王连笑教你怎样学数学:高考数学高层次讲座	2015—02	48.00	432
高考数学的理论与实践	2009—08	38.00	53
高考数学核心题型解题方法与技巧	2010—01	28.00	86
高考思维新平台	2014—03	38.00	259
30 分钟拿下高考数学选择题、填空题(第二版)	2012—01	28.00	146
高考数学压轴题解题诀窍(上)	2012—02	78.00	166
高考数学压轴题解题诀窍(下)	2012—03	28.00	167
北京市五区文科数学三年高考模拟题详解:2013～2015	2015—08	48.00	500

哈尔滨工业大学出版社刘培杰数学工作室
已出版(即将出版)图书目录

书　名	出版时间	定　价	编号
北京市五区理科数学三年高考模拟题详解:2013～2015	2015－09	68.00	505
向量法巧解数学高考题	2009－08	28.00	54
高考数学万能解题法	2015－09	28.00	534
高考物理万能解题法	2015－09	28.00	537
高考化学万能解题法	2015－11	25.00	557
高考生物万能解题法	2016－03	25.00	598
高考数学解题金典	2016－04	68.00	602
高考物理解题金典	2016－03	58.00	603
高考化学解题金典	2016－04	48.00	604
高考生物解题金典	即将出版		605
我一定要赚分:高中物理	2016－01	38.00	580
数学高考参考	2016－01	78.00	589
2011～2015 年全国及各省市高考数学文科精品试题审题要津与解法研究	2015－10	68.00	539
2011～2015 年全国及各省市高考数学理科精品试题审题要津与解法研究	2015－10	88.00	540
最新全国及各省市高考数学试卷解法研究及点拨评析	2009－02	38.00	41
2011 年全国及各省市高考数学试题审题要津与解法研究	2011－10	48.00	139
2013 年全国及各省市高考数学试题解析与点评	2014－01	48.00	282
全国及各省市高考数学试题审题要津与解法研究	2015－02	48.00	450
新课标高考数学——五年试题分章详解(2007～2011)(上、下)	2011－10	78.00	140,141
全国中考数学压轴题审题要津与解法研究	2013－04	78.00	248
新编全国及各省市中考数学压轴题审题要津与解法研究	2014－05	58.00	342
全国及各省市 5 年中考数学压轴题审题要津与解法研究	2015－04	58.00	462
中考数学专题总复习	2007－04	28.00	6
中考数学较难题、难题常考题型解题方法与技巧.上	2016－01	48.00	584
中考数学较难题、难题常考题型解题方法与技巧.下	2016－01	58.00	585
北京中考数学压轴题解题方法突破	2016－03	38.00	597
助你高考成功的数学解题智慧:知识是智慧的基础	2016－01	58.00	596
助你高考成功的数学解题智慧:错误是智慧的试金石	2016－04	58.00	643
助你高考成功的数学解题智慧:方法是智慧的推手	2016－04	68.00	657
高考数学奇思妙解	2016－04	38.00	610
高考数学解题策略	2016－05	48.00	670
数学解题泄天机	2016－06	48.00	668

新编 640 个世界著名数学智力趣题	2014－01	88.00	242
500 个最新世界著名数学智力趣题	2008－06	48.00	3
400 个最新世界著名数学最值问题	2008－09	48.00	36
500 个世界著名数学征解问题	2009－06	48.00	52
400 个中国最佳初等数学征解老问题	2010－01	48.00	60
500 个俄罗斯数学经典老题	2011－01	28.00	81
1000 个国外中学物理好题	2012－04	48.00	174
300 个日本高考数学题	2012－05	38.00	142
500 个前苏联早期高考数学试题及解答	2012－05	28.00	185
546 个早期俄罗斯大学生数学竞赛题	2014－03	38.00	285
548 个来自美苏的数学好问题	2014－11	28.00	396
20 所苏联著名大学早期入学试题	2015－02	18.00	452
161 道德国工科大学生必做的微分方程习题	2015－05	28.00	469
500 个德国工科大学生必做的高数习题	2015－06	28.00	478
360 个数学竞赛问题	2016－08	58.00	677
德国讲义日本考题.微积分卷	2015－04	48.00	456
德国讲义日本考题.微分方程卷	2015－04	38.00	457

哈尔滨工业大学出版社刘培杰数学工作室已出版(即将出版)图书目录

书　名	出版时间	定　价	编号
中国初等数学研究　2009 卷(第 1 辑)	2009－05	20.00	45
中国初等数学研究　2010 卷(第 2 辑)	2010－05	30.00	68
中国初等数学研究　2011 卷(第 3 辑)	2011－07	60.00	127
中国初等数学研究　2012 卷(第 4 辑)	2012－07	48.00	190
中国初等数学研究　2014 卷(第 5 辑)	2014－02	48.00	288
中国初等数学研究　2015 卷(第 6 辑)	2015－06	68.00	493
中国初等数学研究　2016 卷(第 7 辑)	2016－04	68.00	609
几何变换(Ⅰ)	2014－07	28.00	353
几何变换(Ⅱ)	2015－06	28.00	354
几何变换(Ⅲ)	2015－01	38.00	355
几何变换(Ⅳ)	2015－12	38.00	356
博弈论精粹	2008－03	58.00	30
博弈论精粹.第二版(精装)	2015－01	88.00	461
数学 我爱你	2008－01	28.00	20
精神的圣徒　别样的人生——60 位中国数学家成长的历程	2008－09	48.00	39
数学史概论	2009－06	78.00	50
数学史概论(精装)	2013－03	158.00	272
数学史选讲	2016－01	48.00	544
斐波那契数列	2010－02	28.00	65
数学拼盘和斐波那契魔方	2010－07	38.00	72
斐波那契数列欣赏	2011－01	28.00	160
数学的创造	2011－02	48.00	85
数学美与创造力	2016－01	48.00	595
数海拾贝	2016－01	48.00	590
数学中的美	2011－02	38.00	84
数论中的美学	2014－12	38.00	351
数学王者　科学巨人——高斯	2015－01	28.00	428
振兴祖国数学的圆梦之旅:中国初等数学研究史话	2015－06	78.00	490
二十世纪中国数学史料研究	2015－10	48.00	536
数字谜、数阵图与棋盘覆盖	2016－01	58.00	298
时间的形状	2016－01	38.00	556
数学发现的艺术:数学探索中的合情推理	2016－07	58.00	671
活跃在数学中的参数	2016－07	48.00	675
数学解题——靠数学思想给力(上)	2011－07	38.00	131
数学解题——靠数学思想给力(中)	2011－07	48.00	132
数学解题——靠数学思想给力(下)	2011－07	38.00	133
我怎样解题	2013－01	48.00	227
数学解题中的物理方法	2011－06	28.00	114
数学解题的特殊方法	2011－06	48.00	115
中学数学计算技巧	2012－01	48.00	116
中学数学证明方法	2012－01	58.00	117
数学趣题巧解	2012－03	28.00	128
高中数学教学通鉴	2015－05	58.00	479
和高中生漫谈:数学与哲学的故事	2014－08	28.00	369
自主招生考试中的参数方程问题	2015－01	28.00	435
自主招生考试中的极坐标问题	2015－04	28.00	463
近年全国重点大学自主招生数学试题全解及研究.华约卷	2015－02	38.00	441
近年全国重点大学自主招生数学试题全解及研究.北约卷	2016－05	38.00	619
自主招生数学解证宝典	2015－09	48.00	535

哈尔滨工业大学出版社刘培杰数学工作室已出版(即将出版)图书目录

书　　名	出版时间	定　价	编号
格点和面积	2012－07	18.00	191
射影几何趣谈	2012－04	28.00	175
斯潘纳尔引理——从一道加拿大数学奥林匹克试题谈起	2014－01	28.00	228
李普希兹条件——从几道近年高考数学试题谈起	2012－10	18.00	221
拉格朗日中值定理——从一道北京高考试题的解法谈起	2015－10	18.00	197
闵科夫斯基定理——从一道清华大学自主招生试题谈起	2014－01	28.00	198
哈尔测度——从一道冬令营试题的背景谈起	2012－08	28.00	202
切比雪夫逼近问题——从一道中国台北数学奥林匹克试题谈起	2013－04	38.00	238
伯恩斯坦多项式与贝齐尔曲面——从一道全国高中数学联赛试题谈起	2013－03	38.00	236
卡塔兰猜想——从一道普特南竞赛试题谈起	2013－06	18.00	256
麦卡锡函数和阿克曼函数——从一道前南斯拉夫数学奥林匹克试题谈起	2012－08	18.00	201
贝蒂定理与拉姆贝克莫斯尔定理——从一个拣石子游戏谈起	2012－08	18.00	217
皮亚诺曲线和豪斯道夫分球定理——从无限集谈起	2012－08	18.00	211
平面凸图形与凸多面体	2012－10	28.00	218
斯坦因豪斯问题——从一道二十五省市自治区中学数学竞赛试题谈起	2012－07	18.00	196
纽结理论中的亚历山大多项式与琼斯多项式——从一道北京市高一数学竞赛试题谈起	2012－07	28.00	195
原则与策略——从波利亚"解题表"谈起	2013－04	38.00	244
转化与化归——从三大尺规作图不能问题谈起	2012－08	28.00	214
代数几何中的贝祖定理(第一版)——从一道IMO试题的解法谈起	2013－08	18.00	193
成功连贯理论与约当块理论——从一道比利时数学竞赛试题谈起	2012－04	18.00	180
素数判定与大数分解	2014－08	18.00	199
置换多项式及其应用	2012－10	18.00	220
椭圆函数与模函数——从一道美国加州大学洛杉矶分校(UCLA)博士资格考题谈起	2012－10	28.00	219
差分方程的拉格朗日方法——从一道2011年全国高考理科试题的解法谈起	2012－08	28.00	200
力学在几何中的一些应用	2013－01	38.00	240
高斯散度定理、斯托克斯定理和平面格林定理——从一道国际大学生数学竞赛试题谈起	即将出版		
康托洛维奇不等式——从一道全国高中联赛试题谈起	2013－03	28.00	337
西格尔引理——从一道第18届IMO试题的解法谈起	即将出版		
罗斯定理——从一道前苏联数学竞赛试题谈起	即将出版		
拉克斯定理和阿廷定理——从一道IMO试题的解法谈起	2014－01	58.00	246
毕卡大定理——从一道美国大学数学竞赛试题谈起	2014－07	18.00	350
贝齐尔曲线——从一道全国高中联赛试题谈起	即将出版		
拉格朗日乘子定理——从一道2005年全国高中联赛试题的高等数学解法谈起	2015－05	28.00	480
雅可比定理——从一道日本数学奥林匹克试题谈起	2013－04	48.00	249
李天岩－约克定理——从一道波兰数学竞赛试题谈起	2014－06	28.00	349
整系数多项式因式分解的一般方法——从克朗耐克算法谈起	即将出版		
布劳维不动点定理——从一道前苏联数学奥林匹克试题谈起	2014－01	38.00	273
伯恩赛德定理——从一道英国数学奥林匹克试题谈起	即将出版		
布查特－莫斯特定理——从一道上海市初中竞赛试题谈起	即将出版		

哈尔滨工业大学出版社刘培杰数学工作室已出版(即将出版)图书目录

书名	出版时间	定价	编号
数论中的同余数问题——从一道普特南竞赛试题谈起	即将出版		
范·德蒙行列式——从一道美国数学奥林匹克试题谈起	即将出版		
中国剩余定理:总数法构建中国历史年表	2015－01	28.00	430
牛顿程序与方程求根——从一道全国高考试题解法谈起	即将出版		
库默尔定理——从一道 IMO 预选试题谈起	即将出版		
卢丁定理——从一道冬令营试题的解法谈起	即将出版		
沃斯滕霍姆定理——从一道 IMO 预选试题谈起	即将出版		
卡尔松不等式——从一道莫斯科数学奥林匹克试题谈起	即将出版		
信息论中的香农熵——从一道近年高考压轴题谈起	即将出版		
约当不等式——从一道希望杯竞赛试题谈起	即将出版		
拉比诺维奇定理	即将出版		
刘维尔定理——从一道《美国数学月刊》征解问题的解法谈起	即将出版		
卡塔兰恒等式与级数求和——从一道 IMO 试题的解法谈起	即将出版		
勒让德猜想与素数分布——从一道爱尔兰竞赛试题谈起	即将出版		
天平称重与信息论——从一道基辅市数学奥林匹克试题谈起	即将出版		
哈密尔顿一凯莱定理:从一道高中数学联赛试题的解法谈起	2014－09	18.00	376
艾思特曼定理——从一道 CMO 试题的解法谈起	即将出版		
一个爱尔特希问题——从一道西德数学奥林匹克试题谈起	即将出版		
有限群中的爱丁格尔问题——从一道北京市初中二年级数学竞赛试题谈起	即将出版		
贝克码与编码理论——从一道全国高中联赛试题谈起	即将出版		
帕斯卡三角形	2014－03	18.00	294
蒲丰投针问题——从 2009 年清华大学的一道自主招生试题谈起	2014－01	38.00	295
斯图姆定理——从一道"华约"自主招生试题的解法谈起	2014－01	18.00	296
许瓦兹引理——从一道加利福尼亚大学伯克利分校数学系博士生试题谈起	2014－08	18.00	297
拉姆塞定理——从王诗宬院士的一个问题谈起	2016－04	48.00	299
坐标法	2013－12	28.00	332
数论三角形	2014－04	38.00	341
毕克定理	2014－07	18.00	352
数林掠影	2014－09	48.00	389
我们周围的概率	2014－10	38.00	390
凸函数最值定理:从一道华约自主招生题的解法谈起	2014－10	28.00	391
易学与数学奥林匹克	2014－10	38.00	392
生物数学趣谈	2015－01	18.00	409
反演	2015－01	28.00	420
因式分解与圆锥曲线	2015－01	18.00	426
轨迹	2015－01	28.00	427
面积原理:从常庚哲命的一道 CMO 试题的积分解法谈起	2015－01	48.00	431
形形色色的不动点定理:从一道 28 届 IMO 试题谈起	2015－01	38.00	439
柯西函数方程:从一道上海交大自主招生的试题谈起	2015－02	28.00	440
三角恒等式	2015－02	28.00	442
无理性判定:从一道 2014 年"北约"自主招生试题谈起	2015－01	38.00	443
数学归纳法	2015－03	18.00	451
极端原理与解题	2015－04	28.00	464
法雷级数	2014－08	18.00	367
摆线族	2015－01	38.00	438
函数方程及其解法	2015－05	38.00	470
含参数的方程和不等式	2012－09	28.00	213
希尔伯特第十问题	2016－01	38.00	543
无穷小量的求和	2016－01	28.00	545
切比雪夫多项式:从一道清华大学金秋营试题谈起	2016－01	38.00	583

哈尔滨工业大学出版社刘培杰数学工作室已出版(即将出版)图书目录

书 名	出版时间	定 价	编号
泽肯多夫定理	2016－03	38.00	599
代数等式证题法	2016－01	28.00	600
三角等式证题法	2016－01	28.00	601
吴大任教授藏书中的一个因式分解公式:从一道美国数学邀请赛试题的解法谈起	2016－06	28.00	656

中等数学英语阅读文选	2006－12	38.00	13
统计学专业英语	2007－03	28.00	16
统计学专业英语(第二版)	2012－07	48.00	176
统计学专业英语(第三版)	2015－04	68.00	465
幻方和魔方(第一卷)	2012－05	68.00	173
尘封的经典——初等数学经典文献选读(第一卷)	2012－07	48.00	205
尘封的经典——初等数学经典文献选读(第二卷)	2012－07	38.00	206
代换分析:英文	2015－07	38.00	499

实变函数论	2012－06	78.00	181
复变函数论	2015－08	38.00	504
非光滑优化及其变分分析	2014－01	48.00	230
疏散的马尔科夫链	2014－01	58.00	266
马尔科夫过程论基础	2015－01	28.00	433
初等微分拓扑学	2012－07	18.00	182
方程式论	2011－03	38.00	105
初级方程式论	2011－03	28.00	106
Galois 理论	2011－03	18.00	107
古典数学难题与伽罗瓦理论	2012－11	58.00	223
伽罗华与群论	2014－01	28.00	290
代数方程的根式解及伽罗瓦理论	2011－03	28.00	108
代数方程的根式解及伽罗瓦理论(第二版)	2015－01	28.00	423
线性偏微分方程讲义	2011－03	18.00	110
几类微分方程数值方法的研究	2015－05	38.00	485
N 体问题的周期解	2011－03	28.00	111
代数方程式论	2011－05	18.00	121
线性代数与几何:英文	2016－06	58.00	578
动力系统的不变量与函数方程	2011－07	48.00	137
基于短语评价的翻译知识获取	2012－02	48.00	168
应用随机过程	2012－04	48.00	187
概率论导引	2012－04	18.00	179
矩阵论(上)	2013－06	58.00	250
矩阵论(下)	2013－06	48.00	251
对称锥互补问题的内点法:理论分析与算法实现	2014－08	68.00	368
抽象代数:方法导引	2013－06	38.00	257
集论	2016－01	48.00	576
多项式理论研究综述	2016－01	38.00	577
函数论	2014－11	78.00	395
反问题的计算方法及应用	2011－11	28.00	147
初等数学研究(Ⅰ)	2008－09	68.00	37
初等数学研究(Ⅱ)(上、下)	2009－05	118.00	46,47
数阵及其应用	2012－02	28.00	164
绝对值方程一折边与组合图形的解析研究	2012－07	48.00	186
代数函数论(上)	2015－07	38.00	494
代数函数论(下)	2015－07	38.00	495
偏微分方程论:法文	2015－10	48.00	533
时标动力学方程的指数型二分性与周期解	2016－04	48.00	606
重刚体绕不动点运动方程的积分法	2016－05	68.00	608
水轮机水力稳定性	2016－05	48.00	620
Lévy 噪音驱动的传染病模型的动力学行为	2016－05	48.00	667

哈尔滨工业大学出版社刘培杰数学工作室已出版(即将出版)图书目录

书　　名	出版时间	定　价	编号
趣味初等方程妙题集锦	2014－09	48.00	388
趣味初等数论选美与欣赏	2015－02	48.00	445
耕读笔记(上卷):一位农民数学爱好者的初数探索	2015－04	28.00	459
耕读笔记(中卷):一位农民数学爱好者的初数探索	2015－05	28.00	483
耕读笔记(下卷):一位农民数学爱好者的初数探索	2015－05	28.00	484
几何不等式研究与欣赏.上卷	2016－01	88.00	547
几何不等式研究与欣赏.下卷	2016－01	48.00	552
初等数列研究与欣赏·上	2016－01	48.00	570
初等数列研究与欣赏·下	2016－01	48.00	571
火柴游戏	2016－05	38.00	612
异曲同工	即将出版		613
智力解谜	即将出版		614
故事智力	2016－07	48.00	615
名人们喜欢的智力问题	即将出版		616
数学大师的发现、创造与失误	即将出版		617
数学的味道	即将出版		618
数贝偶拾——高考数学题研究	2014－04	28.00	274
数贝偶拾——初等数学研究	2014－04	38.00	275
数贝偶拾——奥数题研究	2014－04	48.00	276
集合、函数与方程	2014－01	28.00	300
数列与不等式	2014－01	38.00	301
三角与平面向量	2014－01	28.00	302
平面解析几何	2014－01	38.00	303
立体几何与组合	2014－01	28.00	304
极限与导数、数学归纳法	2014－01	38.00	305
趣味数学	2014－03	28.00	306
教材教法	2014－04	68.00	307
自主招生	2014－05	58.00	308
高考压轴题(上)	2015－01	48.00	309
高考压轴题(下)	2014－10	68.00	310
从费马到怀尔斯——费马大定理的历史	2013－10	198.00	Ⅰ
从庞加莱到佩雷尔曼——庞加莱猜想的历史	2013－10	298.00	Ⅱ
从切比雪夫到爱尔特希(上)——素数定理的初等证明	2013－07	48.00	Ⅲ
从切比雪夫到爱尔特希(下)——素数定理 100 年	2012－12	98.00	Ⅲ
从高斯到盖尔方特——二次域的高斯猜想	2013－10	198.00	Ⅳ
从库默尔到朗兰兹——朗兰兹猜想的历史	2014－01	98.00	Ⅴ
从比勃巴赫到德布朗斯——比勃巴赫猜想的历史	2014－02	298.00	Ⅵ
从麦比乌斯到陈省身——麦比乌斯变换与麦比乌斯带	2014－02	298.00	Ⅶ
从布尔到豪斯道夫——布尔方程与格论漫谈	2013－10	198.00	Ⅷ
从开普勒到阿诺德——三体问题的历史	2014－05	298.00	Ⅸ
从华林到华罗庚——华林问题的历史	2013－10	298.00	Ⅹ

哈尔滨工业大学出版社刘培杰数学工作室
已出版(即将出版)图书目录

书名	出版时间	定价	编号
吴振奎高等数学解题真经(概率统计卷)	2012-01	38.00	149
吴振奎高等数学解题真经(微积分卷)	2012-01	68.00	150
吴振奎高等数学解题真经(线性代数卷)	2012-01	58.00	151
钱昌本教你快乐学数学(上)	2011-12	48.00	155
钱昌本教你快乐学数学(下)	2012-03	58.00	171
高等数学解题全攻略(上卷)	2013-06	58.00	252
高等数学解题全攻略(下卷)	2013-06	58.00	253
高等数学复习纲要	2014-01	18.00	384
三角函数	2014-01	38.00	311
不等式	2014-01	38.00	312
数列	2014-01	38.00	313
方程	2014-01	28.00	314
排列和组合	2014-01	28.00	315
极限与导数	2014-01	28.00	316
向量	2014-09	38.00	317
复数及其应用	2014-08	28.00	318
函数	2014-01	38.00	319
集合	即将出版		320
直线与平面	2014-01	28.00	321
立体几何	2014-04	28.00	322
解三角形	即将出版		323
直线与圆	2014-01	28.00	324
圆锥曲线	2014-01	38.00	325
解题通法(一)	2014-07	38.00	326
解题通法(二)	2014-07	38.00	327
解题通法(三)	2014-05	38.00	328
概率与统计	2014-01	28.00	329
信息迁移与算法	即将出版		330
三角函数(第2版)	即将出版		627
向量(第2版)	即将出版		628
立体几何(第2版)	2016-04	38.00	630
直线与圆(第2版)	即将出版		632
圆锥曲线(第2版)	即将出版		633
极限与导数(第2版)	2016-04	38.00	636
美国高中数学竞赛五十讲.第1卷(英文)	2014-08	28.00	357
美国高中数学竞赛五十讲.第2卷(英文)	2014-08	28.00	358
美国高中数学竞赛五十讲.第3卷(英文)	2014-09	28.00	359
美国高中数学竞赛五十讲.第4卷(英文)	2014-09	28.00	360
美国高中数学竞赛五十讲.第5卷(英文)	2014-10	28.00	361
美国高中数学竞赛五十讲.第6卷(英文)	2014-11	28.00	362
美国高中数学竞赛五十讲.第7卷(英文)	2014-12	28.00	363
美国高中数学竞赛五十讲.第8卷(英文)	2015-01	28.00	364
美国高中数学竞赛五十讲.第9卷(英文)	2015-01	28.00	365
美国高中数学竞赛五十讲.第10卷(英文)	2015-02	38.00	366

哈尔滨工业大学出版社刘培杰数学工作室已出版(即将出版)图书目录

书名	出版时间	定价	编号
IMO 50 年. 第 1 卷(1959－1963)	2014－11	28.00	377
IMO 50 年. 第 2 卷(1964－1968)	2014－11	28.00	378
IMO 50 年. 第 3 卷(1969－1973)	2014－09	28.00	379
IMO 50 年. 第 4 卷(1974－1978)	2016－04	38.00	380
IMO 50 年. 第 5 卷(1979－1984)	2015－04	38.00	381
IMO 50 年. 第 6 卷(1985－1989)	2015－04	58.00	382
IMO 50 年. 第 7 卷(1990－1994)	2016－01	48.00	383
IMO 50 年. 第 8 卷(1995－1999)	2016－06	38.00	384
IMO 50 年. 第 9 卷(2000－2004)	2015－04	58.00	385
IMO 50 年. 第 10 卷(2005－2009)	2016－01	48.00	386
IMO 50 年. 第 11 卷(2010－2015)	即将出版		646
历届美国大学生数学竞赛试题集. 第一卷(1938—1949)	2015－01	28.00	397
历届美国大学生数学竞赛试题集. 第二卷(1950—1959)	2015－01	28.00	398
历届美国大学生数学竞赛试题集. 第三卷(1960—1969)	2015－01	28.00	399
历届美国大学生数学竞赛试题集. 第四卷(1970—1979)	2015－01	18.00	400
历届美国大学生数学竞赛试题集. 第五卷(1980—1989)	2015－01	28.00	401
历届美国大学生数学竞赛试题集. 第六卷(1990—1999)	2015－01	28.00	402
历届美国大学生数学竞赛试题集. 第七卷(2000—2009)	2015－08	18.00	403
历届美国大学生数学竞赛试题集. 第八卷(2010—2012)	2015－01	18.00	404
新课标高考数学创新题解题诀窍:总论	2014－09	28.00	372
新课标高考数学创新题解题诀窍:必修 1～5 分册	2014－08	38.00	373
新课标高考数学创新题解题诀窍:选修 2－1,2－2,1－1,1－2分册	2014－09	38.00	374
新课标高考数学创新题解题诀窍:选修 2－3,4－4,4－5分册	2014－09	18.00	375
全国重点大学自主招生英文数学试题全攻略:词汇卷	2015－07	48.00	410
全国重点大学自主招生英文数学试题全攻略:概念卷	2015－01	28.00	411
全国重点大学自主招生英文数学试题全攻略:文章选读卷(上)	即将出版		412
全国重点大学自主招生英文数学试题全攻略:文章选读卷(下)	即将出版		413
全国重点大学自主招生英文数学试题全攻略:试题卷	2015－07	38.00	414
全国重点大学自主招生英文数学试题全攻略:名著欣赏卷	即将出版		415
数学物理大百科全书. 第 1 卷	2016－01	418.00	508
数学物理大百科全书. 第 2 卷	2016－01	408.00	509
数学物理大百科全书. 第 3 卷	2016－01	396.00	510
数学物理大百科全书. 第 4 卷	2016－01	408.00	511
数学物理大百科全书. 第 5 卷	2016－01	368.00	512
劳埃德数学趣题大全. 题目卷. 1:英文	2016－01	18.00	516
劳埃德数学趣题大全. 题目卷. 2:英文	2016－01	18.00	517
劳埃德数学趣题大全. 题目卷. 3:英文	2016－01	18.00	518
劳埃德数学趣题大全. 题目卷. 4:英文	2016－01	18.00	519
劳埃德数学趣题大全. 题目卷. 5:英文	2016－01	18.00	520
劳埃德数学趣题大全. 答案卷:英文	2016－01	18.00	521

哈尔滨工业大学出版社刘培杰数学工作室已出版（即将出版）图书目录

书　　名	出版时间	定　价	编号
李成章教练奥数笔记.第1卷	2016－01	48.00	522
李成章教练奥数笔记.第2卷	2016－01	48.00	523
李成章教练奥数笔记.第3卷	2016－01	38.00	524
李成章教练奥数笔记.第4卷	2016－01	38.00	525
李成章教练奥数笔记.第5卷	2016－01	38.00	526
李成章教练奥数笔记.第6卷	2016－01	38.00	527
李成章教练奥数笔记.第7卷	2016－01	38.00	528
李成章教练奥数笔记.第8卷	2016－01	48.00	529
李成章教练奥数笔记.第9卷	2016－01	28.00	530
zeta函数，q-zeta函数，相伴级数与积分	2015－08	88.00	513
微分形式：理论与练习	2015－08	58.00	514
离散与微分包含的逼近和优化	2015－08	58.00	515
艾伦·图灵：他的工作与影响	2016－01	98.00	560
测度理论概率导论，第2版	2016－01	88.00	561
带有潜在故障恢复系统的半马尔柯夫模型控制	2016－01	98.00	562
数学分析原理	2016－01	88.00	563
随机偏微分方程的有效动力学	2016－01	88.00	564
图的谱半径	2016－01	58.00	565
量子机器学习中数据挖掘的量子计算方法	2016－01	98.00	566
量子物理的非常规方法	2016－01	118.00	567
运输过程的统一非局部理论：广义波尔兹曼物理动力学，第2版	2016－01	198.00	568
量子力学与经典力学之间的联系在原子、分子及电动力学系统建模中的应用	2016－01	58.00	569
第19～23届“希望杯”全国数学邀请赛试题审题要津详细评注（初一版）	2014－03	28.00	333
第19～23届“希望杯”全国数学邀请赛试题审题要津详细评注（初二、初三版）	2014－03	38.00	334
第19～23届“希望杯”全国数学邀请赛试题审题要津详细评注（高一版）	2014－03	28.00	335
第19～23届“希望杯”全国数学邀请赛试题审题要津详细评注（高二版）	2014－03	38.00	336
第19～25届“希望杯”全国数学邀请赛试题审题要津详细评注（初一版）	2015－01	38.00	416
第19～25届“希望杯”全国数学邀请赛试题审题要津详细评注（初二、初三版）	2015－01	58.00	417
第19～25届“希望杯”全国数学邀请赛试题审题要津详细评注（高一版）	2015－01	48.00	418
第19～25届“希望杯”全国数学邀请赛试题审题要津详细评注（高二版）	2015－01	48.00	419
闵嗣鹤文集	2011－03	98.00	102
吴从炘数学活动三十年（1951～1980）	2010－07	99.00	32
吴从炘数学活动又三十年（1981～2010）	2015－07	98.00	491
物理奥林匹克竞赛大题典——力学卷	2014－11	48.00	405
物理奥林匹克竞赛大题典——热学卷	2014－04	28.00	339
物理奥林匹克竞赛大题典——电磁学卷	2015－07	48.00	406
物理奥林匹克竞赛大题典——光学与近代物理卷	2014－06	28.00	345
历届中国东南地区数学奥林匹克试题集（2004～2012）	2014－06	18.00	346
历届中国西部地区数学奥林匹克试题集（2001～2012）	2014－07	18.00	347
历届中国女子数学奥林匹克试题集（2002～2012）	2014－08	18.00	348

哈尔滨工业大学出版社刘培杰数学工作室
已出版(即将出版)图书目录

联系地址:哈尔滨市南岗区复华四道街 10 号　哈尔滨工业大学出版社刘培杰数学工作室

网　　址:http://lpj.hit.edu.cn/

邮　　编:150006

联系电话:0451－86281378　　13904613167

E-mail:lpj1378@163.com